W0177814

*Im Knaur Taschenbuch Verlag ist bereits folgendes
Buch von Joschka Fischer erschienen:*
Die Rückkehr der Geschichte. Die Welt nach dem
11. September und die Erneuerung des Westens.

Über den Autor:
Joschka Fischer, geboren 1948, war von November 1998 bis
Oktober 2005 Außenminister der Bundesrepublik Deutschland
und zuletzt Gastprofessor an der Universität Princeton, USA.

Joschka Fischer

Die rot-grünen Jahre

Deutsche Außenpolitik –
vom Kosovo bis zum 11. September

Knaur Taschenbuch Verlag

Besuchen Sie uns im Internet:
www.knaur.de

Vollständige Taschenbuchausgabe Oktober 2008
Knaur Taschenbuch
Ein Unternehmen der Droemerschen Verlagsanstalt
Th. Knaur Nachf. GmbH & Co. KG, München
Copyright © 2007 by Verlag Kiepenheuer & Witsch, Köln
Alle Rechte vorbehalten. Das Werk darf – auch teilweise – nur mit
Genehmigung des Verlags wiedergegeben werden.
Wissenschaftliche Mitarbeit: Lars Nebelung
Umschlagmotiv: Stefan Boness/IPON
Umschlaggestaltung: ZERO Werbeagentur, München
Druck und Bindung: CPI – Clausen & Bosse, Leck
Printed in Germany
ISBN 978-3-426-78083-1

5 4 3 2 1

INHALT

Meinen zahlreichen Mitarbeiterinnen und Mitarbeitern,
ohne die meine Arbeit in all den Jahren nicht möglich
gewesen wäre

VORWORT ZUR TASCHENBUCHAUSGABE

Drei Jahre nach Rot-Grün –
Wo steht die deutsche Politik heute?

Drei Jahre sind in der überschnellen Tagespolitik von heute eine fast unendlich lange Zeit, denn in dieser Zeit kann unendlich viel passieren. Betrachtet man dieselbe Zeitdauer unter dem Gesichtspunkt historischer Abläufe, so stellt man unschwer fest, dass in der Geschichte im Regelfall das genaue Gegenteil gilt. Denn die Geschichte treibt in der Regel träge dahin. Deshalb entsteht für den Betrachter nicht von ungefähr der Eindruck der Wiederkehr des ewig Gleichen.

Die Konflikte im Nahen Osten, auf dem Balkan oder auf dem indischen Subkontinent scheinen allen Veränderungen der Weltpolitik zu trotzen und sich davon unberührt fortzusetzen. Dieser Eindruck ist jedoch trügerisch, denn diese scheinbare geschichtliche Immobilität galt auch und gerade für den Ost-West-Konflikt. Dennoch ging er nach fünf Jahrzehnten überraschend zu Ende, und der Strom der Geschichte beschleunigte sich dramatisch und völlig unerwartet. Dies sind dann jene Momente, in denen die Geschichte das Tempo der Tagespolitik weit übertrifft.

Nur wenn der Fluss der Geschichte, einem Wasserfall gleich, in geschichtliche Brüche hinabstürzt, beschleunigt er sich, um dann erneut in den weiten Zeitebenen des historischen Alltags träge dahinzufließen. Die Wendezeit 1989/90 war eine solcher Bruch oder auch der 11. September und die Zeit bis nach dem Irakkrieg.

Die Regierung Kohl musste in einem solchen Zeitenbruch handeln, und es ist ihr mit der deutschen Einheit Großes gelungen. Die Regierung Schröder stand danach vor der Herausforderung, mit den Folgen dieses Bruches in einer völlig veränderten politischen Landschaft fertig zu werden. Ob ihr das gelungen ist – ich persönlich meine eindeutig ja –, werden aber eines noch fernen Tages die Historiker zu entscheiden haben.

Fast drei Jahre ist es nun her, dass die rot-grüne Bundesregierung durch die Große Koalition abgelöst wurde, und dies ist immer noch eine zu kurze Zeitspanne, um eine auch nur vorläufige historische Einordnung der rot-grünen Jahre in der Geschichte der Bundesrepublik Deutschland vorzunehmen. Dennoch tritt diese Zeit gegenwärtig auf dem politisch eher abgedunkelten Hintergrund einer an Ideen, Taten und Tatendrang armen Großen Koalition sehr viel heller hervor, als dies noch vor einiger Zeit der Fall gewesen war.

Damals, zu Beginn der neuen Bundesregierung, schien das Land regelrecht erleichtert aufzuatmen. Endlich hatte man all die Aufregungen der rot-grünen Beziehungskiste hinter sich wie auch jene »mit reichlich Testosteron geschwängerte Politik« der Schröders, Fischers und Schilys. So zumindest lautete die Bewertung des rot-grünen Politikstils durch zahlreiche Beobachter. Und als ganz falsch kann man diese Einschätzung nun ja nicht abtun. Ruhe war des Bürgers oberstes Bedürfnis, und so freute er sich erleichtert auf jene Zeit der Erholung mittels der von der neuen Bundeskanzlerin Angela Merkel angekündigten »Politik der kleinen Schritte« und ihres eher protestantisch kargen Regierungsstils. Das war die Lage vor drei Jahren.

Mittlerweile hat sich die Stimmung aber fast ins Gegenteil verkehrt. Der Mehltau und die Entscheidungsschwäche der Großen Koalition in der Innen- wie in der Außenpolitik schaffen einen eindeutigen Kontrast zu Rot-Grün. Auf diesem Hintergrund tritt die Entschlossenheit der rot-grünen Reformpolitik und die außenpolitische Entscheidungskraft der Regierung Schröder nun sehr viel klarer hervor, als dies noch 2005 der Fall gewesen ist.

Angela Merkel scheint sich eher an einer Politik des Machterhalts zu orientieren, wie sie während der sechzehn Jahre Helmut Kohl üblich war, denn an der Reformpolitik ihres Amtsvorgängers. Der Hinweis auf die Selbstblockade der Großen Koalition ist dabei zwar nicht falsch, aber tatsächlich nur eine Entschuldigung. Denn es wird allzu oft vergessen, dass der Abschied von den Arbeitsmarktreformen (Hartz IV) weder von Lafontaine und seiner Linkspartei noch von den Sozialdemokraten ausgegangen ist, sondern von der CDU. Dasselbe gilt für den Abschied von der neuen Rentenformel, die den demographischen Realitäten Deutschlands gerecht wurde.

Angela Merkels These, dass der Aufschwung bei allen ankommen müsse, hat sich dabei politisch als fatal erwiesen. Der Gedanke ist zwar keineswegs falsch, aber in dieser Allgemeinheit und ohne konkrete Benennung der Ziele und Instrumente dieser Politik seitens der Bundesregierung wurde dieser Satz innerhalb der Großen Koalition als Startschuss zu einem allgemeinen Umverteilungswettbewerb verstanden.

Statt eine entschlossene und keineswegs risikofreie Reformpolitik fortzusetzen, die den deutschen Arbeitsmarkt und seine Sozialsysteme den global völlig veränderten Wettbewerbsbedingungen und auch der demographischen Herausforderung einer immer älter werdenden Gesellschaft weiter anpasst, um damit sowohl die Wettbewerbsfähigkeit der deutschen Wirtschaft als auch unseres Sozialstaates zukunftsfest zu machen, gefällt sich die Große Koalition in neuer Verteilungsseligkeit. Spätestens beim nächsten wirtschaftlichen Abschwung wird Deutschland für diesen Rückfall in die Realitätsverweigerung die Rechnung präsentiert bekommen.

Dasselbe gilt für die Außenpolitik. Die Große Koalition folgt auch dort zwar im Wesentlichen den Gleisen, die in der rot-grünen Ära verlegt wurden, allerdings ohne deren Entschiedenheit aufzunehmen und fortzusetzen. So wurde etwa angesichts einer ernsten Krise in Afghanistan eine große Chance zur grundsätzlichen Überprüfung und Neuausrichtung der westlichen Politik unter Einschluss der USA nicht genutzt, weil es der deutschen Politik im Jahr 2006, als im Süden des Landes die kanadischen Verbündeten unter das Feuer der Taliban gerieten und hohe Verluste hinnehmen mussten, an Mut und Entschlossenheit fehlte. Deutschland war seit 2002 die Garantiemacht für das Petersberg-Abkommen (die Konferenz fand damals auf dem Petersberg bei Bonn statt), welches den Aufbau der demokratischen Institutionen und den Aufbau des Landes erfolgreich geregelt hat. Und Deutschland war und ist sowohl zivil als auch militärisch in Afghanistan stark vertreten. Hätte Deutschland 2006 seine Bereitschaft erklärt, auch Präsenz im Süden zu zeigen, wenn die gesamte Strategie von NATO und der US-Streitkräfte auf den Tisch käme und eine neue, erfolgsorientierte Strategie von allen Beteiligten vereinbart würde, dann wäre die Situation in Afghanistan und im westlichen Bündnis heute sicherlich eine andere.

Gewiss, auch die Große Koalition hatte ihre Erfolge – Rente mit 67 etwa, der EU-Reformvertrag (der leider ebenso zu scheitern droht wie der europäische Verfassungsvertrag unter Rot-Grün) und die erfolgreiche deutsch-französische Initiative gegen eine vorschnelle und wenig durchdachte Erweiterung der NATO um die Ukraine und Georgien. Aber angesichts der großen Mehrheit der großen Koalition fällt diese Bilanz nicht besonders üppig aus.

Gleichwohl überwiegt in der Sache die Kontinuität mit Rot-Grün. Wenn man daher heute – in aller Vorläufigkeit! – den Unterschied zwischen Rot-Grün und der Großen Koalition in einem Satz zusammenfassen wollte, so betrifft dieser weniger die Inhalte als vielmehr den Stil: Entschlossenheit und Entschiedenheit in den Reformen und im Handeln war die Stärke von Rot-Grün, nicht aber der Großen Koalition. Wer hätte das vor drei Jahren noch gedacht? Selbst für den Autor dieser Zeilen ist dies eine Erstaunen erregende Zwischenbilanz.

VORWORT

Auch wenn für eine geschichtliche Betrachtung der Abstand zur Regierungszeit der rot-grünen Koalition noch sehr kurz ist, so lässt sich doch bereits heute guten Gewissens die Feststellung treffen, dass für Deutschland diese sieben Jahre formative Jahre sowohl in der Innen- als auch in der Außenpolitik waren. Die Ursache dafür lag vor allem in zwei Entwicklungen – eine objektive und eine subjektive –, die sich in jener Zeit gekreuzt haben: eine durch den Epochenbruch von 1989 ausgelöste radikale Verschiebung in den Fundamenten der Weltpolitik und Weltwirtschaft und der Anspruch von Rot-Grün zur Reform, zur Veränderung und Erneuerung Deutschlands. Dass dieser Anspruch zuerst und vor allem die Außenpolitik und die internationale Rolle Deutschlands betreffen sollte, war damals den Akteuren nur eingeschränkt bewusst. Im Rückblick ist dieses mangelnde Bewusstsein über das ganze Ausmaß von Veränderungen, die auf uns zukamen, nur schwer verstehbar. Denn die Radikalität des Bruchs durch das Ende der bipolaren Weltordnung und dessen gravierende Folgen für die internationale Politik sind heute, in der Welt nach dem 11. September, nur allzu offensichtlich. Zwischen dem Erleben einer radikalen Umwälzung und deren Begreifen und Verständnis besteht aber ganz offensichtlich eine erhebliche zeitliche Verzögerung.

Es gibt in der Politik keinen »optimalen Zeitpunkt« für eine Koalition oder eine Regierung, und genauso wenig kann man sich seine Aufgaben aussuchen. Beides wird vom Leben diktiert. Die Regierung Kohl musste den Epochenbruch von 1989/90 managen und die sich daraus ergebende Chance zur deutschen Einheit ergreifen und nutzen. Die Regierung Schröder hingegen musste beginnen, diese neue Epoche zu gestalten und die Gleise der deutschen Politik in kaum bekanntes Terrain zu verlegen. Genau über diese Zeit des Neuanfangs nach dem großen Epochenbruch und ihre außenpolitischen Herausforderungen für unser Land handeln meine »Erinnerungen«.

Ein Autor politischer Memoiren ist kein Historiker. Er war ein Handelnder und erinnert sich. Und sich erinnern heißt, die Ereignisse und Akteure aus subjektiver Sicht zu schildern. Gewiss, ich habe meine Aufzeichnungen, Terminpläne, zahlreiche Dokumente und Archive zu Rate gezogen und immer wieder Zeitzeugen um Hilfe bei der Arbeit der Erinnerung gebeten, aber die Grundperspektive bleibt doch immer die subjektive Sicht eines handelnden Akteurs. Ein Buch sei hier gewürdigt, das bei der Abfassung der Kapitel über den Krieg im Kosovo besonders hilfreich war »Der letzte Krieg in Europa? Das Kosovo und die deutsche Politik« von Günter Joetze. Ich muss gestehen, dass ich die Fülle der Ereignisse und die Dichte des Materials als Autor unterschätzt habe. Offensichtlich war auch dies das Ergebnis jenes Erlebens im Handeln, das die Erinnerung nicht unbeeinflusst lässt. Diese Unterschätzung der Aufgabe durch den Autor hat zu Verzögerungen bei der Ablieferung des Manuskripts geführt. Und sie hat nach intensiven Beratungen mit meinem Verleger zu der Entscheidung geführt, meine Erinnerungen an die »rot-grünen Jahre« in zwei Bände aufzuteilen. Und in der Tat, wenn ich auf meine Amtszeit als deutscher Außenminister zurückblicke, dann teilt sich diese sehr klar in zwei Abschnitte. Die Trennlinie wird durch den 11. September 2001 markiert.

Ich habe mich nicht für ein rein chronologisches Vorgehen entschieden, sondern meistens versucht, die historische Zeitabfolge den großen außenpolitischen Themenkomplexen unterzuordnen. Deshalb werden Themen wie die Türkei- und Iranpolitik erst im nächsten Band ausführlich behandelt werden, weil sie dort ihren thematischen Schwerpunkt haben. Andere große Themen wie der Nahost-Konflikt oder die Europa-Politik und ebenso unsere Beziehungen zu den USA werden immer wieder eine ausführliche Erwähnung finden. Darüber hinaus hatte ich auch nicht die Absicht, eine umfassende Geschichte der rot-grünen Koalition auf Bundesebene zu verfassen. Dennoch sind zentrale innenpolitische Konflikte und auch die wichtigsten innerkoalitionären und innerparteilichen Entwicklungen in meiner Darstellung der Ereignisse nicht auszublenden, da sie bisweilen doch einen großen Einfluss auf die Außenpolitik und auf meine Arbeit als Vizekanzler in der Regierung hatten.

Ich versuche in meiner Darstellung, den von mir geschilderten Akteuren gerecht zu werden; ich wollte weder eine unfaire noch eine geschönte Darstellung der Akteure geben, auch wenn gerade hier die subjektive Sicht des Autors unterstrichen werden muss. Abschließende Urteile mögen sich die Leserinnen und Leser bitte bis zum Schluss meiner Erinnerungen aufsparen.

Die in meinen Erinnerungen beschriebenen außen-, innen- und parteipolitischen Entscheidungen waren nur sehr selten einsame Entscheidungen, sondern gingen meistens auf Diskussionsprozesse mit anderen zurück. Wenn ich daher im Text immer wieder vom Ich zum Wir übergehe, so ist dies nicht Ausdruck einer überdrehten Leidenschaft für den Pluralis Majestatis, sondern entspricht der geschilderten Realität. Viele politische Weggefährten und ehemalige Mitarbeiterinnen und Mitarbeiter haben mir durch ihre Anregungen, Korrekturen und Erinnerungen wertvolle Hilfe geleistet. Ihnen allen bin ich zu großem Dank verpflichtet. Meinen Freund und früheren Sprecher der grünen Bundestagsfraktion, Dietmar Huber, muss ich hier aber ganz besonders hervorheben, da seine nimmermüde Recherchearbeit mir eine unverzichtbare Hilfe war, vor allem während meines neunmonatigen Aufenthalts in den USA.

DAS JAHR 1998
UND
EIN FAST VERSPIELTER WAHLSIEG

Wir waren endlich angekommen. »Kneif mich«, flüsterte ich meinem neben mir stehenden Ministerkollegen und Freund Otto Schily zu. »Ich kann es einfach nicht glauben. Sag mir, dass es kein Traum ist.« Bundespräsident Roman Herzog hatte uns soeben die Ernennungsurkunden überreicht, und wir standen jetzt während dessen kurzer Rede einträchtig nebeneinander. Ort der Handlung war die ehrwürdige Villa Hammerschmidt in Bonn am Rhein. Am Morgen hatte die erfolgreiche Kanzlerwahl stattgefunden, und jetzt, am späten Nachmittag dieses denkwürdigen Tages, hielten wir, die Mitglieder der rot-grünen Bundesregierung, unsere Urkunden in der Hand. Anschließend würde noch die Vereidigung im Bundestag erfolgen und am frühen Abend dann die erste Sitzung des neuen Bundeskabinetts.

Ich saß zum ersten Mal im großen Kabinettssaal des Kanzleramtes in Bonn. Ein wahres Blitzlichtgewitter tobte sich vor unseren Augen aus. Wir – die SPD und Die Grünen, die Generation der 68er – waren angekommen im Zentrum der politischen Macht, in der Bundesregierung, im Kanzleramt, in den Bundesministerien. Vier Jahre sollten wir jetzt unser Land, Deutschland, regieren. Lust oder Last? – vermutlich beides. Verantwortung, Bürde und viel Mühsal auf jeden Fall. Helmut Kohl, der scheinbar »ewige« Kanzler, war nach sechzehn langen, endlos langen Jahren abgewählt worden und damit Geschichte. Vor wenigen Stunden, am 27. Oktober 1998, hatte der 14. Deutsche Bundestag den Abgeordneten Gerhard Schröder (SPD), gemäß der Vorgabe der Verfassung »ohne Aussprache«, zum Kanzler gewählt. Die rot-grüne Koalition verfügte über einundzwanzig Mandate Vorsprung vor der Opposition, und Gerhard Schröder hatte, wie die Auszählung zeigen sollte, in der geheimen Kanzlerwahl noch sieben Stimmen aus den Reihen der Opposition bekommen. Dies war zwar noch kein Wunder, wohl aber ein Zeichen der Hoffnung. Schienen es die höheren Mächte gut mit uns zu meinen? Die Ursachen für diese zusätzlichen Stimmen waren jedoch höchst irdischer Natur, d. h. es wurden informelle Gespräche mit einzelnen Mitgliedern der Opposition geführt, damit diese für Gerhard Schröder stimmten, nichts weiter. Wir hatten die Kanzlerwahl einfach nur sorgfältig vorbereitet, gut gearbeitet, wie die Eingeweihten wussten.

Ich saß jetzt also im großen Kabinettssaal, neben Gerhard Schröder und all den anderen Ministern – als Mitglied der Bundesregierung, als Bundesaußenminister und Vizekanzler der Bundesrepublik Deutschland. Irgendwie verrückt, unfassbar eigentlich, und obwohl ich mich selbst für einen großen Realisten hielt, hatte ich in diesem Moment einige innere Zweifel daran zu überwinden, ob ich wirklich wach war oder am Ende nur träumte. Es kam jedoch niemand, der mich wachrüttelte, kein Wecker klingelte, und niemand machte das Licht an. Stattdessen hörte ich die Stimme des Bundeskanzlers, sah einen vergnügten Otto Schily und all die zufriedenen und zugleich erstaunten Gesichter der anderen Kabinettsmitglieder.

Die gesamte Szenerie war das gerade Gegenteil eines trügerischen Traumbildes. Tatsächlich befand ich mich innerlich im Zustand einer aufgewühlten Wachheit. Rot-Grün würde also in den kommenden vier Jahren Deutschland regieren. Willkommen in der harten Realität! Zum ersten Mal würde die Bundesrepublik Deutschland von einer linken Mehrheit regiert werden, nicht Mitte-Links, wie es die sozialliberale Koalition gewesen war, sondern Links. Machtpolitisch hatte die Gründungsidee der Partei Die Grünen mit diesem Tag ihr zweites Etappenziel erreicht: Erst der Einzug in den Bundestag im Jahr 1983, jetzt, mit einem Abstand von fünfzehn Jahren, die Bildung der ersten rot-grünen Bundesregierung, und nun lag als letzte Herausforderung die ökologische und soziale Erneuerung unseres Landes vor uns.

Meine Gedanken gingen zurück zu jenem kühlen Märzmorgen im Jahr 1983, als sich die erste Fraktion der Grünen – eine angeblich am sauren Regen verstorbene, traurig anzusehende Nadelbaumleiche mit sich schleppend – auf dem Weg zur konstituierenden Sitzung des neu gewählten Bundestages gemacht hatte und im Blitzlichtgewitter der Fotografen gerade am Kanzleramt vorbeizog. Das ist unser nächstes Ziel, sagte ich damals zu mir selbst. Dort residierte erst seit wenigen Monaten Helmut Kohl. Sechzehn Jahre insgesamt sollte er dann Bundeskanzler bleiben, und wenn ich diese Zahl schon damals gekannt hätte, so hätte ich wohl eher resigniert, als meinen luftigen Gedanken über die zugegebenermaßen recht utopischen weiteren Ziele des grünen Marsches durch die Institutionen nachzuhängen. Und ich wusste damals auch noch nicht, dass fast mein gesamtes parlamentarisches Oppositionsleben eigentlich darin bestehen würde, Helmut Kohl aus dem Sattel zu heben und eine rot-grüne Mehrheit zu schaffen. Selbst meine neun Jahre in Regierung und Opposition in Hessen folgten schlussendlich immer diesem großen Ziel, die Grünen im Bund in die Regierung zu führen und damit zum eigenständigen Gestaltungsfaktor in der deutschen Politik zu machen. Und jetzt – jetzt! – war dieses Ziel erreicht, fünfzehn Jahre später.

Ich war glücklich, aber zugleich dachte ich zurück an jenes furchtbare Jahr, voller Rückschläge und Beinahe-Katastrophen, das hinter mir lag. Dieses verfluchte Jahr 1998 hatte für mich bis zur Bundestagswahl im Wesentlichen darin bestanden zu verhindern, dass die Grünen erfolgreich Selbstmord begingen und dadurch eine erschöpfte bürgerliche Bundesregierung unter Helmut Kohl vier weitere Jahre im Amt halten würden. Zugleich wäre damit auch der Traum von einer rot-grünen Mehrheit im Bund erledigt gewesen. Ich erinnerte mich in dieser Stunde des Triumphes aus guten Gründen auch an all die Plagen, die Mühen und das mehrfach drohende Scheitern der zweiten rot-grünen Landesregierung in Hessen zwischen 1991–94, an all die kaum vorhersehbaren Fallen und Abgründe des Regierungsalltages als hessischer Umweltminister.

Und ich ahnte auch, ja ich wusste es, dass es noch um ein Vielfaches härter werden würde, die Bundesrepublik Deutschland mit ihren 82 Millionen Menschen zu regieren. Ein Deutschland, das jetzt wieder vereinigt und nach wie vor die drittgrößte Volkswirtschaft auf dem Globus war, zudem mit einer, diplomatisch formuliert, sehr schwierigen Geschichte, in der Mitte Europas gelegen und damit für die zukünftige Entwicklung des gesamten Kontinents, für dessen Frieden und für die Stabilität des atlantischen Bündnisses nach wie vor von entscheidender Bedeutung.

Würde unsere rot-grüne Koalition diesen Herausforderungen gerecht werden können? Sind wir Grüne, die von der konservativen Opposition immer wieder und nicht immer zu Unrecht als »Chaoten« attackiert wurden, dazu erfahren genug, im Kopf genügend aufgeräumt, hart genug? Und vor allem: Weiß meine Partei dies alles und wird sie die vor uns liegenden vier Jahre in der Regierung durchhalten, vom erfolgreichen Gestalten ganz zu schweigen?

Damals, an jenem 27. Oktober 1998, wäre ich darauf gewiss keine Wette eingegangen, denn erstens hatten wir Grüne mit unserer Performance im Wahljahr 98 der konservativen These von den grünen Chaoten überreichlich Nahrung gegeben, und zweitens erinnerte das ganze Unternehmen Rot-Grün außenpolitisch, angesichts der sich dramatisch zuspitzenden Lage im Kosovo, mehr und mehr an die Ballade »Der Reiter und der Bodensee« von Gustav Schwab, die das geflügelte Wort vom »Ritt über den Bodensee« so berühmt gemacht hatte. »Es stocket sein Herz, es sträubt sich sein Haar, dicht hinter ihm grinst noch die grause Gefahr«, heißt es dort. Der Reiter soll zwar den Ritt über den zugefrorenen See unwissentlich und unbeschadet hinter sich gebracht haben, aber anschließend, so die Geschichte, traf ihn am rettenden anderen Ufer vor Schreck der Schlag, als er der Wahrheit schließlich gewahr wurde.

Hoffentlich, so dachte ich damals, würde es uns nicht ebenso ergehen. Zudem war bei uns die Wahrscheinlichkeit, mitten im See einzubrechen, noch um Faktoren größer als bei Schwabs wackrem Reitersmann.

Aber an jenem großen Tag eins der rot-grünen Bundesregierung waren das nur bängliche Nachtgedanken eines frisch vereidigten Bundesministers und Vizekanzlers. Jetzt galt es, unseren »Bodensee« anzugehen und unbeschadet hinter uns zu bringen.

Wir standen mit der ersten Sitzung der neuen Bundesregierung am Beginn einer Herausforderung, die keiner der hier im Bundeskabinett versammelten Minister, unter Einschluss des Bundeskanzlers, auch nur annähernd überschauen konnte.

Vielleicht war und ist das ja auch gut so, denn wenn eine neue Regierung antritt, dann strahlen die Augen und färben sich die Wangen vor Aufregung und vor Glückshormonen leicht rot. Das gibt sich dann sehr schnell im Regierungsalltag, und das frische Wangenrot wird durch ein verhärmtes Grau im Gesicht abgelöst. Allein der alte Wehner machte nach Wahlsiegen im Fernsehen auf mich immer den Eindruck, als wenn es statt zur Siegesfeier zu einer Beerdigung ginge. Er hatte eben vieles durchgemacht in seinem Leben und war dabei ein gnadenloser Realist geworden. Von diesem reifen Stadium politischer Weisheit waren wir an unserem großen Tag aber noch weit entfernt, denn keiner der im Kabinettssaal Versammelten hatte in seinem bisherigen politischen Leben auch nur annähernd Vergleichbares erlebt und durchzustehen gehabt.

Gewiss, Gerhard Schröder und Oskar Lafontaine waren erfolgreiche Ministerpräsidenten gewesen, ich stellvertretender Ministerpräsident, darüber hinaus gab es einige ehemalige Landesminister in der neuen Bundesregierung. An Regierungserfahrung auf Landesebene gab es keinen Mangel, aber die Bundesregierung war etwas anderes, eine ganz andere Größenordnung politischer Verantwortung und Handelns. Und diese Herausforderung galt es nun mit meiner Partei, den Grünen, anzugehen, deren Verhältnis zur Realität nach wie vor durchaus verbesserungsbedürftig war. Dennoch waren wir alle stolz und glücklich an diesem Tag, wenn auch nur für einen längeren Augenblick. Was Wunder also, dass sich bei allem Glück und aller Freude, die ich in dieser Stunde genoss, mich doch zugleich auch ein nagend mulmiges Gefühl beschlich. Es war keine Angst, gleichwohl aber eine Ahnung dessen, was kommen sollte, Respekt eher vor der Größe der Herausforderung, der Verantwortung und der Aufgabe.

Rückblick. Wir schreiben den 13. Oktober 1997. Die ersten nebelverhangenen Tage legten sich über Bonn am Rhein, als eine gutgelaunte, weil in der Opposition während der vergangenen drei Jahre erfolgreiche grüne Bundestagsfraktion die immer noch ganz andere Realität (oder besser: Irrealität) der eigenen Bundespartei mit aller Macht wieder einholte. Der Bundesvorstand stellte an diesem Tag den ersten Entwurf eines grünen

Wahlprogramms für die im nächsten Jahr stattfindenden Bundestagswahlen vor, und die Wirkung dieses Entwurfes auf die bis dahin für die Grünen sehr positive politische Stimmung war umwerfend. Saurer Regen auf junges Grün muss wohl eine ähnliche Wirkung haben.

»Auseinandersetzung über die Außenpolitik neu entbrannt«, titelte die Süddeutsche Zeitung (SZ). »Der Fraktionschef [Fischer] nennt Entwurf des Wahlprogramms seiner Partei dürftig und prophezeit für 1998 ›Absturz‹. Forderung nach Auflösung von Bundeswehr und NATO besonders umstritten. Linke beharren auf ›Utopien‹.« Und weiter hieß es in dem Artikel: »In dem von der Parteispitze erarbeiteten Entwurf wird die Halbierung der Bundeswehrstärke und letztlich die Abschaffung der Armee gefordert. Die NATO-Osterweiterung wird abgelehnt, die Auflösung der NATO als Ziel genannt. Fischer setzte dagegen, in der Außenpolitik müsse Kontinuität gelten, um kein ›Mißtrauen gegen eine rot-grüne Bundesregierung‹ zu schüren.«

Plötzlich war die schon überwunden geglaubte Angstdebatte in den Medien wieder da, nämlich die Frage, ob man den Grünen die Regierung Deutschlands tatsächlich anvertrauen könne. Und diese »Vertrauensfrage« war für uns Grüne unter dem Gesichtspunkt eines möglichen Machtwechsels hochgefährlich, denn die konservativ-liberale Mehrheit und ihre Bataillone in den Medien würden genau diese Vertrauensfrage gegenüber den »grünen Chaoten« in den Mittelpunkt ihres Angstwahlkampfes stellen. Für diese Vorhersage bedurfte es nun wahrlich keiner größeren prophetischen Gaben, wir verfügten in dieser Angelegenheit über einen reichlichen Erfahrungsschatz.

Aber eigentlich, so meinte damals nicht nur ich, sondern viele in Fraktion und Öffentlichkeit, würde man sich darüber keine allzu großen Sorgen mehr machen müssen, da dieser Angstkampagne von rechts aufgrund der sichtbar positiven Veränderungen der Grünen und mehrerer erfolgreicher Regierungsbeteiligungen auf Landesebene in der Öffentlichkeit zunehmend der Boden entzogen worden war. Freilich, böse Erfahrungen machten auch misstrauisch, und so blieb ein Restzweifel an der Richtigkeit dieser These bestehen. Denn eigentlich wäre es zu schön, um wirklich wahr zu sein, wenn wir uns in diesem Wahljahr, geschlossen und programmatisch und personell gut aufgestellt, mir nichts, dir nichts in die Wahlschlacht stürzen könnten. Der Wechsel lag in der Luft. Die Regierung Kohl war erschöpft, sie war zunehmend handlungsunfähig durch die Blockadepolitik der SPD unter Lafontaine im Bundesrat, und auch die Menschen im Lande hatten von Helmut Kohl mehr als genug.

Jetzt also bloß keine Fehler machen! Gelänge es Rot-Grün, alle wesentlichen Fehler zu vermeiden, so wäre ein Sieg eigentlich kaum noch zu verhindern. Der richtige Kanzlerkandidat, eine positive Beantwortung der »Vertrauensfrage« im Wahlkampf durch SPD und vor allem uns Grüne und eine Wahlkampfstrategie der Fehlerminimierung – diese Elemente würden im Wahljahr 1998 für Rot und Grün den fast narrensicheren Erfolg bringen, da war ich mir, gemeinsam mit zahlreichen anderen innerhalb und außerhalb der beiden Parteien, ziemlich sicher.

Ach, wie schön kann man sich die Dinge doch ausmalen, auch und gerade in der Politik – und ganz besonders in der damaligen kleinen politischen Welt grüner »Utopien«. In dem weiter oben bereits zitierten Artikel der SZ brachte der grüne Bundestagsabgeordnete Ludger Volmer, einer der führenden außenpolitischen Sprecher der Linken innerhalb der Partei, diesen Vorrang der Wunschwelt über die Wirklichkeit ganz oberschlau zum Ausdruck: »Die Grünen«, so Volmer, »sollten auch ›weitreichende Utopien in der Zielsetzung‹ nicht aufgeben, ›nur weil das Nadelöhr‹ für eine Realisierung in der Regierung so klein sei.« Die Wirklichkeit als »Nadelöhr«, das war schön gesagt. Blieb allein die Frage: Wie kommt man mit einem programmatischen Elefanten durch eben dieses?

Dazu gab es seitens unserer linken Mehrheit in der Partei keine Antwort, sondern lediglich das übliche wortreiche und doch zugleich dröhnende Schweigen. Zwar wäre die Feststellung seitens der Linken immer mit großer Empörung zurückgewiesen worden, aber faktisch sollten die Realos diesen Elefanten namens »irreales Programm« durch das Nadelöhr der Wirklichkeit und der Mehrheitsfähigkeit bei den kommenden Wahlen ziehen, die Linken beabsichtigten allein, ihre programmatischen Illusionen und damit ihre innerparteiliche Machtposition zu verwalten. Macht mal, hieß deshalb die Ansage mittels des Programmentwurfs des Bundesvorstandes an uns Realos. Schafft ihr es, dann sind wir beim Regieren gerne dabei. Aber bis dahin erwartet keine programmatischen oder gar machtpolitischen Kompromisse in der Partei. O ja, die Botschaft war angekommen. Damit eröffneten sich herrliche Aussichten für das Wahljahr.

Leider zählt in der Politik immer nur ein Modus, nämlich der Indikativ. Indikativ und Utopie sind zwei sich ausschließende Geistesverfassungen. Würde, müsste, könnte – alles Konjunktiv! Aber leider war die Realität unserer Partei immer noch dem Konjunktiv verhaftet, und diese Parteiirrealität begann sich jetzt mit Macht erneut vor die Realität der politischen Mehrheit in Deutschland zu schieben. Und daraus sollte sich erneut ein sattsam bekannter und für uns zugleich hochgefährlicher Widerspruch zwischen gesellschaftlicher und innerparteilicher Wahrnehmung der Realität eröffnen. Dieser Widerspruch hatte in der Vergangenheit vor allem bei Wahlen meistens zu einem bösen Ende zulasten unserer Partei geführt. Zwar entscheiden Parteitage bekanntlich über Programme und Personal, die Wählerinnen und Wähler aber über die Mehrheiten in den Parlamenten. Und genau darum würde es in dem kommenden Wahlkampf gehen, um die Mehrheit und um nichts anderes!

Aber die Partei sah das, wie gesagt, leicht anders. Wozu – gerade als Grüne! – die Autobahn nehmen, wenn man auch mit der Achterbahn ans Ziel kommen kann? Genau eine solche politische Achterbahnfahrt sollte nun für uns Grüne mit der Vorlage des ersten Entwurfs für das Wahlprogramm 1998 beginnen. Dieses Programm hatte die linke Mehrheit im Parteivorstand über viele Wochen und Sitzungen hinweg ausgebrütet. Und diesem Gremium gehörte ich nicht an. Mehr als einmal musste ich in diesem Jahr wohl wie der Reiter über den Bodensee ausgesehen haben, der mit »gesträubtem Haar« gerade noch einmal der »grinsenden Gefahr« entronnen war.

Über nahezu drei Jahre hinweg hatte die Fraktion in Bonn das Erscheinungsbild unserer Partei nach außen erfolgreich geprägt und verändert. Vom grünen Chaosclub war nicht mehr allzu viel sichtbar geblieben, ohne dass dies jedoch zulasten der Inhalte oder gar der programmatischen Unterscheidbarkeit unserer Partei gegangen wäre. Das Gegenteil war vielmehr der Fall.

Die Grünen im Bundestag hatten, obwohl sehr viel kleiner als die Sozialdemokraten, inhaltlich und politisch die Rolle der eigentlichen Oppositionsfraktion übernommen. Und in den Umfragen spiegelte sich sowohl die Schwäche der SPD unter Rudolf Scharping als auch unsere erfolgreiche grüne Oppositionsarbeit wider. Über lange Zeit befanden wir uns deutlich im zweistelligen Bereich. Das sollte sich mit dem Beginn des Wahljahres und der Übernahme des grünen Steuerrades durch Bundesvorstand und Bundesparteitag allerdings radikal ändern.

Im Jahr 1994, als nach der Vereinigung der Grünen mit dem Bündnis 90 in Ostdeutschland die Partei Bündnis 90/Die Grünen mit 7,3 Prozent als drittstärkste Fraktion erneut in den Bundestag eingezogen war (nach dem Scheitern der westdeutschen Grünen bei der Einheitswahl 1990 an der Fünfprozenthürde), waren neben einigen älteren auch zahlreiche jüngere Abgeordnete zum ersten Mal dabei. Sie sollten sich in den folgenden Jahren im Bundestag als ein wahres Talentereservoir für die Oppositionsarbeit, aber auch für die inhaltliche Neuausrichtung der Fraktion als mögliche Regierungsfraktion erweisen. Zu ihnen gehörten Andrea Fischer, Margareta Wolf, Matthias Berninger, Oswald Metzger und Cem Özdemir, um nur einige derer zu nennen, die in dieser Zeit auch einer breiteren Öffentlichkeit jenseits von Fraktion und Partei bekannt wurden.

1994 hatte die Ablösung der christlich-liberalen Mehrheit unter Bundeskanzler Helmut Kohl ein weiteres Mal nicht funktioniert. In den entscheidenden Monaten vor der Wahl hatte Kohl den damaligen Kanzlerkandidaten der SPD, Rudolf Scharping, zuerst in den Umfragen überholt und dann seinen vierten Wahlsieg im Bund erreicht. Es war zum Verzweifeln. The same procedure as every year!, konnte man damals in der Wahlnacht, frei nach dem britischen Komiker Freddie Frinton, nur resigniert feststellen.

Andererseits bestand in der Niederlage auch Hoffnung, denn erstens waren die Grünen zum ersten Mal als drittstärkste Kraft mit 7,3 Prozent und 49 Mandaten in den Deutschen Bundestag zurückgekehrt, und zweitens sprach wenig für einen fünften Wahlsieg von Helmut Kohl und seiner Koalition. 1998 würde also zu unserem magischen Jahr werden, denn dann würde sich eine ernsthafte, bisher niemals da gewesene Chance für einen rot-grünen Machtwechsel eröffnen. Eine Chance wohlgemerkt, nicht mehr! Aber eine überaus realistische Chance. Ob diese Chance genutzt werden würde oder nicht, würde davon abhängen, ob SPD und Grüne auf dem Weg dorthin keine schweren Fehler machen würden und die SPD darüber hinaus ihr offensichtliches Führungs- und Kandidatenproblem lösen könnte. Denn mit Rudolf Scharping würde es erneut nichts werden, das schien mir so gut wie sicher.

1998 würde also die konkrete Chance zum Machtwechsel bestehen, und darauf musste man sich, so zumindest lautete meine hessische Erfahrung mit jeweils einer gescheiterten und einer erfolgreichen Koalition mit der SPD, inhaltlich und personell intensiv vorbereiten. Rot-Grün war damals alles andere als eine selbstverständliche parlamentarische Machtkonstellation und galt (vor allem im Bund) immer noch als ein hohes Risiko für eine stabile Mehrheit und eine verlässliche Bundesregierung. Das Wort vom »rot-grünen Chaos« und die daran geknüpften Ängste mussten in den vor uns liegenden Jahren entkräftet werden, um 1998 jene echte Chance auf den Machtwechsel im Bund erfolgreich zu nutzen. Ängste entkräften, Vertrauen aufbauen und Mehrheiten für unsere ökologischen und sozialen Reformen gewinnen – so lautete also für uns Grüne die oberste strategische Priorität in der damals laufenden 13. Legislaturperiode des Deutschen Bundestages.

Damals, in den Jahren nach 1994, waren die Erinnerungen an die verschiedenen misslungenen und auch gelungenen »rot-grünen Experimente« noch allzu frisch. Die erste rot-grüne Koalition in Hessen war vor allem daran gescheitert, dass die Koalitionsvereinbarung in den wichtigsten Punkten aus nicht oder nur kaum belastbaren Formelkompromissen bestanden hatte und die Zuständigkeiten des »grünen« Umweltministeriums eben nicht den heißesten Konflikt in der Koalition, nämlich die Atomausstiegspolitik, umfasste. Dies sollte sich dann, verschärft durch die Katastrophe von Tschernobyl, als der eigentliche Bruchpunkt erweisen, an dem diese erste rot-grüne Koalition in einem Bundesland im Februar 1987 nach vierzehn Monaten scheiterte. Die zweite rot-grüne Koalition in Hessen von 1991 bis 1995 war hingegen inhaltlich sehr gut vorbereitet gewesen, der Koalitionsvertrag gerade in den entscheidenden Konfliktpunkten durchverhandelt worden, und, extrem wichtig, die Zuständigkeit für die Atompolitik lag in der zweiten rot-grünen Hessenkoalition beim »grünen« Umweltministerium.

Darüber hinaus war der Umweltminister noch Bundesratsminister und stellvertretender Ministerpräsident, damit wurde eine faire und belastbare Machtbalance in Kabinett und Koalition gewährleistet. Diese Entscheidungen waren von zentraler Bedeutung für die protokollarische und machtpolitische Repräsentanz der Grünen in der Koalition mit der wesentlich größeren SPD. Zwar waren die Grünen der Juniorpartner, aber fortan agierten sie inhaltlich und machtpolitisch auf der gleichen Augenhöhe mit dem sozialdemokratischen Seniorpartner. Die Koalition sollte sich aus all diesen Gründen als stabil und erfolgreich erweisen und wurde deshalb mit einem für die Grünen hervorragenden Ergebnis 1995 (1991 8,8 Prozent Grüne / 10 Mandate; 1995 11,2 Prozent Grüne / 13 Mandate) bei den Landtagswahlen bestätigt.

Freilich waren die Prioritäten des mehrheitlich von der Parteilinken dominierten Bundesvorstandes und erst recht die der grünen Parteitage und ihrer Mehrheiten etwas andere. Selbstverständlich wollte man auch im Bundesvorstand die Chance auf einen Machtwechsel nutzen, aber dieser sollte keinesfalls um den Preis erreicht werden, die bisherigen programmatischen Positionen so der Wirklichkeit anzunähern, dass sich darauf ein Regierungsprogramm aufbauen ließe. Zudem war die Linke – der Magdeburger Parteitag sollte es an den Tag bringen – noch einmal gespalten in sogenannte »Regierungslinke« und »Überzeugungslinke«. Die Regierungslinke wollte ihren programmatischen Radikalismus bis zu einem Wahlsieg von Rot-Grün aufrechterhalten, die Überzeugungslinke war nach wie vor mehr am rechten Glauben denn an Mehrheitsfähigkeit interessiert und hielt jeden anderen Kurs für Verrat. Und so kam es, dass der Bundesvorstand einen Entwurf zum Wahlprogramm vorlegte, der nur bedingt den neuen programmatischen Geist der von Realos dominierten Bundestagsfraktion der vergangenen drei Jahre atmete (Öffnung der Ökologie in Richtung Marktwirtschaft, Ökosteuer, Entbürokratisierung, nachhaltige Finanzpolitik, Abkehr vom sofortigen Ausstieg aus der Atomenergie, keine fundamentale Ablehnung mehr von militärischen Auslandseinsätzen (Balkan), keine Abschaffung der Bundeswehr oder der NATO). Stattdessen dominierte der alte grüne Programmradikalismus den Entwurf, und das verhieß nichts Gutes.

Zum Schwur sollte es dann am Wochenende des 6.–8. März 1998 auf dem grünen Bundesparteitag in Magdeburg kommen. Dort stand das grüne Wahlprogramm für die kommende Bundestagswahl zur Entscheidung an, eine der ganz wichtigen Weichenstellungen für einen erfolgreichen Wahlkampf. In langen und zähen Verhandlungen mit der Regierungslinken war es zuvor gelungen, diese in der Außenpolitik von ihrer Position abzubringen, dass sie erst in den Koalitionsverhandlungen und damit *nach* einem Wahlsieg bereit wäre, die Realität zur Kenntnis zu nehmen und die notwendigen Kompromisse einzugehen, auch wenn die damalige programmatische Öffnung im außenpolitischen Teil nur äußerst maßvoll war.

Wir Realos hielten diese Haltung für suizidal, weil sie den möglichen Wahlsieg im hohen Maße gefährden und unsere Verhandlungsposition, ja unser gesamtes Standing in einer rotgrünen Koalition schwächen würde. Worüber ich nicht laut sprach – und wenn, dann nur im allerkleinsten Kreis –, war meine Erfahrung in Hessen. Ohne die Übernahme eines klassischen Ressorts durch uns Grüne und ohne den Vizekanzler würden wir von vornherein inhaltlich und machtpolitisch auf den Katzentisch in einer rot-grünen Bundesregierung reduziert werden, auf das »Gedöns« also, wie Gerhard Schröder die sogenannten »weichen« Themen und Ressorts – Umwelt, Frauen, Familie etc. – einmal in einem anderen Zusammenhang zu nennen beliebte. Das Innenressort kam für uns nicht in Frage, Justiz war bedeutend, aber machtpolitisch nicht stark genug, und traditionellerweise hatte die FDP in den letzten Koalitionen immer das Außenressort geführt. Mir war klar, dass nur eine starke grüne und auch starke persönliche Position in einer möglichen rot-grünen Regierung ein vorzeitiges Scheitern verhindern konnte. Und das beinhaltete auch weitgehende persönliche Konsequenzen:

Für mich hieß das im Falle eines rot-grünen Wahlsieges, erstens das Außenministerium und den Vizekanzler anzustreben und zweitens mein Bundestagsmandat im Falle des Eintritts in die Bundesregierung auf keinen Fall aufzugeben (für die Grünen war damals die Trennung von Amt und Mandat ein hohes Prinzip!), weil dies meine politische Handlungsfähigkeit extrem einschränken, die eigene Rolle nach innen wie gegenüber dem Koalitionspartner schwächen und die Interessenkonflikte zwischen Regierung und Fraktion im Streitfall erheblich verstärken würde. Denn nur wenn die Alternative für meine Partei, angesichts der absehbaren, extrem schwierigen Entscheidungen und Kompromisse, jeweils personell wie inhaltlich in einem klaren »Alles oder Nichts!« bestehen würde, gäbe es eine Chance auf Erfolg. Und selbst dann würde es noch schwer genug werden. Auch bei den Sozialdemokraten durfte nicht der geringste Zweifel aufkommen, dass es mit den Grünen und mir keine Regierungsbeteiligung zweiter Klasse geben würde. Denn würde in der Öffentlichkeit und in meiner Partei auch nur der leiseste Verdacht grüner Zweitklassigkeit aufkommen, so wäre es um die Stabilität und Durchhaltefähigkeit dieser Koalition geschehen. Könnte ich mich in einem dieser Punkte nicht durchsetzen, so lautete deshalb meine Schlussfolgerung, dann würde ich auf keinen Fall in die Bundesregierung eintreten, sondern in der Fraktion bleiben.

Diesen Entschluss hatte ich schon seit längerer Zeit allein und für mich persönlich getroffen. Ohne diese beiden Grundvoraussetzungen würde nach meiner Überzeugung ein erfolgreiches Regieren in einer rot-grünen Koalition nicht möglich sein. Meine hessischen Erfahrungen hatten mich zutiefst geprägt. Aus all diesen Überlegungen heraus und auch angesichts der jahrelangen grünen Kontroverse um die Außen- und Friedenspolitik, um NATO, Balkan und Bundeswehreinsätze, standen diese Themen im Zentrum des öffentlichen Interesses, des Wahlprogramms und der gegenüber uns Grünen aufgeworfenen »Vertrauensfrage«.

Wir, die Realos, versuchten daher mit den Regierungslinken in Fraktion, Partei- und Landesvorständen eine Formel für die Außenpolitik zu finden, die eine deutsche militärische Beteiligung auf dem Balkan in unserem Wahlprogramm nicht völlig ausschloss. Dafür aber akzeptierten wir Realos u. a. die alte grüne Formel von den »Fünf Mark für einen Liter Benzin«. Die ostdeutschen Realos, angeführt von Gerd Poppe und Werner Schulz, erhoben dagegen die schwersten Bedenken, denn sie waren der Meinung, das würde in Ostdeutschland zu einem Desaster bei den Bundestagswahlen führen. Die Leute wollten nach Jahrzehnten einer automobilen Wüstenei namens DDR endlich Auto fahren, ja sogar rasen, und hätten für ökologisch noch so vernünftige Vorschläge, die auf einen erneuten Verzicht hinauslaufen würden, überhaupt kein Verständnis. Sie sollten recht behalten, sehr sogar.

Für mich stand jedoch aus den genannten Gründen die Außenpolitik im Vordergrund. Daran würde sich, so meine Auffassung, letztendlich die Regierungsfähigkeit der Grünen und damit die erfolgreiche Beantwortung der »Vertrauensfrage« als Regierungspartei beweisen müssen. Der ökologische Programmradikalismus der Grünen war in der Vergangenheit exakt jener Teil der grünen Welt der Illusionen gewesen, für den wir noch am wenigsten von den Wählern bestraft worden waren. Hatte sich dieser ökologische Radikalismus im Gegenteil nicht immer als eine notwendige Antriebskraft für den Umbau der Industriegesellschaft erwiesen, und war dies nicht von den Wählern auch so verstanden und akzeptiert worden? Hinzu kamen die taktischen Überlegungen, nach denen wir Realos auf keinen Fall in allen drei zentralen Fragen – beim Atomausstieg, bei den fünf Mark und in der Außenpolitik – auf dem Parteitag gewinnen würden. Außenpolitik und Atomausstieg – die zweite programmatisch-machtpolitische Priorität der Grünen – würden sich für den Bestand und die Handlungsfähigkeit einer möglichen rotgrünen Bundesregierung als essenziell erweisen, und wer würde die fünf Mark denn schon ernst nehmen – also?

Meine Zustimmung zu dem Fünf-Mark-Beschluss sollte sich als mein ureigenster Riesenfehler in diesem Wahljahr erweisen. Ich hatte die fatale Wirkung unseres programmatischen Ökoradikalismus auf die vor uns liegende »Vertrauensfrage« als mögliche Regierungspartei völlig unterschätzt. Hinzu kam noch die Negativwirkung unserer Niederlage in der Außenpolitik, sodass sich zur Freude von Konservativen und Liberalen, zum Entsetzen der Sozialdemokraten und zum unermesslichen Katzenjammer der Grünen die Kommentierung des Magdeburger Parteitags in den Medien in einem leicht abgewandelten Zitat eines berühmten Galliers zusammenfassen ließ: »Die spinnen, die Grünen!«.

»Bis zum 8. März, 23.12 Uhr, war die kleine grüne Welt noch in Ordnung. Eine Minute später aber hatten die 800 Delegierten des Magdeburger Parteitags mit nur einer Stimme Mehrheit ein Kompromißpapier zur Verlängerung des SFOR-Mandats der Bundeswehr in Bosnien niedergestimmt. Das Unglück nahm seinen Lauf.« Mit diesen Worten schilderte DER SPIEGEL in einer Nachbetrachtung auf den Parteitag jene dramatisch misslungene Abstimmung. Welch ein Desaster! Nie zuvor waren auf einem grünen Parteitag so viele nationale und internationale Journalisten als Beobachter anwesend gewesen, denn in Magdeburg wollte ja eine mögliche Regierungspartei ihr Wahlprogramm für die Zukunft Deutschlands beschließen. Und dann das!

In Magdeburg hatte sich auch gezeigt, dass die Regierungslinke in unserer Partei nur so lange die Partei führen konnte, solange sie dem Programmradikalismus der Mehrheit folgte. Ging sie Kompromisse mit den Realos oder gar der Realität ein, brach ihr sofort die Basis weg. Es waren am Ende eben doch nur Häuptlinge ohne Indianer. Ein pazifistischer Antrag aus Hamburg sollte das in dieser Nacht beweisen. Die Gesinnungslinken um Hans-Christian Ströbele aus Berlin und Uli Cremer aus Hamburg triumphierten. Alle Verhandlungen nach der verlorenen Abstimmung in den Kulissen des Parteitages führten zu nichts, die Niederlage, ja der grüne Super-GAU war Wirklichkeit geworden, herbeigeführt von der eigenen Parteitagsmehrheit.

Ströbele! Immer wieder Ströbele! »Dieser Meister der grünen Selbstzerstörung«, so knurrte ich damals in mich hinein. Während der Nachverhandlungen in den halbdunklen Kulissen des Parteitages tauchte in meiner Erinnerung immer wieder das Bild eines aufgebracht ätzenden Hans-Jochen Vogel auf, der mir gegenüber Hans-Christian Ströbele einmal mit eindeutigen

Worten charakterisiert hatte: »Welch ein Narr!« Diese Aussage bezog sich darauf, dass im Vorfeld der Bundestagswahl 1990 die Grünen, angeführt von Hans-Christian Ströbele, gegen das vom Bundestag beschlossene Wahlgesetz beim Bundesverfassungsgericht Beschwerde eingelegt und gewonnen hatten. Danach gab es ein neues Gesetz, die Listen in Ost und West wurden getrennt gezählt, und die Grünen waren bei den Bundestagswahlen 1990 draußen! Nach dem alten, vom Bundestag zuerst beschlossenen und dann von den Grünen erfolgreich beklagten Recht aber wären wir im Bundestag geblieben!

O ja, Hans-Jochen Vogel war ein sehr kluger Mann, sagte ich in jener Nacht in Magdeburg zu mir selbst immer wieder. Erneut hatte sich also Ströbele mit schwerem ideologischem Flügelschlag in die Lüfte erhoben und unter dem Jubel der Parteitagsmehrheit den Grünen ein weiteres Mal die Füße weggeschlagen. Es war einfach nur ätzend! Später, in den Jahren der rot-grünen Koalition, sollte sich mein Verhältnis zu Hans-Christian Ströbele allerdings zum Positiven wandeln, denn bei allem grünen Dogmatismus, der ihm zu eigen ist, erwies er sich immer dann, wenn es um die Machtfrage und damit um die Koalition ging, als durchaus pragmatisch, ja hochflexibel und immer verlässlich, selbst bei den schwierigsten Absprachen. In Magdeburg allerdings war bei ihm von solch pragmatischer Erweckung nicht die geringste Spur zu finden.

Mein Gott, wir standen so kurz vor dem Ziel des Machtwechsels, und dann dies! Hilflose Wut, tiefe Enttäuschung, bleierne Resignation – irgendwo dazwischen verlor sich mein Gemütszustand in jener Nacht auf dem Parteitag. Was würden wir Grüne ab Montag durchgeprügelt werden, von der Öffentlichkeit, vom politischen Gegner, vom möglichen Koalitionspartner. Und welch ein Absturz würde uns erst in den Umfragen drohen! Ich hatte mir ja im Laufe von anderthalb Jahrzehnten angesichts der immerwährenden Niederlagen der Realos auf grünen Bundesparteitagen ein gewisses Maß an politischem Masochismus zugelegt. Dadurch war ich politisch und persönlich weitgehend schmerzunempfindlich gegenüber innerparteilichen Niederlagen geworden, aber Magdeburg übertraf alles bisher Erlebte. Und ich selbst konnte mich von der eigenen Schuld an diesem Desaster nicht freisprechen, was diese Niederlage ganz besonders bitter für mich machte.

Hinterher, gegenüber Journalisten an der Bar im Hotel, wurde unsere entscheidende Niederlage in der Außenpolitik dann von den Häuptlingen der mit uns Realos unterlegenen Regierungslinken als ein besonders intelligentes Manöver dargestellt, um die Realos vorzuführen und Fischer zu schwächen. Aber das waren lediglich mühsame Rechtfertigungsversuche ihrer eigenen Niederlage und der Versuch, sich aus dieser davonzustehlen. Nein, nach Magdeburg durfte Helmut Kohl wieder hoffen, das war die ganze, die traurige Wahrheit dieses grünen Parteitages im Schatten des Doms von Otto dem Großen, den ich noch in der Nacht vor der Niederlage besucht hatte. Aber auch diese kleine Wallfahrt zu Dom und Kaisergrab zu nächtlicher Stunde hatte ganz offensichtlich keinen Segen gebracht. Die kommenden Wochen und Monate sollten vielmehr eher an einen bitteren Bußgang erinnern.

Obwohl ich im Laufe der Jahre solch genussvoll zelebrierte Akte der politischen Selbstbeschädigung durch unsere Parteitage immer wieder erlebt und durchlitten hatte, konnte ich die Rationalität (oder auch Irrationalität) dieses Verhaltens niemals wirklich begreifen. Warum beschädigt eine Partei, unter dem lauten Jubel der Mehrheit der Delegierten, so massiv ihre eigenen Interessen oder zerstört diese gar? In den achtziger Jahren verfügte der Fundi-Realo-Konflikt innerhalb der Grünen in seinem Kern ja noch über eine gewisse Rationalität, denn es ging in der Tat um zwei sich ausschließende strategische Ansätze: Systemopposition und Protestpartei hieß die fundamentalistische Strategie, Regierungsfähigkeit und Reformpartei lautete dagegen die Strategie der Realos. Das waren zwei sich widersprechende Parteistrategien, ja Parteien, und dieser Tatsache waren sich damals beide Seiten völlig bewusst gewesen. Früher oder später musste eine Entscheidung herbeigeführt werden, und eine der beiden Seiten würde gehen müssen.

Und genau so ist es dann auch nach der katastrophalen Wahlniederlage der Grünen in den Einheitswahlen 1990 gekommen. Auf dem turbulenten Parteitag in Neumünster (Schleswig-Holstein) vom 26. bis 28. April 1991 verließen, nach wüsten Auseinandersetzungen, die radikalen Linken die Partei, und die Regierungslinken übernahmen damals die Macht im Bundesvorstand. Die Realos – quasi als »running gag« grüner Parteitagsgeschichte – verloren erneut, d. h. unsere Kandidaten für die Sprecher des Bundesvorstandes wurden nicht gewählt.

Lange vor meinem Eintritt in die grüne Partei und nach dem schmerzhaften Abschied von den radikalen Illusionen der siebziger Jahre und der Frankfurter Spontibewegung waren wir, einige Freunde aus der Frankfurter Spontibewegung um Dany Cohn-Bendit und im Umkreis der Stadtzeitung »Pflasterstrand«, nach langen Diskussionen zu der Überzeugung gelangt, dass die Grünen als Partei nur dann Sinn machten, wenn sie bereit wären, nicht nur zu protestieren und zu opponieren, sondern wenn sie um ihre Mehrheitsfähigkeit und damit um die Gestaltungsmöglichkeiten einer Regierungspartei kämpfen würden.

Bliebe es bei Protest und Fundamentalopposition allein, so würde eine Parteigründung auf der Linken nichts beizutragen haben, was eine Protestbewegung nicht wesentlich besser könnte. Eine reine Protestpartei, die aus ideologischen Gründen auf die eigene Machtperspektive verzichtete, würde daher einerseits notwendigerweise versuchen, solche Bewegungen zu vereinnahmen, andererseits aber zur Durchsetzung ihrer inhaltlichen Ziele mangels Machtperspektive wenig bis nichts beitragen können. Am Ende bliebe dann lediglich die institutionelle Dominanz einer Protestpartei über die Protestbewegung, was gerade uns Frankfurter Altspontis ein echter Gräuel war. Und eine solche radikale Protestpartei müsste dann, mangels eigener parlamentarischer Gestaltungsperspektiven, sehr schnell in der bloßen Verwaltung radikaler Dogmen und Glaubenssätze erstarren.

Machtpolitisch gesehen würden ihre Stimmenanteile bei Wahlen immer nur dem politischen Gegner auf der anderen Seite des politischen Spektrums helfen und der Mehrheitsfähigkeit des eigenen Lagers bei Wahlen schaden. Daher war objektiv in der fundamentalistischen Strategie der Hauptgegner die SPD und nicht das konservativ-liberale Lager, während die Strategie der Realos gegenüber der SPD auf Eigenständigkeit als Mittel zur Bündnisfähigkeit abzielte.

Nur als eigenständige ökologische und soziale Reformkraft

machte für uns, die unter nicht geringen politischen Schmerzen zu ökologischen und sozialen Reformern geläuterten Frankfurter Altspontis, die Gründung der grünen Partei und ihr Versuch, sich in den Parlamenten zu etablieren, Sinn. Sonst wäre es besser, in die SPD einzutreten oder einfach nur zu privatisieren und sich definitiv aus der Politik zu verabschieden. Nur wenn die sozialen und ökologischen Positionen der Neuen Linken in dieser neuen Partei zu einem *eigenen* reformerischen Machtfaktor werden konnten, ließ sich das grüne Parteiprojekt in unseren Augen rechtfertigen. Nach der Überwindung jenes illusionären bis verantwortungslosen Radikalismus, der die Neue Linke in den späten sechziger und siebziger Jahren bestimmt hatte, durfte das machtpolitische Ergebnis nicht lauten, lediglich als programmatisches Integrationsproblem innerhalb der SPD zu enden. Deshalb musste die grüne Politik zu einem eigenständigen parlamentarischen Macht- und Gestaltungsfaktor werden. Aus diesen Überlegungen heraus entstand dann Ende der siebziger und Anfang der achtziger Jahre in Frankfurt das »Konzept Realpolitik«.

Nahm man diese Analyse ernst, dann hieß dies aber, die Frage der Mehrheitsfähigkeit und damit den Kampf um eine mögliche Regierungsbeteiligung in den Mittelpunkt der grünen Strategie zu stellen. Gerade für Ökologen und Umweltschützer, die ja nur allzu oft mit dem Bild »Es ist fünf vor zwölf!« alarmistisch argumentierten, war es eigentlich nahezu oberste Pflicht, möglichst schnell an die Schalthebel der Macht eines demokratischen Systems zu gelangen, um den fatalen Gang der Ereignisse noch abwenden zu können.

Über ein Jahrzehnt hinweg ging es jedoch jenseits der Realos keineswegs um solch rationale Argumente in der innergrünen Kontroverse. Vielmehr war der Glaube wichtiger als die Macht, der Glaube an die eigenen radikalen Inhalte. Hinter dem radikalen Glaubensgestus verbargen sich gewiss auch kleinliche persönliche Interessen, Angst vor der Verantwortung und sehr viele Reste und Versatzstücke der radikalen Ideologie der Neuen Linken aus den sechziger und siebziger Jahren. Aber im Kern war die Reinheit der Überzeugung wichtiger als der scheinbare »Schmutz« des parlamentarischen Kompromisses und – durch freie und geheime Wahlen legitimierte – Regierungsmacht. Diese Haltung entsprang dem antiparlamentarischen Erbe der Neuen Linken, ja war genauer besehen eigentlich einer romantisch-vordemokratischen, zutiefst deutschen und alles andere als positiven Tradition verpflichtet. Zugleich aber hatten sich dieselben Grünen mit ihrer Parteigründung auf den Weg in die Parlamente gemacht, und dieser Widerspruch musste dann über ein Jahrzehnt hinweg durchlebt und ausgefochten werden.

Es war also kein Wunder, dass ein anhaltender Realitätsverzicht und das Sichern innerparteilicher Mehrheiten vor dem Erreichen gesellschaftlicher Mehrheiten die Bundespartei über viele Jahre hinweg dominiert hatten. Diese Herrschaft des Wunsches über die Wirklichkeit lag von Anbeginn an in der strukturellen Widersprüchlichkeit des grünen Projekts begründet. Trotz all dieser theoretischen Erkenntnisse waren es gleichwohl qualvolle Jahre für mich gewesen, die mein Verhältnis zu meiner Partei – genauer der *Bundes*partei – dauerhaft negativ bestimmen sollten. Denn wirklich warm – im Sinne emotionaler Verbundenheit, sodass ich mich in meiner Partei auch persönlich wohl oder gar zu Hause gefühlt hätte – bin ich in all den Jahren mit der grünen Bundespartei niemals geworden. Damit ich richtig verstanden werde, die Grünen waren und sind meine Partei. Ich habe für sie gekämpft, gelitten, verloren und gesiegt. Und ich habe meiner Partei sehr viel zu verdanken und konnte ihr wohl auch einiges davon im Laufe der Zeit zurückgeben. Aber emotional sind mir die Bundesgrünen immer fremd geblieben, bis auf den heutigen Tag. Dies galt und gilt allerdings nicht für die Grünen in Frankfurt und Hessen. Dort hat sich für mich wirkliche politische Heimat entwickelt.

Vielleicht aber, so dachte ich damals in Magdeburg, war ich mit der Bundespartei lediglich zu ungeduldig gewesen. Diese jahrelange Quälerei, dieser ganze Fundi-Radikalismus der vergangenen Jahre lag doch weit hinter uns! Die Fundis waren gegangen, ausgetreten aus der Partei, und selbst die Linken in NRW und Berlin wollten regieren. Aber man konnte doch nicht regieren und opponieren zur gleichen Zeit. Genau das war es aber, was die Mehrheit in Magdeburg wollte. Der Fundamentalismus ist also noch da, seine Ideen sind noch da, obwohl ihre Hauptprotagonisten die Partei seit langem verlassen haben – dies war eine mich tief deprimierende Erkenntnis in diesem Wahljahr. Wascht uns den Pelz, aber macht uns nicht nass – und genau dies würde niemals funktionieren! Dazu hätte es wahrlich nicht der Gründung der grünen Partei bedurft, um die Richtigkeit jener alten Weisheit ein weiteres Mal praktisch zu beweisen.

Nach dem Magdeburger Debakel ging es dann für uns Grüne munter und Schlag auf Schlag weiter. Am 22. März kam es bei den ansonsten bundespolitisch weniger bedeutsamen Kommunalwahlen in Schleswig-Holstein für uns Grüne zu einem schweren Einbruch mit rund einem Drittel weniger an Stimmen als bei der Wahl zuvor. Und in diesem Jahr war eben alles von Bedeutung, auch eine Kommunalwahl im fernen Norden der Republik! Zudem wurde am 26. März im Deutschen Bundestag über die NATO-Osterweiterung abgestimmt. Dies war eine grundsätzliche, ja historische Frage, denn Deutschland konnte etwa Polen den Beitritt in die NATO nicht verweigern. Ein deutsches Nein hätte die für uns so überaus wichtige europäische Integration in den Grundfesten erschüttert, Deutschland isoliert und das transatlantische Bündnis gefährdet. Die Fraktion war in dieser Frage tief gespalten, sodass ich am Ende mit dreizehn weiteren Abgeordneten der grünen Fraktion der NATO-Osterweiterung zustimmte, sechs Abgeordnete stimmten mit Nein, während sich fünfundzwanzig grüne Abgeordnete der Stimme enthielten. »Tiefe Zerrissenheit«, »Spaltung der Grünen«, »Grüne wanken« etc. lauteten am nächsten Tag die Schlagzeilen, und man konnte ihnen nicht einmal widersprechen.

Am 26. April wurde in Sachsen-Anhalt der Landtag gewählt und – erwartungsgemäß – die dort regierende rot-grüne Koalition abgewählt. Schlimmer noch, die Grünen sackten von 5,1 Prozent 1994 auf 3,2 Prozent 1998 ab. Damit waren sie nicht nur aus der Regierung, sondern auch aus dem Landtag herausgewählt worden. Magdeburg schien die Stadt zu sein, in der in diesem für uns entscheidenden Jahr 1998 unser grünes Schicksal besiegelt werden würde. Ein Minus von 1,9 Prozentpunkten, Regierungsverlust und parlamentarischer Exitus für die Grünen – und all das in einem Bundestagswahljahr! Der Montag nach der Landtagswahl in Sachsen-Anhalt war wieder einmal so ein Tag gewesen, an dem man als grüner Realo aus emotionalen Selbstschutzgründen die Zeitungslektüre besser vergaß. Und um meine Freude endgültig zu komplettieren, legte die SPD (unser präsumtiver Koalitionspartner in Bonn/Berlin) um 1,9 Prozentpunkte zu und verbesserte sich innerhalb von vier rot-grünen Regierungsjahren von 34,0 auf 35,9 Prozent.

Zwar war die Niederlage der sachsen-anhaltinischen Grünen, ganz unabhängig vom Magdeburger Parteitag, innerhalb der Partei allseits erwartet worden, denn ihre Leistungsbilanz in der Regierung war, in milden Worten gesagt, wohl nur als dürftig zu bezeichnen. Aber der desaströse Bundesparteitag hatte den eh schon vorhandenen landespolitischen Abwärtstrend wohl noch um einiges verstärkt.

Ich hatte mich im Landtagswahlkampf intensiv engagiert und war auch am Wahlabend, in Erwartung der fast sicheren Niederlage, nach Magdeburg zu den Grünen in den Landtag gefahren. Denn wir durften den Landesverband auf keinen Fall in der Niederlage allein und in eine absehbare tiefe Depression fallen lassen. Die Bundestagswahlen hatten in diesem Jahr, komme was da wolle, für uns die oberste Priorität zu sein, und dazu brauchten wir auch in Sachsen-Anhalt einen einigermaßen geschlossenen und wenigstens leidlich aktiven Landesverband. Es war aber – was Wunder auch? – alles andere als ein einfacher Abend in der grünen Fraktion im sachsen-anhaltinischen Landtag. Die Stimmung war zu Recht deprimierend, und ich war daher froh, mich bald wieder auf den Heimweg machen zu können. Magdeburg, Magdeburg, immer wieder Magdeburg …

Nach dem Parteitag war für uns Grüne eine lustige Zeit angebrochen, denn die Partei des Pazifismus lag fortan unter publizistischem Trommelfeuer. Die Boulevard-Presse vorneweg, die eher der konservativ-liberalen Regierungsmehrheit nahestand, aber auch die seriöseren Zeitungen und Magazine schossen sich auf uns Grüne ein, aus allen Rohren mit dicken Schlagzeilen, ja ganzen Aufmachern feuernd. »5 Mark für 1 Liter Benzin!«, »Der grüne Wahnsinn!«, »Sind die Grünen noch zu retten?« etc. lauteten damals die Schlagzeilen. Und man konnte es den Medien nicht verübeln, wenn sie die von uns Grünen ohne Not geschlagenen Steilvorlagen mit Genuss ins grüne Gehäuse hämmerten. Genau dazu ist die vierte Gewalt ja da. Den Vorwurf der mangelnden Fairness konnten wir nach Magdeburg kaum erheben, und beschweren konnten wir uns ausschließlich bei uns selbst, meine eigene Wenigkeit eingeschlossen.

Der Bundesparteitag war der Beginn eines langen Leidensweges, denn nunmehr hatten die Medien politisch Blut geleckt und die Spur aufgenommen. Das grüne Wahlprogramm, aber auch grüne Anträge im Parlament und in den Ausschüssen des Bundestages und selbst länger zurückliegende Beschlüsse von Parteitagen wurden nun auf das Sorgfältigste und Genussvollste exhumiert, durchleuchtet und seziert. Und siehe da, die kritischen Forscher wurden sehr schnell fündig. Unsere Vorsitzende des Tourismusausschusses des Deutschen Bundestages hatte einmal vorgeschlagen, dass man die Flugreisen der Deutschen ins Ausland pro Jahr aus ökologischen Gründen limitieren sollte. Diese Idee erneuerte sie in einem Interview. Welch ein Fressen für den Boulevard: Grüne gegen Mallorca-Urlaub! Eine andere Abgeordnete, die verkehrspolitische Sprecherin der Fraktion, sprach sich für die bundesweite Einführung von Tempo 100 auf allen bundesdeutschen Autobahnen aus, für eine grüne Verkehrspolitikerin eigentlich eine Selbstverständlichkeit. Aber jetzt wurde mit diesen Funden ein publizistisches Schlachtfest sondergleichen (und jedes Wochenende aufs Neue) zulasten der Grünen veranstaltet.

Was Wunder auch, denn wir Grüne selbst hatten ja die für die kommenden Wahlen zentrale »Vertrauensfrage« mit unseren Magdeburger Beschlüssen aufgeworfen und sie dort zugleich mit Wollust negativ beantwortet. Sollen diese Leute tatsächlich Deutschland regieren? Das war die Frage hinter all den berechtigten und zu Teilen auch überzogenen oder gar ungerechten Schlagzeilen. Und die Antwort lautete – mal mehr, mal weniger fein ziseliert – unisono: Nein! Allerdings kippte das von uns selbst losgetretene publizistische Massaker gegen uns Grüne nach qualvoll langen Wochen um, weil es überzogen und damit selbst unglaubwürdig wurde. Die Medien unterlagen dabei einem sattsam bekannten »Herdeneffekt«. Jeder, aber auch jeder musste jetzt noch irgendetwas Skandalöses im grünen Programm finden, und so wurden die Skandalisierungen immer absurder. Ich selbst setzte auf die für uns günstige Wirkung der Maßlosigkeit der Attacken. Auf die Frage nach den möglichen Knackpunkten bei rot-grünen Koalitionsverhandlungen antwortete ich damals: »Die Abschaffung von Weihnachten, das Verbot von Silvester und die Ausbürgerung des Osterhasen«. Jede ökologische Position der Grünen wurde schließlich skandalisiert, und das drehte am Ende die Stimmung zu unseren Gunsten. Allerdings bezahlten wir für Magdeburg einen sehr hohen Preis. Ohne Magdeburg und die Folgen hätten wir wohl schon 1998 ein Ergebnis mit einer 8 vor dem Komma erreichen können.

Aber die Freude der Sieger des Magdeburger Parteitages währte nur ein kurzes Wochenende lang, danach begann der ganz große Katzenjammer auch unter den Linken. Und je heftiger die öffentlichen Angriffe ausfielen, umso mehr und schneller griff in den Landesverbänden und in der Parteiführung die Erkenntnis um sich, dass irgendetwas unternommen werden musste, um den fatalen öffentlichen Eindruck der Magdeburger Beschlüsse zu korrigieren. Ein neuer Parteitag allerdings war materiell und politisch ausgeschlossen. Ein anderes taugliches Instrument musste her, und als das für dieses programmatische Wendemanöver taugliche Instrument wählte der Bundesvorstand einen kleinen Parteitag, einen »Länderrat«, wie er bei uns Grünen hieß.

Fritz Kuhn, Realo der ersten Stunde und Fraktionsvorsitzender der Grünen im baden-württembergischen Landtag, hatte gemeinsam mit Jürgen Trittin einen Resolutionsentwurf ausgearbeitet. Die Annahme dieses grüneninternen »Wendepapiers« geschah dann ohne allzu heftige Kontroversen nahezu einstimmig, bei nur einer Enthaltung. Die Fünf-Mark-Forderung war darin nicht mehr enthalten, zum Flugtourismus wurde keinerlei Aussage gemacht, und am Bosnien-Einsatz der Bundeswehr wurde festgehalten. Damit war es zumindest etwas gelungen, den Eindruck von Magdeburg zu korrigieren, ohne dadurch zugleich eine neue Debatte aufzumachen, nämlich die des programmatischen Umfallens unter öffentlichem Druck.

Das grüne Leiden war mit diesem Länderrat und der programmatischen Korrektur von Magdeburg allerdings mitnichten zu Ende. Den einsamen Höhepunkt dieser grünen Selbst-kasteiungen setzte dann am 10. Juni und erneut ohne Not unser damaliger Bundesvorsitzender Jürgen Trittin, der es sich nicht nehmen ließ, auf einer »Gelöbnix« genannten Protestveranstaltung radikal linker und pazifistischer Gruppen in Berlin gegen ein öffentliches Bundeswehrgelöbnis eine lärmend radikale Rede zu halten, in der er die Bundeswehr in einen Zusammenhang mit der Wehrmacht rückte. Das war ein weiterer echter Volltreffer, allerdings erneut im eigenen Gehäuse.

Trittin schien vergessen zu haben, dass wir ein Wahljahr hatten – oder war dieser Auftritt gar als Beitrag der Parteilinken zum grünen Bundestagswahlkampf gemeint gewesen? Schließlich mussten ja auch noch weit links 50 Wählerstimmen gewonnen werden, selbst wenn uns das 50 000 Stimmen in der Mitte kosten konnte. (Ich weiß, ich übertreibe jetzt leicht, aber die damalige Stimmung unter uns Realos war eher noch schlimmer und aufgeheizter.) Sollte uns denn in diesem Jahr nichts, aber auch gar nichts erspart bleiben, selbst ein irrwitziger politischer Selbstentleibungsversuch seitens der allerhöchsten Parteiobrigkeit nicht? Es war zum Mäusemelken.

Am 19. Juni 1998, einem Freitag, ging es im Bundestag um die Verlängerung des Bosnienmandates der Bundeswehr. Die Mehrheit der grünen Fraktion wollte diesem Mandat zustimmen, aber die Union ließ sich die Chance nicht nehmen, uns in der Causa Trittin lauthals vorzuführen. Mir war im Parlament nach einer direkten Attacke der Union gar nichts anderes übriggeblieben, als die These einer möglichen Kontinuität zwischen Hitlers Wehrmacht und der Bundeswehr unverzüglich und in klaren Worten zurückzuweisen, ansonsten hätten wir eine der Fünf-Mark-Debatte durchaus ähnlich schädliche Kontroverse um »Die Grünen und die Bundeswehr« bekommen. Und um den absehbaren Angriff der Union abzufangen und zugleich die Geschlossenheit der Fraktion zu erhalten, hatten wir einen eigenen Entschließungsantrag zu diesem Debattenpunkt eingebracht, der – im Ton verbindlich, in der Sache klar – Trittins historischem Vergleich offen widersprach.

Aber weder der Antrag der Fraktion noch gar meine Distanzierung im Parlament hatten auf die wütenden Realos in der

Fraktion eine besänftigende Wirkung. Ganz im Gegenteil wurde beides nun als eine Einladung zum großen Halali auf den linken Vorstandssprecher verstanden. Denn Jürgen Trittin, der gemeinsam mit der Reala Gunda Röstel Bundesvorsitzender war und den linken Flügel in der Partei anführte, wirkte nicht erst wegen dieses Auftritts auf manche Realos in der Fraktion wie ein rotes Tuch auf einer sommerlichen Bullenweide. Der frühere DDR-Dissident und grüne Bundestagsabgeordnete Gerd Poppe etwa war durch nichts und niemanden mehr zurückzuhalten. Er forderte in der Lobby des Bonner Bundestages in die laufenden Kameras und Mikrophone hinein empört und vor Wut fast schnaubend den sofortigen Rücktritt von Trittin, und damit bekamen auch meine distanzierenden Worte innerparteilich und in der Öffentlichkeit eine andere Bedeutung, als von mir beabsichtigt. Weitere Abgeordnete aus den Reihen der Realos folgten mit öffentlichen Erklärungen und heizten so die innerparteiliche Konfrontation weiter an.

Damit ging es aber plötzlich nicht mehr nur um eine Schadensbegrenzung gegenüber der Öffentlichkeit für einen missglückten Auftritt unseres Vorstandssprechers – was die Linke wohl verstanden und auch hingenommen hätte –, die öffentlichen Rücktrittsforderungen gegenüber Trittin wurden jetzt als offene Kriegserklärung der Realos an die Parteilinke verstanden! Die Realos wollen Trittin stürzen und noch vor den Wahlen in der Partei die Macht übernehmen, hieß die Parole unter den Linken. Diese schlossen daraufhin ihre Reihen, und so tauchte zu allem Überfluss auch noch die Gefahr von einzelnen prominenten Parteiaustritten oder gar einer Spaltung der Partei in diesem Wahljahr auf. Dieser ganze »Gelöbnix«-Irrsinn drohte sich zu sehr viel mehr auszuwachsen als nur zu einem weiteren grünen Eigentor. Es tauchte dahinter vielmehr eine echte Bedrohung für die Geschlossenheit der Partei auf. Und all dies ereignete sich drei Monate – drei Monate! – vor der Bundestagswahl!

Die Affäre endete, wie im Parteienbetrieb üblich, in den »Gremien«, und d.h. in einer gemeinsamen stundenlangen Sitzung der beiden geschäftsführenden Vorstände von Partei und Bundestagsfraktion. Es war eine zähe Sitzung, und Trittin machte – wie schon öfter in ähnlichen Situationen – auf trotzig und unnachgiebig. Selbstverständlich war Jürgen Trittins Vergleich historisch falsch und politisch daneben, was er wohl mittlerweile selbst begriffen hatte. Aber eine Fortführung der Konfrontation hätte uns zerrissen und aller Wahlchancen beraubt. Also mussten die Scherben zusammengekehrt und »die Einheit von Fraktion und Partei«, wie es in solchen Situationen immer so schön heißt, wiederhergestellt werden. Und wie wird dies in der Regel bewerkstelligt? Richtig, mit einer »gemeinsamen Erklärung«, in der Jürgen Trittin das Vertrauen ausgesprochen und zugleich versprochen wurde, sich über öffentliche Auftritte in Zukunft gegenseitig besser zu informieren.

»Herr, lass endlich den eigentlichen Wahlkampf beginnen«, seufzte ich in dieser Zeit mehr als einmal, denn dann wäre das Ende dieser selbstverfertigten Qual endlich absehbar, ganz egal, wie die Wahl schlussendlich ausgehen würde. Und vielleicht würde der Wahlkampf ja tatsächlich disziplinierend wirken. Hatte ich allerdings im Sommer 1997 noch geglaubt, wir Grüne könnten den Wahlkampf aufgrund unserer überzeugenden Oppositionspolitik und unseres dadurch veränderten Bildes in der Öffentlichkeit offensiv führen und vielleicht sogar auf ein zweistelliges Ergebnis mit einer 10 vor dem Komma zielen, so war ich nach dem doppelten Magdeburg und all den anderen Rückschlägen wieder hart auf dem Boden grüner Realitäten aufgeschlagen. Ein schweres Defensivspiel lag da vor uns, und wenn wir unser Ergebnis von 1994 halten könnten, so durften wir mehr als froh sein. Sicher war das jedoch keineswegs.

Ganz anders hatte sich hingegen die Entwicklung bei den Sozialdemokraten, unseren Konkurrenten und zugleich möglichen Koalitionspartnern, gestaltet. Seitdem Oskar Lafontaine am 16. November 1995 auf dem Mannheimer Parteitag der SPD überraschend Rudolf Scharping an der Spitze der Partei abgelöst hatte, war die Sozialdemokratie wieder auf Erfolgskurs. Und mit der absoluten Mehrheit für Gerhard Schröder bei den niedersächsischen Landtagswahlen am 1. März 1998 war auch die Frage des Kanzlerkandidaten zwischen ihm und Lafontaine zugunsten von Schröder entschieden worden. Fortan konnte die Partei geschlossen und entschlossen auf Sieg spielen. Genau das taten die Sozialdemokraten auch.

Die niedersächsischen Landtagswahlen hatten bereits 1994 das Aus für Rot-Grün in Hannover gebracht, denn durch das Wegbrechen der FDP unter die Fünfprozenthürde (4,4 Prozent) reichten der SPD unter Schröder sehr gute 47,9 Prozent (+ 3,6 Prozentpunkte) zur absoluten Mehrheit. Und Schröder hatte die absolute Mehrheit für die SPD auch dadurch erreicht, dass er die niedersächsischen Grünen in der Koalition kleingehalten und in industriepolitisch-ökologischen Fragen bisweilen sogar gedemütigt hatte. Jürgen Trittin war 1990 lediglich Bundesratsminister geworden, wohingegen Monika Griefahn, eine bundesweit bekannte Aktivistin von Greenpeace, das Umweltressort in der Landesregierung für die SPD erhielt. Schröders Absicht, mittels einer rot-grünen Koalition den Grünen das Leben schwerzumachen, war damit recht unverhüllt klargeworden. Zudem mutete er den Grünen mit dem Bau einer Gasleitung durch das Wattenmeer, der Emsvertiefung und der Genehmigung einer Teststrecke für einen großen Automobilkonzern fast Unmögliches zu. Lediglich in der Atomenergie und in Fragen der inneren Liberalität fuhr er einen für die Grünen akzeptableren Kurs.

In Niedersachsen dominierten die Linken in der grünen Partei, und die öffentliche Einschätzung nach vier Jahren lautete 1994: »Aufmüpfig, aber pflegeleicht«. Auch bei der niedersächsischen Landtagswahl 1998 hatten die Grünen mächtig Angst um ihr Ergebnis wegen ihrer mäßigen Oppositionspolitik und der Strahlkraft des niedersächsischen Ministerpräsidenten. Aber ihre Befürchtungen bewahrheiteten sich Gott sei Dank nicht. Es gab mit 7 Prozent lediglich ein leichtes Minus von 0,4 Prozentpunkten zu verzeichnen. Dennoch war die Botschaft dieser Wahlnacht von Hannover sehr eindeutig: The winner takes it all! Und der hieß nun mal Gerhard Schröder, war ein Sozialdemokrat und hatte nach vier Jahren seine absolute Mehrheit verteidigt. Rot-Grün war in Niedersachsen durch Schröders Umarmungspolitik offensichtlich dauerhaft erledigt worden. Es war für uns eben auch schon vor Magdeburg nicht gut in diesem vermaledeiten Wahljahr 98 gelaufen.

Überhaupt Gerhard Schröder. Er also sollte der Kanzler einer rot-grünen Koalition auf Bundesebene werden, und auch diese

Personalie, die ja alles andere als unwichtig war, versprach kein Übermaß an heiterer Perspektive im Falle einer rot-grünen Koalition. Ich hatte Gerhard Schröder 1983, nach unserem Einzug in den Bundestag, als jungen SPD-Abgeordneten kennengelernt. Er war damals von Beruf Anwalt, verteidigte in politischen Prozessen, wie etwa in Berufsverbotsverfahren, und machte den Eindruck, politisch und kulturell den Grünen keineswegs fernzustehen. Des Abends, in Sitzungswochen des Deutschen Bundestages, traf man sich dann und wann in einer Kneipe namens »Provinz«, dem Stammlokal der Rot-Grünen direkt gegenüber dem Bundeskanzleramt an der B9 gelegen. Heike und Dieter Stollenwerk, der leider allzu früh verstorben ist, waren nicht nur die Wirtsleute, sondern zugleich auch überzeugte Rot-Grüne.

Dort wurde getrunken und laut und heftig diskutiert, und so konnte es nicht verwundern, dass zu nächtlicher Stunde, bedingt durch den oppositionellen Überschwang der Akteure und deren direkten, bisweilen schwankenden Blick auf das Kanzleramt, auf Bierdeckeln ganze Kabinettslisten entworfen wurden. Schröder, Schily, Fischer – das rot-grüne »Provinzkabinett« aus jener Zeit erwies sich nicht nur als gutgelaunter Kneipenschwank einiger ambitionierter Oppositionsabgeordneter, sondern sollte sich im Lichte der späteren Ereignisse als eine durchaus weitsichtige Planungsperspektive erweisen.

In den folgenden Jahren verloren wir uns dann aus den Augen, denn Gerhard Schröder ging nach Niedersachsen, um dort die SPD aus der Opposition im Landtag herauszuführen, während mich der Ruf nach Hessen ereilte. Zudem war es die Zeit des Aufstiegs von Oskar Lafontaine, der im Saarland mit der absoluten Mehrheit der Mandate Ministerpräsident wurde und mit seinen friedenspolitischen, ökologischen und sozialpolitischen Positionen sehr schnell zum Hoffnungsträger einer rot-grünen Alternative heranwuchs. Lafontaine galt damals wohl zu Recht als der sozialdemokratische Reformer schlechthin, der auch in arbeitsmarkt- und sozialpolitischen Fragen – zwei heiligen Kühen der Gewerkschaften und der SPD – dem Streit mit ebendiesen nicht aus dem Wege ging.

Gerhard Schröder hingegen rückte mit seiner Politik und seinen inhaltlichen Positionen als niedersächsischer Ministerpräsident im Spektrum der SPD immer weiter nach rechts, Richtung Wirtschaft und IG Chemie, deren Vorsitzender Hermann Rappe in der niedersächsischen SPD ein echtes Schwergewicht war. Insofern hatte Schröder durchaus einige gewichtige machtpolitische Gründe für seine Positionsverschiebung anzuführen. Nach seiner Auffassung machte es auch wenig Sinn, wenn sich SPD und Grüne um dieselbe Wählergruppe schlügen, die für eine rot-grüne Mehrheit allerdings unverzichtbare Ausdehnung nach rechts seitens der SPD unterbliebe. Auch dieses Argument war durchaus rational. Die Charakterisierung von Gerhard Schröder als »Genosse der Bosse« geht auf diese Entwicklung zurück.

Gleichwohl verbarg sich hinter Gerhard Schröders Strategie, die auch aus grüner Sicht vieles für sich hatte, ein für uns Grüne gefährliches Element. Er wollte uns damit kleinhalten, wie Rot-Grün in Niedersachsen sinnfällig demonstrierte. Rot-grüne Reformpolitik aber, dies war meine Einschätzung, wäre ohne starke Grüne kaum zu machen, und deshalb durften wir diesen verborgenen Teil von Schröders Strategie niemals akzeptieren. Im Klartext lief Gerhard Schröders Strategie gegenüber den Grünen darauf hinaus, uns lediglich auf die Rolle des Mehrheitsbeschaffers zu reduzieren, auf machtpolitisch etwas aufgemotzte grüne »Jungsozialisten« also, mit durchaus radikaler Rhetorik, aber in den wichtigen Fragen der Politik ohne wirklichen Einfluss und daher nicht ernst zu nehmen. Dafür waren die Grünen aber nicht gegründet worden.

Bei einem Treffen der beiden rot-grünen Landesregierungen von Hessen und Niedersachsen hatte er mich einmal angeknurrt, dass ich mit ihm niemals machen könnte, was ich in Wiesbaden machte (nämlich das Bild der Landesregierung in der Öffentlichkeit zu bestimmen). Ich brummte damals lediglich zurück, dass das schon recht wäre, solange er nur begriffe, dass er mit mir niemals so umgehen könne wie mit den Grünen in seinem Kabinett. Die Geweihe krachten also recht früh ineinander, und zwar zu einer Zeit, als von einer rot-grünen Bundesregierung oder gar von einem Bundeskanzler Gerhard Schröder noch gar nicht ernsthaft die Rede sein konnte. Später, nach teilweise schmerzhaften Erfahrungen in der Bundesregierung, wurde diese typisch männliche Rivalität – eine Eigenschaft, über die wir wohl beide alles andere als erhaben sind – durch gegenseitigen Respekt und Akzeptanz des jeweils anderen abgelöst, und so ist es bis heute geblieben. Wer es lieber astrologisch mag, dem sei in Erinnerung gerufen, dass wir beide im April, im Sternzeichen des Widders, geboren wurden.

Im Vorfeld des heraufziehenden Bundestagswahlkampfes kam die Redaktion des Wochenmagazins Stern auf die Idee, zwischen dem niedersächsischen Ministerpräsidenten und möglichen Kanzlerkandidaten und dem grünen Fraktionsvorsitzenden im Bundestag ein Streitgespräch zu veranstalten. Ein gemeinsamer Termin ließ sich im Februar 1997 finden, und zwar in Frankfurt/M. Als Ort wählten wir das Literaturhaus in der Bockenheimer Landstraße. Ich freute mich auf dieses Zusammentreffen, da es mir eine gute Gelegenheit schien, die rot-grüne Alternative zu konkretisieren und gemeinsam für diese Alternative zu werben. Darüber hinaus freute ich mich auch persönlich auf das Zusammentreffen mit Gerhard Schröder, den ich seit längerer Zeit nicht mehr gesehen und gesprochen hatte. Welch ein Irrtum meinerseits. Der niedersächsische Ministerpräsident, der zuvor bereits einen längeren Termin in Frankfurt absolviert hatte, erwartete uns bereits mit den beiden Journalisten vom Stern im Literaturhaus. Er saß, in der einen Hand ein Glas Weißwein, in der anderen eine dicke Havanna, in seinem Sessel und legte nach der ersten Frage auch sofort los, und zwar mit einem schweren rechten Aufwärtshaken, der mich völlig überraschte.

»STERN: Rot-Grün mit Kanzler Schröder und Vizekanzler Fischer: Traumehe, Alptraum oder Traum?
FISCHER: Über Ehen sollten ausgerechnet wir beide besser nicht reden.
SCHRÖDER: Mir mißfällt mehr die Reihenfolge. In einer rot-grünen Konstellation muß klar sein: Der Größere ist Koch, der Kleinere ist Kellner. Dies nicht zu akzeptieren ist eine typische Form grüner Überheblichkeit.«

Rumms! Das hatte gesessen. Der Rest des Streitgesprächs war dann wirklich nur noch Streit. Obgleich ich der Leidtragende dieser gekonnten Attacke war, musste ich neidlos anerkennen, dass Schröder auf den Punkt getroffen hatte, denn damit hatte er ein Bild gesetzt für die Beziehung zwischen Rot und Grün, das nicht mehr wegzubekommen war. Aber um welchen Preis! Genau dieses Verhalten hatte in Hessen die erste rot-grüne Koalition nach 14 Monaten ruiniert. Mit den Grünen als Kellner würden die vor uns liegenden Stromschnellen und Katarakte der Bundes- und internationalen Politik kaum unbeschadet zu überstehen sein, denn die Grünen würden bei jedem schwierigen Kompromiss die (reale oder vermeintliche) Demütigung spüren und entsprechend unkalkulierbar reagieren oder gar überreagieren. Mit einer solchen Haltung vom möglichen Kanzler und der SPD würde eine rot-grüne Koalition im Bund fast zwangsweise zu einem Wackelbündnis werden und scheitern müssen. Oder aber wir Grüne würden eine solche Politik runterwürgen und dadurch bis zur Unkenntlichkeit verändert werden. Dann aber müssten wir bei den nächsten Wahlen mit Sicherheit um unser parlamentarisches Überleben kämpfen.

Schröder, das war mir nach diesem Abend in Frankfurt klar, versuchte mit seiner Haltung, die Grünen in eine politische Zwickmühle zu manövrieren. Er sagte ja zu Rot-Grün, aber dies allein zu sozialdemokratischen Bedingungen. Entweder versagten dabei den Grünen die Nerven, und sie würden die Koalition vorzeitig platzenlassen, was voll zu ihren Lasten im für die Grünen entscheidenden rot-grünen Wählersegment gehen würde. Oder aber sie würden durchhalten und dann wegen der großen inhaltlichen Enttäuschungen in ihrer Wählerschaft zugunsten der SPD bei den nächsten Wahlen dezimiert werden können. Das war ziemlich genau die Kopie von Gerhard Schröders »Modell Niedersachsen«, bei dem allein wir Grüne die Rechnung zu bezahlen hatten. Schröder schien darüber hinaus eine merkwürdige Vorstellung vom Kellnerberuf zu haben, denn sein grüner Kellner sollte nicht kassieren, sondern wohl noch Geld mitbringen und in der Küche abliefern. Oh, boy!

Aus Schröders Sicht war eine solche Vorgehensweise durchaus legitim, aber sie war alles andere als klug. Und eines hatte ich mir während dieses Interviews innerlich geschworen – dass es mit mir im Bund niemals niedersächsische Verhältnisse geben würde. Niemals! Dieses Streitgespräch hinterließ bei mir auch inhaltlich einen nachhaltig negativen Eindruck, also nicht nur wegen Gerhard Schröders gekonnter Koch/Kellner-Metapher, auch nicht wegen seines demonstrativen Antiökologismus und seiner ausschließlichen Wirtschaftsorientierung, das würde sich nach Tisch alles anders anhören als vor Tisch und sich in den Koalitionsverhandlungen regeln lassen. Entsetzt war ich vielmehr über Gerhard Schröders Aussagen zu Europa. Euroskeptizismus war dafür noch eine milde Charakterisierung. Europa ist für Deutschland zu teuer, der Euro überflüssig, und überhaupt schränkt dieses Europa nur Deutschlands Souveränität ein, so seine Auffassung. Ich konnte es eigentlich nicht fassen, dass da ein Sozialdemokrat Bundeskanzler werden wollte, der die Grundlagen der deutschen Europaintegration mir nichts, dir nichts wegputzen wollte. Allein ein solcher Wahlkampf würde einen großen außenpolitischen Schaden produzieren müssen. Ich prophezeite damals Schröder, dass er diese antieuropäische Haltung weder im Wahlkampf noch gar als Kanzler durchhalten würde, und ich sollte damit sehr recht behalten. Seine innere, seine emotionale Distanziertheit gegenüber Europa hat Gerhard Schröder aber auch als Kanzler niemals abgelegt.

Gerhard Schröders europapolitische Auffassungen waren Stoiber- und CSU-Linie pur, nur dass der bayerische Ministerpräsident Edmund Stoiber durch das europapolitische Schwergewicht des damaligen Bundeskanzlers Helmut Kohl konterkariert wurde. Es findet sich in der Druckfassung, wie bei einem solchen Streitgespräch üblich, ja lediglich ein geringer Teil der Aussagen der beiden Kombattanten wieder. Aber mir war nach diesem Gespräch klar, dass es im Fall einer rot-grünen Mehrheit ganz offensichtlich nicht nur ernste politisch-inhaltliche Probleme auf der grünen Seite geben würde, sondern ebenso auf der sozialdemokratischen. Und diese Probleme würden schwerer wiegen, weil in unserer Koalition die SPD der Seniorpartner sein würde. Der Abend im Frankfurter Literaturhaus fügte für mich zu all dem bereits bestehenden Überfluss an Problemen auch noch die Erkenntnis hinzu, dass unser möglicher Chefkoch ganz offensichtlich in der Europapolitik die nationale Würze wiederentdeckt zu haben schien! Irgendwie war ich nach diesem

Abend richtig geplättet gewesen. »Wenn dieser Koch nur mal nicht allzu viel in der rot-grünen Küche anbrennen lassen wird«, sagte ich zu mir selbst. »Am Ende werden wir Grüne kellnern und zugleich noch in der Küche aushelfen müssen ...«

Aber vor den Erfahrungen mit den rot-grünen Koch- und Regierungskünsten und mit unserem möglichen gemeinsamen Chefcuisinier galt es erst noch die Bundestagswahlen zu gewinnen. Und dazu mussten wir einen langen und heftigen Wahlkampf planen, durchstehen und gewinnen. Ja, gewinnen! Und eine entschlossene Zielorientierung entsprach damals nicht gerade der Tradition grüner Bundesgremien, sei es nun der Bundesvorstand, die Bundeswahlkampfkommission oder die Schatzmeisterkonferenz des Bundes und der Länder. Das waren allesamt wichtige Gremien für einen Wahlkampf, weil sie über den Inhalt der Kampagne, ihre mediale und graphische Gestaltung – Plakate, Werbespots etc. – zu entscheiden hatten und, ganz wichtig, auch über die Finanzen. Und mit grünen Bundestagswahlkämpfen verfügte ich bereits über einen großen Erfahrungsschatz.

Seit 1983 kämpfte ich in allen Bundestagswahlkämpfen für meine Partei und fünfmal auch für mich selbst, da ich sowohl 1983 als auch in den vier Bundestagswahlen zwischen 1994 und 2005 als Listenkandidat der Grünen Hessen und seit 1994 durch den Frankfurter Kreisverband auch als Direktkandidat für den Wahlkreis 184 Frankfurt am Main II, der den Osten und Süden der Stadt umfasste, nominiert worden war (der damalige Zuschnitt des Wahlkreises war noch etwas anders, als dies heute der Fall ist). 1983 fiel mein Wahlkampfbeitrag noch äußerst bescheiden aus. Er beschränkte sich im Wesentlichen auf einige Hinterzimmer von Kneipen und den Straßenwahlkampf in Frankfurt, und meine größte Wahlveranstaltung umfasste etwa fünfundzwanzig Besucher, die meisten davon grüne Mitglieder oder erklärte grüne Wählerinnen und Wähler.

Im Bundestagswahlkampf 1987 agierte ich bereits bundesweit, da ich mittlerweile zum ersten grünen Umweltminister in Hessen ernannt worden war, dasselbe galt für den Einheitswahlkampf 1990, der für die Grünen böse endete. Da bereits im Wahlkampf die Niederlage absehbar war – es gab wirklich fast keinerlei Mobilisierung, wir folgten einer damals, im Jahr der deutschen Einheit, ins parlamentarische Aus führenden Strategie (Alle reden von der Einheit, wir reden vom Wetter, sprich Klimaschutz) –, konzentrierten wir Hessen uns mit unserem Einsatz und mit unseren finanziellen Ressourcen voll auf die nur wenige Wochen danach stattfindende Landtagswahl, die Rot-Grün dann auch gewann.

Den Bundestagswahlkampf 1994 bestritt ich bereits bundesweit als informeller Spitzenkandidat meiner Partei, denn ich war durch die atompolitische Auseinandersetzung um Hanau, durch die Störfallserie in den Chemieanlagen der Hoechst AG in Frankfurt/M und der anhaltenden Auseinandersetzung mit Bundesumweltminister Klaus Töpfer zum bekanntesten Grünen geworden. »Informell« war das Amt eines grünen Spitzenkandidaten deshalb, weil die Grünen eigentlich ein solch »etabliertes« Amt aus ihrer alternativen Überzeugung heraus ablehnten. Ein Spitzenkandidat, gar ein Mann, schien ihnen damals noch ein schwerer Verstoß gegen das heilige Gleichheitsgebot in der Partei zu sein. Aber dahinter und nebenbei ging es, wie immer, auch um ganz triviale machttaktische Fragen innerhalb der Partei. Die Linken hatten zwar die Mehrheit, ihre Häuptlinge waren aber außerhalb der engeren Parteizirkel keine wirklichen Zugpferde. Den Realos daher die Chance einzuräumen, offiziell den »Spitzenkandidaten« zu stellen, war einfach zu viel von den Linken verlangt, und so fand die Entscheidung eben nicht auf dem Parteitag statt, sondern in der Realität, durch die Einladungen der Kreisverbände. Ich fand das Verhalten der Parteibasis immer irgendwie leicht schizophren, denn einerseits stimmten sie auf Parteitagen fröhlich gegen die Realos, aber sobald zum Wahlkampf geblasen wurde, kamen dann von denselben Leuten die Einladungen nach der Devise: »Zu uns musst du unbedingt kommen!« Aber vermutlich schleppen alle demokratischen Parteien ihre ganz spezifischen internen Widersprüche mit sich herum.

Immerhin gab es bei den grünen Wahlkämpfen mittlerweile echte Fortschritte zu verzeichnen, denn zu den Zeiten des Fundi-Realo-Konflikts bestand die grüne Wahlkampfstrategie nur allzu oft darin, prominente Fundis und Realos einzuladen und diese sich dann auf offener Bühne gegenseitig rhetorisch die Köpfe einschlagen zu lassen. Das hieß dann »grüne Streitkultur«, aber ich selbst war eigentlich niemals so richtig vom Erfolg dieser alternativen Wahlkampfstrategie überzeugt, auch wenn ich an zahlreichen solcher öffentlichen Gemetzel teilgenommen habe. Im Wahlkampf 1994 fuhr ich mit meinem Privatwagen durch die Lande, da ich als hessischer Minister zuvor zurückgetreten war. Die Wahlkampforganisation des Bundesvorstandes und der Bundeswahlkampfkommission war dilettantisch, chaotisch und völlig daneben. In der Wahlkampfkommission saßen vornehmlich Leute, die noch niemals einen Wahlkampf erfolgreich geführt, ja sogar Einzelne, die überhaupt noch niemals einen Wahlkampf bestritten hatten. Die Plakate waren sowohl graphisch als auch in ihren Aussagen so sehr misslungen, dass viele Kreisverbände flügelübergreifend lieber die Plakate ihres letzten Landtagswahlkampfes klebten. Und der Gipfel dieser »erfolgsorientierten« Wahlkampfstrategie des grünen Bundesvorstandes war eine zentrale Veranstaltung in Köln. Sie stand pars pro toto für die gesamte Wahlkampfplanung meiner Parteiobrigkeit.

Diese Veranstaltung, teilweise im Fernsehen übertragen, sollte der öffentliche Höhepunkt unseres Wahlkampfes sein, und entsprechend waren auch alle journalistischen Grünenbeobachter aus dem nahen Bonn angereist. Die Grünen hatten dazu am Deutzer Ufer (also auf der sogenannten »schäl Sick«) auf einem tristen Parkplatz ein Zelt aufgebaut. Es waren fast nur grüne Funktionäre und Mitglieder sowie zahlreiche Journalisten im Zelt. Nach mannigfachen Reden aller wichtigen und weniger wichtigen Persönlichkeiten der Partei, denn auch hier galt es, den Flügelproporz streng zu beachten, kam dann als kultureller Höhepunkt der Veranstaltung die alternative bayerische Musikgruppe »Biermösl-Blosn«. Nichts gegen die Biermösl, die waren großartig – sofern man ihres heimischen Idioms mächtig war. Aber wir waren hier und heute in Köln! Und diese Stadt war völlig zu Recht stolz auf ihre eigene Kölsch-Rock-Tradition! Eine Kölner Gruppe hätte vermutlich einiges an Leuten zusätzlich angezogen, und wenn man dann noch die Veranstaltung auf die richtige Seite Kölns oder meinetwegen auch nach München verlegt hätte, dann hätte das Ganze Sinn gemacht. Aber warum man Bayern in Köln an einem dunklen Abend am unwirtlichen Deutzer Ufer auftreten ließ, das wussten vermutlich ganz allein nur der Bundesvorstand und seine Wahlkampfkommission.

Wir zogen dann am Wahltag 1994 dennoch erneut – und zum ersten Mal als drittstärkste Fraktion – in den Bundestag ein, und damit war, wie üblich im Innenleben einer Partei, alles wieder gut und vergessen. Ich hatte diesen beeindruckend riskanten Wahlkampfstil meiner Partei im Jahr 1994 allerdings keineswegs vergessen, als es um die Vorbereitung auf die entscheidende Schlacht um die parlamentarische Mehrheit im Jahr 1998 ging. In diesen Wahlen würden wir eine historisch einmalige Chance für eine rot-grüne Mehrheit haben, und da durfte sich der chaotische Dilettantismus des letzten Bundestagswahlkampfes keinesfalls wiederholen. Was also tun?

Die Parteigremien und ihr Proporzdenken würden nicht zu ändern sein, und deshalb sprach vieles, wenn nicht gar alles dafür, dass die Entscheidungen der Gremien erneut von ähnlicher Güte sein würden wie das letzte Mal. Zudem war auch klar, dass erneut die Rolle des informellen Spitzenkandidaten auf mich zulaufen würde. Und gegen Gerhard Schröder, der einen gekonnten Medienwahlkampf plante, und Oskar Lafontaine und die SPD, die unsere Hauptkonkurrenten im für uns entscheidenden rot-grünen Wählersegment sein würden, würde es mehr denn je auch für uns Grüne auf eine gelungene Personalisierung im Wahlkampf ankommen. Chaos und Dilettantismus im Wahlkampf konnten wir uns diesmal nicht erlauben.

Die Schlussfolgerung aus all diesen Faktoren lag eigentlich auf der Hand, nämlich eine weitgehende politische, logistische und finanzielle Unabhängigkeit von den Parteigremien der Bundespartei. Das hieß also, einen eigenen Parallelwahlkampf vorzubereiten, der die Bundespartei umging und sich auf die direkt vereinbarten Termine des Abgeordneten Fischer (Ffm) mit den Landes- und Kreisverbänden stützen würde. Gestaltet würde dieser Parallelwahlkampf als Bustour durch ganz Deutschland, die Veranstaltungen würden sich auf die klassische Form der Wahlkampfrede ohne viel Firlefanz konzentrieren, darüber hinaus würde fast täglich ein öffentlicher Lauftermin mit mir angeboten werden, ansonsten Besuche der lokalen Zeitungen und

Rundfunkstationen. Hinzu gesellte sich noch eine wechselnde Anzahl von mitreisenden Journalisten im Bus mit ihrer Berichterstattung über den Wahlkampf.

Ich hatte zudem im April in Hamburg erfolgreich meinen ersten Marathon unter vier Stunden hinter mich gebracht, sehr gut vorbereitet von meinem Trainer Herbert Steffny, einem der bekanntesten westdeutschen Marathonläufer der achtziger Jahre. Da ich sowieso vier- bis fünfmal die Woche eine bis eineinhalb Stunden lief und dies auch während des Wahlkampfes nicht aufgeben wollte, entstand daraus die Idee, das Laufen als zusätzliches öffentliches Ereignis in den Wahlkampf zu integrieren. Und diese Idee sollte sich, sowohl was die Beteiligung der jeweils lokalen Laufszene als auch die mediale Berichterstattung betraf, als überaus erfolgreich erweisen.

Zudem wusste ich aus meiner neunjährigen Zeit als Landespolitiker, dass die nationalen Zeitungen in ihrer politischen Reichweite und Wirkung in der Hauptstadt hoffnungslos überschätzt wurden, denn die meisten Menschen in Deutschland lasen ihre Regionalzeitung, von denen die meisten über ein regionales Monopol verfügten. Genau diese Medien galt es mittels täglicher Redaktionsbesuche und Interviews für unsere Botschaft und Mobilisierung zu nutzen. Für den Bus mussten die finanziellen Mittel beschafft werden, die Kosten der jeweiligen Veranstaltung sowie die Unterbringung des Wahlkampfteams waren von den Landes- und Kreisverbänden zu bezahlen. Ansonsten würde ich mich auf ein kleines Wahlkampfteam stützen, im Kern bestehend aus den Mitarbeitern in meinem Abgeordnetenbüro, Achim Schmillen und Nicole Menzenbach, und dem Pressesprecher unserer Bundestagsfraktion, Dietmar Huber.

Wir verfügten über einen der für Kaffeefahrten und Ausflüge üblichen Reisebusse, sehr plüschig das Muster der Sesselbezüge. Das hintere Viertel war durch einen Vorhang abgetrennt, sodass ich mich auf der Rückbank auch längslegen oder mitreisenden Journalisten Interviews geben konnte. Wir begannen die Bustour am 5. August im fernen Norden, in Husum. Die Mobilisierung auf den Veranstaltungen lief gut, aber die Organisation ließ noch zu wünschen übrig. Alle Unzulänglichkeiten, ja auch nur Unebenheiten wurden letztendlich weitergereicht, bis sie mich erreichten, und ich hatte sie dann irgendwie auszugleichen. Mit zwei bis drei Veranstaltungen am Tag fingen diese Organisationsprobleme an, meine Kräfte zu erschöpfen.

Am 11. September erreichten wir Mannheim und hatten dort um die Mittagszeit eine Wahlveranstaltung im Freien. Der Himmel war wolkenverhangen, und mich erwarteten vielleicht zwei- bis dreihundert Menschen, verborgen unter Regenschirmen. Im Laufe meiner Rede ging der Regen in einen richtigen Guss über. Die Bühne meines verheißungsvollen Auftritts im Kampf um die Macht und die Mehrheit in der Republik war ein Lieferwagen, wie ihn Gemüsehändler benutzen, eine graubraune Plane schützte mich mehr schlecht als recht vor dem Regen, das Rednerpult bestand aus mehreren umgedrehten und übereinandergestapelten leeren Weinkisten, und die Verstärkeranlage war viel zu klein ausgelegt, sodass ich meine Stimme dermaßen überanstrengen musste, dass ich nach diesem Auftritt fast keine mehr hatte.

Nach der Veranstaltung explodierte ich, denn wenn es so weiterginge, würde ich diese Tour mit zwei bis drei Reden am Tag niemals durchstehen können. Die grüne Basis in Mannheim war hervorragend motiviert gewesen, die Veranstaltung war gut angekündigt worden, mit dem Wetter hatten wir eben Pech gehabt, aber ansonsten grassierte der sattsam bekannte technische Dilettantismus aus früheren Jahren. Und genau das wollten wir diesmal doch anders machen! Ich hätte am liebsten losgebrüllt, allein dazu fehlte mir die Stimme. Ich muss mich wohl eher wie eine tobsüchtige Krähe angehört haben. Nachdem ich mich wieder beruhigt hatte, sagte ich mir, dass es nach diesem verregneten Auftritt auf der Gemüsekutsche in Mannheim eigentlich nur noch besser werden konnte, und genau dies war dann auch der Fall. Das Wahlkampfteam, angeführt von Nicole Menzenbach, spielte sich nach Mannheim hervorragend ein, ich konnte mich voll auf die Auftritte, Interviews und die öffentlichen Lauftermine konzentrieren, die Koordination mit den Landes- und Kreisverbänden wurde immer besser, und der technische Dilettantismus lag endlich hinter uns. Genau so hatte ich mir einen grünen Wahlkampf immer gewünscht.

Grünintern trat allerdings ebenfalls das ein, was wir erwartet hatten, nämlich ein diplomatisch wohl nur als »schleppend« zu bezeichnender Wahlkampf der Bundespartei und ihrer Wahlkampfzentrale. Und so rollten wir wochenlang durch ganz Deutschland – Reden, Laufen, Redaktionsbesuche –, und sowohl die Stimmung als auch die Mobilisierung zeigte uns, dass es diesmal klappen könnte mit Rot-Grün. Die Sozialdemokraten und Gerhard Schröder inszenierten einen sehr modernen und furiosen Medienwahlkampf, und auch wir hatten endlich Magdeburg und die grüne Pannenserie eines katastrophal missratenen Frühjahrs hinter uns gelassen.

Wahlkämpfe sind für demokratische Politik und Politiker die Stunde der Wahrheit, wenn dies auch gewiss nicht immer jede einzelne Aussage von Parteien und Politikern betrifft. Machtpolitisch ist es gleichwohl das zutreffende Wort, denn in einer Wahl wird durch die Entscheidung des Volkes über Mehrheit und Minderheit die parlamentarische Machtverteilung auf Zeit entschieden. Und ganz entgegen der landläufigen Meinung, dass es in den Wahlkämpfen aller Parteien einen sehr hohen manipulativen Anteil gäbe, halte ich dies zweifellos vorhandene Element für reichlich überschätzt. All die Wahlkampfapparate, Umfragemaschinen, Wahlkampfberater, Spin-Doktoren etc. sind nach meiner langjährigen Erfahrung zu weiten Teilen teurer Blödsinn, der hauptsächlich zur Selbstbestätigung und -vergewisserung der Parteien und ihrer wichtigsten Akteure sowie zur Beschäftigung der Medien dient. Man kann sogar gegen das gesamte Umfragen- und Medienbild der Bundesrepublik Deutschland Wahlen gewinnen (oder verlieren), wenn der politische Gegner und die Medien ihre eigene Welt gegen die Mehrheitsstimmung im Volk erfinden und diese virtuelle Realität mit der tatsächlichen verwechseln. So geschehen bei den Bundestagswahlen 2002 und noch sehr viel mehr 2005.

Im Laufe der Jahre hatte ich für mich eine recht einfache Formel für die Einschätzung des kommenden Wahlergebnisses meiner Partei entwickelt, und zwar anhand der im Wahlkampf feststellbaren Mitglieder- und Wählermobilisierung. Die Formel lautete: Schlechte Mobilisierung gleich schlechtes Ergebnis, gute Mobilisierung gleich gutes Ergebnis. Nicht ein einziges Mal hatten wir eine gute Mobilisierung in einem Wahlkampf erlebt und dann ein schlechtes Ergebnis erhalten oder umgekehrt, und diese Formel hat sich in all den zahlreichen Wahlkämpfen, an denen ich teilgenommen habe, bis hin zu meinem letzten Bundestagswahlkampf 2005 im Lichte der tatsächlichen Resultate immer als richtig erwiesen. 1990 etwa, im Einheitswahlkampf, war bei uns Grünen kaum eine spürbare Mitglieder- und Wählermobilisierung vorhanden, und so war bereits Wochen vor dem Wahltag zu spüren, dass die Wahlen für die westdeutschen Grünen in einem Fiasko enden würden. Und umgekehrt war sowohl 1998, vor allem aber 2002 und 2005, als die Medien die Grünen bereits aufgegeben hatten, dank der hervorragenden Mobilisierung ebenfalls ein gutes bis sehr gutes Ergebnis absehbar, und genau so ist es dann auch jeweils gekommen.

Der Wahlkampf war für mich nach ich weiß nicht mehr wie vielen Veranstaltungen – ich konnte mich nach einiger Zeit selbst nicht mehr hören – am Freitag vor der Wahl mit einem letzten öffentlichen Auftritt in Frankfurt/M zu Ende gegangen. Der Rest war Warten. Ansonsten folgte das übliche Ritual eines Wahlsonntags. Wählen gehen, sich bei der Stimmabgabe in gesetztem Optimismus fotografieren lassen, und dann hieß es warten, bis etwa gegen 15.30–16.00 Uhr die ersten Prognosen telefonisch übermittelt wurden. Und wie immer, wenn es an einem Wahlsonntag um viel ging, war ich innerlich voller Unruhe und Anspannung, versuchte mir aber davon nichts anmerken zu lassen. Sonntagnachmittag fuhr ich dann nach Bonn, und unterwegs erreichten mich die ersten Anrufe mit den sich abzeichnenden Prognosen, die besagten, dass es reichen würde! Mir wurde, trotz aller Freude und Erleichterung, auch ein wenig mulmig zumute, und nur halb im Scherz sagte ich daraufhin: »Lasst uns umdrehen.« Aber daran war selbstverständlich im Ernst nicht zu denken.

Vor allem Gerhard Schröder und der SPD wurde ein hervorragendes Ergebnis prognostiziert, auch für uns Grüne wurde der dritte Platz vorhergesagt, und damit könnte es reichen. Aber wie gesagt, diese Zahlen beruhten lediglich auf Prognosen, und deshalb hieß es weiter warten. Ich tat dies in meinem Bonner Bundestagsbüro, und erst als einigermaßen klar war, dass Rot-Grün die Mehrheit haben könnte, fuhr ich auf die andere Rheinseite in das Brückenforum, wo die Grünen ihre Wahlparty feierten. Und erst während der grünen Wahlparty im Brückenforum machten die Hochrechnungen auf allen TV-Kanälen klar, dass Rot-Grün eine deutliche Mehrheit hatte und dass die Grünen mit 6,7 Prozent zwar etwa einen halben Prozentpunkt verloren, zugleich aber den dritten Platz im Bundestag verteidigt hatten. Die Mehrheit war also da.

Später in der Nacht – vorher gab es noch ein kurzes Telefonat mit Gerhard Schröder, dem ich zu seinem großen Wahlsieg gratulierte – fuhr ich in die Niedersachsenvertretung, wo bereits eine ausgelassene rot-grüne Party voll im Gange war. Die Mehrheit war mit einundzwanzig Mandaten Vorsprung für Rot-Grün sehr deutlich ausgefallen, und damit waren auch alle Ängste weggewischt, es könnte zwar für einen neuen Kanzler, nicht aber für Rot-Grün reichen. Rote, Grüne, Journalisten und auch der eine oder andere beamtete Wendehals auf der Suche nach neuen Aufstiegsmöglichkeiten feierten das Wahlergebnis. Wir – die beiden Bundesvorstandssprecher Gunda Röstel, Jürgen Trittin und ich – trafen uns kurz vor Mitternacht mit Gerhard Schröder, Oskar Lafontaine und Rudolf Scharping in einem separaten Raum. Schröders erste Worte an uns lauteten: »Wir machen das zusammen.« Der Rest waren erste technische Verabredungen über die Koalitionsverhandlungen und jede Menge aufgeräumte Flachserei. Noch später, also weit nach Mitternacht, traf ich mich nochmals allein mit Oskar Lafontaine in der benachbarten saarländischen Landesvertretung, um die gemeinsame Zukunft (Ablauf der Koalitionsverhandlungen, Zeitpläne bis hin zur Kanzlerwahl), die kritischsten Inhalte (Atom, Ökosteuer) und auch die wichtigsten Personalien durchzusprechen. Es ging um die Anzahl der Ressorts und deren Verteilung. Was gedächte er zu machen? Was wären meine Vorstellungen? An Schlaf war in dieser Nacht nicht allzu viel zu denken, aber wozu auch? Wir hatten gewonnen, das allein zählte.

Aus heutiger Sicht erscheint es, angesichts der Entwicklung von Oskar Lafontaine in den letzten Jahren, fast irreal, aber damals war er die unangefochtene Nummer eins in der SPD. Nie wieder danach habe ich es erlebt, dass das politische Alphatier Gerhard Schröder, dem es an Machtbewusstsein keineswegs fehlte, einen anderen gewissermaßen als »Alpha +« akzeptierte. Die beiden hatten ihre Unterschiede, Konkurrenzen und Reibereien, aber dennoch schien damals die Rollenverteilung klar. Lafontaine hatte Rudolf Scharping mit einer einzigen, flammenden Rede um den Parteivorsitz gebracht, er war der Liebling der Partei. Er hielt als Parteivorsitzender während der letzten eineinhalb Jahre der Regierung Kohl die sozialdemokratische Mehrheit im Bundesrat eisern zusammen und blockierte damit sehr wirksam die Steuerreform der damaligen Regierung. Dies war für den späteren Wahlsieg des »Reformkanzlers« Gerhard Schröder von nicht unerheblicher Bedeutung. Und Oskar Lafontaine war sowohl inhaltlich – Nachrüstung, Atomausstieg, Sozialstaatsmodernisierung – als auch als Person für mich der ideale Gesamtrotgrüne, der die gemeinsame Hoffnung auf den Machtwechsel und die sozial-ökologische Erneuerung Deutschlands verkörperte.

Persönlich und emotional stand mir Oskar Lafontaine also sehr viel näher als Gerhard Schröder. Ihn und seine Frau Christa Müller hatte ich im April 1998 zur privaten Feier meines 50. Geburtstages eingeladen (übrigens erneut im Frankfurter Literaturhaus), und Oskar Lafontaine hatte ich auch dann und wann im Saarland besucht. Mit Oskar gab es so etwas wie eine persönliche Beziehung, ja Freundschaft, die über die Politik hinausreichte, mit Gerhard Schröder war damals Vergleichbares nicht vorhanden. Die Nachricht von dem lebensgefährlichen Attentat auf Oskar Lafontaine in Köln war für mich emotional niederschmetternd. Ich war damals selbst im Wahlkampf in Aachen unterwegs, als ich davon erfuhr. Es war entsetzlich.

Und im Vorfeld von 1998 hätte ich mir viel mehr Oskar Lafontaine als Kanzlerkandidaten gewünscht und nicht Gerhard Schröder, auch wenn meine pragmatische Kalkulation Gerhard Schröders Chancen, tatsächlich Helmut Kohl stürzen zu können, erheblich höher veranschlagte. Insofern war der Machtpolitiker in mir über Lafontaines Entscheidung, Schröder die Kandidatur zu überlassen, zufrieden, emotional allerdings wäre mir Lafontaine sehr viel lieber gewesen. Zu Gerhard Schröder war meine Beziehung weitaus distanzierter, inhaltlich gab es wesentlich weniger Gemeinsamkeiten, und seit der Frankfurter

»Sternstunde« hatte mein Misstrauen ihm gegenüber erheblich zugenommen. So ergab es sich fast von selbst, dass Jürgen Trittin, der mit Gerhard Schröder im niedersächsischen Kabinett zusammengearbeitet hatte, den weitaus besseren und engeren Kontakt zum gewählten Kanzler unterhielt, während ich mit dem Vorsitzenden der SPD wohlvertraut war. Beides sollte sich bei den Koalitionsverhandlungen als durchaus nützlich erweisen.

Die Sozialdemokraten hätten am liebsten eine sehr kleine Kommission für die Verhandlungen und einen sehr kurzen und wenig präzisen Text als Koalitionsvereinbarung gehabt, aber für uns Grüne war eine große Kommission und ein präziser Text aus innerparteilichen Gründen, aber auch als der kleinere und damit schwächere Teil der Koalition unverzichtbar. Erstens galt es, die divergierenden Interessen in unserer personell breit angelegten innerparteilichen Gremienwelt durch Teilnahme zu integrieren und damit unnötigen Widerstand gegen das Ergebnis zu vermeiden: Rechts und links, Frauen und Männer, Ost und West, wichtige Landesverbände mit großen Delegiertenblöcken und auch Einzelne mit großem Störpotenzial, alles und alle galt es einzubinden, die unterschiedlichen Interessen auszutarieren und schließlich so zu bündeln, dass wir unsere Anteile im Koalitionsvertrag durchsetzen und der Vertrag als solcher auch eine erfolgreiche Regierungspolitik ermöglichen konnte.

Und zweitens musste dem grünen Grundmisstrauen gegenüber den Sozialdemokraten Rechnung getragen werden, welches nicht nur auf Einbildungskraft und Vorurteilen beruhte und zudem unserer Partei seit ihrer Gründung mit in die Wiege gelegt worden war. Mit einem nur sehr allgemein gehaltenen, kurzen Koalitionsvertrag plus Ressort- und Personalentscheidungen wäre es bereits in den Gremien der Partei schwierig geworden, ganz sicher aber hätte diese Vorgehensweise auf dem entscheidenden Parteitag unnötigen Widerstand provoziert, den es ganz entschieden zu vermeiden galt. Und war den Sozialdemokraten wirklich zu trauen? War da ein durchformulierter Vertrag nicht allemal besser? Zudem durfte diesmal auf dem vor uns liegenden Parteitag nichts, aber auch wirklich gar nichts anbrennen. Wir mussten für den Vertrag und das Personalpaket eine deutliche, ja überzeugende Mehrheit bekommen, nicht mehr und nicht weniger. Und die würden wir auch bekommen, aber ich wollte diesmal noch mehr, nämlich ganz auf sicher gehen.

Die Koalitionsverhandlungen selbst fanden in der Bonner Landesvertretung des Landes Nordrhein-Westfalen statt, zwischen Bundesrat und Kanzleramt gelegen, daher auch symbolisch eine treffliche Wahl, zumal in NRW seit einiger Zeit eine rot-grüne Koalition regierte. Damit endete aber auch schon die Gemeinsamkeit, denn in Düsseldorf agierten sie eher wie jene berühmt-berüchtigten Kesselflicker. Es wurde dort so nach Kräften ausgeteilt, dass meistens die Fetzen flogen. Eine solche »Konfliktkoalition« galt es in Bonn unter allen Umständen zu vermeiden.

Die Verhandlungen gingen zügig voran, und recht schnell merkten wir, dass zwei sozialdemokratische Parteien auf der anderen Seite des Verhandlungstisches saßen. Ging es in den Verhandlungen um soziale und ökologische Fragen, so hatten wir es mit der Lafontaine-SPD zu tun, und die Schröder-SPD schwieg beredt. Bei Wirtschafts- und Modernisierungsthemen machten wir dann die identische Erfahrung, nur dass diesmal die Schröder-SPD verhandelte und die Lafontaine-SPD meist sehr laut schwieg. Nur in den Fragen der inneren Liberalität und bei Rechtsstaatsfragen waren sich die beiden sozialdemokratischen Seiten fast immer einig, und so erwies sich dieses Feld nicht nur als ein weites, sondern auch als ein sehr schwierig zu verhandelndes. Zudem gab es sowohl bei Otto Schily als auch bei einigen Grünen noch offene Wunden und Verletzungen aus der Zeit seines Parteiwechsels, was die Verhandlungen in der innenpolitischen Arbeitsgruppe keineswegs erleichterte.

Lafontaine setzte mit dem Hinweis auf das Wahlergebnis der SPD in den Koalitionsverhandlungen gegen grünen Widerstand zwei Dinge durch, die sich im Lichte der demographischen und ökonomischen Realitäten in Deutschland für die rot-grüne Bundesregierung als fatal erweisen sollten, nämlich die Rücknahme des demographischen Faktors in der Rentenversicherung und die Rücknahme der Änderungen beim Kündigungsschutz. Beides waren falsche Entscheidungen, und zugleich wurden wir so seitens der Opposition als selbsternannte »Reform- und Erneuerungskoalition« angreifbar. Die Balance zwischen notwendiger Haushaltssanierung, wirtschaftlicher Erneuerung und sozialer Modernisierung war uns nicht gelungen. Schlimmer noch, insgesamt gesehen war das soziale und ökonomisch-finanzpolitische Programm der neuen Koalition stark durch Oskar Lafontaine beeinflusst worden und daher eher linkskonservativ ausgefallen.

Schon bei den Verhandlungen wurde für uns sichtbar, dass sich Schröder damit gegenüber der Wirtschaft und im Regierungsalltag schwertun würde. Der sozialkonservative Grundton passte einfach nicht zum Anspruch des Reformkanzlers, aber solche Grundsatzfragen hätten die beiden SPD-Granden vorher unter sich austragen und klären müssen. Jetzt war es zu spät dazu. An dieser Stelle tauchte für uns in den Verhandlungen zum ersten Mal die Möglichkeit eines schweren inhaltlichen und personellen Zerwürfnisses innerhalb der SPD-Führung auf. Wir hatten dies zwar registriert und intern in unserer Verhandlungsgruppe auch diskutiert, dann aber schnell in den Hintergrund gedrängt, da wir diese mangelnde Klärung zwischen Schröder und Lafontaine eh nicht beheben konnten.

Wir Grüne wollten zwar mehr an finanzpolitischer Konsolidierung, an Reform der Sozialsysteme und Arbeitsmarktreform, aber schließlich sagten wir uns, bitte, wenn die SPD und ihr Vorsitzender partout nicht wollen – »Dies ist ein Wahlversprechen, das die deutsche Sozialdemokratie ihren Wählern gemacht hat!«, lautete dabei immer Lafontaines Ansage, und Schröder und die Seinen guckten dann besonders intensiv in die Akten oder zum Fenster hinaus –, dann werden wir damit eben leben müssen. Es gab genug Probleme hier und heute, die angepackt werden mussten, und die hießen für uns Staatsangehörigkeitsrecht, Atomausstieg, Ökosteuer und manch anderes mehr.

Im Rückblick muss ich allerdings eingestehen, dass uns dieses erste rot-grüne Koalitionsprogramm entscheidende Zeit bei der unabweisbaren Sanierung von Wirtschaft, Finanzen, Sozialsystemen und Arbeitsmarkt gekostet hat. Denn damals, im Herbst 1998, bestand noch eine weltwirtschaftliche Lage, die uns finanzpolitisch Luft gelassen und damit Sanierungsspielräume eröffnet hätte, die von Rot-Grün leider nicht genutzt wurden. Die wirtschaftliche Lage sollte sich dann mit dem Zusammenbruch des Neuen Marktes im Frühjahr 2000 fundamental und langfristig verändern. Rot-Grün musste die nicht mehr aufschiebbaren schmerzhaften Sanierungsanstrengungen von Wirtschaft, Sozialsystemen und Arbeitsmarkt unter den Bedingungen eines langanhaltenden ökonomischen Abschwungs angehen, was die Mehrheitsfähigkeit und damit auch die Machtbasis der SPD mit den bekannten Folgen erodieren ließ.

Noch am Abend nach der ersten Kabinettssitzung der rotgrünen Bundesregierung fuhr ich als frisch bestallter Bundesaußenminister zurück nach Frankfurt, um dort auf Einladung eines persönlichen Freundes in seinem Privathaus an einem informellen Treffen hochrangiger Vertreter der deutschen Wirtschaft teilzunehmen. Seit einigen Jahren diskutierte ich in meinem Wahlkreis in Frankfurt/M mit einem wechselnden Kreis von Wirtschaftsvertretern all die anstehenden strukturellen Reformprobleme unseres Landes, ohne dass dies den immer neugierigen Bonner Medien jemals aufgefallen wäre. Ich sollte also am Abend der Kanzlerwahl unser Reformprogramm und die kommende Politik des Bundeskanzlers und vor allem des Bundesministers der Finanzen, Oskar Lafontaine, erläutern.

Am Ende jenes aufregenden Tages war ich zwar hundemüde, aber angesichts der Koalitionsvereinbarung schien es mir diese zusätzliche Anstrengung wert zu sein. Wir hatten gegenüber der Wirtschaft einen hohen Erklärungsbedarf, das wusste ich, und die deutsche Wirtschaft war für den Erfolg der Koalition ein kaum zu unterschätzender Faktor. Die Stimmung der Anwesenden im Raum wurde von großer Enttäuschung und tiefer Skepsis über die Wirtschafts-, Finanz- und Sozialpolitik unserer Koalition und über den neuen Bundesminister der Finanzen geprägt. Ich versuchte mein Bestes, um das Vertrauen der Anwesenden in Programm und Person wiederherzustellen, aber gegen die offensichtlichen Fakten war dies ein fast unmögliches Unterfangen.

Gewiss, im Verhältnis zu den Versäumnissen der Regierung Kohl in den acht Jahren nach der deutschen Einheit, die die große Chance der grundsätzlichen Neugestaltung aus Gründen der bloßen Machtsicherung nicht genutzt hatte, waren die

Versäumnisse von Rot-Grün nur gering und wurden durch die spätere Entschlossenheit zur Agenda 2010 mehr als aufgewogen. Dennoch sei dieser Fehler hier klar angesprochen, denn er sollte, wegen der dadurch eingetretenen Zeitverzögerung bei den sozial-ökonomischen Strukturreformen, sehr ernste Folgen haben.

Wir Grüne standen damals keineswegs in dem Ruf, ein Muster an Geschlossenheit zu sein. Das gerade Gegenteil war vielmehr richtig. Zu unserem eigenen Erstaunen traten wir dann aber in den Koalitionsgesprächen mit einer geschlossen agierenden Delegation auf. Der Streit lag ganz offensichtlich hinter uns, die inhaltlichen Kompromisse waren gemacht und ausdiskutiert worden, die personellen Weichenstellungen bis dahin gelungen, und auch die innerparteiliche Absicherung über die Arbeitsgruppen und die Zwischenberichte über den Stand der Verhandlungen an die Partei funktionierten erstaunlich gut.

In mir machte sich deshalb ein bis dato fast nicht gekanntes, völlig neues »Grünengefühl« breit. Am Ende bewegte sie sich also doch, meine Partei, und genau darauf hatte ich in all den Jahren der innerparteilichen Niederlagen und ätzenden Rückschläge immer gesetzt und vertraut. Wenn die Chance zur Macht, zur Beteiligung an der Bundesregierung sich bieten würde, dann würde die Partei springen. Jetzt durfte ich also erleben, dass diese strategische Rechnung aufzugehen schien.

Am Ende waren wir Grüne alle recht stolz auf diesen Koalitionsvertrag, der inhaltlich eine mehr als deutliche grüne Handschrift trug: Atomausstieg, Ökosteuer, neues Staatsangehörigkeitsrecht seien hier als einige wenige Beispiele genannt. Ganz zum Schluss galt es dann noch die schwierigsten und sensitivsten Fragen zu klären, nämlich Ressorts, Posten und Personal. Wir Grüne hatten vereinbart, dass wir mit der Forderung nach vier Ressorts in die Verhandlungen hineingehen würden, aber wir wussten zugleich auch, dass wir diese Forderung mit unseren nicht gerade sehr gewaltigen 6,7 Prozent niemals durchsetzen konnten.

Die Zahl 3 allerdings bereitete mir von Anfang an erhebliche Kopfschmerzen, denn damit drohte sich eine grünenspezifische Zwickmühle aufzutun, nämlich die Geschlechterquote. Der

Widerstand des Bundesfrauenrates schien damit für den Parteitag programmiert zu sein, und dies war ein Albtraum! Mit nur drei Ministerien rollte da also ein ernstes Problem auf uns zu. Dieses Problem wurde gerade angesichts der durch die politischen Notwendigkeiten fixierten Personalkonstellation noch verschärft, denn sowohl Trittin als auch Fischer waren gesetzt und für die innergrüne und innerkoalitionäre Stabilität unverzichtbar. Damit liefe das Ergebnis aber auf eine Geschlechterquote von 2:1 zugunsten der Männer bei den Ministern hinaus, innergrün eigentlich ein Anathema.

Was also tun? Die Lösung musste innerhalb eines breiteren Ansatzes bei der Personalverteilung gefunden werden. Denn wenn man die Position des Vizepräsidenten des Parlaments, den mit Antje Vollmer erneut eine Frau besetzen sollte, und die parlamentarischen Staatssekretäre und Regierungsbeauftragten hinzurechnen würde, dann ließe sich in der Tat ein Gesamtpaket schnüren, das fast allen Quotierungsanforderungen gerecht werden könnte. Allerdings nur fast, denn die Männer insgesamt und vor allem die Ostdeutschen würden dafür einen hohen Preis zu entrichten haben. Und so wurde dann verfahren.

Die Ressort-, Posten- und Personalfragen wurden von Lafontaine, Schröder und mir im allerkleinsten Kreis verhandelt, wobei unsere Position entlang der unterschiedlichsten Optionen in der Verhandlungsgruppe auf das Sorgsamste vorher geklärt worden war. Ich ließ die Reihenfolge der Optionen intern nach einer intensiven Diskussion durch Handaufheben abstimmen, denn alle mussten bei diesem hochsensiblen Thema eingebunden sein. Niemand durfte hinterher die Möglichkeit haben, sich in der Öffentlichkeit oder auf dem Parteitag, sollte es Kritik geben, davonmachen zu können.

Personalfragen sind in der Politik von überragender Bedeutung. Ich war im Laufe meiner verschiedenen Ämter in Parlamenten und Regierungen zu der Ansicht gelangt, dass für die erfolgreiche Umsetzung einer Politik die richtigen inhaltlichen Vorgaben lediglich 10–20 Prozent ausmachen. 30 Prozent betreffen Fragen der Zuständigkeit, 50 Prozent aber machen die richtigen Personalentscheidungen aus. Personalfragen aber sind deshalb so voller Schwierigkeiten und Probleme, weil es hier immer um den einzelnen Menschen geht, um dessen Fähigkeiten, Ansprüche, Eitelkeiten und Machtpotenzial. Und vor allen Dingen bietet eine Niederlage in einer Personalentscheidung für das Ego kaum eine Deckungsmöglichkeit hinter Strukturen und Sachfragen. Und genau deswegen tun diese Niederlagen ganz besonders weh und hinterlassen nur allzu oft einen tiefen Groll und langanhaltende Verbitterung.

Warum der oder die und nicht ich? Das ist die bei Personalentscheidungen wohl von allen Beteiligten am häufigsten gestellte Frage, ohne dass sie aber deshalb auch laut ausgesprochen würde. Dies geschieht tatsächlich äußerst selten, so meine Erfahrung, und wenn, dann meist in vertraulichen Sondierungsgesprächen unter vier Augen. Die Verfolgung persönlicher Ambitionen ist in einer Demokratie und in demokratischen Parteien völlig legitim. Die Vorstellung, dass man gefälligst zu warten hätte, bis man »gerufen« würde, entspricht wohl eher einem idealisierten Bild demokratischer Politik. Auch das Warten auf den Ruf ist allzu oft nur Teil einer klugen Taktik beim Verfolgen der legitimen persönlichen Interessen. Wer auf den Ruf wartet, ist in vielen Fällen entweder zu schwach, um sich aus eigener Kraft durchzusetzen, oder sie oder er wissen, dass der Ruf kommen wird, weil man sie oder ihn braucht. Auch für die allfälligen Personalentscheidungen sind die Regeln im demokratischen System klar definiert. Es gilt auch hier das Mehrheitsprinzip, und dieses Prinzip zieht einen immerwährenden Wettbewerb um die Sache und die Personen nach sich.

Die jeweils eigenen Ambitionen betreten meist durch die Hintertür eine Personaldiskussion, und zwar in Gestalt von Einwänden, Problematisierungen, Alternativen etc. Oder auch durch schwer erklärbaren Ärger in einer Sache, der unter Umständen an völlig anderer Stelle entstanden ist. Die optimale Schnittmenge in einem Personaltableau definiert sich nach meiner Erfahrung daher immer im richtigen Verhältnis von Kompetenz, Macht, Loyalität zur Sache und innerparteilichen oder öffentlichen Zwängen, und zwar so, dass dieses Personalpaket die nicht zum Zuge gekommenen Personen und Interessen deutlich in die Minderheit setzt.

Bei der Ressortverteilung war für mich klar, dass wir Grüne

erstens aus sachlichen und machtpolitischen Gründen den Außenminister und Vizekanzler zu stellen hätten und dass ich das machen müsste und machen würde. Sollte meine Partei die Ressortfrage anders entscheiden, würde ich dies selbstverständlich akzeptieren, dann aber nicht in die Regierung Schröder eintreten, sondern in der Fraktion bleiben. Zweitens war auch klar, dass wir Grüne auf das Umweltressort nicht verzichten konnten und dass Jürgen Trittin dieses Ministerium übernehmen würde, weil er die linke Mehrheit in der Partei repräsentierte.

Für das dritte Ressort gab es die unterschiedlichsten Interessen – Bildung, Justiz, Frauen und Familie, Gesundheit –, und am Ende fiel die Entscheidung dann zugunsten von Gesundheit und damit auf Andrea Fischer, der sozialpolitischen Sprecherin unserer Fraktion. Ich hatte mich darüber gefreut, trotz all der zu erwartenden Schwierigkeiten in diesem Ressort, da Andrea Fischer in die Riege der grünen Nachwuchstalente gehörte und ich sie menschlich und politisch sehr schätzte. Zudem gab es im Gesundheitsressort eine nicht unerhebliche Schnittstelle mit dem Umweltbereich, nämlich den Verbraucherschutz. Genau dieser Bereich sollte dann später, während der BSE-Krise, zu dem für uns persönlich und politisch schmerzhaften Rücktritt von Andrea Fischer führen.

Ich selbst hatte die Ämter zweier Staatsminister im Auswärtigen Amt (AA) zu besetzen, vereinbarte aber mit der SPD, dass einer davon ein Sozialdemokrat sein würde. Umgekehrt würden wir Grüne im Ministerium für wirtschaftliche Zusammenarbeit (BMZ) den parlamentarischen Staatssekretär benennen. Ich hatte an dieser parteipolitischen Überkreuz-Regelung ein großes Interesse, da ich die SPD im Auswärtigen Amt gerne einbinden wollte. Denn ich selbst verfügte damals kaum über operative außenpolitische Erfahrung, das Risiko von Fehltritten, besonders zu Beginn, war daher nicht von der Hand zu weisen. Zudem kam die deutsche EU-Präsidentschaft im ersten Halbjahr 1999 auf uns zu, und aus all diesen Gründen war es mir mehr als lieb, mit Günter Verheugen den erfahrensten Außen- und Europapolitiker der sozialdemokratischen Fraktion an meiner Seite zu wissen.

Ich sollte diese Entscheidung auch niemals bereuen, denn bis zu seinem Ausscheiden aus dem AA hat sich die Zusammenarbeit mit Günter Verheugen immer hervorragend gestaltet. Vor allem bei der Vorbereitung und dann auch Durchführung der Verhandlungen zur sogenannten »Agenda 2000«, dem nächsten europäischen Budget, war Günter Verheugen für den Kanzler und mich eine sehr große Hilfe und echte Stütze.

Eine andere Entscheidung sollte mir allerdings sehr viel Ärger eintragen, nämlich die Benennung meines alten innerparteilichen Gegners und außenpolitischen Sprechers der Linken, Ludger Volmer, zum zweiten Staatsminister im AA. Meine Überlegung war: Wenn Volmer in der Fraktion bliebe, würde er sich dort als ein nicht zu unterschätzender Störfaktor erweisen, der bei der ersten außenpolitischen Krise oder bei schwierigen Entscheidungen, die damals bereits absehbar waren, nicht unerheblichen Ärger verursachen könnte. An seiner inhaltlichen Kompetenz gab es keinen Zweifel, aber angesichts der Verletzungen, die wir uns im Laufe der innerparteilichen Schlachten geschlagen hatten, fiel mir diese Entscheidung alles andere als leicht. Dennoch meinte ich, dass sie entsprechend der machtpolitischen Räson sein müsste, um Widerstände zu neutralisieren und grüne Instabilität zu vermeiden.

Bei den Realos und Realas in der Fraktion hätte diese Personalentscheidung allerdings fast zum Aufstand gegen mich geführt, denn gerade die langjährigen Verletzungen durch die linken Häuptlinge gingen doch bei vielen von uns sehr tief. Wir Realos waren über die Jahre hinweg auf Parteitagen beschimpft, geschmäht und politisch ohne Ende durchgeprügelt worden für eine Politik, die uns nun in die Bundesregierung geführt hatte. Und jetzt sollten ausgerechnet die – die! –, die an der Spitze der linken Realitätsverweigerung gestanden hatten, zu den großen persönlichen Profiteuren der grünen Regierungsbeteiligung werden? Dass Jürgen Trittin unverzichtbar war, hatten sie ja zähneknirschend geschluckt. Aber Ludger Volmer? Und dann noch im AA? Das war den meisten entschieden zu viel der Realpolitik.

Ich versuchte, meine Gründe darzulegen, aber diese überzeugten wenig, denn in der Causa Volmer ging es für unsere Leute in erster Linie um eine emotionale Gerechtigkeitsfrage und nicht um machtpolitische Überlegungen. Helmut Lippelt, der außenpolitische Sprecher der Fraktion, Balkan- und Osteuropaexperte seit vielen Jahren, mit hervorragenden Beziehungen zu allen Bürgerrechtsbewegungen und Dissidentengruppen, hätte diese Berufung zum Staatsminister im AA mehr als verdient, nicht aber Ludger Volmer, lautete die fast einhellige Meinung unter den Realos. Und es spricht für die politische und menschliche Größe von Helmut Lippelt, dass er mir diese für ihn gewiss schmerzhafte Entscheidung niemals nachgetragen hat.

Ich war aber von der Notwendigkeit und Richtigkeit meiner Einbindungsstrategie überzeugt, sodass mir nichts anderes blieb, als an meiner Entscheidung für Ludger Volmer festzuhalten. Jahre später, in der sogenannten »Visa-Affäre«, sollte mich diese »oberschlaue« taktische Personalentscheidung allerdings mit Macht wieder einholen.

Eine andere Personalie, die nur mittelbar mit den Koalitionsverhandlungen zusammenhing, sollte noch weitaus mehr böses Blut machen, und zwar die Frage meines Nachfolgers im Fraktionsvorsitz. Die Linken hielten an meiner bisherigen Kollegin im Fraktionsvorsitz, Kerstin Müller, fest. Ich hatte schon länger Rezzo Schlauch, einem der ältesten und erfahrensten Kämpen der Realos aus Baden-Württemberg, meine Unterstützung zugesagt. Wir beide wurden, im Abstand von wenigen Monaten, im schönen Hohenlohe, im fränkischen Teil Württembergs, geboren. Er wuchs als Pfarrerssohn in Bächlingen an der Jagst heran, ich in Langenburg, einen Kilometer weiter den Berg hinauf. Dieselbe Hebamme hatte uns in demselben Kreißsaal im Krankenhaus in Gerabronn auf die Welt geholt, Rezzo war einige Monate älter als ich. Getroffen hatten wir uns dennoch niemals zuvor, bis zum grünen Parteitag in Hagen im November 1982. Wir wurden sehr schnell Freunde und sind das bis heute auch geblieben.

Die Zusage meiner Unterstützung für seine Kandidatur hatte mit unserer Freundschaft allerdings nichts zu tun, schon gar nicht in dieser für die Stabilität der Koalition extrem wichtigen Frage des grünen Fraktionsvorsitzes. In Abwägung aller anderen Optionen bestand für mich kein Zweifel, dass Rezzo Schlauch diesem Amt gerecht werden würde, dass er niemals auch nur den geringsten Zweifel an seiner Loyalität zur Koalition aufkommen lassen würde, und dass er drittens aufgrund seiner menschlichen

Qualitäten auch mit dem Kanzler ein stabiles Vertrauensverhältnis aufbauen könnte. Meine Freundschaft mit Rezzo Schlauch hätte auch eine andere politische Entscheidung meinerseits in diesem Fall überstanden, dessen war ich mir gewiss.

Der andere ernst zu nehmende Kandidat aus dem Realolager war Werner Schulz, der parlamentarische Geschäftsführer der Fraktion, Bürgerrechtler in der DDR und die entscheidende Figur von Bündnis 90 im Parlament in der Zeit von 1990–94. Auch bei der Vereinigung von Bündnis 90 und den Grünen spielte er, gemeinsam mit Ludger Volmer auf Seite der Grünen, die zentrale Rolle. Ich hatte in den vierzehn Monaten der ersten rot-grünen Regierung in Hessen in der Personalpolitik eine schmerzhafte Lektion lernen müssen, nämlich keine personalpolitischen Kompromisse mehr gegen meine innere Überzeugung einzugehen, seien die Folgen auch noch so fatal für eine persönliche oder gar freundschaftliche Beziehung. Diese Haltung konnte zwar zukünftige personalpolitische Fehlentscheidungen nicht ausschließen, wohl aber hat sie das Risiko, solche Fehlentscheidungen zu treffen, erheblich minimiert. Werner Schulz, ein glänzender Redner und politischer Kopf, war, was seine Kompetenz betraf, über jeden Zweifel erhaben. Aber ich hatte über vier Jahre hinweg mit ihm zusammengearbeitet (Werner Schulz war der erste parlamentarische Geschäftsführer in unserer Fraktion zwischen 1994–98 gewesen, ich ihr Fraktionsvorsitzender), und aus dieser jahrelangen praktischen Erfahrung erwuchsen meine ernsten Zweifel, ja mein Misstrauen.

Ich sollte schneller recht bekommen, als ich dachte. Die eigentliche Entscheidung über den Fraktionsvorsitz wurde nicht in der Fraktion, sondern bei einer Versammlung der Realos der Fraktion getroffen, in der es sehr persönlich wurde. Ich lernte mit großem Erstaunen, welches Ausmaß persönliche Ambitionen annehmen können. Zudem wurde die Personalfrage Schlauch/Schulz zu einer Machtfrage mit mir und zu einer Loyalitätsfrage hochstilisiert, was schlicht absurd war. Es kam zu unschönen Szenen, dann setzte sich Rezzo Schlauch mit eindeutiger Mehrheit durch.

Werner Schulz reagierte aus meiner Sicht völlig unangemessen, und aus jener Zeit blieb ein persönliches Zerwürfnis zwischen uns zurück, das auf seiner Seite sehr tief ging und bis in die Gegenwart hineinreichen sollte. Auch die öffentlich hochgelobte Rede von Werner Schulz im Deutschen Bundestag am 1. Juli 2005, anlässlich der von Bundeskanzler Schröder gestellten Vertrauensfrage, um dadurch eine vorzeitige Auflösung des Parlaments zu erreichen, war davon noch durchdrungen. Ich kannte die Gründe nur zu gut.

Einerseits verstand ich Werner Schulz' Zorn, denn er hätte kraft Begabung, Kompetenz und Verdienst eine hochrangige Berücksichtigung verdient gehabt, aber in der Regierung stand für ihn keine Position mehr zur Verfügung. Hätte ich über eine weitere Option verfügen können, hätte ich mich zu seinen Gunsten entschieden, denn, wie gesagt, es mangelte ihm nicht an Kompetenz und Verdienst. Drei Männer als Minister wären bei den Grünen unmöglich gewesen. Jürgen Trittin durch Werner Schulz zu ersetzen, hätte Fraktion und Partei zerrissen und den Parteitag zu einem Desaster gemacht. Auch das dann anschließend von ihm geforderte Amt des Bundestagsvizepräsidenten war bereits durch Antje Vollmer besetzt. Sie hätte jede Kampfkandidatur gegen ihn in der Fraktion glatt gewonnen. Und für den Fraktionsvorsitz konnte ich ihn nicht unterstützen, mein Misstrauen war dazu einfach zu groß. Gerhard Schröder und Oskar Lafontaine hatten mit dem Fraktionsvorsitzenden der SPD, Rudolf Scharping, ein ähnliches Problem, nur dass sie zu dessen Lösung über mehr Optionen verfügten. Peter Struck übernahm den Vorsitz der SPD-Fraktion, während Rudolf Scharping Verteidigungsminister in der Regierung Schröder wurde.

Dennoch war mir bewusst, dass die Kritik der Ostdeutschen an ihrer mangelnden personellen Berücksichtigung mehr als berechtigt war. Ich hatte die grüne Quotengleichung eben nicht in all ihren Faktoren positiv auflösen können, und insofern musste ich mir diesen Fehler auch öffentlich zurechnen lassen. Ich wusste ja von Anfang an, dass die personalpolitische Gleichung nicht ganz aufgehen und dass dies auch einiges an bösem Blut hinterlassen würde, aber ich fand für dieses wichtige offene Problem einfach keine einvernehmliche Lösung mehr.

Die unangenehmsten Momente und Szenen hatte es in der Tat im Zusammenhang mit den Personalentscheidungen gegeben.

So manche langjährige politische Freundschaft verwandelte sich in eisige Ablehnung und Schlimmeres, und noch viele Jahre später sollte manche scheinbar objektive Analyse über Rot-Grün und Fischer, die in den Zeitungen zu lesen war, intensiv von den Enttäuschungen der damaligen Zeit geprägt sein. Aber es ließ sich damals nun einmal nicht ändern, denn uns standen weniger Positionen zur Verfügung, als es berechtigte und auch weniger berechtigte Ambitionen gab, zumal die Frauenquote unter den Männern einen ganz erheblichen Tribut einforderte.

Auch diese Wirrungen um das liebe Personal gingen schließlich vorüber, und die Koalitionsverhandlungen waren damit fast zu Ende. So weit, so gut, konnte man aus grüner Sicht über die Ressort- und Personalverhandlungen bis dahin sagen, aber dennoch fehlte aus den genannten Quotengründen noch eine weitere Position. In nochmaligen Verhandlungen gelang es dann schließlich, das Besetzungsrecht für das Amt des Ausländerbeauftragten durchzusetzen und die Zusage unseres Koalitionspartners zu erhalten, bei der im nächsten Jahr anstehenden Neubesetzung der beiden deutschen EU-Kommissare mit einem grünen Personalvorschlag berücksichtigt zu werden. Damit war die Sache rund. Die Verhandlungen konnten abgeschlossen und der Koalitionsvertrag mit dem Titel »Aufbruch und Erneuerung« von den Parteien paraphiert und in einer kleinen öffentlichen Zeremonie unterschrieben werden. Die erste rot-grüne Koalition auf Bundesebene, die erste Koalition der Linken in der Geschichte der Bundesrepublik Deutschland war damit Wirklichkeit geworden. Gerhard Schröder beendete diese letzte Koalitionsrunde, so berichtete die SZ, mit dem Satz: »Mal sehen, wie lange die Leute uns machen lassen.« Es war tatsächlich so gewesen.

In meiner Partei gab es eine durchaus ernst zu nehmende Diskussion darüber, ob es überhaupt im Interesse der Grünen läge, das Außenamt zu übernehmen. Phantasieministerien wurden da entworfen, etwa ein »Strukturministerium«, in dem Umwelt, Energie und Verkehr zu einem Superministerium zusammengefasst werden sollten, aber ich hielt solche Vorstellungen für irreal. Denn wenn wir über vier Jahre hinweg eine erfolgreiche Koalition gestalten wollten, dann mussten wir im innersten Kern der Macht der Bundesregierung präsent sein. Finanzen bekamen wir nicht, Innen ging nicht, Justiz war zu wenig, also blieb als realistische Option allein das Auswärtige Amt.

Zudem war schon seit längerem abzusehen, dass mit den jugoslawischen Erbfolgekriegen, definitiv aber mit der Zuspitzung der Lage im Kosovo das Schicksal der rot-grünen Bundesregierung in der Außenpolitik entschieden werden würde. Ohne die direkte grüne Präsenz in diesem Bereich würde bei der ersten schwierigen außenpolitischen Entscheidung die Koalition in eine bedrohliche Schräglage geraten, und zwar entlang der Parteilinien Rot gegen Grün. Daraus konnte sich dann blitzschnell eine nicht mehr zu beherrschende Bruchstelle entwickeln. Mit der zentralen Figur der Grünen in der außenpolitischen Verantwortung würde sich aber erstens nicht so schnell eine Bruchlinie auftun. Und wenn es zweitens dennoch dazu kommen sollte, etwa bei der Frage eines deutschen Militäreinsatzes, dann würde sich die Bruchlinie nicht mehr zwischen den beiden Koalitionsparteien auftun, sondern innerhalb der Partei (oder Parteien) verlaufen und dort auszufechten sein. Dies wäre allemal besser, als sehenden Auges eine Wackelkoalition einzugehen.

Es war für mich damals ebenfalls völlig klar, sollte es zu einem vorzeitigen Bruch der Koalition in der Außenpolitik kommen (und nur dort hielt ich eine solche Gefahr für gegeben), dann gäbe es Neuwahlen und anschließend eine Große Koalition – von uns Grünen erzwungen! Schröder verfügte immer über eine zweite Mehrheitsoption, wir nicht. Vorzeitige Neuwahlen würden das definitive Aus für Rot-Grün bedeuten, weil wir Grüne uns als nicht realitätstüchtig genug und deshalb auch als nicht regierungsfähig erwiesen hätten. Und bei vorzeitigen Neuwahlen unter diesen Bedingungen wäre es auch keineswegs sicher, dass wir Grüne die Fünfprozenthürde nochmals schaffen würden. Damit würde für uns als bundespolitische Partei aber die nackte Existenzfrage aufgeworfen. Es ging daher bei der Frage, ob wir das Auswärtige Amt übernehmen sollten oder nicht, tatsächlich um einen sehr hohen Einsatz. Und auch hier ließen mich meine vergangenen hessischen Erfahrungen nicht los. Ich blieb daher stur und sagte allen Beteiligten an dieser Debatte, dass ich nur als Außenminister in die Regierung eintreten würde, andernfalls könnte man mich vergessen.

Aber auch von anderer Seite wurden nachdrücklich Bedenken erhoben. Anlässlich eines Treffens zur Vorbereitung der Regierungsübernahme erzählte mir Oskar Lafontaine, dass mein Amtsvorgänger bei ihm gewesen und gegen die Übernahme des AA durch die Grünen und mich nachdrückliche Bedenken erhoben hätte. Er, Lafontaine, hätte dieses Ansinnen aber unmissverständlich zurückgewiesen.

Am Dienstag, den 20. Oktober 1998, eine Woche vor dem Termin der Kanzlerwahl, erfolgte die öffentliche Unterzeichnung des rot-grün eingebundenen Koalitionsvertrages. Dies geschah ein letztes Mal in der nordrhein-westfälischen Landesvertretung. Die Zeremonie der Unterschrift soll genau um 11.11 Uhr begonnen haben, wie man am nächsten Tag den Zeitungen entnehmen durfte. Ich selbst hatte damals für solche historiographischen Feinheiten keinen Sinn. Das Presseaufgebot war riesig, die Zeremonie nüchtern, die Stimmung der Akteure dennoch heiter und gelöst. Gerhard Schröder und Oskar Lafontaine tranken Sekt, ich beschied mich mit einem Glas Selters. Bis hierher hatte ja alles wie geplant funktioniert, aber dennoch konnte ich die demonstrative Ausgelassenheit unserer beiden sozialdemokratischen Vordersassen emotional nicht teilen. Bei aller Freude war mir doch auch leicht bänglich zumute. Mir ging in dieser Stunde und angesichts des Blitzlichtgewitters der zahlreichen Fotografen nur immer wieder der Satz vom Mönchlein und seinem schweren Gang durch den Kopf, den Frundsberg Luther 1521 auf dem Reichstag von Worms zugeflüstert haben soll. Was würde die Zukunft für uns bereithalten, für unsere grün-franziskanische Glaubenskongregation, und was für unseren Abt und seinen Prior, die sich heute so ausgelassen freuten?

Die vorletzte Hürde auf unserem Weg zur Bildung der rotgrünen Bundesregierung war nun der grüne Bundesparteitag, der allen drei Teilen des mit der SPD verhandelten Koalitionsvertrages zustimmen musste: Sachprogramm, Ressortverteilung und Personalpaket. Am Paket gab es nichts mehr zu ändern, dieser Tatsache waren sich alle bewusst. Nachverhandlungen würde es mit der SPD nicht geben, und jedes Wackeln oder auch nur der ernsthafte Versuch, das Paket an einzelnen Personen wieder aufzuschnüren, würde die grünen Regierungsmitglieder im Mark geschwächt in die neue Bundesregierung entsenden. Diesmal brauchten wir nicht nur ein dreifaches Ja, sondern darüber hinaus eine sehr große Mehrheit, die die volle Unterstützung der Partei für die neue Regierung und die grünen Minister in dieser Regierung demonstrierte. Der Bundesvorstand berief diesen nicht nur für uns Grüne historischen Parteitag für den 23./24. Oktober 1998 in die Bonner Beethoven-Halle ein.

In der Debatte zum Koalitionsvertrag frönten viele Delegierte über weite Strecken dem sattsam bekannten masochistischen Ritual, vor allem diejenigen Inhalte laut zu beschreien, bei denen wir Grüne wenig bis nichts durchgesetzt hatten. Allerdings endeten diesmal zahlreiche Rednerinnen und Redner mit einer neuen Formel, nämlich dass man angesichts des Erreichten dennoch zustimmen sollte, müsste und würde. Der Bundesfrauenrat protestierte wie erwartet gegen den Machtanspruch des Patriarchats in Gestalt von Fischer und Trittin und bei nur einer weiblichen Ministerin, aber angesichts der Tatsache, dass von zwölf hochrangigen Positionen in Regierung und Parlament neun von Frauen besetzt wurden, war dieser Protest nicht einmal mehr ein Sturm im Wasserglas. Denn hinzu kam noch die Zusage, dass der mit der nächsten Europawahl frei werdende zweite deutsche Kommissarsposten in der EU-Kommission von einer grünen Frau besetzt werden würde.

Auch diese Zusage wurde eingehalten, und die frühere Berliner Senatorin Michaele Schreyer wurde nach der Europawahl im September 1999 die erste grüne Kommissarin in Brüssel. Cem Özdemir, Sohn türkischer Zuwanderer und zum zweiten Mal für Baden-Württemberg als Abgeordneter im Deutschen Bundestag, hielt eine glänzende Rede zu Asyl, Zuwanderung und Ausländerfragen. Nach dieser mitreißenden Rede waren sich die Beobachter einig, dass Cem Özdemir an diesem Tag selbst Ausländerbeauftragter der Bundesregierung hätte werden können und nicht, wie vorgesehen, Marieluise Beck aus Bremen, wenn er aus der Disziplin ausgebrochen wäre und eine Kampfkandidatur angemeldet hätte. Das allerdings hätte hochgefährliche Weiterungen nach sich gezogen, und Cem Özdemir war klug und solidarisch genug, genau diesen Schritt nicht zu tun.

Eine echte heilige Kuh der Grünen, nämlich das grüne Dogma

der Trennung von Amt und Mandat, stand jetzt aber noch laut muhend im Wege. Die Kunst bestand darin, dieses heilige Tier nicht zu schlachten, denn diese naheliegende Vorgehensweise wäre unter keinen Umständen mehrheitsfähig gewesen, und es dennoch irgendwie aus dem Weg zu räumen. Also galt es, einen eleganten Weg um dieses unbewegliche und hoch schlachtreife Vieh herum zu finden. Die Rolle des Wundertäters sollte auf dem Bonner Parteitag kein Geringerer übernehmen als Hans-Christian Ströbele.

Die Grünen setzten seit ihrer Geburt als Partei aus Überzeugung auf die Trennung von Amt und Mandat, und in der Frühphase der Partei, als sie noch im Wesentlichen eine Sammlungsbewegung zahlreicher Sekten, Gruppen und Grüppchen war, machte eine solche Regel ja auch Sinn. Denn dadurch wurden die vielen unterschiedlichen Kräfte nicht in einen zersetzenden Kampf um die Macht in der neugegründeten Partei getrieben, sondern integriert. Nur so ließen sich die sektiererischen und zentrifugalen Kräfte, die alle Parteineugründungen gefährden, mittels des heiligen Egoismus der handelnden Personen in konstruktive Kräfte des Zusammenhalts verwandeln. Die grüne Realität hatte sich jedoch über fast zwei Jahrzehnte hinweg von einer Sammlungsbewegung hin zu einer echten Partei verändert, und darüber hinaus war die Verfassungswirklichkeit eine andere. Die Konsequenz davon war, dass auch hier, wie bei manch anderen Strukturfragen, der grüne Hang zum Anders- und Bessersein in der tristen politischen Realität jenseits der Parteitage auf nichts anderes hinauslief als auf eine veritable Selbstschwächung der Partei.

Im Wiesbadener Landtag, wo wir nur über eine sehr kleine Fraktion verfügten, hatte ich selbstverständlich mein Mandat mit dem Eintritt in die Landesregierung zurückgegeben. Dazu bedurfte es keiner Aufforderung, sondern die praktischen Notwendigkeiten sprachen hier für eine Aufteilung. In Bonn stellten sich die Dinge völlig anders dar. Vor uns lag eine höchst steinige politische Reise, deren Ausgang mehr als ungewiss war. Die Minister mussten ihre volle Handlungsfähigkeit in Regierung, Parlament und Fraktion behalten. Vor allem die Verzahnung mit der Fraktion mittels des eigenen Mandats hielt ich, unter den ganz anderen Umständen im Bund, für unerlässlich. Zudem konnten die Minister nicht unter den parlamentarischen Staatssekretären stehen, die ihr Mandat auf jeden Fall behalten mussten, weil dies kraft Gesetz die unverzichtbare Voraussetzung für ihr Amt war. Und schließlich durfte im Falle eines Scheiterns der Koalition die Konsequenz für die grünen Minister nicht der Verlust der öffentlichen Bühne Parlament sein. Dies wäre mehr als widersinnig gewesen.

Während des Parteitages kam Hans-Christian Ströbele zu mir und wollte einen Ausweg finden. Ich stellte mich stur und sagte ihm, dass für den Fall, dass der Parteitag uns zum Mandatsverzicht auffordern würde, ich dieses ablehnen und als Folge davon nicht in die Regierung eintreten würde. Über die Konsequenzen für uns Grüne wäre er sich ja wohl im Klaren, aber dies wäre dann ausschließlich seine Angelegenheit. Jürgen Trittin schloss sich meiner Haltung an. Nach langem Barmen und Scharren hinter den Kulissen des Parteitages kam ein »grüner Kompromiss neuen Typs« heraus, nämlich dass die Partei an ihrer Überzeugung von der notwendigen Trennung von Amt und Mandat unerschütterlich festhielte, sich aber angesichts der ganz anderen verfassungsrechtlichen Realitäten nachdrücklich um deren Veränderung bemühen würde. Mir sollte es recht sein. Hans-Christian Ströbele hielt eine donnernde Rede für die Trennung von Amt und Mandat, um sich dann an deren Ende ebenso donnernd für das genaue Gegenteil auszusprechen. Applaus, Abstimmung – und weg war sie, die heilige Kuh. Dies war doch ein sehr anderer Hans-Christian Ströbele als jener von Magdeburg. Radikal wie ehedem, aber sobald es um die Machtfrage ging, verhielt er sich plötzlich diskret, äußerst pragmatisch und immer verlässlich. Ich sollte dies im Laufe der kommenden Jahre noch öfters erleben.

Damit war der Weg zur Schlussabstimmung über den Koalitionsvertrag endgültig frei. Christoph Schwennicke und Christiane Schlötzer-Scotland schilderten in der Süddeutschen Zeitung jenen historischen Augenblick: »Es ist 20.42 Uhr am Samstag abend, und die Delegierten im brechend vollen Auditorium haben soeben mit wenigen Gegenstimmen den ersten Eintritt der Grünen in eine Bundesregierung beschlossen. Im

Saal springen sie auf die Stühle, trommeln, klatschen minutenlang. Und oben auf der Bühne bilden die künftigen Kabinettsmitglieder eine lange Kette, reißen gemeinsam die Arme hoch, werfen Blumensträuße zu den Delegierten. Joschka Fischer, der künftige Außenminister, aber hat jetzt die Hände in den Hosentaschen. Selbst im Moment seines größten Triumphes gestattet er sich keinen emotionalen Überschwang. Ein historischer Moment werde das sein, vergleichbar in seiner Bedeutung mit der Gründung der Grünen vor 18 Jahren, hatte er vorher gesagt. Und nun ist der Augenblick da, und er steht in sich versunken auf der Bühne, inmitten überschäumenden Jubels. Nur etwa ein gutes Dutzend rote Stimmkarten gingen in die Höhe, als die Nein-Stimmen abgefragt wurden.« So war es wohl auch tatsächlich. Ich muss allerdings gestehen, dass ich diesen Moment in vollen Zügen genossen habe, nur eben ganz still, allein mit mir selbst.

Die letzte, die wirklich allerletzte Hürde galt es nun im Parlament zu nehmen, nämlich die geheime Wahl des Bundeskanzlers. Diese sollte am Dienstag, den 27. Oktober 1998, stattfinden. Die Verfassung sieht die Wahl des Bundeskanzlers als geheime Wahl vor, weil sie zu Recht verlangt, dass er auch unter geheimen Bedingungen über die Kanzlermehrheit verfügt. Dies ist deshalb so wichtig, weil das Amt des Bundeskanzlers nach seiner geheimen Wahl entsprechend der deutschen Verfassung sehr stark ist. Gemäß dem Grundgesetz kann der Bundeskanzler und damit auch seine Bundesregierung eigentlich nur konstruktiv gestürzt werden, d. h. durch die Wahl eines Nachfolgers, der an seiner Stelle in geheimer Wahl im Deutschen Bundestag die laut Verfassung dafür erforderliche Kanzlermehrheit erhält. Bei geheimen Wahlen gibt es letztendlich keine Garantie, wie der einzelne Abgeordnete tatsächlich abstimmen wird, denn in der Einsamkeit der Wahlkabine ist jeder Abgeordnete nur »seinem Gewissen verpflichtet«. Und zum Gewissen zählen in diesem Fall auch seine Enttäuschungen, offene innerparteiliche Rechnungen und auch tiefsitzender Groll und Rachegefühle. Kanzlerwahlen sind bei knappen Mehrheiten deshalb immer Zitterpartien, voller Anspannung und Spekulationen.

Die rot-grüne Koalition verfügte zwar über eine ordentliche

Mehrheit der Mandate, sodass zu ernster Sorge eigentlich kein Anlass bestand, aber bei geheimen Kanzlerwahlen hatte man durchaus schon Pferde kotzen sehen, wie man im Deutschen zu sagen pflegt. Gerade meine Generation war durch jenes das ganze Land erschütternde und elektrisierende Erlebnis des gescheiterten konstruktiven Misstrauensvotums von Rainer Barzel und der CDU/CSU gegenüber Willy Brandt im April 1972 zutiefst geprägt worden. Und vielleicht auch deshalb galt es für uns bei der Kanzlerwahl nicht nur auf sicher, sondern auf ganz sicher zu gehen. Die SPD verfügte über gute Kontakte in die FDP hinein, und gemeinsam nutzten Rot und Grün ihre Kanäle Richtung PDS, um für eine möglichst breite Unterstützung für Gerhard Schröder bei der Kanzlerwahl zu werben. »Gewählt ist, wer die Stimmen der Mehrheit der Mitglieder des Bundestages auf sich vereinigt«, heißt es im Artikel 63(2) des Grundgesetzes.

Die Sitzung wurde durch den erst am Vortag neu gewählten Bundestagspräsidenten Wolfgang Thierse (SPD) um 11.00 Uhr morgens eröffnet. Vorher hatte es Zählappelle der Fraktionen gegeben, um die vollständige Anwesenheit der Abgeordneten zu sichern. In der Grünenfraktion fehlte entschuldigt ein Abgeordneter. Nach der förmlichen Eröffnung der Sitzung verlas der Präsident die üblichen Hinweise zum Wahlvorgang, und dann begann der Namensaufruf der einzelnen Abgeordneten entsprechend der Reihenfolge des Alphabets. Nachdem alle Stimmen abgegeben worden waren, unterbrach der Präsident die Sitzung des Parlaments um 11.38 Uhr, bis das Ergebnis ausgezählt worden war. Nun hieß es warten. Das Plenum summte und brummte durch die vielen Einzelgespräche der Abgeordneten vor sich hin, denn nur wenige verließen den Plenarsaal. Keiner wollte das Ergebnis versäumen.

Nach einer für mich sehr langen Viertelstunde kamen die parlamentarischen Geschäftsführer von SPD und Grünen ins Plenum zurückgeeilt. Sie kannten das Ergebnis bereits und hoben die Daumen. Das Zeichen hieß, dass Gerhard Schröder zum Bundeskanzler der Bundesrepublik Deutschland gewählt worden war. Es war geschafft. Und es waren sieben Stimmen mehr, als die Koalition Abgeordnete hatte. Unsere Anstrengungen hatten sich also gelohnt. Es war davon auszugehen, dass sowohl unter den Grünen, vor allem aber in der SPD-Fraktion durchaus die eine oder andere Enthaltung oder gar Nein-Stimme abgegeben worden war. Da es doch einige Verlierer der Koalitionsbildung und auch einige persönliche offene Rechnungen gab, mussten die Stimmen aus der Opposition sogar höher gewesen sein, als die nun sichtbare Zahl sieben offenbarte.

Vorne, in der ersten Reihe der SPD-Fraktion, wo Gerhard Schröder und Oskar Lafontaine saßen, bildete sich ein erster kleiner Tumult. Dann wurde um 11.54 Uhr die unterbrochene Sitzung des Bundestages mit der Verkündung des Wahlergebnisses fortgesetzt. »Ich gebe das Ergebnis der Wahl bekannt. Abgegebene Stimmen 666. Gültige Stimmen 665, also eine ungültige Stimme. Mit Ja haben gestimmt 351. (Langanhaltender lebhafter Beifall bei der SPD und dem BÜNDNIS 90/DIE GRÜNEN – Beifall bei der PDS – Die Abgeordneten der SPD und des BÜNDNIS 90/DIE GRÜNEN erheben sich – Abgeordnete der SPD, des BÜNDNIS 90/DIE GRÜNEN und der PDS beglückwünschen Gerhard Schröder (SPD).) Liebe Kolleginnen und Kollegen, darf ich mit der Verlesung des Ergebnisses fortfahren? – Mit Nein haben gestimmt 287, Enthaltungen 27. Damit hat der Abgeordnete Gerhard Schröder die erforderliche Mehrheit erhalten und ist zum Bundeskanzler der Bundesrepublik Deutschland gewählt. […] Ich frage Sie, Herr Abgeordneter Schröder: Nehmen Sie die Wahl an? Gerhard Schröder (SPD): Herr Präsident, ich nehme die Wahl an.« (Protokoll des Deutschen Bundestages vom 27. Oktober 1998.) Damit hatten wir auch die letzte Hürde für eine rot-grüne Bundesregierung erfolgreich genommen. Wir hatten es endlich geschafft – wirklich geschafft.

Helmut Kohl war einer der ersten, die sich erhoben, um Bundeskanzler Gerhard Schröder zu gratulieren. Ich schloss mich den Gratulanten an, murmelte irgendetwas Erbauliches, Jubel, Umarmungen, Glückwünsche allenthalben. Und dann wurde die Sitzung erneut unterbrochen. Der Kanzler musste zum Bundespräsidenten, um seine Ernennungsurkunde überreicht zu bekommen. Um 16.00 Uhr folgte die Eidesleistung des Bundeskanzlers im Plenum des Deutschen Bundestages, anschließend erhielten die Mitglieder des neuen Bundeskabinetts in der Villa

Hammerschmidt ihre Urkunden. Um 18.00 Uhr erfolgte die Eidesleistung der Minister im Deutschen Bundestag. Ich wurde vom Bundestagspräsidenten als erstes Kabinettsmitglied zur Eidesleistung aufgerufen. »Herr Bundesminister Joseph Fischer, sind Sie bereit, den Eid zu leisten? Joseph Fischer, Bundesminister des Auswärtigen: Ja. – Ich schwöre es.« Nach mir folgte Otto Schily, dann die anderen Minister des Kabinetts Schröder. Um 18.09 Uhr schloss Bundestagspräsident Thierse diese Sitzung des Deutschen Bundestages. Jetzt durfte regiert werden.

BEGINN UNTER DUNKLEN WOLKEN – EIN KRIEG ZIEHT HERAUF

Am nächsten Morgen, es war der zweite Tag meiner Amtszeit, stand als Erstes die offizielle Einführung des neuen Ministers und der neuen Staatsminister in das Auswärtige Amt an. Ich wurde von meinem Vorgänger Klaus Kinkel und seiner Gattin am Aufgang des sogenannten Ministerflügels des Bonner Auswärtigen Amtes erwartet und dann in den »Weltsaal« geleitet, in dem sich zahlreiche Mitarbeiterinnen und Mitarbeiter, aber auch viele Medienvertreter, Abgeordnete des Deutschen Bundestages und die ausscheidenden wie auch die neuen Staatsminister versammelt hatten. Der dienstälteste Staatssekretär eröffnete die Zeremonie mit einer Rede, dann folgte Minister Kinkel mit seiner Ansprache, und schließlich war die Reihe an mir.

Im Zentrum meiner Rede stand vor allem das Werben um Vertrauen unter den Mitarbeiterinnen und Mitarbeitern. Ich definierte darin meine inneren Führungsgrundsätze: »Das Prinzip Ministerverantwortung gilt. Läuft etwas schief, bin ich der Verantwortliche, nach innen klären wir das dann unter uns. […] Mich interessiert nicht die parteipolitische oder weltanschauliche Orientierung […]. Mich interessieren zwei Dinge: Kompetenz und Loyalität.« Ich unterstrich, dass ich es aus meiner Zeit als hessischer Umweltminister gewohnt wäre, nicht mit einem Küchenkabinett, sondern mit den Abteilungen zu arbeiten, dass ich einen diskutierenden Stil bevorzugen und dass es mit mir keine Beschneidung der Kompetenzen des AA geben würde. In der Tat hatten das der Finanzminister (Oskar Lafontaine) mit der Europaabteilung und der neue Kulturstaatsminister im Kanzleramt (Michael Naumann) versucht, waren damit aber gescheitert.

Darüber hinaus war ich mit mir zurate gegangen, ob ich strukturelle Veränderungen in diesem überaus konservativen

Auswärtigen Amt vornehmen wollte, und entschied mich bewusst dagegen. Wir würden in den kommenden Monaten und Jahren als Regierung vor solch schwerwiegenden inhaltlichen Weichenstellungen stehen, dass ein Aufbrechen der vorhandenen Strukturen nur zusätzlichen und, wie ich damals meinte, unnötigen Ärger produzieren würde. »Das habe ich jetzt innerhalb weniger Tage und Stunden gelernt, dass es hier sozusagen ein Eigenleben der Institution Auswärtiger Dienst und Auswärtiges Amt gibt; das soll auch nicht geändert werden«, verkündete ich deshalb in meiner Antrittsrede. Über meine ganze Amtszeit hinweg habe ich mich an dieses Versprechen gehalten, aber Jahre später sollte es sich als ein schwerer Fehler, ja vielleicht sogar als der schwerste Fehler in meiner gesamten Amtszeit erweisen. Ich werde darauf zurückkommen.

Für die kommende Außenpolitik der neuen Bundesregierung versprach ich vor allem eines – Kontinuität. Auch hierbei ging es um das Werben um Vertrauen bei unseren Partnern, die der Außenpolitik der neuen Bundesregierung mit einiger Skepsis entgegensahen. »Wir haben zu Recht immer das Element der Kontinuität deutscher Außenpolitik betont. Warum ist die Kontinuität so wichtig? Die Kontinuität ist deswegen so wichtig, nicht nur weil von Deutschland so enorm viel abhängt in Europa, sondern weil einer der wichtigen […] außenpolitischen Faktoren die kollektive Erinnerung unserer Nachbarn an unsere Geschichte ist. Deutschland war in diesem ausgehenden 20. Jahrhundert […] die Ursache für zwei Weltkriege, und vor allem der Zweite Weltkrieg, […] die Auslieferung unseres Landes an eine verbrecherische Staatsführung, haben unsägliches Leid über unseren Kontinent und die Welt gebracht. Deswegen werden unsere Nachbarn immer sehr sorgfältig darauf achten, was sich in Deutschland tut.«

Zugegeben, in meiner ersten grundsätzlichen Positionierung über die zukünftige Außenpolitik findet sich sehr viel von Helmut Kohl wieder. Aber gerade in dieser historischen Begründung für Verlässlichkeit und Kalkulierbarkeit der deutschen Außenpolitik wie auch in der Europapolitik stand ich dem abgewählten Kanzler seit einigen Jahren sehr nahe, und zwar aus Überzeugung.

Inhaltlich konzentrierte ich mich in meiner Rede vor allem auf die Vollendung der Integration Europas – nach der Währungsunion galt es, an der politischen Union und ihrer Vervollkommnung zu arbeiten. Schon damals stand für mich die Frage nach der endgültigen Gestalt der Europäischen Union, die sogenannte »Finalität«, im Zentrum meiner Ausführungen. Weitere Schwerpunkte waren neben der Vertiefung die Erweiterung der EU, die Zukunft des transatlantischen Bündnisses und die europäisch-russischen Beziehungen.

Die Balkankrise und die drohende Gewitterwolke über unseren Köpfen namens Kosovo spielten dagegen in meiner Rede kaum eine Rolle, obwohl ich mir der Herausforderung einer möglichen deutschen Kriegsbeteiligung unter Rot-Grün – ein radikaler Bruch mit aller Kontinuität! – mehr als bewusst war. Noch hielt ja die Holbrooke-Milošević-Vereinbarung für das Kosovo, nach der die Organisation für Sicherheit und Zusammenarbeit in Europa (OSZE) eine Beobachtermission in das Kosovo entsenden sollte. Vielleicht hatten wir ja Glück und sollten tatsächlich an einer heißen Konfrontation vorbeikommen. Zudem hätten jedes öffentliche Nachdenken oder gar Festlegungen meinerseits bereits am zweiten Tag meiner Amtszeit einen wilden Streit in Partei, Fraktion und Koalition ausgelöst und wären sehr gefährlich gewesen. Also verfuhr ich nach der Devise, immer an diese drohende Gefahr zu denken, einstweilen aber nicht öffentlich darüber zu reden.

Nach dem Ende der Zeremonie zeigte mir mein Amtsvorgänger mein persönliches Büro und stellte mich den Mitarbeiterinnen und Mitarbeitern des Ministerbüros vor. Zwei Büsten von Adenauer und Heuss nebst einem Ölgemälde von Stresemann wachten darin Tag und Nacht über die deutsche Außenpolitik und über die jeweiligen Minister. Ansonsten war das Büro ein dunkler, fast düster zu nennender Raum mit Blick auf den Rhein.

Die wichtigsten Personalfragen im neuen Amt hatte ich im Vorfeld bereits geregelt. Ich übernahm die meisten der persönlichen Mitarbeiter meines Amtsvorgängers im Ministerbüro, neuer Büroleiter wurde Achim Schmillen, der bisherige Leiter meines Abgeordnetenbüros. Martin Kobler, ein Beamter des AA, wurde sein Stellvertreter. Sylvia Tybussek, meine vertraute

Sekretärin im Bundestag, wie auch Nicole Menzenbach, dort meine wissenschaftliche Mitarbeiterin, folgten mir ebenfalls ins Ministerbüro. Staatssekretär Hans-Friedrich von Ploetz blieb in seinem Amt, Wolfgang Ischinger, der bisherige Politische Direktor und Leiter der Politischen Abteilung, wurde zweiter Staatssekretär. Gunter Pleuger, der bisherige Abteilungsleiter Vereinte Nationen (VN), wurde sein Nachfolger als Politischer Direktor. Zum Leiter des Planungsstabes berief ich Georg Dick, damals stellvertretender hessischer Regierungssprecher der Regierung Eichel und ein enger und langjähriger politischer Weggefährte von mir. Der Pressesprecher meines Amtsvorgängers, Martin Erdmann, blieb ebenfalls bis auf weiteres auf seinem Platz.

Bereits am Nachmittag begann dann für mich der Ernst der praktischen Außenpolitik. Ich machte mich auf den Weg zum militärischen Teil des Flughafens Köln/Bonn, um von dort aus, in einem Airbus der Luftwaffe und begleitet von einem großen Medientross, meine europäische Antrittsreise als neuer Bundesaußenminister zu beginnen. Die Reise führte mich innerhalb von drei Tagen über Paris und London nach Warschau. Diese Planung hatte ich bereits in der Übergangszeit mit den kommenden Mitarbeitern aus dem Amt vorgenommen. Und auch persönlich war mir dieser diplomatische Auftakt sehr wichtig.

Eine jüngere Generation hatte jetzt in Deutschland die Schalthebel der Macht übernommen. Gerhard Schröder, am 7. April 1944 geboren, hatte den Krieg nicht mehr bewusst erlebt, und ich selbst war erst am 12. April 1948, drei Jahre nach dem Ende des Kriegs und wenige Wochen vor der Währungsreform in den Westzonen, geboren worden. Unter all den offenen Fragen an unsere neue Regierung im Ausland war die geschichtspolitische Frage, wie es eine historisch nicht mehr erfahrungsbelastete jüngere Generation Deutscher mit der Fortgeltung unserer historischen und moralischen Verantwortung für die Verbrechen des nationalsozialistischen Deutschland halten würde, sehr ernst zu nehmen.

Die Einbeziehung Warschaus in meine Antrittsreise, gemeinsam mit Paris und London, sollte daher auch ein Symbol für unsere fortgeltende historische und moralische Verantwortung für die deutschen Verbrechen sein, zugleich aber auch unsere

Bereitschaft bekunden, sowohl die Politik der Aussöhnung mit unserem östlichen Nachbarn als auch die Unterstützung für den polnischen Beitritt in die EU energisch fortzuführen. Zugleich verkörperten diese drei Staaten unsere wichtigsten Partner in Europa, und darüber hinaus wurde durch den Zeitpunkt und die Abfolge der besuchten Hauptstädte das neue, das erweiterte Europa nach 1989 und seine Bedeutung für die deutsche Außenpolitik in den Mittelpunkt gestellt.

Die deutsch-französischen Beziehungen blieben auch in Zukunft und unter den Bedingungen eines wesentlich größer gewordenen Europas zentral für dessen Zukunft und waren und sind innerhalb der EU durch nichts Vergleichbares zu ersetzen. Frankreich bleibt unser wichtigster, ja unverzichtbarer Partner diesseits des Atlantiks. Beide Seiten konnten und können nicht aufeinander verzichten, wenn sie in und mit Europa erfolgreich sein wollen, da ein offen aufbrechender deutsch-französischer Konflikt das europäische Projekt sofort in eine Blockade oder gar in eine ernste Krise führen würde.

Der deutsch-französische Antagonismus im alten europäischen Staatensystem des 19. Jahrhunderts führte in der ersten Hälfte des 20. Jahrhunderts zu dessen Selbstzerstörung in zwei Weltkriegen und so zur Teilung Deutschlands und Europas. Die Überwindung dieser deutsch-französischen Erbfeindschaft nach dem Zweiten Weltkrieg war das tragende Fundament eines neuen Europa, das nicht mehr auf dem Gleichgewicht der Mächte zur Abwehr der Vorherrschaft einer einzelnen europäischen Macht beruhte (die Erhaltung dieses Gleichgewichts hieß fast immer Krieg), sondern auf der Integration der wesentlichen ökonomischen und strategischen Interessen der beteiligten Staaten in gemeinsamen europäischen Institutionen und mittels gemeinsamer Verfahren und Politiken. Hinter der wirtschaftlichen Integration, die durch die Schaffung der Europäischen Wirtschaftsgemeinschaft (EWG) mittels der Römischen Verträge 1957 angegangen wurde, stand jedoch sehr viel mehr. Es war dies die Idee eines neuen, zukünftige Kriege zwischen den Europäern unmöglich machenden europäischen Staatensystems, das auf der Integration wesentlicher Institutionen und Politiken bis dato souveräner europäischer Staaten gründen sollte. Es ging also tatsächlich um einen ersten, gleichwohl ganz entscheidenden Schritt in Richtung eines sich vereinigenden Europa.

Es war eine wahrhaft kühne, ja revolutionäre Idee, die der damalige französische Außenminister Robert Schuman und der Leiter des französischen Planungsamts Jean Monnet entwickelt hatten, die eigentlichen Gründerväter des neuen Europa. Was heutzutage allerdings nahezu völlig vergessen worden ist, ist die Tatsache, dass es vor allem die USA waren, die als Antwort auf die europäische Selbstzerstörung ein supranationales Europa wollten. Sowohl die Truman-Regierung als auch die Eisenhower-Regierung ermutigten mit großem Nachdruck Jean Monnet zu seiner Initiative für eine europäische Kohle- und Stahl-Union. Denn diese revolutionäre Idee zog entschlossen die positiven Konsequenzen aus der schrecklichen ersten Hälfte des 20. Jahrhunderts, nämlich eine Ordnung des dauerhaften Friedens in Europa zu schaffen. Diese europäische Friedensordnung beruht, deutsche Politik darf dies niemals vergessen, bis zum heutigen Tag auf der Überwindung des deutsch-französischen Antagonismus.

Freilich spielten aus französischer Sicht noch einige andere Motive eine wichtige Rolle, an erster Stelle seine nationalen Sicherheitsinteressen gegenüber Deutschland und dann auch (vor allen Dingen seit Charles de Gaulles Rückkehr als Regierungschef und danach in das Amt des französischen Staatspräsidenten) sein Interesse, mittels der Gemeinschaft der sechs Gründerstaaten den französischen Einfluss gegenüber der anglo-amerikanischen transatlantischen Allianz zu stärken. Aber diese nationalen Motive Frankreichs (wie auch die Deutschlands und all der anderen beteiligten Staaten) konnten zwar den Fortgang dieses Neuansatzes beeinflussen, erschweren oder bisweilen sogar blockieren, aber die revolutionäre Idee eines auf Integration beruhenden Staatensystems in Europa war geboren und mit der Gründung der EWG 1957 auf den Weg gebracht worden. Das allein zählte.

Wer die Vollendung dieses europäischen Einigungsprozesses für Europas Zukunft für unverzichtbar hielt, der musste deshalb an der zentralen Rolle der deutsch-französischen Zusammenarbeit festhalten und sogar versuchen, diese weiter auszubauen und zu verstärken. Und zwar so, dass in einer größer gewordenen Europäischen Union die anderen mitgenommen und nicht ausgegrenzt wurden.

Großbritannien spielte im alten europäischen Staatensystem seit den Zeiten des britischen Empires eine ganz entscheidende Sonderrolle. Denn das Vereinigte Königreich war und ist einer der mächtigsten und größten europäischen Staaten, Welt- und Seemacht über mehrere Jahrhunderte hinweg, und zugleich der Wächter des europäischen Gleichgewichts. Ein Europa ohne Großbritannien würde immer unvollständig bleiben, und eine gemeinsame europäische Sicherheitspolitik ohne Großbritannien würde diesen Namen kaum verdienen. Dennoch war und ist das Verhältnis der großen Mehrheit der Briten zu Europa hoch ambivalent, ja ablehnend. Großbritannien verfügt zwar über das gleiche politische und ökonomische Gewicht wie die drei anderen großen Mitgliedsstaaten der EU – Deutschland, Frankreich und Italien –, nicht aber über deren europäisches Bewusstsein. Was geblieben war von der einstigen Weltmacht, waren nicht nur der Status des ständigen Sicherheitsratsmitglieds der VN und der Nuklearmacht, wie dies auch für Frankreich galt, sondern darüber hinaus noch die Sonderbeziehungen – »special relationship« – zu den USA. Diese Sonderbeziehungen konnten für die zukünftige Entwicklung der EU sowohl Segen als auch Fluch bedeuten, und es war im deutschen Interesse, dass der Segen dominierte. Zudem lag es – in einem nach 1989 größer gewordenen Europa und angesichts der Krise auf dem Balkan – im deutschen und europäischen Interesse, das Vereinigte Königreich möglichst weitgehend in die europäische Politik und deren Führung mit einzubinden, ja zu beteiligen, soweit dies nur irgendwie ging.

Polen schließlich war der größte und wichtigste Staat unter den Kandidatenländern für die EU-Osterweiterung. Das Land hatte furchtbar durch die deutsche Besatzung im Zweiten Weltkrieg zu leiden gehabt, das nationalsozialistische Deutschland wollte diese alte europäische Nation durch systematischen Mord seiner Eliten berauben und zu einem Sklavenvolk für das Großdeutsche Reich herabwürdigen. Dies war ein schreckliches Verbrechen, das auch angesichts des noch monströseren Verbrechens des Völkermordes an den europäischen Juden durch Deutschland nicht vergessen werden durfte.

Die Polen waren im Laufe ihrer Geschichte oft besiegt und als Nation und Staat mehrmals unter ihren Nachbarn aufgeteilt worden, aber sie hatten niemals aufgegeben. Mit Hitlers Angriff auf Polen begann der Zweite Weltkrieg, und als dieser zu Ende war, fanden sich die Polen für weitere fünf Jahrzehnte auf der falschen Seite des Eisernen Vorhangs wieder. Sie kämpften gegen Stalin und seine Nachfolger, und in den achtziger Jahren läutete die freie Gewerkschaftsbewegung »Solidarność« in Polen den Beginn des Endes des Sowjetkommunismus ein. Die deutsche Einheit 1989/90 ist auch ein Ergebnis des Heldenmuts der Polen, das sollte in Deutschland nicht vergessen werden.

Für die gemeinsame Zukunft in einer erweiterten EU waren und sind die deutsch-polnischen Beziehungen von großer Bedeutung. Deutschland hatte jedes Interesse daran, seine Beziehungen zu unserem großen östlichen Nachbarn, mit dem uns eine mit so viel Schuld unsererseits beladene Geschichte verbindet, möglichst positiv, ja vertrauensvoll zu gestalten. Je schneller und erfolgreicher sich die polnische Integration in NATO und EU vollzog, desto besser war dies für die gegenseitigen Beziehungen. Eine immer tiefere Annäherung über die Gräben der Vergangenheit hinweg, aber auch ganz praktische Fortschritte bei der Sicherheit, im Handel, bei Investitionen und in der Infrastruktur, all das lag und liegt im unmittelbaren deutschen Interesse. Insofern verstand sich auch die neue Bundesregierung, wie bereits ihre Vorgängerin, als Sachwalterin der polnischen Interessen in der EU.

In Paris kam es im französischen Außenministerium, direkt am Quai d'Orsay gelegen, zu einem ersten Zusammentreffen mit meinem Kollegen Hubert Védrine. Selbstverständlich konnten wir kein sehr substanzielles Gespräch führen, dazu war ich einfach viel zu neu im Amt und zu unerfahren. Das Treffen diente mehr dem persönlichen Kennenlernen und einem ersten Abtasten unserer Positionen zu den Grundsatzfragen der deutsch-französischen Beziehungen, der EU und der Krise auf dem Balkan. Das wichtigste Ergebnis allerdings war völlig unspektakulär: Wir verstanden uns gut und vereinbarten einen engen persönlichen Kontakt für die kommenden Wochen und Monate. Bei der anschließenden Pressekonferenz stand die Reaktivierung des deutsch-französischen »Motors« in Europa im Mittelpunkt.

Während der Regierungszeit von Präsident Mitterrand und Bundeskanzler Kohl waren diese Beziehungen politisch und persönlich sehr eng gewesen, nach der deutschen Einheit und mit dem Übergang der französischen Präsidentschaft auf Jacques Chirac allerdings war der deutsch-französische Motor in Europa ins Stottern geraten. Darüber hinaus erwarteten nunmehr viele Beobachter, dass sich der neue Bundeskanzler Gerhard Schröder mehr zu Tony Blair und New Labour hingezogen fühlen würde – und zwar aus zwei Gründen: Das Programm von New Labour kam den Vorstellungen des »Reformkanzlers« und Sozialdemokraten Schröder sehr nahe, und es gab das Bedürfnis nach Abgrenzung von seinem Amtsvorgänger. Es galt also, in meiner ersten Pressekonferenz im Quai d'Orsay eine klare deutsch-französische Kontinuitäts-, ja sogar Aufbruchs-botschaft zu setzen, und dies gelang auch. Nach einem weiteren Besuch bei Premierminister Lionel Jospin in dessen Amtssitz im Hotel Matignon und einem Treffen mit der grünen Umweltministerin Dominique Voynet im Umweltministerium verließ ich am Spätnachmittag wieder Paris Richtung London.

In London verlief die erste Begegnung mit dem britischen Außenminister Cook ebenfalls sehr positiv. In der Sache ging es dabei vor allem um die Entwicklung im Kosovo. Auf Grundlage der Vereinbarung zwischen dem amerikanischen Unterhändler Richard Holbrooke und dem jugoslawischen Präsidenten Slobodan Milošević über eine Beobachtermission der OSZE im Kosovo würden sich Großbritannien und Deutschland daran mit etwa gleich großen Kontingenten beteiligen. Ebenso sicherte mir Cook die britische Unterstützung für die kommenden deutschen Präsidentschaften in der EU und der G 8 zu. Zudem vereinbarten wir, uns mindestens zweimal im Jahr bilateral zu treffen. Nach einer gemeinsamen Pressekonferenz im Foreign Office verließ ich dann London Richtung Warschau.

In Warschau stand das Treffen mit dem polnischen Außenminister Bronisław Geremek im Mittelpunkt des Besuchs, der zudem noch Gespräche bei Staatspräsident Kwasniewski und Ministerpräsident Buzek umfasste. Bronisław Geremek war eine beeindruckende Persönlichkeit, ein gelernter Historiker mit dem Schwerpunkt französische Geschichte des Mittelalters. Er war Bürgerrechtler, Berater der Solidarność-Bewegung und wurde nach der Verhängung des Kriegsrechts 1981 verhaftet und interniert. Er begleitete mich zu den Kranzniederlegungen an den beiden Mahnmalen für den Warschauer Aufstand der polnischen Heimatarmee im August 1944 gegen die deutsche Besatzung und für den Aufstand der jüdischen Kämpfer im Warschauer Ghetto im April 1943, der sich gegen die Deportationen der jüdischen Bevölkerung in die deutschen Vernichtungslager richtete.

Warschau war während des Zweiten Weltkriegs von den Deutschen fast völlig zerstört worden. Auf polnischem Boden wurden durch das nationalsozialistische Deutsche Reich die Vernichtungslager zur systematischen Ermordung der europäischen Juden errichtet. Und überwiegend dort geschah jenes ungeheuerliche Verbrechen des Holocaust, auf deutschen Befehl und durch deutsche Täter. Mir war aus all diesen Gründen der Besuch der beiden Mahnmale in Warschau persönlich und politisch sehr wichtig gewesen, um damit in Polen die fortgeltende moralische und historische Verantwortung des demokratischen Deutschlands für die Verbrechen des Nationalsozialismus zu unterstreichen. Auf der Fahrt zum Mahnmal des jüdischen Ghetto-Aufstandes fuhren wir durch die Straßen des ehemaligen Ghettos. Bronisław Geremek erzählte mir vom jüdischen Warschau, »seinem Warschau«, wie er es nannte, das in den Schrecken der Nazi-Barbarei und des Krieges untergegangen war. Ich war tief gerührt und zugleich dankbar für das Vertrauen meinem Land und mir gegenüber, das in seinen Worten zum Ausdruck kam. Und zugleich war ich tief erschüttert über unsere Vergangenheit. Die Kranzniederlegung am Ghetto-Mahnmal – dort hatte Bundeskanzler Willy Brandt 1970 für Deutschland seinen historischen Kniefall getan, der zu Recht Geschichte gemacht hatte – und das anschließende kurze Gespräch mit Vertretern der jüdischen Gemeinschaft und dem obersten polnischen Rabbiner, Rabbi Menachem Joskowicz, verstärkten diese Stimmung in mir. Uns Deutschen musste klar sein, dass unsere Vergangenheit noch für lange Zeit nicht vergehen würde und dass wir uns auch als Nachgeborene immer wieder dieser Verantwortung würden stellen müssen.

Die politischen Gespräche drehten sich in Warschau wie bei den in den folgenden Monaten stattfindenden Antrittsbesuchen in den Hauptstädten der anderen Beitrittskandidaten vor allem um ein Thema, nämlich um ein Datum für deren Beitritt zur EU. Das Trauma der europäischen Teilung nach 1945 wirkte nach. Nie wieder wollten diese Staaten und Nationen von Europa ausgeschlossen sein. Nie wieder! Und sie wollten auch nicht mehr Opfer leerer Versprechungen werden. Sie alle wollten unwiderruflich zu Europa gehören, und dieser Wunsch konkretisierte sich damals in der Frage des genauen Beitrittsdatums. Ich teilte voll und ganz ihre Gründe und damit auch ihren Wunsch nach schnellstmöglicher und unwiderruflicher Integration in NATO und EU. Aber gerade deshalb galt es, zuerst und sehr schnell und effizient die ganz praktischen Probleme auf ihrem Weg in die EU aus dem Weg zu räumen. Denn der Beitritt in die EU bedeutete die Zusammenführung ganzer Volkswirtschaften, die dann auch zueinander passen mussten. Gesetze, Normen, Verordnungen, Institutionen mussten zuvor angepasst und notwendige Reformen vorgenommen werden. Ansonsten liefen gerade die schwächeren beitretenden Volkswirtschaften Gefahr, in dem großen und starken gemeinsamen Markt der EU schlicht erdrückt zu werden und jede Wettbewerbsfähigkeit zu verlieren. Eine solche Entwicklung in den Beitrittsländern hätte fatale wirtschaftliche, soziale und politische Folgen. Das Ob des Beitritts war bereits am 13. Dezember 1997 vom Europäischen Rat in Luxemburg grundsätzlich positiv entschieden worden, jetzt ging es vorrangig um das Wie, um dann das Wann abschließend entscheiden zu können.

Helmut Kohl hatte, anlässlich eines Besuches in Polen im Juli 1995, dem Land den Beitritt für das Jahr 2000 versprochen, Jacques Chirac hatte danach den deutschen Kanzler auf der Zeitachse sogar noch unterboten. Dieser deutsch-französische Wettbewerb in Sachen haltlose Versprechungen an Beitrittskandidaten in Terminfragen sagte zwar sehr viel über den damaligen Zustand der Beziehungen zwischen Bonn und Paris aus, nichts Ernsthaftes jedoch über ein konkretes, praktikables Beitrittsdatum für Polen. Das waren alles leere Versprechungen gewesen, denn die Verhandlungen zwischen der EU und den östlichen Beitrittskandidaten sollten erst in den nächsten Tagen, während der laufenden österreichischen EU-Präsidentschaft und wenige Monate vor Jahreswechsel, eröffnet werden. Praktisch war also ein Beitritt im Jahr 2000 gar nicht zu machen, er war weder im Interesse der EU noch der Kandidaten und also kein wirkliches Entscheidungsthema. Auch die polnische Regierung war sich dieser Faktenlage bewusst.

Hinter dem öffentlichen und internen Insistieren auf einem konkreten Termin stand auf der polnischen Seite vielmehr die Sorge, dass die neue Bundesregierung in der Erweiterungsfrage einen Politikwechsel vornehmen und es mit dem Beitritt der neuen Mitgliedsstaaten gar nicht mehr eilig haben würde. Eine gewisse euroskeptische Rhetorik aus allerhöchstem Munde, deren ich mir seit meiner Frankfurter »Sternstunde« bewusst war, hatte diese Besorgnisse geschürt. Ich konnte die Befürchtungen während meines Besuches zumindest eindämmen, wenn nicht sogar entkräften, da ich das Festhalten der neuen Bundesregierung an der vollen Kontinuität in der Erweiterungspolitik glaubhaft versichern konnte. Mehr noch, ich konnte Polen darüber hinaus zusagen, dass wir während der unmittelbar vor uns liegenden deutschen Ratspräsidentschaft in der EU vom 1. Januar bis zum 30. Juni 1999 alles tun würden, um die Erweiterungsverhandlungen energisch voranzubringen. Daran sollten sie uns messen, nicht an haltlosen Versprechungen aus der Vergangenheit. Zudem versicherte ich ihnen, dass die Erweiterung der EU aus politischen, ökonomischen und historischen Gründen im zentralen deutschen Interesse läge und deshalb unsere Politik in dieser Frage bestimmen würde.

»›Zügig durchverhandeln [...]‹ und ›Nägel mit Köpfen machen‹ – das war die Devise, welche Fischer in Warschau an beide Seiten mit Blick auf die in einigen Tagen beginnenden Beitrittsverhandlungen ausgab. Im Januar, wenn Deutschland für sechs Monate die EU-Präsidentschaft übernimmt, will Fischer Dampf machen, um den Einigungsprozeß Europas, in diesem Fall im Osten, voranzubringen. Das Gespenst von einer neuen Zögerlichkeit in Sachen Ost-Erweiterung, das Warschau nach einigen forschen

Äußerungen aus dem Kreis der ›Neuen in Bonn‹ über die Wahrung deutscher Interessen zu sehen glaubte, scheint gebannt.« So berichtete die Frankfurter Allgemeine Zeitung (FAZ) völlig zutreffend über die Ergebnisse meines Antrittsbesuches in Polen.

Meine erste Reise als Bundesaußenminister in die Hauptstädte unserer drei wichtigsten europäischen Partner war also insgesamt zufriedenstellend verlaufen. Dieser Eindruck fand sich auch durchweg in der öffentlichen Darstellung und Kommentierung wieder. Freilich war dies alles andere als eine große Leistung gewesen. Ich weiß nicht, worin damals die mediale Erwartung gegenüber einem Grünen im Außenamt bestanden hatte, aber niemandem wurde in die Hand gebissen, keinerlei Turnschuhauftritte waren zu verzeichnen, nirgendwo wurde Deutschlands Austritt aus der NATO erklärt, und auch ansonsten war nichts Verwunderliches zu vermelden! Eher ein undramatisches »business as usual« anlässlich dreier Antrittsbesuche eines gerade ins Amt gekommenen Bundesaußenministers. Wie sollte es denn auch anders sein, aber die mitreisende Presse ließ dieses eigentlich auf der Hand liegende Faktum nicht ruhen. Irgendetwas »Buntes« musste es doch geben. Und in der Tat:

Während der Flüge zwischen den Hauptstädten kam es dann und wann zu Gesprächen mit deutschen Journalisten, die immer wieder bei der Frage endeten, worin denn nun die grüne Außenpolitik, der neue »grüne Akzent« bestehen würde? Um über Akzentverschiebungen oder gar neue Herausforderungen für die deutsche Außenpolitik zu sprechen, war es aber erstens einfach viel zu früh. Zweitens war es nicht ungefährlich, jetzt, unter dem Nachfragedruck der Medienvertreter, voreilige Festlegungen zu treffen, auf die man dann später festgenagelt werden konnte. Und drittens galt das Kontinuitätsgebot aus den weiter oben angeführten Misstrauensgründen gegenüber der neuen Bundesregierung. Es sollte sich am nächsten Tag zeigen, dass ich in diesen Gesprächen mitnichten vorsichtig genug gewesen war. Ich ließ mich zu einer Äußerung hinreißen, die mich dann viele Jahre verfolgen sollte: Es gäbe keine Außenpolitik für die Grünen, sondern nur eine Außenpolitik für Deutschland. Das war zwar eine Selbstverständlichkeit, denn jede Bundesregierung macht deutsche Außenpolitik und nicht die Außenpolitik der

Parteien, die sie jeweils bilden. Aber nichtsdestotrotz blieb von meiner Äußerung nur hängen, dass es keine grüne Außenpolitik gäbe (was etwas ganz anderes war!). Meine Kolleginnen und Kollegen in Partei und Fraktion waren über die Neuigkeit »not amused«, und sie hatten völlig recht damit.

Der Herbst war angefüllt mit Antrittsbesuchen, dem ersten deutsch-französischen Gipfel und multilateralen Treffen der OSZE, der EU und der NATO. In der Vorbereitung des Außenministertreffens der NATO in Brüssel, bei dem es um ein neues strategisches Dokument des Bündnisses gehen sollte, kam es zu einem merkwürdigen Ereignis im Amt. Ich saß mit dem zuständigen Staatssekretär und einigen Beamten zusammen und stellte meine Fragen in der Sache. Dabei bemerkte ich, dass ich irgendwie immer nur die mehr oder weniger belanglosen Dokumente gesehen hatte und auf meine Nachfragen ausweichend geantwortet wurde. Auf meine Frage, warum ich denn bisher keinerlei klassifizierte Unterlagen zu dieser Sache gesehen hätte, drucksten die Beamten verlegen herum und rückten dann mit der Sprache heraus: diese Dokumente wären eben geheim. Die Situation hatte etwas Komisches und erinnerte mich an die britische Fernsehserie »Yes Minister«, in der ein Tropf von Minister von seinen Beamten gesteuert wird und nicht umgekehrt. Ich fand die Situation allerdings alles andere als lustig, sondern mir platzte der Kragen. Ich machte allen Beteiligten ultimativ klar, dass dies nie wieder vorzukommen hätte und dass ich sofort alle Unterlagen, egal wie und von wem klassifiziert, auf dem Tisch haben wollte. Ganz offensichtlich gab es da im eigenen Ministerium (!) tiefsitzende Vorbehalte gegenüber einem grünen Außenminister und seinem Umgang mit den heiligen NATO-Geheimnissen. Ähnliche Vorgänge haben sich nach diesem Erlebnis niemals mehr wiederholt.

Das neue strategische Dokument enthielt auch eine Referenz zur atomaren Erstschlagsdoktrin der NATO (in Wirklichkeit aber der USA), die im Widerspruch zu unserer Koalitionsvereinbarung stand. »Zur Umsetzung der Verpflichtungen zur atomaren Abrüstung aus dem Atomwaffensperrvertrag wird sich die neue Bundesregierung [...] für den Verzicht auf den Ersteinsatz von Atomwaffen einsetzen«, stand dort geschrieben. Ich verwies in der Diskussion auf die Koalitionsvereinbarung und eröffnete meine Absicht, diesem Teil nicht zustimmen zu wollen. Meine Mitarbeiter reagierten zuerst leicht irritiert, legten mir aber nach einer Schrecksekunde und einigen tiefen Blicken, die sie untereinander schweigend austauschten, die bündnispolitischen Konsequenzen dar: Die Ablehnung dieser Passage durch Deutschland würde erheblichen Ärger mit den Nuklearmächten in der NATO, vor allem aber mit den USA hervorrufen. Sie sollten recht behalten.

Ich war allerdings der Meinung, dass man es in diesem Fall mit der Kontinuität wirklich nicht übertreiben sollte, und setzte meinen Kopf durch. Dies erwies sich als keine gute Idee, denn innerhalb von Stunden brach, von Washington kommend, ein publizistischer Sturm über mich herein. Rudolf Scharping, der Verteidigungsminister, befand sich gerade auf einer Amerikareise und wurde durch meine mit ihm nicht abgesprochene Initiative zur Streichung der Erstschlagsdoktrin der NATO jenseits des Atlantiks in erhebliche Erklärungsnöte gebracht.

Durch meine in der Sache durchaus diskutierenswerte, im Verfahren aber alles andere als brillante Initiative hatte ich mich und damit auch die Bundesregierung in eine unmögliche, weil isolierte Position gebracht. Mir blieb nichts anderes übrig, als einen geordneten Rückzug zu versuchen, was ich auf der Außenministersitzung der NATO im Dezember 1998 dann auch tat. Unsere Linie bestand darin, erstens die Lage im NATO-Rat zur Kenntnis zu nehmen, zweitens zu erklären, dass wir die Debatte im Rahmen der Diskussion des neuen strategischen Dokuments fortzuführen gedächten, und drittens zu erklären, dass wir uns auch weiterhin nach besten Kräften um eine Änderung der Erstschlagsdoktrin bemühen würden. Allerdings waren meine Bemühungen von keinem Erfolg gekrönt, denn die NATO beschloss auf ihrem Jubiläumsgipfel zwischen dem 23. und 25. April 1999 in Washington anlässlich ihres 50-jährigen Bestehens das neue strategische Dokument, in dem an der Erstschlagsdoktrin festgehalten wurde. Deutschland stimmte zu, und damit wurde meine Niederlage in der Sache dokumentiert. Auch ich hatte mein ministerielles Lehrgeld zu bezahlen gehabt.

Gegen das neue strategische Dokument der NATO und die

Zustimmung der Bundesregierung strengte dann übrigens die PDS-Fraktion im Deutschen Bundestag ein Organstreitverfahren vor dem Bundesverfassungsgericht an. Die Begründung dafür lautete, dass dieses neue strategische Dokument wegen der Ausdehnung des Einsatzgebietes über das Bündnisgebiet hinaus faktisch auf eine Änderung des NATO-Vertrages hinausliefe und demnach durch eine Abstimmung im Parlament hätte ratifiziert werden müssen. Dies war unseres Erachtens unsinnig, weil dieses Dokument in den ausschließlich exekutiven Bereich der Strategiebildung im Rahmen des geltenden Vertrages gehörte. NATO-Strategien waren auch in der Vergangenheit niemals als ratifizierungspflichtig angesehen worden.

Verteidigungsminister Rudolf Scharping und ich vertraten die Bundesregierung in der mündlichen Verhandlung vor dem Bundesverfassungsgericht in Karlsruhe. Mit seinem Urteil vom 22. November 2001 folgte der 2. Senat des Bundesverfassungsgerichts der Auffassung der Bundesregierung und wies die Klage zurück. Zugleich definierte er genau die Grenzen der Ermächtigung der Bundesregierung innerhalb des NATO-Vertrages, die weder das Friedensgebot der Verfassung noch die Grenzen des Ratifizierungsgesetzes zum NATO-Vertrag überschreiten durfte und darf.

Die den Herbst 1998 beherrschende Krise entwickelte sich im Kosovo. Das Kosovo gehörte im Vielvölkerstaat Jugoslawien zur Teilrepublik Serbien und verfügte seit 1974 über einen autonomen Status. Die albanische Bevölkerung stellte mit rund 90 Prozent die Mehrheit in dieser Provinz, Serben und andere ethnische Gruppen etwa 10 Prozent. Mit dem sich abzeichnenden Ende des Vielvölkerstaates Jugoslawien nach dem Ende Titos wurde die kommunistische Ideologie mehr und mehr durch einen großserbischen Nationalismus abgelöst. Alle von Serben bewohnten Territorien innerhalb Jugoslawiens sollten, wenn nötig unter dem Einsatz von Gewalt und der Vertreibung anderer Volksgruppen, in einem großserbischen Staat vereint werden. Das Kosovo galt den großserbischen Nationalisten als die historische und kulturelle »Wiege« des serbischen Volkes und hatte demnach für die aggressive großserbische Ideologie eine ganz besondere symbolische Bedeutung.

Im März 1989 hob das serbische Parlament den Status einer autonomen Provinz für das Kosovo auf. Dies war der Beginn einer brutalen Unterdrückungspolitik Serbiens gegenüber der albanischen Mehrheit in der Provinz. Fortan durfte an den Schulen und Universitäten nicht mehr in Albanisch gelehrt und gesprochen werden. Die Polizei und das Gesundheitssystem wurden von Albanern gesäubert, und Anfang 1989 war über die Provinz der Ausnahmezustand verhängt worden. Dieser Schritt der Regierung in Belgrad führte zu einer anhaltenden Willkürherrschaft der serbischen Sicherheitsapparate gegenüber der albanischen Bevölkerungsmehrheit.

Die albanischen Kosovaren reagierten auf die serbischen Unterdrückungsmaßnahmen mit gewaltfreiem Widerstand, mit einem Boykott der öffentlichen und kulturellen Institutionen und mit dem Aufbau von albanischen Parallelstrukturen. Eigentlich entsprach die gewaltfreie Reaktion der Albaner im Kosovo dem pazifistischen Ideal großer Teile der deutschen Linken, aber von Solidarität mit diesem Kampf war auch in der grünen Partei bis auf ganz wenige Ausnahmen, zu denen die grünen Bundestagsabgeordneten Helmut Lippelt und Gerd Poppe gehörten, nichts zu finden. Wer weiß, wie die Geschichte verlaufen wäre, wenn die europäische Linke und die Grünen damals auf den berechtigten, gewaltfreien Widerstand der Kosovaren solidarisch reagiert und die europäischen Regierungen von Anfang an ganz anders unter Druck gesetzt hätten. Der Krieg wäre dann vielleicht keine Notwendigkeit gewesen. Aber diese Chance wurde in den Jahren nach 1989 niemals genutzt.

Die Forderungen der Kosovo-Albaner begannen sich in den neunziger Jahren zu radikalisieren. Bedingt durch die serbische Unterdrückungspolitik und angesichts des beginnenden Auseinanderbrechens Jugoslawiens wurde aus dem Kampf der albanischen Bevölkerungsmehrheit im Kosovo um eine Wiederherstellung ihrer Autonomie ein Kampf um die Loslösung, um die Unabhängigkeit von Serbien. Zudem machte die Entwicklung im ehemaligen Jugoslawien einer jüngeren Generation im Kosovo sehr drastisch klar, dass sich Gewalt offensichtlich auszahlte.

Slowenien und Kroatien hatten ihre Unabhängigkeit erkämpfen müssen und damit Erfolg gehabt. Spätestens mit dem

Abkommen von Dayton im November 1995, das den Krieg in Bosnien beendete und die Aufteilung Jugoslawiens besiegeln sollte, war den Kosovo-Albanern klar, dass sie ohne Kampf ihre nationalen Ziele niemals würden durchsetzen können. Denn das Abkommen von Dayton sparte das Kosovo aus, und dies sollte sich als ein großer Fehler erweisen. Die Befürworter des Abkommens weisen bis heute zu Recht daraufhin, dass es im Falle der Einbeziehung des Kosovo in die Verhandlungen niemals zu einem Abkommen mit Milošević und Serbien gekommen wäre. Die Kritiker hingegen heben ebenfalls völlig zu Recht hervor, dass die damalige Ausklammerung des Kosovo den Weg in den nächsten Krieg fast zwangsweise eröffnet hätte. Bisweilen wird die Diplomatie vor nicht lösbare Aufgaben, ja tragische Situationen gestellt. Dayton war eine solche Situation.

Der Krieg im Kosovo begann dann im Frühjahr 1998. Der bewaffnete Untergrund der Kosovo-Albaner hatte sich seit einigen Jahren in der UÇK (Befreiungsarmee des Kosovo) organisiert und weitete seine bewaffneten Aktionen und Terroranschläge mehr und mehr aus. Im März 1998 erfolgte die erste serbische Großoffensive gegen die UÇK, zu weiteren Offensiven kam es noch im Sommer. Von Anfang an wurden diese Militäroffensiven der serbischen Armee, Polizei und Paramilitärs nach dem Muster des Bosnien- und Kroatien-Krieges als »ethnischer Krieg« geführt. Dabei kam es zu schweren Übergriffen gegenüber der albanischen Bevölkerung. In der Folge dieser serbischen Offensiven befanden sich nach Angaben der Vereinten Nationen im Herbst 1998 etwa 230000 Menschen auf der Flucht, 50000 davon Binnenvertriebene innerhalb des Kosovo, die angesichts des heraufziehenden Winters ohne jeden Schutz sein würden. Nicht die Bekämpfung der UÇK, sondern vor allem die Terrorisierung und Vertreibung der albanischen Bevölkerung waren das eigentliche Kriegsziel. Denn die ethnische Zusammensetzung in der Provinz sollte dauerhaft geändert werden, und das ging nur mit dem Einsatz von brutaler, ja terroristischer Gewalt. Dies waren verbrecherische Kriegsziele und eine verbrecherische Kriegführung, aber genau darauf lief das großserbische Programm hinaus.

Der Sicherheitsrat der Vereinten Nationen drückte in einer Erklärung seines Präsidenten vom 24. August 1998 seine tiefe Sorge wegen einer drohenden humanitären Katastrophe aus und forderte die Konfliktparteien zu Verhandlungen auf. Diese Erklärung hatte jedoch keinerlei positive Wirkung, sodass der Sicherheitsrat am 23. September 1998 die Resolution 1199 unter Kapitel VII der VN-Charta beschloss. In diesem Kapitel der Charta werden die Androhung sowie die Anwendung von friedenserzwingenden Maßnahmen gegenüber einer vom Sicherheitsrat festgestellten Aggression oder Gefährdung des internationalen oder regionalen Friedens geregelt. Diese Maßnahmen können von wirtschaftlichen und politischen Sanktionen bis hin zur Anwendung militärischer Gewalt gehen. Eine Resolution unter Kapitel VII der VN-Charta wird daher als der erste Schritt hin zu schärferen Maßnahmen des Sicherheitsrats angesehen, die bis zu einem militärischen Eingreifen gehen können. Die Resolution 1199 war zwar noch keine Ermächtigung zum militärischen Eingreifen gemäß der VN-Charta, wohl aber die eindeutige Androhung von militärischen Maßnahmen gegenüber der Bundesrepublik Jugoslawien (faktisch bestand Jugoslawien nur noch aus Serbien und Montenegro), sollte diese ihren Verpflichtungen, entsprechend der Resolution 1199, nicht Folge leisten.

Milošević ließ sich durch die Entscheidung in New York allerdings nicht beeindrucken, denn er rechnete offensichtlich fest damit, dass es zu keiner weiteren Resolution mit der Ermächtigung zu militärischen Maßnahmen gegenüber Serbien kommen würde, da die Vetomacht Russland diese im Sicherheitsrat blockieren würde. Und in der Tat hatte dies der russische Außenminister Igor Iwanow der amerikanischen Außenministerin Madeleine Albright bei einem bilateralen Treffen in Moskau unmissverständlich klargemacht.

Die USA und ihre europäischen Verbündeten vermieden es aus diesem Grund, eine weitere Resolution im Sicherheitsrat einzubringen. Stattdessen verlagerten die westlichen Sicherheitsratsmitglieder ihre diplomatischen Aktivitäten in den NATO-Rat, in dem Russland nicht vertreten war. Milošević sollte mit einer glaubhaften militärischen Drohung der NATO noch vor Einbruch des Winters zum Einlenken gebracht und so eine humanitäre Katastrophe im Kosovo verhindert werden.

Nach dem vorangegangenen langjährigen Versagen der internationalen Gemeinschaft in Bosnien, das etwa zweihunderttausend Menschen das Leben gekostet hatte, waren die USA fest entschlossen, notfalls auch ohne einen Sicherheitsratsbeschluss gegen Milošević militärisch vorzugehen, wenn dieser angesichts der drohenden humanitären Katastrophe nicht einzulenken gedächte. Diese militärische Intervention sollte auf der Grundlage eines Beschlusses des NATO-Rats geschehen, dem Deutschland angehörte. Damit wäre Deutschland aber genau während der Zeit des Regierungswechsels an einer möglichen Kriegsentscheidung und Kriegführung der NATO im Kosovo beteiligt worden.

Für die USA verhandelte Richard Holbrooke, der auch den Dayton-Vertrag ausgehandelt hatte, als Sonderbotschafter des amerikanischen Präsidenten in Belgrad mit Milošević persönlich. Holbrooke kannte Milošević durch zahlreiche Treffen während der Kroatien- und Bosnien-Krise und durch ihre gemeinsame Zeit während der Verhandlungen in Dayton recht gut. Er sollte ihn mit einer harten Verhandlungsstrategie, gründend auf einer glaubhaften militärischen Drohung der NATO, zu einem Kompromiss bewegen, der das Ende der Kampfhandlungen, die Rückkehr der Flüchtlinge und die Entsendung internationaler Beobachter im Kosovo umfassen sollte. Ginge diese Strategie der USA am Ende auf, so wäre die Krise im Kosovo fürs Erste gelöst gewesen. Wenn aber nicht, dann musste die militärische Drohung realisiert werden, und dies würde Krieg heißen. Ein Krieg der NATO – und Deutschland war eines der wichtigsten europäischen Mitglieder dieses transatlantischen Militärbündnisses. Vielleicht würde an der deutschen Entscheidung sogar die Zukunft des Bündnisses hängen. Was dann?

Für die gerade im Entstehen befindliche neue Koalition, besonders aber für uns Grüne, drohte wegen der Kosovo-Krise der absolute politische GAU, der größte anzunehmende Unfall. Die Sorgen in der grünen Verhandlungsgruppe über die immer dunkler dräuenden Gewitterwolken im Kosovo wuchsen parallel zu der sich fast täglich verschärfenden Krise vor Ort. Würden wir denn überhaupt noch das Ende der Koalitionsverhandlungen erreichen? Oder wären wir in den nächsten Tagen wegen der kommenden NATO-Entscheidung außenpolitisch bereits gescheitert, bevor sich die rot-grüne Koalition überhaupt hätte bilden können? Ich redete mit Schröder und Lafontaine über diese heraufziehende Gefahr für unsere Koalition und sagte ihnen, dass wir irgendwie diese Entscheidungssituation umgehen müssten. Ansonsten – Katastrophe!

Am besten wäre es, so meine Auffassung, wir könnten die NATO-Entscheidung im NATO-Rat passieren lassen, uns aber ansonsten militärisch raushalten. Wenn dies nicht gelänge, dann sollten wir auf Zeitgewinn setzen und wenigstens eine Abstimmung über eine glaubhafte NATO-Drohung gegenüber Serbien im *auslaufenden* Bundestag und damit auch in der alten grünen Fraktion verhindern. Denn ohne den Druck der Regierungsbeteiligung war ich mir über den Ausgang einer Abstimmung in der grünen Bundestagsfraktion alles andere als sicher. Zudem war es eine völlig offene Frage, wie unsere Partei auf eine solch weitgehende Entscheidung zur deutschen Teilnahme an einem möglichen Luftkrieg gegen Serbien vor der Billigung des Koalitionsvertrages reagieren würde. Es musste also vor allem um Zeitgewinn gehen. Hätten wir die rot-grüne Regierung erst mal gebildet, so würde eine solche Entscheidung immer noch schwierig genug werden, gleichwohl wäre die Lage wesentlich beherrschbarer als in der jetzigen Übergangsphase.

Dies war die Situation, mit der sich die sich gerade erst formierende rot-grüne Koalition in Deutschland Mitte Oktober 1998 konfrontiert sah. Ausgerechnet wir, Sozialdemokraten und Grüne, mussten plötzlich mit einer konkreten Kriegsdrohung umgehen, bevor es uns als Regierung überhaupt gab. Die Realität schien uns vom ersten Augenblick an nicht schonen zu wollen.

»Clinton hat mich nach Washington eingeladen«, sagte Gerhard Schröder nach einer Verhandlungsrunde zu mir. »Und du kommst mit, die wollen dich da drüben in Augenschein nehmen.« In der grünen Verhandlungsgruppe war man sofort der Meinung, dass ich angesichts der bedrohlichen Lage im Kosovo unbedingt mitreisen müsste, auch um eine falsche und für die Koalition fatale Festlegung Schröders gegenüber Präsident Clinton zu verhindern. Diese Sorge sollte sich allerdings als völlig unbegründet erweisen. Zur Delegation gehörte auch Ludger Volmer, der für uns in der außen- und entwicklungspolitischen

Arbeitsgruppe mit der SPD den Koalitionsvertrag verhandelte und zugleich die Regierungslinken vertrat. Seine Mitreise sollte deren Einbindung verstärken.

Nach einem Flug mit der Regierungsmaschine der Bundeswehr über den Atlantik erreichten wir am Freitag, den 9. Oktober, Washington. Wir, das waren Gerhard Schröder und u. a. Günter Verheugen, der kommende Regierungssprecher Uwe-Karsten Heye, Ludger Volmer und ich, begleitet vom damaligen amerikanischen Botschafter in Bonn, John Kornblum. Im Weißen Haus wurde unsere Delegation freundlich-neugierig empfangen, Gerhard Schröder und Präsident Clinton zogen sich zu einem längeren Gespräch unter vier Augen zurück. Anschließend gab es noch ein Mittagessen der beiden Delegationen, eine Pressekonferenz Gerhard Schröders vor dem Weißen Haus, und dann ging es auch schon wieder auf die Rückreise.

Das politische Ergebnis war überaus erfreulich, denn Clinton und seine Berater schienen Schröders Argument, dass Deutschland jetzt wegen der Übergangssituation zwischen alter und neuer Regierung nicht entscheiden könnte, akzeptiert zu haben. Damit war zumindest Zeit gewonnen worden. Uns allen, aber vor allem uns Grünen in der Delegation, fiel fast hörbar ein Stein vom Herzen. Die Reise war gut für uns verlaufen, und ich bedankte mich bei Gerhard Schröder für dieses Ergebnis.

Zurück in Deutschland informierte ich meine Parteifreunde in der grünen Verhandlungsgruppe, die das positive Ergebnis bereits den Medien entnommen hatten. Überall war große Erleichterung. Am Montagmorgen, den 12. Oktober 1998, klingelte das Telefon in meinem Bonner Abgeordnetenappartement. Günter Verheugen war am Apparat. Er teilte mir mit, dass die Vereinbarung zwischen Schröder und Clinton keinen Bestand mehr hätte. Das Weiße Haus habe bei ihm gestern Abend angerufen und ihm dies mitgeteilt. Holbrooke hätte sich aus Belgrad gemeldet, aus seinen Verhandlungen mit Milošević heraus, und mitgeteilt, dass der serbische Präsident auf Deutschlands Nichtbeteiligung setzen würde. Deutschland würde zudem mit seiner Haltung innerhalb der europäischen NATO-Mitglieder nicht allein bleiben, und damit wäre die NATO gespalten und in ihrer Handlungsfähigkeit eingeschränkt. Er, Holbrooke, bräuchte jetzt die

Geschlossenheit und Entschlossenheit der Allianz, dann könne er Milošević zum Einlenken bewegen.

Das Regieren ließ sich ja gut an. Wie gewonnen, so zerronnen, schien zu unserer Devise zu werden. Was konnte, was sollte ich jetzt tun? Ich stellte am Telefon noch einige Nachfragen, die letztendlich aber nichts an dem Sachverhalt zu ändern vermochten: Die Vereinbarung von Washington war bereits nach wenigen Stunden tot, eine neue Lage war eingetreten. Günter Verheugen teilte mir noch mit, dass Gerhard Schröder und die Vertreter der neuen Mehrheit in dieser Angelegenheit ins Kanzleramt eingeladen worden wären und dass mich Gerhard Schröder bäte, an diesem Treffen zwischen alter und neuer Bundesregierung teilzunehmen. Der Termin sollte in wenigen Stunden stattfinden, ich sagte meine Teilnahme zu. Ansonsten aber war dies Mist, großer, großer Mist! Ich war ziemlich ratlos und grübelte, allein in meiner kleinen Bonner Wohnung, über die neu entstandene Lage nach. Vielleicht würde sich ja in der Sitzung im Kanzleramt eine neue Möglichkeit auftun?

Auch diese letzte Hoffnung auf einen Ausweg sollte sich als illusionär erweisen. Im kleinen Kabinettssaal im Bonner Kanzleramt wurden wir von Helmut Kohl, Verteidigungsminister Volker Rühe, Außenminister Klaus Kinkel und den Fraktionsvorsitzenden von CDU/CSU und FDP erwartet. Unsere Seite war durch Gerhard Schröder, Oskar Lafontaine, Günter Verheugen und mich vertreten. Während eines kurzen Vorgesprächs unter uns machte ich eindringlich meine Auffassung klar, dass wir um eine Entscheidung heute irgendwie herumkommen müssten, da ich in dieser Frage für nichts garantieren könne. Aber Schröder machte auf mich einen abweisenden Eindruck. Er schien entschlossen zu sein, die Sache heute zu entscheiden. In unserer späteren Zusammenarbeit sollte ich diese Körpersprache an Gerhard Schröder noch oft erleben, allerdings nie wieder unter solch unerfreulichen Umständen. Oskar Lafontaine hingegen hielt sich weitgehend zurück, denn es ging hier und jetzt, dies zumindest war mein Eindruck, um eine erste Kanzlerentscheidung für die neue Koalition, die es noch gar nicht gab.

Helmut Kohl begrüßte uns mit einigen einleitenden Worten, in denen er den Zweck des heutigen Treffens umriss, nämlich dass die alte Bundesregierung in enger Abstimmung mit der neuen Mehrheit entscheiden wolle, und bat dann Bundesaußenminister Kinkel um den aktuellen Sachstand in der Frage Kosovo und NATO über die Mobilisierungsentscheidung der militärischen Kräfte (ActOrd). Danach würde der konkrete Einsatzbefehl allein beim NATO-Oberbefehlshaber liegen, und würde dieser den Befehl – nach einem Anruf aus Washington – erteilen, dann hieße dies Krieg.

Klaus Kinkel gab einen mehr juristisch geprägten Sachstandsbericht der Lage auf dem Balkan, im Kosovo, in der NATO und in der Kontaktgruppe. Anschließend trug Verteidigungsminister Rühe vor, und er versuchte erheblichen Druck auf uns auszuüben. Rühe meinte, jetzt müsse glaubhaft gedroht und dann auch gehandelt werden. Sein ganzer Vortrag war durchsetzt von rein innenpolitisch motivierten Anmerkungen zur Regierungsverantwortung, Bündnisverpflichtung Deutschlands etc. Ich konnte mich des Eindrucks nicht erwehren, dass es Rühe nicht überwiegend um die Sache ging, sondern dass er vielmehr versuchte, uns – Grüne und SPD – auseinanderzudividieren.

Oskar Lafontaine stellte eine Frage nach der rechtlichen Legitimation dieser Entscheidung und verlangte von der Bundesregierung die Zusicherung, dass bei der heute anstehenden ActOrd-Entscheidung völkerrechtlich alles in Ordnung wäre. Diese Zusicherung wurde gegeben. Bundeskanzler Kohl, der sich in einer gedrückten Stimmung befand und dem man anmerkte, wie schwer ihm die zu treffende Entscheidung fiel, wies darauf hin, dass die abtretende Bundesregierung und auch der alte Bundestag nach wie vor über ein volles Mandat verfügen würden, dass es für unser Land aber besser wäre, wenn wir zu einer gemeinsamen Entscheidung kämen. Gerhard Schröder fasste dann unsererseits zusammen, dass er dies genauso sähe, dass wir heute entscheiden und dass wir der ActOrd zustimmen müssten. Dann schaute er zu mir und fragte mich, ob ich dies auch so sehen würde.

Ich blickte zu Oskar Lafontaine, aber der rührte sich nicht. Ich wusste in diesem Augenblick, dass dies die Entscheidung über Krieg und Frieden, ganz gewiss aber über die Zukunft der Koalition sein würde. Ein Nein von mir hätte die rot-grüne Koalition beendet, bevor sie überhaupt jemals gebildet worden wäre.

In der Sache hatte ich keinen Widerspruch, denn ich fand die Drohung der NATO gegenüber Milošević richtig und notwendig. Ein Nein hätte unsere politischen Einflussmöglichkeiten als Grüne darüber hinaus beendet und nicht erweitert und zudem die übergroße Mehrheit unserer Wähler, die auf Rot-Grün hofften, bitter enttäuscht.

Zudem hatte mich Rühes aggressiver, stark innenpolitisch getönter Vortrag mehr als misstrauisch gemacht, zumal schon seit einiger Zeit in Bonn das Gerücht umlief, dass Schröder eigentlich sehr viel lieber mit Volker Rühe als Juniorpartner eine Große Koalition bilden würde als mit uns Grünen eine rot-grüne Koalition. Angeblich sollten ihn nur die Mehrheitsstimmung in seiner Partei und der Parteivorsitzende Lafontaine von einer Großen Koalition mit Rühe abgehalten haben. So zumindest rumorte es damals in den Bonner Kulissen.

In der Sache war die Entscheidung richtig und unaufschiebbar. Deutschland konnte sich nicht mehr heraushalten und eine Spaltung des Bündnisses riskieren. Machtpolitisch war sie alternativlos. Also hieß dies Zustimmung. Ich nickte als Antwort auf die Frage von Gerhard Schröder mit dem Kopf. »Dann machen wir das so«, war seine Feststellung. Danach folgte noch die Erörterung parlamentarischer Verfahrensfragen und der Termine für die Sondersitzung des Deutschen Bundestages.

Innerhalb weniger Minuten hatte ich, ohne Abstimmungsmöglichkeit mit Partei und Fraktion, eine der weitreichendsten Entscheidungen in meinem politischen Leben zu treffen gehabt, nämlich die über Krieg und Frieden und über die Zukunft von Rot-Grün. Zwar hatte ich bereits vor der Sitzung im Kanzleramt einigen Mitgliedern der Grünen-Verhandlungsgruppe die neue Lage dargestellt und ihnen die auf uns zurollende Entscheidungsalternative klargemacht. Aber jetzt galt es, vollendete Tatsachen zu berichten. Eine vorherige Einbindung der gesamten Gruppe in die Entscheidung hätte zu einer Zerreißprobe geführt, ohne in der Sache etwas zu ändern. Sollten Fraktion und / oder Partei meine Zustimmung ablehnen, dann könnten sie das ja auch im Nachhinein jederzeit tun.

Die Tatsache, dass nahezu parallel zu unserem Treffen im Kanzleramt Richard Holbrooke eine Einigung mit Milošević erzielt hatte, machte die kommende Debatte in Fraktion und Partei dann sehr viel einfacher, als ursprünglich von mir vermutet. Die Drohung hatte gewirkt, bevor sie der Deutsche Bundestag formal beschlossen hatte. Es war zwar dennoch nicht einfach, Fraktion und Partei zu überzeugen, aber letztendlich wirkten die Sachargumente: Die ActOrd-Drohung war die letzte Chance, Milošević zum Einlenken zu bringen und dadurch sowohl eine humanitäre Katastrophe als auch einen Krieg im Kosovo zu verhindern. Deutschland durfte deshalb nicht den Eindruck einer Spaltung der NATO in Belgrad erwecken. Und jetzt, nach der Einigung von Belgrad, musste alles getan werden, damit der Waffenstillstand im Kosovo und seine internationale Überwachung durch die OSZE umgesetzt werden konnten. Und auch die machtpolitische Argumentation wirkte, nämlich dass eine Ablehnung der NATO-Kriegsdrohung das Ende von Rot-Grün gewesen wäre, eine Große Koalition kommen würde und sich in der Sache nichts ändern würde. Einzig wir Grüne hätten jeden Einfluss auf den Fortgang der Ereignisse im Kosovo verloren und müssten mit der abgrundtiefen Enttäuschung der großen Mehrheit unserer Wählerschaft fertigwerden.

Das noch amtierende alte Bundeskabinett stimmte noch am selben Tag, am 12. Oktober 1998, dem ActOrd-Beschluss und der Teilnahme deutscher Soldaten an einem möglichen Militäreinsatz der NATO zu, am 16. Oktober fand die Sondersitzung des 13. Deutschen Bundestages im Sitzungssaal des alten Wasserwerkes in Bonn statt, denn der neue Plenarsaal konnte wegen der dort laufenden Umbauten für die konstituierende Sitzung des 14. Deutschen Bundestages nicht genutzt werden.

Die Debatte in der Fraktion verlief alles andere als einfach, und sie folgte im Wesentlichen den oben angeführten inhaltlichen und machtpolitischen Linien. Allerdings war die Regierungslinke immer noch nicht bereit, sich ihrer Verantwortung als kommende Regierungspartei zu stellen. Konsequent blieb sie bei ihrem bisherigen Kurs, dass nämlich die Verantwortung für die notwendigen, innerparteilich aber vielleicht ihre Machtposition gefährdenden Kompromisse allein die Realos zu übernehmen hätten. Wenn der kommende Parteitag den Koalitionsvertrag gebilligt und die Vertreter der Regierungslinken in ihren Regierungsämtern bestätigt hätte, dann erst würden sie bereit sein, diesen Kurs zu ändern. Wir gingen als angehende Regierungsfraktion demnach tief gespalten in diese für den Frieden in Europa und auch für Deutschlands Zukunft entscheidende Debatte und Abstimmung.

In der Debatte des Deutschen Bundestages sprach zuerst Außenminister Kinkel, der den Kabinettsbeschluss begründete, dann folgte Verteidigungsminister Volker Rühe. Er griff die grüne Fraktion und namentlich auch mich erneut frontal an, was an diesem Tag so gut wie keinen Sinn machte, denn die Wahlen waren vorbei, es sei denn, das besagte großkoalitionäre Gerücht steckte dahinter. Dann trat Gerhard Schröder, der kommende Kanzler, in seiner Eigenschaft als niedersächsischer Ministerpräsident ans Rednerpult. Er hob die aktuellen Entscheidungsgründe für die neue Mehrheit in seiner Rede hervor:

»Wir konnten nicht bei der ursprünglich auch von dem amerikanischen Präsidenten und anderen wichtigen Verbündeten akzeptierten Haltung bleiben, dass wir aus verfassungspolitischen – nicht aus verfassungsrechtlichen – Gründen eine Bundestagsentscheidung jetzt nicht herbeiführen können, weil es Legitimationsprobleme verfassungspolitischer Art gibt. Nachdem nicht mehr ausgeschlossen werden konnte, dass das deutsche Verhalten die Reaktionen in Belgrad wesentlich beeinflussen würde, war eine solche Haltung nicht mehr möglich. Das wäre als deutsche Verweigerung angesehen worden und hätte schwere, nicht leicht zu reparierende Schäden innerhalb des Bündnisses und wohl auch in der Europäischen Union angerichtet. Ein Scheitern der Verhandlungen hätte uns angelastet werden können.«

Ich sprach in dieser Debatte für meine Fraktion. Dies war alles andere als einfach, da wir faktisch in drei Blöcke zerfallen waren. Die Mehrheit der Realos beabsichtigte, mit Ja zu stimmen, die Regierungslinke würde sich enthalten und die Linken mit Nein votieren. Es blieb uns also nichts anderes übrig, als die Abstimmung freizugeben. Zwar würden auch in den anderen Fraktionen einzelne Abgeordnete mit Nein oder Enthaltung stimmen, aber wir waren die einzige Fraktion, die vor dieser entscheidenden Abstimmung in drei Blöcke zerfallen war. Das versprach für die Zukunft wenig Gutes, auch wenn zu bedenken war, dass die Fraktion in ihrer damaligen Zusammensetzung zum letzten Mal abstimmen würde.

Ich unterstrich, dass die heutige Abstimmung nicht den Beginn einer Praxis der Selbstmandatierung der NATO bedeuten würde, sondern dass wir mit der zu treffenden Entscheidung im Rahmen der Vereinten Nationen blieben. Es ginge um die Umsetzung der Sicherheitsratsresolution 1199, die von einer Gefährdung der Sicherheit und des regionalen Friedens spreche. Die im Bundestag zu treffende Entscheidung wäre daher als ein Ausnahmefall, ja als ein Notfall und nicht als ein Präzedenzfall zu verstehen. Die Tatsache, dass sich auch Russland der Umsetzung des Holbrooke-Milošević-Abkommens anschloss, war für die völkerrechtliche Argumentation durchaus hilfreich. Denn Russland hatte ja einerseits sein Veto gegen eine von der VN beschlossene direkte Gewaltandrohung gegenüber Serbien angekündigt. Andererseits hatte es jetzt aber seine Bereitschaft erklärt, an der Umsetzung des in Belgrad aufgrund der Gewaltandrohung der NATO zustande gekommenen Abkommens mitzuarbeiten. Diese Tatsache konnte innerhalb des VN-Rahmens als nachträgliche Legitimation verstanden werden.

Darüber hinaus wies ich neben der drohenden humanitären Tragödie im Kosovo noch auf die politische Gefahr hin, die sich hinter einer weiteren Eskalation dieser Krise verbarg, nämlich eines Übergreifens auf die Nachbarländer mit der Folge einer möglichen Internationalisierung des Krieges. Alle bisherigen Kriege im auseinanderbrechenden Jugoslawien hätten immer innerhalb seiner früheren Grenzen stattgefunden. Mit der Eskalation im Kosovo bestand nun zum ersten Mal die Gefahr einer Internationalisierung, vor allem in Richtung Mazedonien. Auf beiden Seiten dieser völlig neuen internationalen Grenze lebten Albaner, und sollte der Kosovo-Konflikt auf Mazedonien übergreifen, so hätte dies weitgehende regionale Konsequenzen. Ich schloss meine Rede mit den Worten: »Die Entscheidung muss getroffen werden angesichts vieler Bedenken: Rechtsbedenken, politischer Bedenken, Bedenken hinsichtlich einer drohenden Gefahr für unschuldige Opfer und eines Weitertreibenlassens dieses Prozesses. Wir müssen jetzt, in dieser

Übergangsphase, als Bundesrepublik Deutschland handlungsfähig sein. Ich denke, wir sind handlungsfähig. Milošević jetzt aus dem Druck herauszulassen, die Verantwortung dafür zu übernehmen, wenn es zum Holbrooke-Abkommen nicht gekommen wäre, halte ich nicht für verantwortbar. Deswegen werden meine Freundinnen und Freunde und ich [wohlgemerkt nicht die Fraktion Bündnis 90/Die Grünen] dem Antrag der Bundesregierung zustimmen.«

Die Grünen stellten an diesem Tag noch einen zweiten Redner im Plenum des Deutschen Bundestages, nämlich Ludger Volmer, der für die Regierungslinke sprach. Er zog sich in seinem Beitrag hinter das völkerrechtliche Argument zurück, dass kein Präzedenzfall für eine Militärintervention ohne vorherigen Beschluss des VN-Sicherheitsrats geschaffen werden dürfte. Optimistisch und aus einer internen grünen Sicht der Dinge betrachtet konnte man in dieser Enthaltung der Regierungslinken einen hoffnungsvollen Zwischenschritt nach vorne sehen. Angesichts der Krise auf dem Balkan und der humanitären Herausforderung war diese fast ausschließlich parteitaktisch motivierte Haltung allerdings politisch und moralisch höchst fragwürdig. Denn die grünen Regierungslinken wussten nur zu gut, dass sie sich mit der heutigen Entscheidung ein letztes Mal vor der Verantwortung wegducken konnten. Sie hielten ihre Strategie jedoch bis zum Ende eisern durch – die Realos hatten allein die Kastanien aus dem Feuer der Realität zu holen, während sie sich bei deren Verzehr ausgiebig zu beteiligen gedachten.

Dann wurde im Bundestag namentlich abgestimmt. Der Antrag der Bundesregierung wurde mit 503 Ja-Stimmen angenommen. 29 Mitglieder der grünen Fraktion (inklusive mir selbst) stimmten mit Ja, 9 stimmten mit Nein, und 8 enthielten sich. »Der Deutsche Bundestag stimmt dem Einsatz bewaffneter Streitkräfte entsprechend dem von der Bundesregierung am 12. Oktober 1998 beschlossenen deutschen Beitrag zu den von der NATO zur Abwendung einer humanitären Katastrophe im Kosovo-Konflikt geplanten, begrenzten und in Phasen durchzuführenden Luftoperationen für die von den NATO-Mitgliedsstaaten gebildete Eingreiftruppe unter Führung der

NATO zu«, lautete der in mäßigem Deutsch verfasste Text der Bundestagsdrucksache 13/11469.

An jenem 16. Oktober 1998 traf der Deutsche Bundestag eine historische Entscheidung, denn zum ersten Mal seit dem Ende des Zweiten Weltkriegs war durch das frei gewählte deutsche Parlament zustimmend über eine mögliche Kriegsteilnahme Deutschlands entschieden worden. Allen Beteiligten war dies wohlbewusst, auch dem sozialdemokratischen Parteivorsitzenden Oskar Lafontaine, der dem zum letzten Mal zusammengetretenen 13. Deutschen Bundestag zwar nicht angehörte, gleichwohl als saarländischer Ministerpräsident dort jederzeit hätte reden können.

Diese Entscheidung war zudem ein radikaler Bruch mit dem bisher für die deutsche Außenpolitik geltenden Kontinuitätsgrundsatz. Ganz offensichtlich hatte sich eine nicht mehr zu überbrückende Kluft zwischen humanitären Grundsätzen, historisch begründeten Beschränkungen und Bündnisverpflichtungen einerseits, die bis dahin für die Bundesrepublik Deutschland gegolten hatten, und der Realität im auseinanderbrechenden Jugoslawien nach dem Ende des Kalten Krieges andererseits aufgetan, die den bisher gültigen Rahmen deutscher Außenpolitik gesprengt hatte.

Fast überall in Europa hatte der Fall des Eisernen Vorhangs zu einem Demokratisierungsschub geführt, hatten die Völker und Staaten Ost- und Südosteuropas nur ein Ziel, nämlich möglichst schnell der NATO und der EU beitreten zu können. Und selbst dort, wo es nach 1989/90 zur Aufteilung eines zuvor gemeinsamen Staates gekommen war, wie zwischen Tschechen und Slowaken, geschah dies auf dem Verhandlungsweg und entsprechend rechtsstaatlicher und demokratischer Grundsätze, d. h. entsprechend der Regeln des neuen Europa, des Europa der Integration.

Nur im früheren Jugoslawien verlief die Geschichte anders und folgte dem schrecklichen Muster des alten Europa, des Europa des Nationalismus, das 1945 und im Kalten Krieg definitiv untergegangen zu sein schien. Dies sollte sich als ein Irrtum erweisen, denn der Kontinent hatte im Jahr 1991 die Rückkehr des Krieges, die Wiederkehr des Nationalismus der dreißiger und vierziger Jahre des 20. Jahrhunderts erlebt. Zur schrankenlosen Gewalt und völliger Amoralität bereite Nationalismen, vorneweg der großserbische Nationalismus, versuchten im früheren Jugoslawien, die Grenzen nicht auf dem Verhandlungsweg, sondern mit Krieg, Terror und Vertreibung neu zu ziehen. Dies war nicht nur eine massive Verletzung der moralischen, politischen und humanitären Grundwerte der westlichen Staatengemeinschaft, sondern darüber hinaus eine Kampfansage an das Europa der Integration, wie es sich seit den fünfziger Jahren entwickelt hatte.

Diese fatale Wiedergeburt des Nationalismus auf dem Balkan würde nicht mit dem Europa der Integration koexistieren können, ohne dass das neue Europa in seiner Zukunft schwer beschädigt werden würde. Die westlichen Mächte und unter ihnen vor allem die Europäer – unter Einschluss vieler Linker und Pazifisten, mich selbst nicht ausgenommen – hatten leider zu lange gebraucht, bis sie die ganze Dimension dieser Herausforderung begriffen hatten und bereit waren, daraus die richtigen Konsequenzen zu ziehen. Und »richtige Konsequenzen« hieß, notfalls zu einem militärischen Eingreifen im ehemaligen Jugoslawien bereit zu sein. Für Deutschland in seiner historisch bedingten Sonderrolle war damit definitiv die Nachkriegszeit zu Ende gegangen.

Die in der Bundestagsdebatte vom 16. Oktober 1998 vorgebrachten Bedenken, vor allem die beiden Argumente der »Selbstmandatierung der NATO« und des »Präzedenzfalls«, haben sich im Lichte der Erfahrung als nicht begründet erwiesen. Ganz im Gegenteil sollte sich die im Kosovo zum ersten Mal angewandte kollektive Verantwortung für den regionalen Frieden und die Sicherheit in den folgenden Jahren als beispielgebend erweisen.

Die Haltung der Vetomacht Russland hatte den Sicherheitsrat der Vereinten Nationen in ein nicht aufzulösendes Dilemma gestürzt. Einerseits unterstützte Russland alle Resolutionen und Erklärungen des Sicherheitsrates wie auch der Kosovo-Kontaktgruppe, welche die klare Verantwortung Milošević und der großserbischen Politik für die humanitäre Katastrophe in Jugoslawien und für die Gefährdung des regionalen Friedens feststellten. Zudem billigte Russland alle Forderungen an Belgrad und unterstützte auch die angedrohten Maßnahmen bis hin zur Gewaltandrohung. Andererseits aber verweigerte Moskau den entscheidenden Schritt im Sicherheitsrat, nämlich die Ermächtigung der VN zur militärischen Durchsetzung dieser friedenserzwingenden Maßnahmen, falls die serbisch-jugoslawische Regierung die Forderungen des Sicherheitsrates nicht erfüllen würde.

Das Dilemma der Staatengemeinschaft bestand nun darin, dass das angedrohte russische Veto sie angesichts einer drohenden humanitären Katastrophe faktisch zur Untätigkeit und zum tatenlosen Zuschauen bei einer schweren Gefährdung des regionalen Friedens und grauenhaften Menschenrechtsverletzungen verurteilte. Und auch das Völkerrecht, das ausschließlich den Sicherheitsrat der Vereinten Nationen ermächtigte, Gewaltmaßnahmen zu beschließen und anzuwenden, fand sich in diesem Dilemma wieder. Die Schutzfunktion des Völkerrechts gegenüber Aggression und Krieg drohte sich damals in sein Gegenteil zu verkehren und mittels eines angedrohten Vetos im Sicherheitsrat den Aggressor zu schützen.

Angesichts der Blockade des Sicherheitsrates und der Rückkehr des Krieges in Europa mussten daher neue Wege gegangen werden, um dieses Dilemma aufzubrechen und zu überwinden. Erstens bestand ein politischer Konsens im Sicherheitsrat, lediglich mit Ausnahme des allerletzten, gleichwohl entscheidenden militärischen Schritts. Zweitens machte die Erschöpfung aller anderen Mittel zur Abwehr einer humanitären Katastrophe und zur Erhaltung des regionalen Friedens die Androhung bzw. auch den Einsatz von Gewalt unabweisbar. Drittens bestand über diese Fakten und die daraus zu ziehenden Konsequenzen eine völlige Übereinstimmung in den wichtigsten regionalen Organisationen des betroffenen Kontinents Europa, nämlich in NATO und EU, auch unter Einschluss der neutralen Mitgliedsstaaten der EU. Viertens waren sich alle Beteiligten jenseits der Vetomacht Russland und der serbisch-jugoslawischen Regierung einig, dass die Umgehung des angedrohten russischen Vetos im Sicherheitsrat der sich daraus ergebenden Notlage geschuldet war, ein einmaliger Vorgang bleiben sollte und demnach die berühmte Ausnahme von der Regel und nicht deren Bruch und oder gar Abschaffung war.

Und in der Tat hat sich diese »regionale Selbstmandatierung« zur Umgehung eines angedrohten Vetos im Sicherheitsrat nicht wiederholt, auch weil eine vergleichbare Situation nicht wieder eingetreten ist. Selbst im Fall des Irak-Krieges bezogen sich die Teilnehmer der Krieg führenden »Koalition der Willigen« auf eine auslegungsfähige VN-Resolution.

Viel wichtiger aber noch war das Beispiel der regionalen Verantwortung, das mit der Intervention im Kosovo gesetzt wurde. Sowohl die ASEAN-Staaten (Association of South East Asian Nations) im Falle des Unabhängigkeitskriegs und der humanitären Katastrophe in Osttimor als auch die Regionalorganisation westafrikanischer Staaten angesichts mehrerer verheerender Bürgerkriege in dieser Region und die Politik der AU (African Union) in Darfur sind nur einige Beispiele für dieses seit der Intervention im Kosovo weltweit gewachsene Bewusstsein der regionalen Verantwortung.

Auch das Völkerrecht hat sich fortentwickelt. Seit dem Genozid in Ruanda, dem versuchten Genozid an den bosnischen Muslimen, der Intervention im Kosovo und großen humanitären Tragödien in Afrika hat sich das Verhältnis zwischen staatlicher Souveränität, individueller strafrechtlicher Verantwortung und der internationalen Pflicht zum Schutz der Menschen vor zügelloser Gewalt und Terror dramatisch verändert. Das Recht und die »Pflicht zur humanitären Intervention« sowie die regionale Verantwortung für Frieden und Sicherheit haben das bisherige Völkerrecht ergänzt. Die Entscheidung von NATO und EU zur militärischen Intervention im Kosovo hat für diese Entwicklungen eine nicht unerhebliche und zugleich positive Rolle gespielt.

In der Charta der Vereinten Nationen ist die humanitäre Intervention nicht ausdrücklich verankert. Und dort findet sich auch keine Antwort auf die Frage, was zu tun ist, wenn ein Staat gegen seine eigenen Bürger, also innerhalb seiner anerkannten Souveränität, »Verbrechen gegen die Menschlichkeit« begeht. Dazu bedurfte es, angesichts der schockierenden Ereignisse der neunziger Jahre und eines international festzustellenden Wertewandels in Richtung der Schutzrechte des einzelnen Menschen, einer Fortentwicklung des Völkerrechts:

»Die Souveränität des Staates in ihrer grundsätzlichen Bedeutung wird augenblicklich neu definiert – nicht zuletzt durch die Kräfte der Globalisierung und der internationalen Kooperation. Die Staaten werden inzwischen weithin als Instrumente im Dienst der Bürger verstanden, nicht umgekehrt.

Gleichzeitig ist die Bedeutung der Souveränität des Einzelnen – und damit meine ich die fundamentale Freiheit eines jeden Individuums, wie sie in der Charta der Vereinten Nationen und in nachfolgenden internationalen Verträgen festgeschrieben ist – gesteigert worden durch ein erneuertes und sich ausbreitendes Bewusstsein der Rechte des Einzelnen. Wenn wir heute die Charta lesen, sind wir uns mehr denn je der Tatsache bewusst, dass es ihr Ziel ist, den einzelnen Menschen, das Individuum, zu schützen und nicht diejenigen, die ihm Schaden zufügen.

[…] Um im nächsten Jahrhundert die Wiederholung solcher Tragödien zu verhindern, ist es meiner Ansicht nach unbedingt erforderlich, dass die internationale Gemeinschaft zu einem Konsens gelangt – nicht nur über den Grundsatz, dass massive und systematische Verletzungen der Menschenrechte geahndet werden müssen, wo auch immer sie stattfinden, sondern auch über die Art und Weise, nach der entschieden wird, welche Maßnahmen notwendig sind und wann und von wem sie ergriffen werden sollen. Der Kosovo-Konflikt und seine Folgen haben dazu eine Debatte von weltweiter Bedeutung ausgelöst«, so Kofi Annan in einem Namensartikel vom 18. September 1999 in der britischen Wirtschaftszeitschrift The Economist unter der Überschrift »Two concepts of sovereignty«.

Die von Kofi Annan angestoßene Fortentwicklung des Völkerrechts ist bis heute nicht abgeschlossen, gewinnt jedoch mehr und mehr Unterstützung in der Staatengemeinschaft und in der internationalen Öffentlichkeit. Es ist dabei besonders erstaunlich, dass sich gerade die radikale Linke in Deutschland und in anderen westlichen Ländern gegen diese Fortentwicklung der Schutzrechte für die Individuen zulasten der klassischen Staatssouveränität so massiv wehrt. Von den Rechtskonservativen war dies zu erwarten, von einer Linken, die bei jeder passenden und bisweilen auch unpassenden Gelegenheit das hehre Wort von der »internationalen Solidarität mit den Unterdrückten« im Munde führte, allerdings nicht.

Im Herbst 1998 entspannte sich die Entwicklung im Kosovo unmittelbar nach der Übereinkunft zwischen Richard Holbrooke und dem serbischen Präsidenten Milošević. Die serbischen Militäreinheiten und Paramilitärs wurden entsprechend dem Abkommen größtenteils abgezogen, die Flüchtlinge begannen, nach Hause zurückzukehren, und eine drohende humanitäre Katastrophe angesichts des herannahenden Winters schien abgewendet zu sein. Allerdings hatte diese Vereinbarung drei entscheidende Schwächen, welche von Anfang an berechtigte Zweifel an ihrer Dauerhaftigkeit und Belastbarkeit aufkommen ließen: Erstens war die UÇK nicht in das Abkommen eingebunden. Zweitens würde die internationale Gemeinschaft nur mit einer unbewaffneten OSZE-Beobachtermission am Boden vertreten sein. Nach den Erfahrungen in Bosnien, wo unzureichend bewaffnete VN-Blauhelmsoldaten von den Serben als Geiseln genommen, an Laternenpfähle gefesselt und so die Vereinten Nationen gedemütigt wurden, war dieser Teil des Kompromisses nicht gerade vielversprechend, und er war gefährlich für die Mitglieder der Mission.

Auch deshalb hing drittens die Belastbarkeit der von Holbrooke in Belgrad erreichten Lösung nicht von einer militärisch robusten internationalen Präsenz im Krisengebiet ab, sondern ausschließlich vom Vertrauen in Milošević Wort. Damit war es angesichts der in den zurückliegenden Jahren gemachten Erfahrungen allerdings nicht mehr weit her. Vor allem deswegen, aber auch weil der Abzug des serbischen Militärs und der Sonderpolizei entsprechend der Vereinbarung von Belgrad niemals vollständig umgesetzt worden war, wurde die ActOrd der NATO aufrechterhalten. Sie war zwar durch den NATO-Rat am 27. Oktober vorläufig ausgesetzt worden auf Grund der Fortschritte bei der Umsetzung des Belgrader Abkommens im Kosovo durch die jugoslawische Regierung, aber eben nur vorläufig und nicht endgültig.

Die Vereinbarung von Holbrooke und Milošević sollte sich lediglich als eine Übergangslösung erweisen, die angesichts des herannahenden Winters aus humanitären Gründen einiges an Zeitgewinn versprach. Wir Grüne und die Sozialdemokraten waren jedoch sehr erleichtert, dass uns die Entspannung im Kosovo den militärischen Ernstfall bis auf weiteres erspart hatte und so davon unbeeinflusst die Koalitionsverhandlungen und die Regierungsbildung erfolgreich abgeschlossen werden konnten. Die militärische Drohung hatte offensichtlich gewirkt, und diese Tatsache war überaus hilfreich, denn die öffentlichen wie auch die innerparteilichen Debatten über die Kosovo-Krise und einen möglichen Militäreinsatz unter Beteiligung Deutschlands begannen dadurch in den Hintergrund zu treten. Allerdings war uns sowohl in der Bundesregierung als auch in der Koalition bewusst, dass der jüngsten positiven Entwicklung im Kosovo nur sehr eingeschränkt bis gar nicht zu trauen war. Hier galt eher das alte deutsche Sprichwort »Aufgeschoben ist nicht aufgehoben«. Und die Entwicklung der kommenden Wochen sollte die Richtigkeit dieses Satzes leider erneut beweisen.

Im Verlauf des Dezember 1998 nahm die Konfrontation im Kosovo erneut zu. Die UÇK hatte ihre Kampfhandlungen niemals eingestellt, und die serbische Seite begann daraufhin erneut mit ihrem brutalen Krieg gegen die albanisch-kosovarische Zivilbevölkerung. Die Mitglieder der Kosovo-Verifizierungsmission (KVM), die die Waffenruhe zwischen serbischen Truppen und der UÇK überwachen sollten, konnten die Ereignisse lediglich beobachten und berichten, verhindern konnten sie nichts. Dazu verfügte die KVM weder über die Stärke noch den Auftrag, und insofern entwickelten sich die Dinge nach dem seit Kroatien und Bosnien sattsam bekannten blutigen Muster. Nach der Ermordung eines serbischen Polizisten Mitte Januar in der Nähe von Raak kam es dort wenige Tage später zu einer Vergeltungsaktion durch serbisches Militär und Sonderpolizei. Die Vertreter der KVM fanden am 16. Januar in einem Graben außerhalb des Dorfes über zwanzig Leichen, überwiegend Zivilisten, insgesamt wurden in Račak 45 Leichen geborgen. Diesmal waren mit der KVM die internationalen Medien zur Stelle, und so gingen die Bilder des Massakers um die Welt. Sollte das blutige Doppelspiel Milošević mit der internationalen Gemeinschaft nach Kroatien und Bosnien jetzt also erneut beginnen? So fragten wir uns damals alle in den Außenministerien der westlichen Welt. Und die Antwort war ein einhelliges »Bis hierher und nicht weiter!«.

Es hatte im Kosovo schon schlimmere Massaker gegeben, etwa Anfang März 1998, als ein ganzer Familienclan mit über fünfzig Mitgliedern von serbischer Polizei und Militär ermordet wurde, aber das Massaker von Račak löste international wegen der Präsenz der Medien, vor allem aber wegen der Holbrooke-Milošević-Vereinbarung und der damit einhergehenden NATO-Drohung sowie wegen der schrecklichen und für die VN wie die gesamte Staatengemeinschaft demütigenden Erfahrungen mit dem serbischen Doppelspiel in Bosnien eine massive politische Reaktion aus.

Von den Kritikern des Krieges wurde später Račak als Teil einer Verschwörungstheorie benutzt, die beweisen sollte, dass es sich beim Krieg der NATO im Kosovo nicht um die Verhinderung einer humanitären Katastrophe gehandelt hätte. Die Ereignisse in Račak sah man vielmehr als eine bewusste Inszenierung, um Serbien militärisch in die Knie zwingen zu können. Račak wäre gar kein Massaker gewesen, in Kämpfen mit den serbischen Sicherheitskräften gefallene UÇK-Kämpfer wären als »tote Zivilisten« in den Graben bei Račak gelegt worden, um ein Massaker vorzutäuschen.

Auch die Tatsache, dass der Leiter der KVM, der amerikanische Botschafter William Walker, in Begleitung von Journalisten und Kamerateams in Račak erschien und auf einer improvisierten Pressekonferenz sofort von einem »Massaker« sprach, bevor die Fakten überhaupt festgestellt worden waren, wurde als Beweis für eine Verschwörung angeführt. Als weiterer Beleg für die Verschwörungsthese wurde herangezogen, dass der US-Diplomat William Walker früher in Mittelamerika auf Posten gewesen wäre. In Wirklichkeit, so diese Theorie, wäre Račak nichts anderes als ein konstruierter Kriegsgrund von UÇK und NATO gewesen.

Nachdem die Bundesregierung von dem Massaker erfahren und wir alle uns damals zugänglichen Informationen ausgewertet hatten, forderten wir die Ermittlung und Ergreifung der Täter, damit sie angeklagt und bestraft werden konnten. Dazu erhoben wir die Forderung, in Abstimmung mit unseren europäischen und transatlantischen Partnern, eine unabhängige Untersuchung durch die Chefanklägerin des Haager Kriegsverbrechertribunals für das ehemalige Jugoslawien zuzulassen. Dieses Tribunal war im Mai 1993 durch eine Kapitel-VII-Resolution des Sicherheitsrates unter Einschluss Russlands eingerichtet worden und völkerrechtlich voll mandatiert. Belgrad verweigerte der Chefanklägerin die Einreise.

Sie und ihr Team wären die richtige und dazu ermächtigte Instanz gewesen, um in Račak unabhängige Ermittlungen aufzunehmen, aber offensichtlich hatte Belgrad daran kein Interesse. Stattdessen hatten serbische und weißrussische Pathologen die Opfer untersucht und sie als »im Kampf gefallen« qualifiziert.

Durch Initiative der EU gelang es, ein Team von finnischen Gerichtsmedizinern nach Račak zu entsenden, das die noch feststellbaren objektiven Sachverhalte an den gefundenen Leichen sichern sollte. Die finnischen Mediziner korrigierten die serbisch-weißrussischen Befunde. Der später veröffentlichte Untersuchungsbericht ließ für Verschwörungstheorien keinen Raum. Die überwiegende Zahl der gefundenen Leichen waren Zivilisten, die nicht im Kampf, sondern aus nächster Nähe erschossen worden waren. Dies passte ins Bild: Die brutale serbische Unterdrückungspolitik gegenüber der albanischen Bevölkerungsmehrheit im Kosovo war ein sattsam bekanntes Faktum. Hinrichtungen und Erschießungen unbewaffneter Zivilisten gehörten zum Instrumentarium der serbischen »Counter Insurgency«-Strategie im Kosovo, um die Bevölkerung in die Flucht zu treiben und so der UÇK die Unterstützung zu entziehen.

Fast noch wichtiger aber war die politische Unterstellung, dass der Westen (oder auch nur die USA allein) ein Interesse an einer bewaffneten Konfrontation mit Milošević gehabt und deswegen Gründe konstruiert hätte. Diese Unterstellung war schlicht absurd und durch nichts zu belegen. Ich habe die entscheidenden Wochen und Monate der sich erneut aufbauenden Krise im Kosovo und während des Krieges selbst in der Bundesregierung und in den internationalen Institutionen und Verhandlungen erlebt und kann nur bestätigen: Es bestand keinerlei

Anlass zu Verschwörungstheorien oder auch nur zu Spekulationen, die politischen Motive und Strategien lagen für jedermann zugänglich auf dem Tisch.

Es ging nicht um eine militärische Niederlage Restjugoslawiens, der Westen – und dies hieß diesmal auch Europa – war vielmehr entschlossen, die Lehren aus den vergangenen Kriegen und Massakern auf dem Balkan zu ziehen und keine weitere Katastrophe wie in Bosnien zuzulassen. Kosovo war die rote Linie. Wenn Milošević diese überschreiten würde, dann würde dies Krieg bedeuten. Daran konnte es seit der ActOrd der NATO für niemanden mehr einen vernünftigen Zweifel geben. Dennoch hatte zu jeder Zeit eine belastbare Verhandlungslösung Vorrang vor einer bewaffneten Konfrontation gehabt. Dies galt auch für die Position der USA.

Die Politik der USA und ihrer europäischen Verbündeten in der Kosovo-Krise wurde durch die Erfahrung bestimmt, die Präsident Clinton einmal in einer Rede in dem Satz zusammengefasst hatte, dass die Friedhöfe Jugoslawiens voll wären mit gebrochenen Versprechen. Genau darum ging es! Zudem kannte die amerikanische Außenministerin Madeleine Albright die Region sehr gut. Als Tochter des tschechoslowakischen Botschafters in Jugoslawien nach 1945 hatte sie zwei Jahre in Belgrad gelebt und war gegenüber Serbien alles andere als feindlich gesonnen. Ihre Politik zeichnete sich durch eine intime Kenntnis des Balkans, Mittelosteuropas und Russlands aus.

Sie hielt Milošević, trotz Dayton, für einen notorischen Lügner, dem sie niemals traute. Madeleine Albright war eine überzeugte Menschenrechtlerin, kam politisch aus dem Gewerkschaftsflügel der Demokratischen Partei in den USA, und sie war grimmig entschlossen, im Kosovo keine zweite Katastrophe wie in Bosnien zuzulassen. Aber auch Madeleine Albright wollte immer eine politische Lösung und arbeitete mit all ihren nicht geringen Kräften daran. Allerdings kämpfte sie für eine Lösung, die diesen Namen verdiente und nicht erneut in gebrochenen Versprechungen und sich füllenden Friedhöfen enden würde. Für sie war deshalb eine internationale, robuste Militärpräsenz vor Ort der unverzichtbare Kern einer dauerhaften Lösung, und diese konnte, so ihre Auffassung, nach den demütigenden Erfahrungen mit VN-Blauhelmen, nur die NATO stellen. Diese Haltung hielt Madeleine Albright von Anfang an und gegen zahlreiche Widerstände in der US-Regierung, in der amerikanischen Öffentlichkeit und in Europa konsequent durch. Sie sollte sich damit am Ende durchsetzen und gegen alle Widerstände recht behalten.

Der 16. Januar 1999 war ein Samstag. Ich hatte den Tag auf der Klausurtagung der grünen Bundestagsfraktion in Wörlitz, einem kleinen Städtchen an der Elbe in der Nähe von Dessau in Sachsen-Anhalt, verbracht. Wörlitz verfügt über ein einmaliges Kulturerbe in Gestalt des sogenannten »Gartenreiches«, einer künstlichen Parkanlage, die einer der regierenden Dessauer Fürsten gegen Ende des 18. Jahrhunderts dort in den Elbauen hatte bauen lassen. Der Ort eignete sich daher vorzüglich zur jährlichen Auftaktklausur der Bundestagsfraktion, auch wenn das Parlament damals noch in Bonn tagte, aber der Umzug war absehbar.

An diesem Samstag stand zuerst ein Besuch des Bundeskanzlers bei der grünen Fraktionsklausur auf der Tagesordnung. Ich flog anschließend mit dem Bundeskanzler von Wörlitz aus mit dem Hubschrauber nach Hannover und fuhr von dort mit dem Wagen weiter nach Hamburg. Für den Abend war ich dort von Erich Böhme, dem früheren SPIEGEL-Chefredakteur und einem engen persönlichen Freund, zum Abendessen eingeladen.

Im Laufe des Tages liefen im Amt die Nachrichten von dem Massaker in Račak auf, und in den Medien waren die Gräuelbilder zu sehen. Es war uns unmittelbar klar, dass Račak die Kosovo-Krise dramatisch verschärfen würde. Wenn Milošević nicht einlenken würde, wären wir mit diesem Tag dem Krieg einen gewaltigen Schritt näher gekommen, dessen war ich mir sicher. Am späteren Abend meldete sich das Lagezentrum des Auswärtigen Amtes bei mir, Frau Albright wolle mich sprechen.

Wir erörterten die Lage in Račak und die uns vorliegenden Informationen. Madeleine Albright wollte eine scharfe Reaktion der NATO und eine unverzügliche Tagung des NATO-Rats bereits am folgenden Sonntag, Cook und Védrine hätten bereits zugestimmt. Dann deklinierte sie aus US-Sicht die drei wesentlichen Forderungen für eine Erklärung der NATO durch – die

Einhaltung der militärischen Obergrenzen für serbische Sicherheitskräfte im Kosovo aus dem Holbrooke-Milošević-Abkommen, volle Kooperation mit dem Haager Tribunal in Sachen Račak und die Erfüllung der noch nicht umgesetzten Verpflichtungen aus dem Abkommen. In der Sache waren die amerikanischen Vorschläge vernünftig und richtig, allerdings brauchten wir jetzt mehr denn je nicht nur eine Politik des Ultimatums, sondern vor allem eine Umsetzung des maximalen politischen Drucks auf Belgrad in eine politische Perspektive.

Deutschland hatte schon unter der Vorgängerregierung innerhalb der Kosovo-Kontaktgruppe sehr stark auf eine internationale Konferenz gedrängt, eine Art Dayton II. Ich war mir mit meinen Mitarbeitern einig, dass es angesichts der dramatischen Zuspitzung der Lage jetzt mehr denn je darauf ankam, eine solche Konferenz zustande zu bringen. Eine »Politik der militärischen Ultimaten« konnte sehr schnell zu einer Konfrontationsautomatik führen, die dann nur noch um den Preis eines totalen Gesichtsverlustes anzuhalten wäre. Einen solchen Automatismus galt es auf jeden Fall zu verhindern. Auf der anderen Seite durften wir dadurch aber nicht erneut in einer »Politik der Verhandlungen um jeden Preis« enden – Verhandlungen also aus Schwäche heraus oder als Selbstzweck, um einer militärischen Friedenserzwingung zu entgehen, wie dies in Bosnien über mehrere Jahre hinweg der Fall gewesen war.

Folglich versuchten wir innerhalb der Kontaktgruppe, die Idee einer Konferenz voranzubringen. Die US-Seite verhielt sich dieser Idee gegenüber äußerst reserviert, und ich fragte mich warum. Gerade angesichts einer dramatischen Zuspitzung der Krise im Kosovo bedurfte es dringend der verstärkten Diskussion der Optionen auf der politischen Ebene, dies zumindest war meine Auffassung. Meine Beamten meinten, dass die amerikanische Außenministerin aufgrund von Ereignissen, die noch vor meiner Amtszeit stattgefunden hatten, die Kosovo-Kontaktgruppe als wenig taugliches Instrument zur Krisenbewältigung ansehen würde.

Und in der Tat findet sich in Madeleine Albrights Memoiren ein genauerer Hinweis: »Bei der Sitzung der Balkan-Kontaktgruppe, deren Vorsitz der deutsche Außenminister Klaus Kinkel übernommen hatte, einigte man sich im Wesentlichen auf nichts; ein Umstand, der mich davon überzeugte, dass diese Gruppe nicht das richtige Gremium war, um Milošević Paroli zu bieten. Russland sträubte sich offensichtlich; Frankreich und Deutschland zögerten nahezu immer, wenn es darum ging, Moskau die Stirn zu bieten; die Italiener unterhielten umfangreiche Geschäftsbeziehungen mit den Serben und lehnten aus diesem Grund Sanktionen ab. Für Milošević war es ein Leichtes, diese Länder mit leeren Gesten und vertröstenden Versprechungen zum Stillhalten zu bewegen.«

Ich ließ mich von der negativen amerikanischen Haltung nicht entmutigen, und wir drängten weiterhin auf ein baldiges Treffen. Am 22. Januar traf ich mich mit zahlreichen Beamten des AA zu einem Konklave, in dessen Mittelpunkt die Kosovopolitik stand. Hier war man sich nach einer offenen Diskussion einig, dass die Konferenzidee gegenüber einer Politik der Ultimaten vorzuziehen wäre. Es musste alles in unseren Kräften Stehende versucht werden, um eine politische Lösung zu erreichen und damit eine militärische Konfrontation zu verhindern. Würde man trotz dieser Anstrengungen an der Unnachgiebigkeit der Serben scheitern, dann allerdings müsste man die militärische Drohung, die bereits seit dem 16. Oktober letzten Jahres existierte, realisieren. Aber nur in dieser Reihenfolge machte aus unserer Sicht das weitere Vorgehen außenpolitisch Sinn und ließ sich für uns innenpolitisch wie verfassungsrechtlich begründen.

Die amerikanische Außenministerin besuchte in der zweiten Januarhälfte Moskau, und dort kam es zu dem bereits erwähnten Gespräch der beiden Außenminister in der Oper. Igor Iwanow hatte dort in der Zarenloge des Bolschoi-Theaters gegenüber seiner amerikanischen Kollegin nicht nur das russische Veto im Sicherheitsrat angekündigt, falls versucht werden sollte, dort eine Ermächtigung zum militärischen Eingreifen im Kosovo zu bekommen. Er bestätigte Albright gegenüber vielmehr auch die russische Unterstützung für eine politische Lösung, auch wenn dafür eine militärische Drohung notwendig wäre.

Parallel zu unserer Klausurtagung des AA tagte in Brüssel am 22. Januar auch der NATO-Rat. In dieser Sitzung signalisierten die USA dann doch ihre Bereitschaft, an einer Kontakt-gruppensitzung teilzunehmen. Dies war eine gute Nachricht. Wenige Tage später, am Dienstag, den 26. Januar 1999, meldete sich dann spätabends, kurz vor 23.00 Uhr, das Lagezentrum in meiner Wohnung. Madeleine Albright wollte mich über ihre Gespräche in Moskau unterrichten und mit mir über das Thema Kontaktgruppe sprechen.

Iwanow habe wie erwähnt der Androhung von Gewalt zuge-stimmt, den Einsatz von Gewalt aber abgelehnt. Die USA wären auch bereit, an einer Sitzung der Kosovo-Kontaktgruppe teil-zunehmen, so meine amerikanische Kollegin, wenn ich ihr un-sererseits schon vor der Sitzung zusichern könnte, dass wir mit der Erneuerung der ActOrd der NATO nach der Kontaktgrup-pensitzung einverstanden wären. Die NATO sollte am 28. Ja-nuar öffentlich eine Warnung aussprechen. Am 29. Januar sollte die Kontaktgruppe tagen und nach amerikanischer Auffassung zu folgendem Ergebnis führen: Aufforderung an die beiden Konfliktparteien zu Verhandlungen nach dem Modell Dayton, Beginn der permanent tagenden Konferenz eine Woche nach der Kontaktgruppensitzung, Abschluss der Verhandlungen eine weitere Woche später. Dieser enge Zeitrahmen und die Form des Konklaves der Verhandlungen sollte einen maximalen psy-chologischen Druck auf die Konfliktparteien garantieren, um sie kompromissbereit zu machen. Zudem sollte die Erneuerung der ActOrd im NATO-Rat in Form eines Ultimatums am 30. Januar erfolgen.

Das von den USA beabsichtigte Ultimatum warf sofort wie-der die Gefahr einer Eskalationsautomatik auf. Für die Bun-desregierung war es darüber hinaus völlig klar, dass es keinen ActOrd-Automatismus geben durfte. Die letzte Entscheidung über den Einsatz deutscher Streitkräfte im Rahmen des Bünd-nisses musste unter allen Umständen in den Händen der Bun-desregierung bleiben, da diese die alleinige politische wie auch verfassungsrechtliche Verantwortung gegenüber dem Parlament und dem deutschen Volk zu tragen hatte. Als Lösung bot sich die Übertragung des Einsatzbefehls vom militärischen Ober-befehlshaber der NATO auf den Generalsekretär Javier Solana an. Damit wäre klargestellt, dass es keinen Einsatzbefehl ohne vorherige Konsultation mit uns und anderen wichtigen Mitgliedsstaaten gäbe.

Dann deklinierte meine amerikanische Kollegin noch die absehbaren Varianten eines möglichen Verhandlungsausgangs durch, und für zwei von drei Optionen kam sie zu der Schlussfolgerung, dass Milošević die Bedingungen erfüllen müsste – »… or we bomb«. Ich musste kräftig schlucken, als ich auf diese direkte, unverblümte Art mit den drohenden Konsequenzen eines Scheiterns des kommenden Verhandlungsprozesses konfrontiert wurde.

Seit langem wusste ich, worin die Alternative zu einer Verhandlungslösung bestehen würde – in einem Luftkrieg gegen Serbien. Madeleine sagte mir also nichts Neues, aber jetzt wurden diese Erwägungen zum ersten Mal wirklich konkret. Alle vorherigen Überlegungen hatten für mich bis zu diesem Telefonat noch überwiegend auf der theoretischen Ebene stattgefunden – bis jetzt. »…or we bomb«, dieser Satz ließ mich in jener Nacht nicht mehr los. Ich hatte mich zwar immer als einen harten Realo begriffen, und ich war gewiss kein Pazifist gewesen, der den Einsatz von Gewalt aus grundsätzlichen Erwägungen ausschloss. Aber ich muss gestehen, dass ich nach diesem Telefonat mit meiner amerikanischen Kollegin leicht schockiert war.

Dabei waren mir die Konsequenzen einer Politik der roten Linie des Westens gegenüber Serbien seit jener gemeinsamen Sitzung im Kanzleramt, seit der ActOrd der NATO und seit dem Beschluss des Bundestages völlig klar. Und ich war von der Richtigkeit dieser Politik überzeugt. Milošević würde so lange weitermachen, bis er mit militärischen Mitteln – oder zumindest deren glaubhafter Androhung – gestoppt werden würde. Das war die Lektion aus den Kriegen in Slowenien, Kroatien und Bosnien. Alles andere hielt ich für Wunschdenken. Konkret fassbar aber wurden für mich diese Konsequenzen erst seit jenem Telefonat am späten Abend des 26. Januar. Umso wichtiger würde es nun sein, alle, wirklich alle politischen Möglichkeiten zu nutzen, um die Alternative Krieg nicht Wirklichkeit werden zu lassen.

Deutschland hatte seit längerem schon für die Konferenzidee

im Rahmen der Kontaktgruppe gekämpft, und insofern waren wir jetzt kurz vor dem Ziel. Das war der gute Teil der Nachricht. Andererseits stellte sich die Frage, ob Milošević im Kosovo wirklich nachgeben und eine robuste internationale Militärpräsenz akzeptieren könnte, ohne innenpolitisch gestürzt zu werden. Für ihn ging es am Ende um alles oder nichts. Der offensichtliche Bruch des Holbrooke-Milošević-Abkommens vom 13. Oktober 1998 sprach eher für die Wahrscheinlichkeit der pessimistischen Annahme. Und dann? Dann würde das Krieg heißen. Das war die schlechte Nachricht meines Gesprächs mit Madeleine Albright.

Nachdenklich und deprimiert saß ich nach dem Telefonat in meiner Wohnung. An Schlaf war nicht zu denken, dazu war ich innerlich zu aufgewühlt. »... or we bomb«, diese Worte gingen mir immer wieder durch den Kopf. Warum, so fragte ich mich, musste ausgerechnet die erste Bundesregierung, die von der politischen Linken gebildet worden war, mit Deutschland wieder in den Krieg ziehen? Allen unseren Vorgängerregierungen war diese Prüfung erspart geblieben, und uns, ausgerechnet uns Sozialdemokraten und pazifistische Grüne sollte es nun treffen? Kohl hatte sechzehn Jahre regiert, und wir waren noch gar nicht in der Bundesregierung, als wir bereits die Entscheidung über Krieg und Frieden zu treffen hatten. Die Welt kann sehr ungerecht sein. Warum wir?

Weil wir gewählt worden waren und weil es im Kosovo um unsere Grundwerte ging, beantwortete ich mir diese Frage selbst. Viel zu lange hatten wir zugeschaut, wie die Stadt Vukovar zerstört und Sarajevo zusammengeschossen worden war, wie sich Monat für Monat die Massengräber gefüllt hatten und ungeheuerliche Grausamkeiten direkt vor unserer Haustür passiert waren. Jetzt musste damit Schluss sein. Sonst würden wir uns alle schuldig machen, weil wir diesmal wussten, anders als in den neunziger Jahren, was kommen würde. Wir hatten die Erfahrung von Bosnien hinter uns und waren durch die Geschichte bösgläubig geworden. Über 200 000 Menschen lagen dort in den Massengräbern. Dies war eine stumme und zugleich furchtbare Anklage gegen die Untätigkeit und Unfähigkeit des Westens, die für die Zukunft schwer wog.

Aber warum wir? Ausgerechnet wir? »... or we bomb«, mit diesen immer wiederkehrenden Worten im Kopf versuchte ich irgendwann, Schlaf zu finden.

In der Bundesregierung bestand Einigkeit darüber, die Chance einer Dayton-II-Konferenz zur Lösung der Kosovo-Krise zu nutzen. Die Telefondiplomatie mit den verschiedenen Hauptstädten, zum Informationsaustausch und zur engen Abstimmung der weiteren Vorgehensweise, entwickelte sich jetzt noch intensiver und nahm mehr Zeit in Anspruch. Die Briten hatten die Initiative zur Einberufung der Kontaktgruppe übernommen. Im Amt gab es eine Diskussion mit meinen leitenden Mitarbeitern, ob Deutschland die Ausrichtung der kommenden Kosovo-Konferenz beanspruchen sollte, denn schließlich hätte die Bundesrepublik im laufenden Halbjahr sowohl den Vorsitz der G 8-Gruppe inne (bestehend aus den wichtigsten westlichen Industriestaaten, nämlich den USA, Deutschland, Frankreich, Großbritannien, Italien, Japan, Kanada + Russland) als auch die Präsidentschaft der EU.

Ich teilte diese Auffassung nicht. Eine führende Rolle Deutschlands bei der kommenden Konferenz zur politischen Lösung der Krise im Kosovo würde es der nationalistischen Propaganda in Serbien, aber auch in Russland sehr einfach machen, die Vergangenheit als Kampfinstrument gegen uns und die westliche Initiative zu mobilisieren. Hitlers Großdeutsches Reich hatte Jugoslawien überfallen und besetzt, und Wehrmacht und SS hatten dort schreckliche Verbrechen begangen. Zudem bestünde das nicht von der Hand zu weisende Risiko, dass wir erneut in eine verdeckte Konfrontation mit Paris und London geraten könnten, wie dies zu Beginn der Jugoslawien-Krise der Fall gewesen war und eine unheilvolle Rolle gespielt hatte.

Frankreich und Großbritannien waren seit dem Ersten Weltkrieg die Garantiemächte Serbiens und Jugoslawiens gewesen. Wenn diese historischen Freunde Serbiens die kommende Konferenz ausrichten und leiten würden, so wäre das allemal besser, als wenn Deutschland, das propagandistisch sehr leicht zum Erzfeind aufgeblasen werden konnte, die Führungsrolle übernehmen würde. Meiner Meinung nach taugten wir dazu in dieser Krise nicht. Wir sollten uns besser in der zweiten Reihe halten und von dort aus entschlossen und entsprechend unserer Möglichkeiten agieren, und so verfuhren wir dann auch.

Die Sitzung der Kosovo-Kontaktgruppe fand am 29. Januar 1999 in London statt. Der Tagungsort war das imperiale Lancaster House, ein Palast aus dem frühen 19. Jahrhundert und in unmittelbarer Nähe des königlichen St. James's Palace gelegen, den die Regierung Ihrer Majestät für internationale Treffen nutzte. Der Vorsitz in der Kontaktgruppe wurde traditionellerweise von dem jeweiligen Gastgeberland wahrgenommen, also von dem britischen Außenminister Robin Cook. Es ging um die Vorbereitung der Friedenskonferenz für das Kosovo. Frankreich hatte das Schloss Rambouillet südwestlich von Paris angeboten, das seit dem Ende des 19. Jahrhunderts die Sommerresidenz der französischen Staatspräsidenten war. Hier hatte auch im Jahr 1975 der erste G6-Gipfel stattgefunden.

Die Europäer, vorneweg die beiden europäischen »glorious nations« Frankreich und Großbritannien, wollten diese Konferenz in Europa abhalten und nicht noch einmal in den USA stattfinden lassen. Europa (ehrlicherweise wohl eher diese beiden europäischen Mächte) wollte damit demonstrieren, dass es in der Lage war, die Führung bei der Regelung seiner inneren Angelegenheiten wahrzunehmen. Ich hielt dies für eine reine Prestigefrage, die angesichts des extrem hohen Einsatzes, um den es bei dieser Konferenz gehen würde, ziemlich nachrangig war. Allein das Ergebnis, nämlich eine erfolgreiche politische Lösung für das Kosovo, würde zählen. Aber man wird die zahlreichen Untiefen der europäischen Diplomatie in der Gegenwart kaum erkennen, wenn man dieses nach wie vor sehr ausgeprägte nationale Prestigebedürfnis der einzelnen europäischen Staaten unterschätzt oder gar ignoriert.

Die konkrete Vorbereitung der Kontaktgruppensitzung wurde auf der Ebene der politischen Direktoren geleistet. Über den Ort, Zeitpunkt und Zeitrahmen, Konferenzform, Vorsitz, Teilnehmerformel und die Definition der zu erreichenden Ziele schien innerhalb der westlichen Mitglieder der Kontaktgruppe mittlerweile ein Konsens gefunden worden zu sein. Es galt, mittels der Beratung im Lancaster House vor allem die Russen einzubinden, aber auch das schien angesichts der vorbereitenden

Telefonate kein wirkliches Problem mehr zu sein. Die Sitzung der Kosovo-Kontaktgruppe war also gut vorbereitet, zu gut, wie ich in ihrem Verlauf zu meiner Überraschung feststellen musste.

Das Treffen der Kontaktgruppe nahm seinen erwarteten Verlauf, und auch Russland verhielt sich überaus konstruktiv, bis der Vorsitz seinen Vorschlag zur Teilnehmerformel machte. Man müsse den Kreis möglichst klein halten, um effizient verhandeln und maximal Druck auf die Konfliktparteien ausüben zu können, und deswegen schlage er, Robin Cook, vor, dass neben den beiden Vorsitzländern Frankreich und Großbritannien noch die USA und Russland an der Konferenz teilnehmen sollten. Ich dachte, ich hörte nicht richtig, und schaute erstaunt und zugleich grimmig entschlossen meinen Politischen Direktor, Gunter Pleuger, und die mich begleitenden Beamten an, während ich bereits meine Hand zu einer Wortmeldung gehoben hatte. Pleuger knurrte mir zu, dass ich mir das auf keinen Fall gefallen lassen dürfte. Das wäre ein Unding, die amtierende EU-Präsidentschaft von der Konferenz auszubooten. »Die wollen Sie testen.«

Dieser Rat war eigentlich gar nicht mehr nötig, denn mir war sofort völlig klar, dass Deutschland und Italien aus der Konferenz herausgehalten werden sollten. Da meinten wohl einige, als Grüner wäre man vor allem noch grün hinter den Ohren, und diese irrige Auffassung galt es hier und heute zu korrigieren. Es musste da eine Vorabsprache zu unseren Lasten gegeben haben, und das war nicht hinnehmbar. Zudem wäre es im Sinne einer erfolgreichen Verhandlungsstrategie auch äußerst unklug gewesen, Deutschland außen vor zu halten und damit ein Signal der Spaltung der Kontaktgruppe an Belgrad und Moskau zu senden. Milošević hatte schon einmal auf uns gesetzt, aber diplomatisches Prestige und Vernunft harmonieren nicht immer.

Deutschland hatte die EU/G8-Doppelpräsidentschaft inne, und auf unsere Arbeit würde es bei der Bewältigung dieser Krise ganz entscheidend ankommen. Zudem würden unsere Soldaten im Falle einer militärischen Intervention das volle militärische Risiko und die Bundesregierung das volle politische

Risiko mitzutragen haben. Darüber hinaus hätte die Teilnehmerformel, die der britische Vorsitz vorgeschlagen hatte, ausschließlich die ständigen Mitglieder des Sicherheitsrates der VN in der Kontaktgruppe berücksichtigt, und dies hätte innerhalb der EU gewiss für erhebliche Unruhe gesorgt. Hinzu kam das Spaltungsargument der Kontaktgruppe. Aus all diesen Gründen war der britische Vorschlag kontraproduktiv und für uns nicht hinnehmbar.

Es bedurfte dreier Wortmeldungen meinerseits und am Ende recht deutlicher Worte, bis Robin Cook realisierte, dass er mit seinem Vorschlag nicht durchkommen würde, weil ich nicht bereit war, in der Frage der Teilnehmerformel nachzugeben. Die deutsche Delegation hatte zudem die besseren Argumente auf ihrer Seite. Gunter Pleuger schien übrigens mit seiner Einschätzung vom »Test« des neuen deutschen Außenministers recht gehabt zu haben, denn ein vergleichbarer Fall sollte sich in meiner ganzen Amtszeit nicht mehr wiederholen.

Ansonsten ging es in den Verhandlungen vor allem um die Formulierung des Abschlussdokuments. Die diplomatische Sprache legt Regierungen und damit Staaten oder Staatenbündnisse fest. Aus solchen Festlegungen entsteht die internationale Legitimation einer Politik oder, im negativen Fall, auch deren gerades Gegenteil. Der Kampf um die einzelnen Formulierungen in einem Vertrag (um »die Sprache« also, wie Diplomaten zu sagen pflegen), auch in dem Abschlussdokument einer Konferenz, einer gemeinsamen Erklärung oder gar einer Resolution des Sicherheitsrates ist eine der wichtigsten Aufgaben diplomatischer Verhandlungen.

Gelingt es dabei, politische Positionen und Rechtsauffassungen zum eigenen Vorteil zu verändern oder deren Veränderung zu eigenen Lasten zu verhindern? Dies ist eine der Grundfragen diplomatischer Verhandlungen. Noch wichtiger und schwieriger aber ist das Erreichen von diplomatischen Kompromissen, d. h. eines fairen und belastbaren Interessenausgleichs. Solche Kompromisse sind in der Regel nur auf der Grundlage eines gegenseitigen Gebens und Nehmens möglich, und am schwierigsten dann, wenn die beteiligten Konfliktparteien um Identitätsfragen und historische Rechte kämpfen. Und genau darum würde es bei der anstehenden Konferenz zur (zumindest vorläufigen) Lösung des Konflikts im Kosovo gehen.

Die amerikanische Seite hatte dem Londoner Treffen erst zugestimmt, als sie sich sicher sein konnte, dass es dort zu einem Ultimatum an die Konfliktparteien kommen würde. Aufgrund der politischen Ausgangslage war dieses Ultimatum faktisch nur an die Serben gerichtet. Deshalb – und auch bedingt durch die vergangenen Erfahrungen mit der Kontaktgruppe – war es das Bestreben der amerikanischen Delegation, viel an starker, bisweilen sogar ultimativer Sprache in dem Abschlussdokument zu verankern.

Der russische Außenminister Iwanow hatte nochmals klargemacht, dass Russland einer Gewaltanwendung ohne eine Resolution des Sicherheitsrates nicht zustimmen würde, sollten die Verhandlungen scheitern. Der entscheidende Punkt allerdings, nämlich eine robuste internationale Militärpräsenz zur Überwachung eines Abkommens (also die NATO), spielte im Lancaster House kaum eine Rolle, obwohl alle Beteiligten diesen zentralen Punkt permanent im Kopf hatten, und er fand sich in dem Abschlussdokument nur in einer sehr allgemeinen und weit auslegbaren Formulierung wieder. Aber es machte wenig Sinn, über diese zentrale Frage zu sprechen, da von vornherein klar war, dass es darüber an diesem Tag mit Russland keine Einigung geben konnte. Am Ende des Treffens wurde noch vereinbart, dass der britische Vorsitz die Konfliktparteien unterrichten und zu der Konferenz einladen sollte.

Am 30. Januar bekräftigte dann der NATO-Rat seinen ActOrd-Beschluss vom Oktober letzten Jahres, und damit war der diplomatische Rahmen für die Rambouillet-Konferenz gesetzt. In den folgenden Tagen und Wochen kam es der deutschen Diplomatie vor allem darauf an, Russland im Boot zu halten. Denn wenn die Konferenz in Rambouillet scheitern würde und es dann zu einer bewaffneten Intervention der NATO käme, durfte Russland nicht abdriften. Die Bewältigung dieser Aufgabe würde in einem solchen Fall sicher schwierig genug werden, aber es war in unserem Interesse, die weitere Entwicklung weitestgehend im Rahmen der Vereinten Nationen zu halten, und dazu bedurfte es der Vetomacht Russland. Zudem war die

Bundesregierung sowohl aus verfassungsrechtlichen als auch politischen Gründen gut beraten, alles zu unternehmen, damit der VN-Rahmen bei der Lösung der Kosovo-Krise nicht wirklich verlassen wurde, selbst wenn man eine Ausnahmesituation, wie sie in der Bundestagsdebatte vom 16. Oktober 1998 von verschiedenen Rednern dargestellt wurde, als realistische Möglichkeit unterstellen musste.

Die andere kritische Vetomacht im Sicherheitsrat, China, war in der Balkanfrage bisher meistens dem Stimmverhalten Russlands gefolgt. Allerdings gab es eine bizarre Ausnahme. Die Vereinten Nationen unterhielten an der Grenze zwischen Mazedonien und dem Kosovo eine Militärmission, die ein Kontingent von US-Militär mit einschloss. Diese Mission war zum Schutze Mazedoniens von großer Bedeutung, gerade wegen der Teilnahme der USA. Bei einem Treffen mit dem mazedonischen Außenminister teilte mir dieser ganz nebenbei mit, dass sein Land Taiwan anerkennen würde.

Ich staunte nicht schlecht und fragte ungläubig zurück, ob man sich denn über die Konsequenzen im Klaren wäre, nämlich dass die Volksrepublik China die Beziehungen abbrechen und im Sicherheitsrat gegen alles, was Mazedonien beträfe, sein Veto einlegen würde. Die Antwort lautete, dass man das wisse, aber Mazedonien wäre ein armes Land, und Taiwan habe eine Mrd. US-Dollar an Hilfen und Investitionen zugesagt.

Es kam dann, wie es kommen musste: Die Beziehungen wurden von der Volksrepublik China abgebrochen, und am 26. Februar 1999, mitten in der sich zuspitzenden Kosovo-Krise, wurde das dringend benötigte Mandat der UN-Militärmission UNPREDEP (United Nations Preventive Deployment Force) an der mazedonischen Grenze nicht mehr verlängert, weil es am chinesischen Veto scheiterte. Das von Taiwan zugesagte Geld ist übrigens niemals in Mazedonien angekommen. Im Juni 2001 korrigierte die mazedonische Regierung dann diese Entscheidung. Die diplomatischen Beziehungen zu Taiwan wurden beendet und die zur Volksrepublik China wieder aufgenommen.

Die Konferenz in Rambouillet begann, wie in London beschlossen, am 6. Februar 1999. Diese Konferenz hatte aber, im Unterschied zu Dayton, einen ganz entscheidenden Geburtsfehler. Der Hauptakteur, nämlich Slobodan Milošević, war nicht anwesend. Damit aber würde jedes noch so sorgfältig aufgebaute Druckszenario verpuffen. Zudem sollte es sich im Verlauf der Konferenz erweisen, dass auch die kosovo-albanische Seite keine volle Prokura hatte und vor allem der Repräsentant der UÇK in ihrer Delegation, Hashim Thaçi, entscheidend von der Zustimmung der militärischen Kommandeure der UÇK im Kosovo abhing. Und ohne die Zustimmung der UÇK ging auf der kosovo-albanischen Seite in Rambouillet nichts. Zwar wurde die UÇK in den kriegskritischen Teilen der Öffentlichkeit immer als ein Instrument der US-Politik dargestellt, aber im entscheidenden Augenblick der Konferenz sollte sich die UÇK als das genaue Gegenteil erweisen.

Die Verhandlungen im Schloss wurden faktisch von den drei Verhandlungsführern der USA, der EU und Russlands, den Botschaftern Hill, Petritsch und Majorskij, geführt, die anderen nationalen Delegationen der Kontaktgruppenstaaten agierten mehr am Rande und als Beobachter. Die serbische Delegation begann auf der Arbeitsebene, wurde dann aber von dem serbischen Präsidenten Milutinović übernommen. Die kosovarisch-albanische Delegation setzte sich aus den wichtigsten albanischen Parteien im Kosovo, unter Teilnahme von Ibrahim Rugova, dem gewählten Präsidenten der Kosovo-Albaner, und der UÇK zusammen, sie wurde aber von niemandem angeführt. Die UÇK-Delegierten hatten allerdings Thaçi zu ihrem Sprecher gewählt, und er entwickelte sich im Laufe der Konferenz de facto zur entscheidenden Figur auf der kosovo-albanischen Seite.

Die Verhandlungen wurden auf der Grundlage der von den Verhandlungsführern der USA und EU aktualisierten bisherigen Entwürfe zu einer Vereinbarung für das Kosovo begonnen. Es ging dabei um ein Autonomiestatut mit Wahlen, Minderheitenrechten, Sicherheit etc. Das Ganze war aus guten diplomatischen Gründen »Übergangsabkommen« genannt worden, denn allen Beteiligten war klar, dass man selbst in einem Einigungsfall die endgültigen Statusfragen jetzt nicht würde lösen können.

Die Kosovaren würde ein noch so weitgehendes Autonomiestatut, angesichts der erlebten Unterdrückung durch die Serben und ihrer Forderung nach Unabhängigkeit, niemals zufriedenstellen. Deswegen durfte es in Rambouillet nur um ein »Übergangsabkommen« gehen. Und für die Serben würde eine Volksabstimmung im Kosovo und eine robuste militärische Präsenz der NATO nur schwer zu akzeptieren sein, denn sie fürchteten, damit den Beginn der Lostrennung des Kosovo von Serbien zu unterschreiben. Auch ihnen gegenüber gab es daher seitens der Verhandlungsführer ein Interesse daran, nur über ein »Übergangsabkommen« zu verhandeln. Wie lange im Erfolgsfalle der Verhandlungen dieser Übergang dauern würde, das hätte die Zukunft zu weisen.

Am Sonntag, den 7. Februar 1999, wurde in Hessen ein neuer Landtag gewählt, und innerhalb der Koalition waren die Erwartungen sehr pessimistisch, und zwar völlig zu Recht, wie das Ergebnis zeigen sollte. Der Christdemokrat Roland Koch war der Gewinner dieser Wahl, und dank eines denkbar knappen FDP-Ergebnisses von 5,1 Prozent hatten CDU und Liberale zusammen die Mehrheit im neu gewählten Landtag. Diese Niederlage im Stammland von Rot-Grün hatten vor allem wir Grüne zu verantworten. Die SPD unter Ministerpräsident Hans Eichel legte sogar noch um 1,4 Punkte auf 39,4 Prozent zu, die Grünen brachen aber um ganze 4 Prozentpunkte von 11,2 Prozent auf 7,2 Prozent ein! Die CDU hatte in diesem Landtagswahlkampf Aufsehen erregt, weil sie eine sehr erfolgreiche Unterschriftenkampagne gegen das neue Staatsangehörigkeitsrecht von Rot-Grün in Bonn initiiert hatte, die sich vor allem in eine optimale Mobilisierung der eigenen Wählerschaft umsetzte. Die FDP hätte diese Strategie der Christdemokraten zwar um ein Haar umgebracht, aber die Politik kennt keinen Konjunktiv. Knapp drin macht auch eine Mehrheit, und nur dieses Faktum zählte.

Die eigentlichen Gründe für die Wahlniederlage waren aber vor allem landespolitischer Natur. Die Grünen hatten in der abgelaufenen Legislaturperiode zwei Umweltministerinnen verschlissen und waren weniger durch Leistung als vielmehr durch schlechte Regierungsführung aufgefallen. Dafür gab es die Quittung bei den Wahlen, und zwar zu Recht. Darüber hinaus hatte die Regierung Eichel haushaltspolitisch einen eisernen Sparkurs gefahren, der vor allem zulasten der Schulpolitik und hier ganz besonders der Unterrichtsversorgung und der Lehrerschaft ging. Auch dafür gab es die Quittung.

Die Nachfolger der rot-grünen Regierung freuten sich über die gefüllte Staatskasse und gaben in den Folgejahren mit vollen Händen aus. Wer sich die Entwicklung der hessischen Staatsschulden unter der Regierung Koch anschaut, der wird einen weiteren Beleg dafür finden, dass die These, nach der die Konservativen im Gegensatz zu den Linken mit Geld umgehen können, schlicht absurd ist. Die Tatsachen beweisen vielmehr das genaue Gegenteil.

Die hessische Wahlniederlage traf mich nicht nur politisch, sondern auch sehr persönlich. Neun schöne, manchmal auch bittere, aber immer sehr lehrreiche Jahre hatte ich in der hessischen Landespolitik verbracht. Die dortigen Grünen waren meine politische Heimat – und jetzt dieses Debakel! Die Folgen der rot-grünen Niederlage bei den hessischen Landtagswahlen für die Bundespolitik waren aber noch weitaus fataler, denn mit der Wahl von Roland Koch zum hessischen Ministerpräsidenten am 7. April 1999 verlor Rot-Grün die Mehrheit in der Zweiten Kammer, im Bundesrat.

Wenige Monate nach der gewonnenen Bundestagswahl begann sich der politische Trend spürbar zu wenden und gegen uns zu richten. Der Machtwechsel in Hessen würde unsere bundespolitischen Reformspielräume erheblich einengen, und das würde mehr zulasten von uns Grünen gehen als zulasten der SPD. Die SPD konnte mit de facto großkoalitionären Kompromissen ganz gut leben, ja sogar uns innerhalb der rot-grünen Koalition auf Bundesebene damit disziplinieren. Jede Verabredung in der Koalitionsvereinbarung würde fortan an ihrer Zustimmungsfähigkeit im Bundesrat gemessen werden und unsere Kompromissfähigkeit gewaltig fordern. Und dieser zusätzliche Zwang zum Kompromiss wiederum drohte innerhalb unserer Partei und Fraktion die Unzufriedenheit wachsen zu lassen, den Druck in Richtung mehr grünes Profil zu erhöhen und die Koalition mit Streit und Instabilität zu belasten.

Ich war aus all diesen Gründen heilfroh, dass ich noch am Wahlabend eine lange Reise nach Senegal in Westafrika antreten konnte, zu einer Konferenz der sogenannten AKP-Staaten

(Afrika, Karibik, Pazifik – dies waren Entwicklungsländer aus den genannten Regionen, denen die EU mittels eines Vertrages einen privilegierten Zugang zum europäischen Binnenmarkt gewährte). Anschließend würde ich einmal um ganz Nordafrika herum nach Sanaa, der Hauptstadt des Jemen, fliegen, um mich dort namens der Bundesregierung für die Hilfe der dortigen Regierung bei der Befreiung von deutschen Geiseln zu bedanken. Und von dort würde ich nach Israel und in die Palästinensergebiete weiterreisen, um über Syrien dann zum Abschluss Ägypten zu besuchen. Rambouillet verkürzte meinen Aufenthalt in Ägypten allerdings, denn ich musste am Sonntag rechtzeitig in Paris und bei der Konferenz im Schloss sein.

An jenem Sonntag war ein Besuch der Außenminister der Kontaktgruppe bei den Verhandlungen vorgesehen, um deren Stand, gewissermaßen als Zwischenergebnis, zu überprüfen. Wir hatten zudem als die amtierende Präsidentschaft der EU alle Außenminister der Mitgliedsstaaten zu einem Arbeitsessen in die Residenz unseres Botschafters in Paris, in das beeindruckende Palais Beauharnais, eingeladen. Die vier an den Verhandlungen beteiligten Außenminister der EU (Großbritannien, Frankreich, Italien und Deutschland) sollten dort unsere anderen EU-Kollegen unterrichten. Dem völlig legitimen Informations- und Prestigebedürfnis der kleineren Mitgliedsstaaten galt es Rechnung zu tragen, damit keine unnötigen Konflikte innerhalb der EU aufbrächen und die EU insgesamt auch in Zukunft geschlossen und entschlossen eine gemeinsame Position in der Kosovo-Krise vertreten würde.

Ich bat als gastgebende Präsidentschaft den britischen und französischen Kollegen, die beide den Vorsitz in Rambouillet führten, um ihren einleitenden Bericht. Die daran anschließende Diskussion zeigte, trotz unterschiedlicher Nuancierungen etwa Griechenlands, die Geschlossenheit der Europäer in dieser Krise. Das Treffen unterstützte die westliche Verhandlungslinie in Rambouillet, verstärkte die Geschlossenheit der EU und war deshalb überaus nützlich gewesen.

Anschließend fuhr ich wie die anderen in Rambouillet beteiligten Außenminister hinaus in das Schloss, um dort mit den Delegationen der Konfliktparteien zusammenzutreffen. Die

Kosovo-Albaner wollten unverrückbar ihre Unabhängigkeit von Serbien, und auf dem Weg dorthin bestanden sie auf einem festen Datum für eine verbindliche Volksabstimmung. Sie wussten, dass eine Volksabstimmung unter internationaler Aufsicht nichts anderes als eine fast neunzigprozentige Mehrheit für ihre Unabhängigkeit bringen würde. Ich versuchte ihnen klarzumachen, dass es für das Kosovo keinen direkten Weg in die Unabhängigkeit geben könnte, sondern dass ihr nationales Anliegen eingebunden werden müsste in die Entwicklung der gesamten Region hinein in die EU. Denn die Frage der Unabhängigkeit des Kosovo beträfe dessen Bewohner nicht nur allein, sondern auch alle seine Nachbarn, an erster Stelle Mazedonien. Dies hieße aber, für eine Übergangszeit ein weitgehendes Autonomiestatut für das Kosovo und eine robuste militärische NATO-Präsenz am Boden zu akzeptieren. Ihre nationalen Ziele würden dadurch nicht beeinträchtigt. Ganz im Gegenteil, die Kosovo-Albaner könnten sie nur so einer Verwirklichung näherbringen. Ich stieß mit dieser meiner Position seitens der kosovarischen Delegation auf freundliche Zuhörer, die in der Sache aber völlig verständnislos schienen. Dies galt ganz besonders für Hashim Thaçi, mit dem ich mich auf Deutsch unterhalten konnte, da er in Zürich gelebt und studiert hatte.

Die serbische Seite wiederum schien damals unter keinen Umständen dazu bereit zu sein, eine internationale robuste Militärpräsenz im Kosovo zuzulassen, und schon gar nicht das Militär der NATO. Dabei war es offensichtlich, dass Rambouillet die letzte Chance für Serbien bot, das Kosovo innerhalb seines Staatsgebietes zu halten – mittels einer politischen Lösung, abgesichert durch besagte Militärpräsenz am Boden. Die langjährige serbische Unterdrückungspolitik gegenüber der albanischen Mehrheit im Kosovo hatte deren Sezession heraufbeschworen, ja fast unabweisbar gemacht, da sich in der Frage der Unabhängigkeit mittlerweile alle Albaner des Kosovo einig waren. Unter dem serbischen Joch wollten sie um keinen Preis der Welt mehr verbleiben. Milošević war also kurz davor, das Kosovo für Serbien endgültig zu verlieren. Nur eine NATO-Präsenz am Boden (denn was konnte, nach den Erfahrungen in Bosnien, eine »robuste internationale Militärpräsenz« sonst heißen?) würde die territoriale Integrität Jugoslawiens erhalten und zugleich die serbische Minderheit im Kosovo schützen können. Sollte es hingegen zu einem Krieg kommen, an dessen negativem Ausgang für Serbien es keinen vernünftigen Zweifel geben konnte, dann würde Serbien das Kosovo endgültig verlieren, und die dort noch lebenden Serben würden dann kaum im Kosovo verbleiben können.

Alles eindringliche Reden mit beiden Seiten war vergeblich. In der Sache bewegte sich an diesem Sonntagnachmittag bei beiden Konfliktparteien so gut wie nichts. Die Positionen blieben unverrückbar, und so flog ich gegen Abend zurück nach Frankfurt. Einige Tage später erreichte mich als amtierenden EU-Ratspräsidenten ein dringender Anruf von Wolfgang Petritsch, einem kundigen österreichischen Diplomaten, der in Rambouillet für die EU die Verhandlungen führte. Sein amerikanischer Kollege Christopher Hill wäre ohne ihn und ohne den russischen Vertreter auf dem Weg zum Flughafen, um in Begleitung seiner Beamten und des französischen und britischen Politischen Direktors nach Belgrad zu einem Treffen mit Milošević zu fliegen. Der EU-Repräsentant und damit die EU sollte offensichtlich kleingehalten und ins Abseits geschoben werden.

Dieses Vorgehen war nicht nur töricht, sondern konnte durchaus negative Folgen zeitigen, denn die serbische Seite wartete nur auf Risse und Spaltungstendenzen im westlichen Lager. Wieder einmal war für die beiden europäischen »glorious nations« Frankreich und Großbritannien das nationale Prestige wichtiger gewesen als europäische Geschlossenheit und damit europäische Stärke und europäischer Einfluss. Und was war dieses nationale Prestige denn schon wert ohne das dazugehörende machtpolitische Gewicht Europas? Tatsächlich nicht mehr allzu viel, wie die Ereignisse zeigen sollten. Die Entwicklung nahm durch diese an Albernheit grenzende Vorgehensweise unserer wichtigsten Partner auf der obersten Beamtenebene leicht absurde bis komische Züge an, was angesichts der sich zuspitzenden Lage in Rambouillet völlig unangemessen war. Ich bemühte mich zwar noch telefonisch, diese unschöne Angelegenheit auf der Ministerebene zu heilen, allerdings vergeblich. Das Flugzeug hob ohne Petritsch und Majorskij Richtung Belgrad ab.

Die Verhandlungen in Rambouillet kamen trotz der Reise nach Belgrad und der darauf gründenden diffusen Hoffnungen gleichwohl nicht wirklich von der Stelle. Die von der Kontaktgruppe gesetzte Frist lief ab, und so wurde für Samstag, den 20. Februar, vereinbart, dass sich die Außenminister selbst in die Schlussphase der Verhandlungen einschalten sollten.

Zuvor, am 18. Februar, flog ich gemeinsam mit dem Bundeskanzler und einer großen Regierungsdelegation zu unseren ersten deutsch-russischen Konsultationen nach Moskau. Die Gespräche fanden im Kreml und für mich auch im russischen Außenministerium statt. Sie standen ganz im Zeichen der Kosovo-Krise, und wir versuchten, die Gelegenheit zu nutzen und die russische Seite von der Notwendigkeit eines Verhandlungserfolges in Rambouillet zu überzeugen. Uns allen war die Alternative bei einem möglichen Scheitern der Verhandlungen nur zu vertraut, und Russland verfügte über keinen unerheblichen Einfluss in Belgrad. Wie weit dieser Einfluss allerdings tatsächlich reichte, blieb während des gesamten Verlaufs der Krise um das Kosovo eine offene Frage.

Russland – oder, genauer gesagt, Präsident Jelzin – musste ein starkes eigenes Interesse daran haben, dass diese Krise möglichst rasch und ohne den Einsatz von Militär der NATO gelöst werden würde. Jelzin sollte im Juni in Köln am G 8-Gipfel teilnehmen, und der russische Präsident war am Erfolg dieses für ihn wichtigen außenpolitischen Ereignisses nachdrücklich interessiert. Russlands Teilnahme am Kölner G 8-Gipfel sollte ihm außenpolitisches Prestige und dringend benötigte innenpolitische Entlastung bringen. Dahinter ging es zudem um noch sehr viel mehr, nämlich um seinen grundsätzlichen Ansatz der Partnerschaft mit dem Westen und hier vor allem mit der einzigen verbliebenen Supermacht USA.

Durch die Kosovo-Krise stand er innenpolitisch in der Duma, dem russischen Parlament, seitens der Nationalisten und Kommunisten erheblich unter Druck, die vorbehaltlos Milošević und Serbien unterstützten und den Präsidenten massiv angriffen. Die Konfrontation zwischen der NATO und Serbien war in der russischen Bevölkerung extrem unpopulär, und es musste im Falle einer bewaffneten Konfrontation mit sehr emotionalen antiwestlichen Reaktionen gerechnet werden. Ob man damals allerdings von einer abgestimmten, einheitlichen Politik der russischen Regierung ausgehen konnte oder ob es sich nicht vielmehr, gerade in der Kosovo-Frage, um einander widersprechende Politiken zwischen Kreml, dem russischen Außenministerium und dem Verteidigungsministerium handelte, blieb aus unserer Sicht eine ernst zu nehmende, tatsächlich niemals definitiv zu beantwortende Frage. Auf jeden Fall sprach die Widersprüchlichkeit der russischen Position durchaus für die Annahme widerstreitender Interessen innerhalb der russischen Regierung.

Am Samstag, den 20. Februar, flog ich dann nach Paris und fuhr vom Flughafen aus weiter zum Schloss Rambouillet. Die Verhandlungen dort waren, obwohl Frankreich und Großbritannien formal den Vorsitz führten, tatsächlich von Beginn an von einer Troika, bestehend aus den Repräsentanten der USA, der EU und Russlands, mit den Vertretern der Konfliktparteien geführt worden. Seit der Reise nach Belgrad wurden die Verhandlungen jedoch mehr und mehr allein von der Verhandlungsstrategie der USA bestimmt. Diese Strategie beruhte darauf, mit dem Abschluss der Verhandlungen in Rambouillet an diesem Tag die Delegation der Kosovo-Albaner zu einer Zustimmung zu dem Abschlussdokument zu bringen, dadurch die serbische Regierung zu isolieren und so einen maximalen Druck gegenüber Belgrad aufzubauen, sodass Milošević am Ende nachgeben müsste oder vor aller Welt die alleinige Verantwortung für die dann folgende militärische Konfrontation zu übernehmen hätte. Tatsächlich stand hinter dieser Strategie der USA die Hoffnung, dass sich angesichts dieser maximalen Drucksituation Belgrad für ein Nachgeben entscheiden würde.

Allerdings sollte sich an diesem entscheidenden Tag in Rambouillet, an dem die von der Kontaktgruppe gesetzte Zeit für die Kosovo-Konferenz ablief, zeigen, dass die USA mitnichten die Kosovo-Albaner im Boot hatten oder diese gar auf jeden Pfiff aus Washington sofort kuschen würden. Auf westlicher Seite hatten alle angenommen, dass sich die serbische Delegation als die schwierigste Partei bei der Suche nach einem Kompromiss erweisen würde. Tatsächlich aber zeigte sich an diesem Tag, dass der Widerstand der kosovo-albanischen Delegation trotz allem guten Zureden, Bitten und Drohen seitens der westlichen Delegationen und mehrerer Außenminister nicht überwindbar war.

Die Szenerie war bizarr und tragisch zugleich. Da saßen, in einem engen Raum im Parterre des Schlosses, um einen schmalen Tisch herum die Außenminister der Kontaktgruppe auf der einen Seite und die kosovo-albanische Delegation ihnen gegenüber. Die Beamten der Ministerien drängten sich auf Stühlen an der Wand. Die Kosovo-Albaner mit einem schweigenden Präsidenten Rugova und einem angesichts des auf ihn konzentrierten Drucks psychisch zunehmend aus der Fassung geratenden Hashim Thaçi erwiesen sich als völlig handlungsunfähig.

Im Verlauf des Tages wurde sehr schnell klar, dass die albanischen Kosovaren immer noch nicht bereit waren, auf ihre zwei wesentlichen politischen Forderungen zu verzichten, nämlich auf die Unabhängigkeit von Serbien und zu deren Durchsetzung auf eine völkerrechtlich verbindliche und garantierte Volksabstimmung innerhalb eines Jahres. Und auch einer Entwaffnung der UÇK war die kosovo-albanische Delegation nicht bereit zuzustimmen.

Die Forderungen nach Unabhängigkeit und verbindlicher Volksabstimmung waren in der Kontaktgruppe niemals mehrheitsfähig gewesen, weil diese weder von Russland noch von den Europäern unterstützt wurden. Russland lehnte auch nur den Gedanken an eine Lostrennung des Kosovo von Serbien und dessen Unabhängigkeit schlichtweg ab. Es fürchtete fatale Weiterungen im Kaukasus. Die Europäer vertraten hingegen die Position, dass ohne regionale Einbindung und eine enge Verzahnung mit der EU an eine Unabhängigkeit des Kosovo nicht zu denken war. Andererseits war aber auch klar, dass die albanische Bevölkerungsmehrheit im Kosovo eine Fortdauer der serbischen Souveränität nicht mehr hinnehmen und ihr das auch seitens des Westens nicht länger zugemutet werden konnte.

Die Außenminister der Kontaktgruppe, angeführt von Madeleine Albright, versuchten die Mitglieder der kosovo-albanischen Delegation davon zu überzeugen, dass das auf dem Tisch liegende Angebot ihre weitergehenden Forderungen nicht ausschließen würde, dass diese aber jetzt, zu diesem Zeitpunkt, nicht machbar wären und dass die erweiterte Autonomie unter

Schutz einer robusten Militärpräsenz der NATO im Kosovo hier und heute angenommen werden sollte, ja müsste. Die Mehrheit der kosovo-albanischen Delegation schien dies zu begreifen, Hashim Thaçi jedoch, der Sprecher der UÇK, war nicht zur Zustimmung zu bewegen. Immer wieder wurde die Sitzung unterbrochen, die Albaner zogen sich zur Diskussion zurück, Thaçi und andere Delegationsmitglieder wurden in Einzelgesprächen mit Albright und den anderen anwesenden Außenministern ins Gebet genommen, es wurde heftig seitens der Kosovo-Albaner telefoniert, aber letztendlich waren alle Mühen vergebens. Thaçi, so hieß es schließlich im Schloss, fürchte bei seiner Zustimmung zu dem vorliegenden Entwurf um sein Leben. Damit aber war die Konferenz von Rambouillet gescheitert. Die Außenminister der Kontaktgruppe gewährten zwar am Ende des Tages eine einmalige Verlängerung von drei Tagen, der formale Grund lag in der Notwendigkeit der endgültigen Fertigstellung des Schlussdokuments. Am darauf folgenden Dienstag sollte dann die Konferenz endgültig beendet werden, aber tatsächlich war die Rambouillet-Konferenz an diesem Samstagabend gescheitert. Denn – große Überraschung! – die Serben waren durch das Nein der kosovo-albanischen Delegation aus der alleinigen Verantwortung für eine militärische Konfrontation herausgehauen worden, und dadurch war die gesamte Konferenzstrategie des maximalen Drucks auf Belgrad an der kosovarischen Uneinsichtigkeit zerbrochen. Zudem war die Verlängerung der Konferenz ein falsches Signal, weil es in Belgrad den Eindruck vermittelte, dass es der Westen mit seiner Drohung doch nicht so ernst meinen würde. Ernüchtert, ja enttäuscht und tief pessimistisch über die Zukunft flog ich am Abend zurück nach Hause.

Am Dienstag gelang es in Rambouillet dann zwar, Thaçi auszumanövrieren und die kosovo-albanische Delegation doch zur Zustimmung zu bewegen. Unter anderem war den Kosovaren ein Referendum zugesagt worden, das aber keinen politisch und völkerrechtlich verbindlichen Charakter haben sollte, aber all das zählte nicht mehr allzu viel. Was zählte, war, dass die serbische Seite dem aufgebauten maximalen Druck seitens der Kontaktgruppe an jenem entscheidenden Samstag in Rambouillet entkommen konnte. Ich bin mir bis heute nicht sicher, ob sich an jenem Tag, mit einem klaren Ja der Kosovo-Albaner zu dem vorliegenden Entwurf der Kontaktgruppe, am Ende die serbische Seite nicht doch substanziell in Richtung des Vertragsentwurfs von Rambouillet bewegt hätte. Zumindest lag eine solche Möglichkeit an jenem Samstagnachmittag in der Luft. Vorbei, vertan.

Die öffentliche Darstellung des Konferenzergebnisses durch den britischen und französischen Vorsitz war positiv, und auch wir anderen Außenminister folgten dem optimistischen Tenor dieser Verlautbarung. Dabei war aber allen klar, dass jetzt erneut alles von Belgrad abhing, auf dessen Einsicht es zu hoffen galt. Was die Konferenz in Rambouillet nicht zu leisten vermochte, musste fortan eben wieder auf dem direkten Weg mit Milošević versucht werden. Am 15. März begannen dann zwar noch in Paris (und nicht mehr im Schloss Rambouillet) die abschließenden Verhandlungen, aber die serbische Position hatte sich erheblich verhärtet und zielte in Richtung Konfrontation. Das Abschlussdokument wurde nur noch von der Delegation der Kosovo-Albaner unterzeichnet, die serbische Delegation aber hatte die Unterschrift verweigert und war abgereist. Anschließend ging der weitere Gang der Ereignisse erneut von der Kontaktgruppe auf die NATO über, und damit zog erneut die sehr konkrete Gefahr eines Krieges mit Serbien herauf.

Am Montag, den 8. März, machte ich mich auf den Weg zu meiner ersten Balkanreise als deutscher Außenminister, die mich über Belgrad (Jugoslawien), Priština (Kosovo), Skopje (Mazedonien) und Tirana (Albanien) führen sollte. Im Kosovo selbst begann sich zu dieser Zeit die Konfrontation zwischen jugoslawisch-serbischen Sicherheitskräften, der UÇK und der albanischen Bevölkerungsmehrheit erneut zuzuspitzen. Das politische Krisenbarometer in der Provinz bewegte sich sichtbar in Richtung Sturm.

In Belgrad stand zuerst ein Delegationsgespräch mit dem jugoslawischen Außenminister Jovanović im dortigen Außenministerium auf dem Programm, anschließend kam es zu meinem ersten persönlichen Treffen mit Slobodan Milošević in einem der ehemaligen Königspaläste in Belgrad, dem sogenannten »Weißen Palast«. Und hier saß ich dann auch zum ersten Mal auf jenem berühmt-berüchtigten Sofa, das ich so viele Male im Fernsehen gesehen hatte, auf dem die zahlreichen internationalen Emissäre und Besucher Platz zu nehmen hatten, wenn sie von Milošević im Verlauf der verschiedenen Balkankrisen empfangen wurden. Die Reisen nach Belgrad hatten über die Jahre der jugoslawischen Erbfolgekriege hinweg fast schon den Charakter diplomatischer Pilgerfahrten angenommen und wurden unter Diplomaten auch so genannt. Allerdings handelte es sich bei Milošević um das genaue Gegenteil eines Heiligen.

Das Delegationsgespräch ließ sich zäh an. Ich versuchte, Milošević eindringlich den Ernst der Lage und die verschiedenen Optionen klarzumachen, aber das Gespräch begann sich nach einiger Zeit im Kreis zu drehen. Daraufhin bat ich den jugoslawischen Präsidenten um ein Gespräch unter vier Augen. Wir zogen uns in einen Nebenraum des Schlosses zurück und sprachen dort unter vier Augen ohne Dolmetscher in Englisch weiter.

Milošević machte auf mich keineswegs den Eindruck eines Menschen, der durch den Glauben an eine bestimmte Ideologie getrieben wurde, sei es nun Kommunismus oder Nationalismus. Ein großserbischer Furor schien ihn nicht anzutreiben. Er wirkte vielmehr wie ein kalter Machtmensch auf mich, dem sowohl Menschen als auch Moral lediglich als austauschbare Funktionen in seinem eigenen Machtkalkül dienten. Ich versuchte, ihm nochmals in eindeutigen Worten den ganzen Ernst der Situation zu erläutern und zugleich den Ausweg aufzuzeigen, nämlich den Vertrag von Rambouillet.

Ob er sich denn darüber im Klaren wäre, fragte ich ihn, dass er kurz vor einem Krieg mit den Vereinigten Staaten von Amerika stünde, den Jugoslawien niemals gewinnen könne. Seine russischen Freunde würden die strategische Westöffnung Russlands nicht seinetwegen aufs Spiel setzen, und auch China würde ihm nicht beistehen. Die Europäer und uns Deutsche möge er ja nicht ernst nehmen, was ich für einen großen Fehler hielte, aber in einen Krieg mit den USA einzutreten, der einzigen globalen Supermacht, wäre schlichtweg verrückt. Am Ende stünden die völlig sinnlose Zerstörung Serbiens und der Verlust des Kosovo. Diese Konfrontation könne er niemals gewinnen.

Milošević war der Ansicht, dass die USA bereits in Vietnam

die Grenzen ihrer Macht erfahren mussten und dass sie diese Erfahrung in Jugoslawien wiederholen würden, falls sie tatsächlich anzugreifen gedächten. Ich konnte es kaum glauben, dass sich der serbische Präsident angesichts eines drohenden Krieges mit der NATO (und damit den USA) allen Ernstes auf den Vietnamkrieg bezog. Kein Russland und keine Volksrepublik China würden ihn massiv mit Waffen unterstützen und eine große weltpolitische Konfrontation im Falle einer Invasion androhen, wie dies während des Vietnamkrieges für Nordvietnam gegolten hatte. Serbien war nicht Vietnam und Milošević nicht Ho Chi Minh.

Er kenne doch die Geschichte des 20. Jahrhunderts, hielt ich ihm entgegen. Deutschland habe zweimal in diesem Jahrhundert gegen die USA Krieg geführt, und das Ergebnis wäre ein nationales Desaster sondergleichen gewesen. Und, bei allem Respekt, Deutschland habe damals über ein wesentlich größeres strategisches Potenzial verfügt als Serbien heute.

Milošević kam immer wieder auf die UÇK zu sprechen und wollte wissen, warum sich der Westen mit ihr gemeinmachen würde. Die UÇK-Leute wären »Mörder, Gangster und Vergewaltiger«, mit denen er in vierzehn Tagen fertig sein würde. Ich antwortete ihm, dass ich ihm das sofort glauben würde, allerdings nur, wenn seine Sicherheitskräfte Dorf für Dorf niederbrennen, die Menschen massakrieren und die Überlebenden in die Flucht treiben würden. Und genau eine solche Politik wären wir nach Bosnien nicht mehr bereit zu tolerieren. Milošević blickte mich die ganze Zeit über mit einem Ausdruck an, als wenn er mir sagen wollte, dass er bereit wäre, über Leichen zu gehen (was er ja nur allzu oft bewiesen hatte), und der Westen, vor allem aber Europa, eben nicht. Immer wieder kehrte ich in dem Gespräch zu den Eckpunkten von Rambouillet und den serbischen Interessen zurück, nämlich das Kosovo innerhalb des eigenen Staatsgebiets zu halten, und dass dies ohne eine internationale Truppenpräsenz nicht mehr gehen würde. Aber auf diesem Ohr schien der jugoslawische Präsident völlig taub zu sein.

Das Gespräch begann sich im Kreis zu drehen und verlief ergebnislos. Milošević bewegte sich inhaltlich kein Jota, signalisierte keinerlei Öffnung seiner Position und lehnte die Anwesenheit von NATO-Verbänden im Kosovo schlichtweg ab. Ich gewann in diesem Gespräch den Eindruck, dass sich die serbische Führung zu einem massiven Vorgehen gegen die Kosovo-Albaner entschlossen hatte. Zu oft und in zu harter Sprache hatte Milošević auf dem Punkt UÇK in unserem Gespräch insistiert, als dass man es nicht als ein Signal in diese Richtung verstehen musste. Nach einer halben Stunde kehrten wir zu den Delegationen im Nebenraum zurück, und die deutsche Delegation verließ dann kurze Zeit später den Weißen Palast. Ich sollte Milošević danach persönlich nicht wieder sehen. Von Belgrad flogen wir mit einem Flugzeug der Bundeswehr nach Priština, der Hauptstadt des Kosovo, weiter.

Am 18. März kam es dann zur einseitigen Unterzeichnung der Vereinbarung von Rambouillet in Paris, im Centre Kléber, bei dem die serbische Seite nicht mehr anwesend war. Am selben Tag wurden die Pariser Friedensgespräche wegen der Verweigerungshaltung Belgrads offiziell ausgesetzt, und am 20. März begann ein Großaufgebot an serbischem Militär und Sicherheitskräften eine sorgfältig geplante und vorbereitete Offensive im Kosovo. Dörfer wurden angegriffen, Häuser zerstört, Tausende albanischer Kosovaren in die Flucht getrieben, und es kam auch wieder zu Erschießungen. Der Krieg im Kosovo hatte mit der serbischen Offensive an diesem Tag erneut begonnen. Dies war eine Tatsache, die von den Kriegsgegnern im Westen immer souverän ignoriert wurde. Für sie begann dieser Krieg erst mit dem Angriff der NATO, aber diese Sicht der Dinge widersprach den Tatsachen. Milošević wollte ganz offensichtlich im Kosovo endgültig den albanischen Widerstand mit Militär, Sonderpolizei, Terror und Vertreibung brechen. Die Frage allerdings bleibt bis heute unbeantwortet, wieso er angesichts seiner internationalen Isolierung und der westlichen Geschlossenheit glauben konnte, sich mit dieser Politik der ethnischen Säuberung durchsetzen zu können. Für die NATO und den Westen gab es jetzt kein Zurück mehr.

Als wenn die drohende Kriegsgefahr auf dem Balkan die rot-grüne Koalition nicht schon genug belastet hätte, war es am 11. März zu einem schweren innenpolitischen Erdbeben gekommen, das die Koalition und vor allem die SPD in ihren Grundfesten erzittern ließ. Oskar Lafontaine trat an diesem Tag völlig überraschend von allen Ämtern in Regierung und Partei und auch von seinem Bundestagsmandat zurück. Dieser Schritt des SPD-Parteivorsitzenden und Bundesfinanzministers schlug in der deutschen Politik ein wie der sprichwörtliche Blitz aus heiterem Himmel. Vorausgegangen war diesem Eklat eine Kabinettssitzung am Mittwoch, den 10. März. Gleich zu Beginn dieser Sitzung und vor Eintritt in die Tagesordnung hatte der Kanzler das Wort ergriffen. Er hatte mich kurz zuvor darüber informiert, dass er generell etwas zum wirtschaftspolitischen Kurs der Regierung und auch einiges zum Umweltminister zu bemerken habe. So wie bisher ginge es im Umgang mit der Wirtschaft und den Gewerkschaften seitens der rot-grünen Bundesregierung nicht mehr weiter.

Und wie immer, wenn es innerhalb des sozialdemokratischen Teils der Regierung nicht stimmte, attackierte der Kanzler den grünen Umweltminister: Altautoverordnung und Smogverordnung wurden konkret genannt. Atomausstieg, Energiekonsens, EU-Finanzlasten, alles fand seine Erwähnung, ebenso sozialdemokratische Herzensanliegen wie das Mutterschaftsgeld, der Mutter- und Vaterschaftsurlaub und die steuerliche Belastung der Wirtschaft. Der Kanzler forderte, dass diese »Politik der Nadelstiche« gegenüber der Wirtschaft beendet werden müsse, wenn man das überlebensnotwendige Vertrauen zwischen der rot-grünen Bundesregierung und der deutschen Wirtschaft herstellen wolle. Und dann folgte die Drohung: Es gäbe einen Punkt, bei dem er die Verantwortung für eine solche Politik nicht mehr übernehmen könne und werde. Jürgen Trittin, der damals, zu Beginn von Rot-Grün, gewiss nicht frei von Ungeschicklichkeiten gewesen war, wurde hier vom Kanzler zu Unrecht als Sack benutzt (wie auch später noch des Öfteren), auf den er einhieb – gemeint war in Wirklichkeit aber jemand ganz anderes, nämlich sein Parteivorsitzender und Bundesfinanzminister Oskar Lafontaine.

Die Mitglieder der Bundesregierung reagierten konsterniert, und im Kabinettssaal herrschte eine bedrückende Stille. Alle verstanden sofort, dass es hier und heute zu einer direkten

Konfrontation zwischen dem Bundeskanzler und dem SPD-Parteivorsitzenden und Bundesfinanzminister um die wirtschafts-, finanz- und sozialpolitische Grundrichtung der rot-grünen Bundesregierung und der sozialdemokratischen Partei kam. Oskar Lafontaine hörte dem Kanzler wie versteinert zu, der sich nach einer kurzen Aussprache zu seinen Worten der weiteren Tagesordnung zuwandte. An diesem Tag hatte sich für uns alle sichtbar eine bedrohliche Konfrontation zwischen dem Kanzler und dem sozialdemokratischen Parteivorsitzenden aufgebaut, die uns Grüne alles andere als gleichgültig lassen konnte. Denn es konnte sich aus diesem innersozialdemokratischen Machtkampf sehr schnell eine ernste Gefährdung der Koalition ergeben.

Am nächsten Morgen, es war der 11. März 1999, las ich noch vor dem Frühstück die Schlagzeile der Bild-Zeitung: »Schröder droht mit Rücktritt!«, und dann: »Ich lasse mit mir keine Politik gegen die Wirtschaft machen […]. Es wird einen Punkt geben, wo ich die Verantwortung für eine solche Politik nicht mehr übernehmen werde.« Und weiter hieß es da: »Paukenschlag gestern im Kabinett: Nach wochenlanger Kritik von Arbeitgebern und Gewerkschaften hat Kanzler Gerhard Schröder (SPD) seinen Ministern gewaltig die Leviten gelesen.« Dann folgten, sehr korrekt wiedergegeben, die Ausführungen des Bundeskanzlers im Kabinett. Die wichtigsten Teile wurden sogar wörtlich und in direkter Rede wiedergegeben. Diese »Indiskretion« konnte nur aus dem Kanzleramt selbst kommen, von weit oder sogar von ganz oben, und offensichtlich sollte damit in der Kontroverse mit Lafontaine vor allem öffentlich nachgelegt werden. Dies hätte kaum ein Mitarbeiter aus eigenem Antrieb gewagt. Ein vor allen Augen ausgetragenes Hauen und Stechen zwischen den beiden Alphatieren der Sozialdemokratie hatte uns gerade noch gefehlt.

Vor uns lagen der drohende Krieg im Kosovo und die verdammt schwierigen Finanzverhandlungen der EU, die sogenannte Agenda 2000, die in wenigen Tagen in Berlin unter deutscher Präsidentschaft beginnen sollten. Wir konnten jetzt alles gebrauchen, nur keine selbst inszenierten Krisen innerhalb der Bundesregierung und der Sozialdemokratie. Was sollte das jetzt? Und wo würde dieser Machtkampf zwischen den beiden mächtigsten Männern in der deutschen Sozialdemokratie und im Bundeskabinett enden? So lauteten die Fragen, die mir angesichts meiner morgendlichen Lektüre von Kabinettsprotokollen auf Seite 1 der Bild-Zeitung durch den Kopf gingen. Gleichwohl erwartete ich damals keine unmittelbaren Konsequenzen, und die intensive Beschäftigung mit der sich zuspitzenden Lage im Kosovo hatte in meinem Kopf unbedingten Vorrang.

Am Nachmittag um 16.00 Uhr verfügte ich über ein Zeitfenster, um eine Stunde am Rhein zwischen dem Regierungsviertel in Bonn und Bad Godesberg zu joggen. Kurz vor der Fünf-Kilometer-Wendemarke an der Godesberger Fähre klingelte das Handy meiner mich begleitenden Sicherheitsbeamten: »Herr Minister, der Bundeskanzler möchte Sie sofort sprechen!« Gerhard Schröder wollte wissen, wo ich mich befände, ich müsse sofort ins Kanzleramt kommen, etwas sehr Ernstes sei passiert. Instinktiv fragte ich zurück: »Oskar? Geht es um Oskar?« Die Schlagzeile von heute Morgen war mir nicht aus dem Kopf gegangen.

Ja, antwortete der Kanzler, er halte dessen Rücktrittsschreiben in der Hand. Ich möge auf das Umziehen verzichten und sofort – ich war in Laufklamotten und völlig durchgeschwitzt – ins Kanzleramt kommen. An der Wendemarke warteten gewöhnlich die Wagen der Sicherheit und mein Dienstwagen, und so brauste ich innerhalb von fünf Minuten zurück nach Bonn ins Kanzleramt.

Der dortige Pförtner staunte nicht schlecht, als der Bundesaußenminister in Turnschuhen, kurzen Sporthosen, Laufhemd, eine Baseballmütze auf dem Kopf und schweißnass an ihm vorbei in den ersten Stock zum Büro des Bundeskanzlers hastete. Dort erwartete mich ein sichtlich geschockter Bundeskanzler. Uwe-Karsten Heye, der Regierungssprecher, war ebenfalls anwesend. Gerhard Schröder zeigte mir das kurz gehaltene Rücktrittsschreiben. Ich musste einmal tief Luft holen, durchatmen, mich konzentrieren – und wandte mich für einen Augenblick von den anderen im Raum ab, um meine Gedanken zu ordnen. Die erste Frage, die ich stellte, war, ob Oskar Lafontaine nur als Bundesminister oder auch als Parteivorsitzender zurückgetreten war. Von allen Ämtern, lautete die Antwort. Völliger Rückzug in das Privatleben.

Ich bat daraufhin den Kanzler, dass er mir erlauben möge, mich auch zu den Konsequenzen für die SPD äußern zu dürfen, obwohl ich kein SPD-Mitglied sei. Meiner Meinung nach müsste die durch Oskar Lafontaine ausgelöste sozialdemokratische Führungskrise sofort und entschieden gelöst werden. Sonst drohe das jetzt eingetretene innerparteiliche Machtvakuum zu einem Machtzerfall von Kanzler und Koalition zu führen. Dadurch könnte die gesamte Koalition wegrutschen, und dies dürfe nicht sein. Dazu ginge es um zu viel.

Daraus folge aber für mich, dass Gerhard Schröder den Parteivorsitz beanspruchen und auch übernehmen müsse. Jede andere personalpolitische Konstellation berge nicht absehbare Risiken für den Kanzler und die Mehrheitsfähigkeit der Koalition in sich. »Das musst du jetzt machen«, sagte ich zu Gerhard Schröder. Wir einigten uns auf eine kurze Erklärung des Kanzlers, und dann verließ ich an jenem denkwürdigen Nachmittag wieder das Kanzleramt, um mich in meiner nahe gelegenen Wohnung zu duschen. Anschließend fuhr ich ins Amt.

Warum hatte er das getan? Warum lief er einfach davon? Kein Anruf, keine Diskussion, keine Warnung – nichts. Diese Fragen gingen mir wieder und wieder durch den Kopf. Was waren die Gründe? Gewiss, Oskar Lafontaine hatte sich immer mehr aufgeladen. Er meinte, je mehr Kompetenzen er im Finanzministerium versammeln könnte, desto mächtiger würde er werden. Er hatte dabei vergessen, dass damit die Bürde für ihn immer schwerer wurde. Das Attentat hatte ihn verändert, auch seine Prioritäten.

Wir hatten öfter darüber gesprochen, wie wichtig ihm seine Familie geworden war, sein kleiner Sohn. Und dann kam gewiss die spürbare politische Isolation in den europäischen und internationalen Gremien hinzu. Oskar Lafontaine vertrat mit zunehmender Verbissenheit finanz- und wirtschaftspolitische Positionen, für die er national wie international kaum Zustimmung fand, und zudem drohte ihm zu Hause der Bundeshaushalt aus dem Ruder zu laufen. Der kommende Haushalt für das Jahr 2000 würde für ihn ganz persönlich zur Stunde der Wahrheit werden, und dann würde der Finanzminister unter dem objektiven Sparzwang viele seiner Wahlversprechen wieder einsammeln und Dinge tun müssen, die dem Sozialdemokraten Lafontaine zutiefst zuwider waren. Waren dies die Gründe für seine Flucht gewesen?

Wie auch immer, eines ist gewiss: Oskar Lafontaines damalige Flucht aus der Verantwortung hatte definitiv nichts mit seiner angeblichen Opposition gegen den drohenden Krieg im Kosovo und der Politik der Bundesregierung in dieser Frage zu tun. Mag sein, dass ihm alles zu viel geworden war, die Dauerkritik der Wirtschaft und Finanzmärkte, der Bundeshaushalt, die Arbeitsbelastung, Kosovo, Schröder und was auch immer sonst. Oskar Lafontaines angebliche Opposition gegen die Kosovo-Politik der Bundesregierung hat es, zumindest für mich wahrnehmbar, niemals gegeben. Gelegenheiten und Anlässe hätte es dazu für den mächtigsten Mann der SPD mehr als genug gegeben: bei der entscheidenden Sitzung im Kanzleramt über die ActOrd der NATO, dann vor der Zustimmung dazu im Bundestag im Oktober 1998, in den Sitzungen des rot-grünen Bundeskabinetts, in den SPD-Gremien und in Koalitionsrunden oder in den zahlreichen informellen Gesprächen zwischen uns.

Otto Schily, der Innenminister, der den Zweiten Weltkrieg noch als Junge miterlebt hatte, war voller innerer Widerstände gewesen und hatte seine tiefe Skepsis immer wieder artikuliert. Ebenso die Ministerin für wirtschaftliche Zusammenarbeit Heidemarie Wieczorek-Zeul und Umweltminister Jürgen Trittin. Gleiches lässt sich aber nicht über Oskar Lafontaine berichten. Dabei wäre gerade sein kritisches Wort – das Wort des Parteivorsitzenden der SPD und des Lieblings seiner Partei – in der Frage Kosovo-Krieg niemals zu ignorieren gewesen.

Ich war zutiefst enttäuscht von Oskar Lafontaine. Wie konnte er, der Hoffnungsträger für Rot-Grün, ja für eine ganze Generation, nur alles hinwerfen und wortlos abhauen? Millionen Menschen hatten Gerhard Schröder und Oskar Lafontaine gewählt, als sie sich für die SPD entschieden. Sie wollten beide. Sie hatten beiden vertraut und mit ihnen und durch sie auf eine Veränderung der Republik gehofft. Andere hatten sich ganz persönlich für Oskar Lafontaine engagiert, waren ihm in Partei,

Fraktion und Regierung gefolgt, und auch für sie trug er Verantwortung.

Was wäre denn gewesen, wenn Schröder und ich ebenso vor der Verantwortung davongelaufen wären? Rot-Grün war immer auch ein Generationenprojekt – das Projekt der 68er-Generation –, und dies galt sowohl für die Inhalte als auch für die Personen. Unser Anspruch als Linke war es immer gewesen, die Republik zu verändern, besser zu machen, und der Schwerpunkt lag dabei immer auf »machen«, schönreden reichte nicht! Wir waren nach einem langen Marsch in der Regierung unseres Landes angekommen, und deshalb mussten wir genau jetzt diesen Anspruch praktisch umsetzen und unsere Fähigkeit dazu beweisen. Für uns selbst, für unsere Parteien, aber auch für unsere Generation, zumindest soweit sie links stand.

Was hatte man Rot-Grün 1998 in den Medien nicht alles ins Taufbuch geschrieben: historisch zu spät gekommen, nicht hart genug für die gefährliche Welt nach dem Ende des Kalten Krieges, zu idealistisch für die Realitäten der Globalisierung. Lafontaine schien mit seinem Schritt diese Urteile nicht nur für seine Person, sondern für unsere gesamte Generation zu bestätigen, und genau das durfte nicht sein. Ich sollte von Oskar Lafontaine nie wieder etwas hören, kein Anruf, kein Brief, kein Versuch irgendeiner Erklärung. Und auch ich habe mich bei ihm nicht mehr gemeldet. Wozu auch? Es war vorbei. Zurück blieb eine große politische und menschliche Enttäuschung.

Alle noch verbliebenen Termine für den laufenden Tag wurden abgesagt, und auch am nächsten Tag fielen dem Bonner Beben ein geplanter Besuch bei meinem französischen Kollegen in Paris und ein Besuch in Mailand zum Opfer. Das informelle Außenministertreffen der EU, das ich als amtierende Ratspräsidentschaft auszurichten hatte und das auf Schloss Reinhartshausen im Rheingau stattfinden sollte, konnte nicht abgesagt werden.

Zurück zum Ablauf der Ereignisse: Es gab an diesem Tag des großen sozialdemokratischen Erdbebens selbstverständlich ganz erheblichen Gesprächsbedarf in den grünen Partei- und Fraktionsgremien. Die Lage der Koalition, so unsere erste Analyse, musste unter allen Umständen stabilisiert werden und durfte nicht weiter ins Rutschen geraten. Es war eine sehr ernste Krise der SPD, sie durfte nicht zur Krise der Koalition werden. Insofern hatten wir uns als Grüne öffentlich zurückzuhalten. Unsere Mitglieder und Abgeordneten mussten in dieser Lage Disziplin zeigen, was nicht gerade eine grüne Tugend war, und nach Möglichkeit jedes öffentliche Beckmessern oder auch nur missverständliches Kommentieren in Richtung unseres Koalitionspartners unterlassen.

Ich unterrichtete die Direktorenrunde des Auswärtigen Amtes und teilte den leitenden Beamten mit, dass dies keine Koalitionskrise sei, die Bundesregierung ihre Arbeit uneingeschränkt fortsetzen würde und dass es an dem Fortbestand der Koalition für mich nicht den geringsten Zweifel gäbe. Ich bat um die Unterrichtung des Hauses, um auch hier keine Unruhe aufkommen zu lassen. Der Tag nach Lafontaines Flucht stand völlig im Zeichen dieser innenpolitischen Krise mit Gremientreffen, Telefonaten, Fraktionssitzung und einem erneuten Treffen mit dem Bundeskanzler.

Am Abend des zweiten Tages holte mich dann die Kosovo-Krise wieder ein. Mein russischer Kollege Igor Iwanow war am Apparat und wollte mich sprechen. Der russische Außenminister berichtete mir von seinem Gespräch mit Milošević in Belgrad. Die serbische Delegation werde am 15. März nach Paris fahren, Milošević sei bereit, den politischen Teil schnell durchzuarbeiten, aber in der Frage der militärischen Absicherung habe sich nichts bewegt. Milošević habe sich ihm gegenüber geweigert, dieses Thema auch nur zu erörtern. Er, Iwanow, plädiere dafür, unbedingt die politischen Verhandlungen fortzuführen, über die militärische Implementierung müsse man später sprechen. Und dann unterrichtete mich mein russischer Kollege darüber, dass die Serben große Truppenkontingente zusammengezogen hätten, um in den Kosovo einzumarschieren. Milošević habe ihm aber zugesagt, dass keine Aktionen unternommen würden.

Die Nachricht über die serbischen Truppenkonzentrationen an der Grenze zum Kosovo überraschte mich nicht, denn wir hatten bereits ähnliche Informationen vorliegen. Aber deren Bestätigung durch den russischen Außenminister machte zweifelsfrei klar, was Milošević beabsichtigte, nämlich vollendete Tatsachen im Kosovo zu schaffen. Dazu würde er sich des serbischen Militärs und der berüchtigten paramilitärischen Verbände bedienen. Damit aber erwies sich Milošević Zusicherung zu weiteren politischen Verhandlungen als völlig wertlos, da diese angesichts der militärischen Vorbereitungen am Boden ganz offensichtlich nur ein Lippenbekenntnis war. Sein striktes Nein zu einer internationalen militärischen Präsenz im Kosovo war angesichts dieser Planungen völlig folgerichtig, da er auf eine militärische Säuberung der Provinz setzte. In Belgrad schien also die endgültige Entscheidung gefallen zu sein, und diese hieß Krieg.

Am 16. März trat die EU-Kommission unter ihrem Präsidenten, dem Luxemburger Jacques Santer, geschlossen zurück. Diese Entwicklung kam nicht überraschend, sondern hatte sich bereits seit einiger Zeit abgezeichnet. Nachdem der Bericht einer unabhängigen Expertengruppe zu dem Urteil gekommen war, dass die Kommission seit längerem die Kontrolle über die Finanzen der EU verloren hatte und sich zudem die Vorwürfe über finanzielle Unregelmäßigkeiten gegen einzelne Kommissionsmitglieder erhärtet hatten, war der Druck des Europäischen Parlaments so stark geworden, dass der wichtigsten Gemeinschaftsinstitution der EU, der Kommission, nur der kollektive Rücktritt blieb. Das Parlament jubelte, aber das europäische Projekt wurde durch diese Entwicklung geschwächt und nicht gestärkt.

Was für eine Woche! Lafontaine weg, die EU-Kommission beging Harakiri, im Kosovo drohte Krieg, und ab dem 24. März hatten wir in Berlin die Finanzprobleme der EU zu lösen! Und wir waren noch keine sechs Monate im Amt. Gott sei Dank gab es kaum eine ruhige Minute, um unsere Lage mit etwas mehr Abstand betrachten zu können, denn dann wäre uns mit Sicherheit schwindelig geworden angesichts dieser geballten Herausforderungen und Krisen. Ich hatte schlicht nicht die Zeit und die Energie, um tiefsinnigere Betrachtungen anzustellen. Die innen- wie außenpolitischen Krisen und Konflikte trieben uns vor sich her, und dabei stand an erster Stelle die Frage von Krieg und Frieden im Kosovo.

Nachdem offensichtlich geworden war, dass sich Belgrad für eine gewaltsame Lösung und damit auch für eine militärische

Konfrontation mit der NATO entschieden hatte, galt es unverzüglich, die KVM der OSZE im Kosovo zu beenden und die zahlreichen unbewaffneten Mitglieder dieser Beobachtermission aus dem Kosovo abzuziehen. In mehreren Diskussionen innerhalb der Bundesregierung wie auch unter den westlichen Mitgliedern der Kontaktgruppe und vor allem mit der OSZE war genau dieser Fall immer wieder durchgespielt worden, da man darin ein nicht unerhebliches Risiko für die internationalen Beobachter fürchtete. Würden sie bei ihrem Abzug von den Serben angegriffen oder als Geiseln genommen werden?

Um auf eine solche Situation vorbereitet zu sein, hatte die NATO, parallel zur Stationierung der OSZE-Mission im Kosovo, eine mehrere tausend Mann starke »Extraction Force« aufgestellt. Auch die Bundeswehr war mit bis zu zweihundertfünfzig Soldaten an diesem NATO-Kontingent beteiligt, das in Mazedonien in Bereitschaft gehalten wurde. Gott sei Dank konnten alle der ca. 2000 OSZE-Beobachter, darunter etwa 200 Deutsche, ohne Zwischenfall am 20. März nach Mazedonien abgezogen werden, sodass das bereitgehaltene Militär nicht eingesetzt werden musste. Der Bundestag hatte dem Einsatz der Bundeswehr im Rahmen dieser »Extraction Force« mit einer sehr großen Mehrheit am 19. November 1998 zugestimmt, obwohl diese Entscheidung, um die es relativ wenig innenpolitisches Aufheben gegeben hatte, ein ganz erhebliches Risiko beinhaltete, das im Ernstfall weit über den Einsatz der deutschen Tornados hinausgegangen wäre. Denn hätte Belgrad die OSZE-Beobachter nicht abziehen lassen, dann wäre die NATO und damit auch Deutschland innerhalb weniger Stunden in einen Bodenkrieg im Kosovo verwickelt gewesen! Die Folgen davon wären nur schwer absehbar gewesen, und ich atmete noch Wochen später bei dem Gedanken an dieses Risiko immer wieder tief durch. Es war gut, dass dieser Eventualfall niemals zum Ernstfall wurde.

In den folgenden Tagen bestätigte sich dann die Richtigkeit der These, dass sich Belgrad für die militärische Konfrontation entschieden hatte. Am 20. März 1999 begann die serbische Armee ihre Offensive im Kosovo. An jenem Tag – und nicht am 24. März, als die Nato ihren Luftkrieg eröffnete – hatte der

Kosovo-Krieg begonnen. In Deutschland und Europa war kein Demonstrant dagegen auf der Straße zu sehen. Nirgendwo. Das Schicksal der Kosovo-Albaner schien die radikale Linke in Europa nicht zu interessieren. Die USA hingegen, die von diesen Leuten lautstark als »Kriegstreiber« denunziert wurden, setzten auf ein letztes Verhandlungsangebot, um einen Krieg zwischen Jugoslawien und der NATO vielleicht doch noch vermeiden zu können. Es wurde Milošević in Belgrad von Richard Holbrooke persönlich überbracht und umfasste drei Punkte: Einstellung der Kampfhandlungen im Kosovo, keine Resolution des serbischen Parlaments, die eine Verhandlungslösung blockieren würde, und weitere Verhandlungsbereitschaft Belgrads. Holbrooke hatte mit diesem Angebot sogar die im Bündnis abgestimmte Linie – Unterzeichnung der Vereinbarung von Rambouillet/Paris – verlassen, aber er hatte völlig recht damit, das Äußerste zu versuchen, um den Krieg zu vermeiden.

Allein, es war vergeblich. Milošević bewegte sich nicht mehr, und so reiste Holbrooke nach langen qualvollen Stunden nutzloser Verhandlungen mit Milošević unverrichteter Dinge aus Belgrad wieder Richtung Brüssel ab. Dort ordnete am 23. März NATO-Generalsekretär Solana gegenüber dem militärischen Oberbefehlshaber der NATO, dem amerikanischen General Wesley Clark, an, die militärischen Luftschläge gegen Serbien zu beginnen. Die Bundesregierung kannte und unterstützte diese Entscheidung der NATO. Einen Tag später, am Abend des 24. März, griffen Kampfflugzeuge der NATO serbische Stellungen an, mit dabei vier Tornados der deutschen Luftwaffe. Die NATO und damit auch Deutschland befanden sich im Krieg mit Serbien.

DER ROT-GRÜNE ALBTRAUM –
KRIEG IM KOSOVO

Am Morgen dieses 24. März hatte ich mich auf den Weg von Bonn nach Berlin gemacht, denn dort begann an diesem Tag jene für die Zukunft der erweiterten EU entscheidende Konferenz, in der die schwierigen Finanzkompromisse für die kommenden sieben Jahre in einem gemeinsamen Finanzrahmen gefunden werden sollten. Die EU musste sich auf die große Chance und zugleich Herausforderung ihrer »Osterweiterung« in zwei Schritten vorbereiten: finanziell und institutionell. Die finanziellen Fragen sollten nun in Berlin gelöst werden. Dieses ganze, hochkomplexe Unterfangen wurde der Kürze halber »Agenda 2000« genannt, weil der neue siebenjährige Finanzrahmen der EU mit dem Jahr 2000 beginnen sollte.

Wir wussten, als wir in Berlin zusammenkamen, dass es sich nur noch um Stunden handeln konnte, bis die Luftwaffen der NATO, darunter die vier deutschen Tornado-Kampfflugzeuge, Serbien angreifen würden, und der Kanzler würde sich dann mit einer Fernsehansprache direkt an das deutsche Volk wenden. Bereits drei Tage zuvor hatten der Bundeskanzler und ich, mit viel medialer Begleitung, unseren Kollegen, den Bundesverteidigungsminister Rudolf Scharping, und das Lagezentrum der Bundeswehr auf der Bonner Hardthöhe besucht, um so die Öffentlichkeit auf die Möglichkeit einer bewaffneten Konfrontation vorzubereiten. Aber damals hatte es noch einen letzten Funken Hoffnung gegeben, nämlich Holbrookes Mission in Belgrad.

Zugleich standen Gerhard Schröder und ich vor unserer ersten großen europäischen Konferenz und Bewährungsprobe, bei der es um sehr viel Geld gehen sollte. Darüber hinaus wurde mit dem Geld auch ein ganz entscheidender Schritt für die vor uns liegende historische Erweiterungsrunde der EU nach

Osteuropa gemacht. Es ging auf dieser Konferenz also nicht nur um einen möglichst fairen und sachgerechten Interessenausgleich unter den fünfzehn alten Mitgliedern, was schwer genug sein würde, sondern darüber hinaus um die notwendigen Mittel für die Vorbereitungsphase der EU-Erweiterung. Und zugleich verfolgten wir unser nationales Ziel, den sehr hohen deutschen Anteil an den EU-Zahlungen in den kommenden sieben Jahren zumindest netto zu senken, d. h. nach Abzug der deutschen Rückflüsse aus Brüssel. Schröder hatte sich gerade diesbezüglich innenpolitisch bereits im Wahlkampf sehr weit aus dem Fenster gelehnt und seine Verhandlungsspielräume im Rahmen der EU dadurch unnötigerweise eingeengt. Ich machte mir daher einige Sorgen, wie diese drei Verhandlungsziele denn tatsächlich zusammenzubringen wären. Und jetzt auch noch der Krieg im Kosovo!

Die Atmosphäre im Konferenzhotel, dem Hotel Inter-Continental in der Budapester Straße, war voller Nervosität. Gerüchte und Hoffnungen – »Habt ihr schon gehört, Belgrad soll sich doch noch bewegen?« – schwirrten durch die Räume. Gegen 18.00 Uhr rief mich erneut mein russischer Kollege Iwanow an. Er bestätigte, dass er im Kontakt mit Belgrad stünde, dass sich dort aber nichts bewegen würde. Ich unterrichtete ihn darüber, dass Holbrooke mit seinem letzten Angebot an Milošević vom bisherigen westlichen Standpunkt abgewichen sei und nicht einmal mehr die Unterschrift unter Rambouillet zur Bedingung gemacht habe, sondern lediglich noch den Rückzug der serbischen Einheiten, keinen Beschluss im serbischen Parlament und weitere Verhandlungsbereitschaft verlangt hätte. Ich bat Igor Iwanow, jetzt nicht unüberlegt zu handeln und unsere langfristigen Beziehungen nicht zu gefährden. Und auf jeden Fall sollten wir, komme was da wolle, in Kontakt bleiben. Der russische Außenminister stimmte dem zu, denn man müsse auch weiter gemeinsam nach einer politischen Lösung suchen.

Gegen 20.00 Uhr wurde dann schließlich aus den Gerüchten Gewissheit. Die NATO-Luftwaffen griffen serbische Stellungen an. Nachdem der Kanzler und EU-Ratspräsident die Nachricht vom Beginn der Luftangriffe aus Brüssel erhalten hatte, hielt er eine kurze, nüchterne Fernsehansprache an die Deutschen. In ihr begründete er die Notwendigkeit der Militäraktion, warum es unverzichtbar war, dass sich Deutschland daran beteiligte, und er erklärte deren Ziele. Gerhard Schröder wich auch dem historischen Tabubruch nicht aus, den die Teilnahme deutscher Soldaten an den Luftangriffen bedeutete, sondern benannte diesen direkt: »Die Bundesregierung hat sich ihre Entscheidung nicht leichtgemacht, schließlich stehen zum ersten Mal nach Ende des Zweiten Weltkrieges deutsche Soldaten im Kampfeinsatz.« Die Ansprache des Bundeskanzlers endete mit einem klaren Hinweis auf Milošević Verantwortung für den Beginn und die Beendigung dieses Krieges: »An unserer Entschlossenheit, das Morden im Kosovo zu beenden, besteht kein Zweifel. Die Belgrader Führung hat es allein in der Hand, den NATO-Einsatz zu beenden, indem sie sich für den Frieden entscheidet.«

Anschließend verabschiedete der in Berlin versammelte Europäische Rat (ER – die Staats- und Regierungschefs sowie die Außenminister der Mitgliedsstaaten der Europäischen Union) einstimmig eine Resolution, welche die NATO vorbehaltlos unterstützte. Diese Resolution war uns wichtig und mehr als nur bedrucktes Papier, weil sie in Belgrad und Moskau klarmachte, dass auch die neutralen Mitgliedsstaaten der EU die Militäraktion gegen Serbien unterstützten und es zwischen NATO und EU in der Frage Kosovo keinerlei Differenzen gab.

Militärisch entwickelten sich die Dinge von Anbeginn an schlecht, und nicht nur, aber auch deshalb standen wir politisch seit dem ersten Tag unter einem wachsenden innenpolitischen Druck. Dies galt vor allem für mich, der die Grünen nicht nur in eine Koalition auf der Bundesebene geführt hatte, sondern jetzt eben auch in den Krieg. Und dies war angesichts der Geschichte der grünen Partei eigentlich ein Ding der Unmöglichkeit. Es war keine Frage, die Mehrheit in meiner Partei und zumindest auch eine starke Minderheit in der SPD wollten diesen Krieg nicht, ja viele lehnten ihn aus tiefer innerer Überzeugung ab. Allein diese historischen und parteipolitischen Voraussetzungen machten die Lage schwierig genug. Aus innenpolitischer Sicht hätte es daher guter militärischer Nachrichten und vorzeigbarer humanitärer Erfolge durch den Einsatz der NATO bedurft. Stattdessen wurde ich sehr schnell mit gegenteiligen Nachrichten aus dem Kriegsgebiet konfrontiert.

»In den ersten Kampftagen«, schrieb Madeleine Albright in ihren Memoiren, »lief so gut wie alles schief.« Sie hat mit diesen wenigen Worten den militärischen Ablauf der Ereignisse völlig richtig zusammengefasst. Die NATO hatte den Luftkrieg gemäß ihrem ursprünglichen Operationsplan in fünf Phasen geplant, wovon mit Beginn des Krieges aber nur drei von Bedeutung waren: Phase I – Herstellung der Lufthoheit durch die Ausschaltung der serbischen Luftabwehr und die Zerstörung der serbischen Befehls- und Kommunikationsstrukturen, Phase II – Angriffe auf militärische Ziele und serbische Truppen überwiegend südlich des 44. Breitengrades, d. h. in Südserbien und im Kosovo, Phase III – strategisches Bombardement mit Angriffen auf strategische Ziele in ganz Jugoslawien. Der Übergang von einer Phase zur nächsten bedurfte einer erneuten politischen Entscheidung in der NATO.

Von Beginn an zeigte sich, dass das große Problem für die NATO darin bestand, dass der Feind sich nicht wie erwartet verhielt und zudem das Wetter südlich des 44. Breitengrades nicht mitspielte. Die jugoslawische Luftabwehr hielt sich meistens versteckt, und die Wolkendecke über dem Kosovo blieb lange Zeit geschlossen und hing sehr tief. Damit aber stieg das Risiko für die eingesetzten Flugzeuge ganz erheblich, sodass sie, was ihren taktischen Einsatz im Kosovo betraf, nur unzureichend zum Einsatz kommen konnten. Zudem verloren die USA sehr früh eines ihrer hochmodernen »Stealth«-Kampfflugzeuge über Serbien, auch wenn der Pilot durch ein Rettungskommando herausgeholt werden konnte. Die Phase I hatte sich also umständehalber recht schnell erledigt, da der Gegner weitgehend unsichtbar blieb, und einer wirksamen Phase II stand das Wetter entgegen.

Es hatte bei manchen Bündnis-Kollegen im Vorfeld und zu Beginn des Krieges die Erwartung gegeben, dass Belgrad schon nach wenigen Tagen einknicken und Friedensfühler ausstrecken würde. Aber dem war nicht so, und ich selbst hatte daran auch nie geglaubt. Es zeigte sich, dass die Anwendung begrenzter militärischer Gewalt politisch und militärisch sehr schnell in ein Dilemma führt, wenn die andere Seite darauf nicht reagiert.

Darüber hinaus aber eskalierte Milošević auf einem anderen Schlachtfeld, auf dem er militärisch stark war und – wegen des Ausschlusses einer Invasion am Boden durch die NATO – vorerst auch nichts befürchten musste, nämlich im Kosovo selbst. Nur die Drohung mit einem Luftkrieg war in der NATO Konsens. Schon der Beginn einer Planung für einen Bodenkrieg hätte die Geschlossenheit des Bündnisses gefährdet, da dann Deutschland und auch mehrere andere Mitgliedsstaaten nicht mehr hätten mitgehen können. Eine gespaltene NATO aber hätte die bereits bestehenden politisch-rechtlichen Legitimationsprobleme der Militäraktion verstärkt und die innenpolitische Unterstützung für den Krieg in vielen europäischen Staaten erodieren lassen. Aber auch in Washington war ein möglicher Bodenkrieg, vor allem im Kongress, äußerst unpopulär und für die Regierung Clinton nicht ohne größere innenpolitische Risiken.

Mit dem Einmarsch des serbischen Militärs am 20. März hatten sich im Kosovo bereits wieder Zehntausende von Kosovo-Albanern auf der Flucht befunden. Mit dem Beginn der Luftschläge der NATO ging die serbische Kriegführung dann zur offenen Massenvertreibung und zu Deportationen über. Sehr rasch wurden aus den Zehntausenden Hunderttausende von Flüchtlingen, die in Albanien und Mazedonien eine große humanitäre und in Mazedonien auch eine dramatische politische Krise auslösten. Denn während die NATO serbische Stellungen bombardierte, konnte die serbische Soldateska nahezu ungehindert ihre Vertreibungspolitik gegenüber der albanischen Zivilbevölkerung verstärken, ohne dass sie durch die NATO daran gehindert werden konnte.

Es tat sich in diesen Tagen und Stunden ein militärisch-moralischer Widerspruch auf, der politisch nicht ohne Risiko war: hier eine militärische Strategie der Kriegsführung, die im Rahmen der politisch gesetzten Beschränkungen – kein Bodenkrieg, kein Einmarsch in das Kosovo – militärisch durchaus Sinn machte, dort die Tatsache, dass die NATO diesen Krieg zur Unterbindung und zur Verhinderung von ethnischen Säuberungen führte, genau diese aber am Boden nicht unterbinden konnte, obwohl ihre Kampfflugzeuge den Luftraum darüber uneingeschränkt kontrollierten. Dieser mit jedem weiteren Tag des Krieges immer manifester werdende Widerspruch verstärkte die innenpolitische Kritik an der Kriegführung der NATO in Europa und auch in Deutschland.

Nachdem der Europäische Rat nach zwei langen Nachtsitzungen mit einer neuen Finanzvereinbarung der EU bis 2007 erfolgreich zu Ende gegangen war, flogen der Kanzler und ich mit der deutschen Delegation nach einer Pressekonferenz im Zoo-Palast am frühen Morgen nach Bonn zurück. An Schlaf war in dieser Nacht nicht zu denken gewesen, denn in Bonn wartete bereits der Bundestag auf uns. Der Bundeskanzler gab vor dem Parlament sowohl zum Beginn des Krieges im Kosovo als auch zu dem Ergebnis des Europäischen Rates eine Regierungserklärung ab. Bis auf die PDS unterstützten alle Fraktionen die Politik der Bundesregierung im Kosovo und den Einsatz unserer Soldaten.

Mit der Zuspitzung der Kosovo-Krise und einem möglichen Krieg der NATO hatte der Koordinierungsbedarf der westlichen Politik erheblich zugenommen. Kommuniziert wurde möglichst in Echtzeit, d. h. ohne große zeitliche Verzögerungen. Die traditionellen diplomatischen Instrumente wie Berichte, Botschaften und persönliche Treffen waren dafür zu langsam und schwerfällig und traten deshalb mehr und mehr zugunsten der direkten Kommunikation der Minister per Telefon in den Hintergrund. Seit dem Beginn des Krieges waren diese Telefonate so umfangreich geworden, dass es sich geradezu aufdrängte, diese in einer Telefonkonferenz der fünf Außenminister der westlichen Kontaktgruppenmitglieder – USA, Deutschland, Frankreich, Großbritannien und Italien – zusammenzuführen. Die Gespräche fanden in Englisch statt, Englischkenntnisse waren daher überaus nützlich, weil nur so die schnelle und persönliche Kommunikation möglich war. Aus Paris meldete sich während dieser Telefonkonferenzen immer der Übersetzer, und diese mehr indirekte Beteiligung erwies sich als weitaus mühseliger als die unmittelbare persönliche Intervention.

Zugeschaltet waren zudem noch die politischen Direktoren der jeweiligen Ministerien und Beamte, sogenannte »Notetaker«, die den Gesprächsverlauf aufzeichneten. Den USA, als der mit Abstand größten und wichtigsten Macht im westlichen Bündnis, kam dabei die Führungsrolle zu, d. h. die Telefonkonferenzen fanden auf Initiative und unter der informellen Leitung von Madeleine Albright statt, in der Regel wegen der Zeitverschiebung meist abends oder nachts und fast täglich.

Diese Fünferrunde der westlichen Außenminister, die sogenannte »Quint«, nicht der NATO-Rat, war das eigentliche politische Steuerungsgremium während des Kosovo-Krieges, in dem die politischen Fragen angesichts der militärischen und politischen Entwicklungen detailliert und zeitnah diskutiert sowie informell Entscheidungen vorbereitet oder getroffen wurden. Meistens waren diese Gesprächsrunden sehr produktiv, es gab aber auch Tage, an denen schleppte sich das Gespräch ohne sichtbare Fortschritte in der Sache einfach dahin, und selbst in diesem Gremium, in dem über den Fortgang des Krieges im Kosovo beraten wurde, lag bisweilen das Tragische dicht neben dem Komischen. Dann und wann ereigneten sich durchaus kuriose Dinge.

So war eines Tages ein mithörender, niemals identifizierter Spitzenbeamter während eines Quint-Telefonats laut schnarchend am Telefon eingeschlafen und begleitete die wichtigen diplomatischen Erörterungen der Minister während der gesamten Telefonkonferenz mit seinen nicht überhörbaren Schlafgeräuschen.

Und am 26. Mai 1999 fand in der katalanischen Metropole Barcelona jenes legendäre Champions-League-Endspiel zwischen Bayern München und Manchester United statt. Am Morgen dieses Tages, gegen 8.00 Uhr, war ich nach einer kurzen Nacht im Flugzeug, von Washington kommend, in Köln-Bonn gelandet. Nachdem ich mich zu Hause frisch gemacht und umgezogen hatte, erwartete mich in Bonn der bulgarische Premierminister Kostow, anschließend hatte ich ein Mittagessen mit darauf folgender Pressekonferenz mit meinem britischen Kollegen Robin Cook. Zu guter Letzt durfte ich mich noch mit Hans Eichel, dem neuen Bundesfinanzminister, in einem »Chefgespräch« um den Haushalt des Einzelplans 05 (Auswärtiges Amt) streiten. Dazwischen die üblichen Termine im Ministerium, Akten und Telefonate. Am Abend war ich dann endlich in meine

Wohnung zurückgekehrt, aber der Arbeitstag war für mich noch nicht zu Ende, denn für diesen Abend war kurzfristig wiederum eine Quint-Konferenz angesetzt worden. Andererseits stand im Fernsehen ein fußballerischer Leckerbissen an, nämlich jenes Endspiel in der europäischen Champions League.

Ich wollte wenigstens noch etwas von dem Endspiel um die höchste europäische Vereinstrophäe im Fußball mitbekommen und schaltete daher den Fernseher auf Stumm, während die Telefonkonferenz der Außenminister lief. Es waren an diesem Tag weder dramatische Entwicklungen noch neue Entscheidungen zu besprechen, sondern es ging mehr um eine grundsätzliche Bilanzierung, wo wir nach über sechzig Tagen Krieg im Kosovo und mit Serbien stünden und welche Richtung es einzuschlagen gälte. Es wurde dabei auch ein möglicher Einsatz von Bodentruppen erörtert und die russische Haltung analysiert.

Im Spiel in Barcelona war man inzwischen in der Nachspielzeit angekommen, und die Bayern sahen bereits wie stolze Champions-League-Sieger aus, als es in der 91. Minute im Tor der Münchner ganz fürchterlich einschlug. Innerhalb einer weiteren Minute fing sich der FC Bayern ein zweites Tor ein, und es war vorbei. 2:1 für Manchester United, Abpfiff, Jubel und bodenlose Enttäuschung. So ist eben Fußball. Als das Ausgleichstor fiel, konnte ich einen kurzen Aufschrei nicht unterdrücken. Daraufhin herrschte für einige Sekunden völlige Stille am Telefon. Dann ertönte die sorgenvolle Stimme von Madeleine Albright: »Joschka, what's happening? Are you all right?« Im Gegensatz zu den Bayern war ich »all right« und konnte mich fortan wieder voll und ganz auf die Telefonkonferenz konzentrieren.

Die Quint hatte sich sowohl für die USA als auch für die EU sehr schnell als ein hocheffizientes, direktes und gleichwohl informelles Koordinations- und Führungsinstrument der westlichen und transatlantischen Politik erwiesen. Für die Europäer bot es die Möglichkeit der direkten Information, der engen Abstimmung und der Beteiligung und Einflussnahme auf wichtige transatlantische Entscheidungen. Die Rollenverteilung war dabei immer klar, die USA waren die Führungsmacht. Und Madeleine Albright war alles andere als zimperlich bei der Wahrnehmung dieser Führungsrolle. Zugleich wusste sie aber immer, wie wichtig es war, die großen europäischen Partner dabeizuhaben und auf der Grundlage eines Konsenses agieren zu können.

Bisweilen wurden wichtige Entscheidungen zwischen Washington und einer europäischen Hauptstadt vorher abgesprochen, bevor sie dann in die Quint eingebracht wurden. Aber immer blieb die Quint der entscheidende Ort, an dem diese informellen Entscheidungen schließlich getroffen wurden. Es war daher alles andere als verwunderlich, dass dieses so hervorragend funktionierende diplomatische Instrument namens Quint das Ende des Kosovo-Krieges überdauerte, auch wenn die Intensität dieser Telefonkonferenzen mit dem Ende des Krieges selbstverständlich geringer wurde. Erst mit dem Wechsel von Clinton zu Bush und von Albright zu Powell kam das Ende der Quint, und zwar ziemlich abrupt. Die neue US-Regierung kehrte zum traditionellen Bilateralismus im Umgang mit den Europäern zurück, was allerdings weder den amerikanischen Interessen noch dem transatlantischen Bündnis zum Vorteil gereichte.

In der Osterwoche spitzten sich die Ereignisse im Kosovo dramatisch zu. Die Flüchtlingswelle nahm in Albanien und vor allem in Mazedonien katastrophale Ausmaße an, denn die serbischen Sicherheitskräfte hatten ganz offensichtlich mit einer systematischen Vertreibung der Albaner begonnen. Am 29. März hatte mich mein mazedonischer Kollege Dimitrov angerufen, auf die besorgniserregende Lage in Mazedonien hingewiesen und um humanitäre, ökonomische und politische Hilfe gebeten, die ich ihm zusagen konnte. Die Flüchtlingszahlen zwangen zum Handeln, aber noch wussten wir beide nicht, welche dramatische Eskalation durch die Massenvertreibung der Kosovo-Albaner in den nächsten beiden Tagen auf Mazedonien und Albanien zukommen sollte. Die große »Osterkrise« im Kosovo-Krieg lag direkt vor uns.

Wir hatten als europäische Präsidentschaft für Gründonnerstag, den 1. April, zu einer Konferenz für »Humanität und Stabilität in Südosteuropa« nach Bonn auf den Petersberg eingeladen, um wirksame Antworten auf die humanitäre Krise zu beschließen. Aber bereits am Tag danach zeigte es sich, dass alle dort beschlossenen Maßnahmen angesichts der fast binnen Stunden-frist anschwellenden Flut von Flüchtlingen völlig unzureichend waren. Die Lage spitzte sich humanitär und politisch dramatisch zu, vor allem an der Grenze zwischen dem Kosovo und Mazedonien, am Grenzübergang Blače. Am selben Tag erreichte uns noch die Nachricht, dass die Serben an der mazedonischen Grenze drei US-Soldaten gefangen genommen hatten. Die schlechten Nachrichten begannen sich gefährlich zu häufen.

An der humanitären Hilfskonferenz am Gründonnerstag auf dem Petersberg nahmen auch die Außenminister der Nachbarstaaten Jugoslawiens teil, darunter die bulgarische Außenministerin Nadeshda Michaelowa. Sie bat mich am Rande der Konferenz um ein Vier-Augen-Gespräch. In diesem teilte sie mir mit, dass der bulgarische Geheimdienst den Operationsplan der Serben für den Krieg im Kosovo kennen würde, der unter dem Namen »Operation Hufeisen« (»Operation Horseshoe«) seit Ende des letzten Jahres existierte und der die Pläne zur Vertreibung der Kosovo-Albaner enthielte. Ich bedankte mich bei meiner bulgarischen Kollegin für diese Information und bat sie, unseren Experten vom deutschen Auslandsnachrichtendienst Zugang zu diesem Material zu erlauben, um die Informationen prüfen zu können. Dies sicherte sie mir zu. Nach einigen Tagen wurde ich darüber unterrichtet, dass es sich bei den Erkenntnissen des bulgarischen Dienstes um durchaus plausible Informationen handelte.

Dieser sogenannte Hufeisenplan war für die Argumentation der Bundesregierung nur insoweit von Bedeutung, als er die Propagandathese von der »reaktiven Spontanvertreibung« der Kosovaren durch die serbischen Sicherheitskräfte erschütterte, wie sie damals immer wieder durch die Freunde und Unterstützer Milošević in Deutschland und Europa behauptet wurde. Freilich bedurfte es dafür eigentlich keiner Geheimdienstinformationen, sondern lediglich der Rekonstruktion der militärischen Vorgehensweise der serbischen Sicherheitskräfte entlang der Zeitachse. Allein aus diesen für jedermann zugänglichen öffentlichen Informationen ergab sich bereits zwingend, dass die ethnische »Säuberung« des Kosovo keine spontane Antwort der Serben auf die Bombardierung durch die NATO gewesen, sondern von langer Hand und planvoll vorbereitet worden war.

In der Tat entsprach die rekonstruierbare Vorgehensweise der serbischen Sicherheitskräfte seit dem Beginn ihrer Offensive im Kosovo der Form eines Hufeisens, das von Norden nach Süden schnell vorangetrieben wurde. Die bulgarischen Informationen sollten aber keinerlei Einfluss auf den weiteren Verlauf des Krieges haben, denn dazu kamen sie einerseits zu spät und waren andererseits nicht konkret genug.

Am Karfreitag, den 2. April, war ich zu Hause in Frankfurt/M, als mich das Lagezentrum des AA anrief und mir mitteilte, der mazedonische Außenminister Dimitrov wolle mich dringend sprechen. Dimitrov berichtete über die zugespitzte Flüchtlingssituation am Grenzübergang Blače. Mazedonien würde der Lage nicht mehr Herr werden und fühle sich alleingelassen. Die innenpolitische Lage in Mazedonien sei dramatisch, weil Hunderttausende von albanischen Flüchtlingen aus dem Kosovo die prekäre ethnische Balance im Land zu gefährden drohten. Deshalb habe die Regierung die Grenze geschlossen. Dies hieß aber im Klartext, dass Zehntausende Flüchtlinge und Vertriebene, unter ihnen viele Kinder, Alte und Kranke, im Niemandsland zwischen dem Kosovo und Mazedonien unter freiem Himmel, bei widrigem Wetter und ohne Versorgung und sanitäre Einrichtungen gefangen waren. Darüber hinaus teilte mir Dimitrov mit, dass der Nationale Sicherheitsrat Mazedoniens unter dem Vorsitz des Präsidenten beschlossen hätte, dass die NATO-Truppen im Land sofort ihre Quartiere räumen müssten, um Platz für die Unterbringung der Flüchtlinge zu schaffen.

Dies war eine sehr ernste humanitäre und zugleich politische Krise, die einer entschiedenen Reaktion bedurfte. Milošević Ziel war es offensichtlich, mittels der Flüchtlingswelle Chaos in Mazedonien und Albanien zu schaffen, dadurch vor allem Mazedonien zu destabilisieren und somit die militärisch entscheidende Aufmarsch- und Versorgungszone der NATO zu gefährden. Das Instrument seiner verbrecherischen Kriegführung war die brutale Vertreibung der Kosovo-Albaner. Nach Angaben des Hohen Flüchtlingskommissars der Vereinten Nationen (UNHCR) kamen innerhalb von neun Wochen ca. 350 000 Flüchtlinge aus dem Kosovo nach Mazedonien, etwa einhunderttausend Flüchtlinge allein in der Woche vor Ostern. »Macedonia was

Yugoslavia's deep battle«, sollte der damalige NATO-Oberbefehlshaber Wesley Clark dazu später in seinen Memoiren feststellen, und er hatte damit völlig recht. Milošević durfte in Mazedonien auf keinen Fall Erfolg haben!

Den Rest des Karfreitags verbrachte ich am Telefon: Abstimmung mit dem Amt über die weitere Vorgehensweise, mehrfache Telefonate mit dem Bundeskanzler, mit Rudolf Scharping, Otto Schily, Madeleine Albright, Javier Solana, Außenminister Dimitrov, so ging das Stunde um Stunde. Die mazedonische Regierung musste unbedingt stabilisiert, die Grenze offen gehalten und den Flüchtlingen schnell und effizient geholfen werden. Und die NATO-Truppen mussten in ihren Kasernen bleiben können. Die logistischen Herausforderungen für diese humanitäre Großaktion konnte in der erforderlichen Zeit von wenigen Stunden nur das Militär bewältigen, denn nur dort gab es die dafür notwendigen Menschen, Ressourcen und Strukturen. Rudolf Scharping reagierte sofort und sagte die unverzügliche Hilfe der Bundeswehr zu. Ebenso großartig reagierte Innenminister Otto Schily bei der Frage der Flüchtlingsaufnahme und der notwendigen Koordinierung mit den Bundesländern und im Rahmen der EU. Auch bei der NATO in Brüssel wurde sofort reagiert, ebenso bei den Vereinten Nationen und bei derem Hohen Flüchtlingskommissar (UNHCR).

Am Ende des Tages hatten wir in einer gemeinsamen internationalen Anstrengung diese Krise unter Kontrolle und eine massive humanitäre Hilfsaktion zum Anlaufen gebracht. Die mazedonische Regierung verzichtete auf die Räumung der Kasernen und versprach, ihre Grenze wieder zu öffnen, sobald die zugesagten Hilfsmaßnahmen Wirkung zeigen würden. Zugleich hatten wir – NATO, EU und zahlreiche Einzelstaaten – großzügige Hilfsangebote an die mazedonische Seite gemacht. Nach einem letzten Telefonat nach Mitternacht war dann auch für mich dieser dramatische Karfreitag zu Ende gegangen.

Am nächsten Tag, dem 3. April, akzeptierte der UNHCR das Angebot der NATO zur engen Kooperation bei der Bewältigung der Flüchtlingskrise in Mazedonien und Albanien. Dies war ein mehr als ungewöhnlicher Vorgang, da die Flüchtlingshilfsorganisation der Vereinten Nationen bisher nicht mit

Militärorganisationen kooperiert hatte. Diesmal ging es nicht anders, und diese Zusammenarbeit sollte sehr gute Ergebnisse bringen. Ebenso leistete die Bundeswehr Großartiges. Noch in der Nacht waren die Vorbereitungen aufgrund einer Weisung von Verteidigungsminister Scharping angelaufen, und »die Angehörigen der Bundeswehr hatten in weniger als zehn Stunden«, so Rudolf Scharping in seinem später veröffentlichten Tagebuch über den Krieg im Kosovo, »die größte humanitäre Aktion in der Geschichte der Bundesrepublik Deutschland auf die Beine gestellt«. Am 4. April wurde dann der Grenzübergang Blače seitens der mazedonischen Behörden wieder geöffnet, und den Tausenden dort im Freien wartenden Flüchtlingen und Vertriebenen konnte endlich geholfen werden.

Zudem galt es, ein Programm ins Leben zu rufen, das in Europa und darüber hinaus eine zeitweise Übernahme von Kosovo-Flüchtlingen aus Mazedonien ermöglichte. Dies war ein politischer und psychologischer Akt der Solidarität mit Mazedonien und deshalb ein ganz wesentlicher Teil der westlichen Zusagen an die mazedonische Regierung gewesen. Wir hatten deshalb als EU-Präsidentschaft für den 8. April einen Sonderrat unter Teilnahme der Anrainerstaaten, internationaler Hilfsorganisationen und der internationalen Finanzinstitutionen nach Luxemburg einberufen. Innenminister Otto Schily hatte in der Zwischenzeit mit den Länderinnenministern gesprochen und diese von dem akuten Handlungsbedarf überzeugen können, so dass Deutschland die Zusage zur Übernahme von zehntausend Flüchtlingen machen konnte. Gemeinsam mit den USA lag unser Land am Ende mit jeweils ca. vierzehntausend aufgenommenen Flüchtlingen und Vertriebenen weit vor allen anderen. Insgesamt wurden mit diesem Programm fast einhunderttausend Flüchtlinge und Vertriebene aus Mazedonien in Drittländer gebracht. Es ist deshalb keineswegs übertrieben, wenn man feststellt, dass diese Aktion zur Stabilisierung Mazedoniens erheblich beigetragen hat.

Bereits wenige Tage nach dem Beginn der Luftangriffe der NATO begann sich auch auf dem politischen Feld Bewegung abzuzeichnen, aber ebenso wie im militärischen und humanitären Bereich liefen auch dort die Dinge zu jener Zeit vor allem gegen das Bündnis. Der russische Präsident Boris Jelzin befand sich durch den Angriff der NATO sowohl innen- wie auch außenpolitisch in einer schwierigen Lage. Die NATO hatte vor aller Welt demonstriert, wie wenig das russische Vetorecht in den Vereinten Nationen noch machtpolitisch unterfüttert war. Zudem hatte Milošević gezeigt, wie gering der Einfluss Russlands auf Belgrad war, und schließlich war die innenpolitische Lage in Moskau, vor allem in der Duma und in den Medien, aber auch in Teilen des Machtapparates, durch den Luftkrieg der NATO gegen Serbien ziemlich aufgeheizt. Russland sah sich als Garantiemacht Serbiens, die emotionale Solidarität galt den orthodoxen slawischen Brüdern und Schwestern, die jetzt unter den Bomben der NATO zu leiden hatten. Das Kosovo wurde aus der russischen Perspektive ausschließlich als eine separatistische Gefahr angesehen, der es entschlossen entgegenzutreten galt, denn im Kaukasus lauerten für Russland gleich mehrere Kosovo-Krisen und Schlimmeres. Jelzin musste also irgendwie die Initiative ergreifen. Er konnte nicht nur abwarten, dazu war für ihn der innenpolitische Druck zu stark. Moskau entschied sich daher für eine hochrangige Vermittlungsmission, angeführt von dem damaligen Premierminister Jewgenij Primakow.

Im Rückblick erweisen sich die beiden Tage vom 30./31. März 1999 als die Zeit der entscheidenden Weichenstellungen für eine politische Lösung zur Beendigung des Krieges im Kosovo. Damals wurden die ersten Schritte unternommen, die schließlich über die Resolution 1244 des VN-Sicherheitsrats zum Ende der Kampfhandlungen und zur Rückkehr der Flüchtlinge in ein sicheres Umfeld im Kosovo führen sollten. Am 30. März meldete sich bei mir mein russischer Kollege Igor Iwanow. Er teilte mir mit, dass Primakow soeben mit dem Bundeskanzler über seinen geplanten Besuch in Belgrad am heutigen Tag telefoniert habe. Man wolle einen annehmbaren Weg aus der Krise finden, verfüge aber noch nicht über eine diplomatische Formel. In zwei bis drei Stunden werde die russische Delegation, bestehend aus ihm selbst, Premierminister Primakow und Verteidigungsminister Sergejew, in Belgrad sein. Die Gewalt müsse gestoppt werden. Albright sei nicht begeistert gewesen, als er mit ihr darüber gesprochen habe.

Ich erkundigte mich bei meinem Kollegen nach der russischen Verhandlungsstrategie gegenüber Milošević. Iwanow antwortete, man habe folgende Punkte überlegt: Eine weitgehende Autonomie für das Kosovo, keine Gewalt gegenüber Minderheiten, verringerte Präsenz von serbischem Militär im Kosovo, Rückkehr der humanitären Organisationen, Fortsetzung der Verhandlungen über alle weiteren Fragen. Das Problem bei diesem russischen Vorschlag war erwartungsgemäß die Frage der Garantiemacht am Boden, deren Lösung, so Iwanow, erst für eine spätere Verhandlungsphase vorgesehen wäre. Die Einstellung der Luftangriffe sollte bei Annahme der russischen Punkte aber sofort stattfinden. Dies aber war für die NATO nicht hinnehmbar, weil sich damit Milošević durchgesetzt hätte. Der russische Vorschlag war für den Westen also ein sogenannter »Nonstarter«.

Freilich, auch in einigen anderen Staaten brodelte es in der Innenpolitik, und nicht nur Präsident Jelzin stand unter einem täglich wachsenden innenpolitischen Druck. Dies galt ebenso für uns, die rot-grüne Bundesregierung, und ganz besonders für mich, den grünen Außenminister und Hauptverantwortlichen für den sogenannten »Kriegskurs« der Grünen. Auch wenn ich es in den letzten Tagen vor Ausbruch des Krieges mehr und mehr zu ahnen begann, so hatte ich seit Beginn der Luftangriffe Gewissheit darüber, dass es im Bündnis keine wirkliche politische Strategie für diesen Krieg gab. Die NATO setzte darauf, dass angesichts des militärischen Drucks Milošević irgendwann nachgeben und dann die Vereinbarung von Rambouillet unterschreiben würde. Wie aber sah die Alternative aus, falls dieser Fall nicht eintrat oder aufgrund der serbischen Kriegführung Rambouillet keine Option mehr war? Worin bestand also der Plan B der NATO? Den gab es nicht, und deshalb tat sich bereits nach wenigen Tagen der Misserfolge im Luftkrieg gegen Serbien ein strategisch-politisches Vakuum auf, das sich bei einer sich länger hinziehenden Militäraktion als sehr gefährlich erweisen konnte. Denn ein solches politisches Vakuum lud nachgerade dazu ein, durch zweifelhafte Initiativen aus Moskau und Belgrad oder Vorschläge aller Art und von den verschiedensten Seiten ausgefüllt zu werden. Diese absehbare Entwicklung würde aber den Druck auf uns noch weiter verstärken und damit unsere Durchhaltefähigkeit entscheidend schwächen.

Aus all diesen Gründen hatte ich die zuständigen Mitarbeiter im Auswärtigen Amt gebeten, sich Gedanken darüber zu machen, was denn, ausgehend von Rambouillet, die unverzichtbaren politischen Punkte für die NATO sein müssten, um zu einem Ende der Kampfhandlungen kommen zu können, die zugleich für Milošević und die Kosovo-Albaner akzeptabel sein könnten, ohne dass wir dadurch die Substanz unserer Ziele aufgeben würden. Im Wesentlichen waren alle politischen Elemente vorhanden und mehrfach durchdiskutiert worden, es ging also lediglich noch um die richtige Auswahl, Zusammensetzung und Reihenfolge der einzelnen inhaltlichen Punkte, die der Westen als seine Position präsentieren konnte. Damit würde ein politisches Vakuum verhindert und zugleich eine Plattform geschaffen werden, auf die man dann versuchen könnte, Schritt für Schritt zuerst Moskau und dann auch Belgrad herüberzuziehen. Denn ohne Russland würde eine politische Lösung des Konflikts sehr schwer werden. Als Konsequenz bliebe sonst nur die militärische Eskalation – sprich Krieg am Boden –, und diese Option galt es, unbedingt zu vermeiden, da sie sowohl außen- wie auch innenpolitisch nur noch schwer zu kontrollierende Folgen haben würde.

Botschafter Christian Pauls, der Leiter des im Amt auch für das Kosovo zuständigen »Sonderstabes Bosnien« (SoBos), legte mir später am Tag ein kurzes Papier mit fünf Punkten vor, die ich nach einer Diskussion innerhalb der engeren Führungsebene des AA akzeptierte. Auf der Arbeitsebene waren diese Punkte zwischen dem AA und dem Kanzleramt schon seit einiger Zeit erörtert worden, und der Bundeskanzler hatte ähnliche Punkte bereits in seinem Telefongespräch mit dem russischen Premierminister Primakow benutzt. Primakow hatte gegenüber dem Bundeskanzler angekündigt, dass er beabsichtigte, nach dem Abschluss seiner Gespräche in Belgrad nach Bonn zu kommen und den Bundeskanzler, als den amtierenden Ratspräsidenten der EU, über deren Ergebnisse zu unterrichten.

Dies war einerseits eine sehr gute Nachricht, denn das hieß, dass die Bundesregierung völlig unerwartet und gewissermaßen frei Haus einen diplomatischen Ansatz geliefert bekam, um Russland in der Kosovo-Krise zurück ins Boot zu holen. Andererseits aber waren wir und alle unsere Verbündeten in dieser für das Bündnis kritischen Phase des Krieges natürlich auf das Höchste alarmiert. Was steckte wirklich hinter dieser russischen Initiative? Und warum gerade Bonn? Diese Frage stellten wir uns selbst, und selbstverständlich fragten sich dies auch alle unsere Verbündeten. Bestand der eigentliche Zweck der Primakow-Initiative nicht vielleicht darin, den Besuch in Belgrad als Vorwand zu nehmen und die rot-grüne Bundesregierung, die innenpolitisch wegen des Bombenkrieges der NATO unter wachsendem Druck stand, aus der Solidarität des westlichen Bündnisses herauszubrechen? Die Nervosität im Bündnis vor dem Besuch des russischen Premierministers in Bonn war mit den Händen zu greifen, und das Misstrauen in den westlichen Hauptstädten – aber auch bei uns selbst – war sehr groß. Uns war klar, dass wir auch nur den leisesten Schatten eines Zweifels bei unseren Bündnispartnern, vor allem in Washington, vermeiden mussten, zugleich aber diese sich unverhofft eröffnende Chance zu einer diplomatischen Initiative auf keinen Fall ungenutzt verstreichen lassen durften. Umso wichtiger war es daher jetzt, den westlichen Standpunkt politisch zu klären und zur Grundlage einer eigenen diplomatischen Initiative des Westens zu machen. Wir mussten die politische Initiative zurückgewinnen.

Wie sollten wir angesichts dieser Entwicklung mit den von uns entworfenen fünf Punkten weiter vorgehen? Die amerikanische Unterstützung würde für das Gelingen unserer Initiative ganz entscheidend sein, und so nutzte ich die Gelegenheit, als Madeleine Albright sich später am Tag telefonisch meldete, ihr unsere Idee zum ersten Mal zu präsentieren. Das Misstrauen und die Sorge in ihrer Stimme waren nur schwer zu überhören, aber ich konnte sie beruhigen. Es bestand nicht der geringste Anlass, an der Festigkeit der deutschen Regierung zu zweifeln.

An diesem Tag erörterten wir am Telefon noch ein anderes wichtiges Thema, nämlich den Vorschlag einer Waffenruhe der NATO an Ostern. Meine Haltung dazu war, eine Waffenruhe seitens der NATO abzulehnen, wenn diese einseitig wäre. Es konnte nicht sein, dass die Christen das Osterfest – die Auferstehung Jesu Christi – feiern würden, während das Töten und Vertreiben der Muslime im Kosovo weiterging. Das wäre für mich moralisch und politisch nicht akzeptabel gewesen.

Zudem forderte ich, dass wir offensiver mit der Öffentlichkeit umgehen müssten. Was jetzt im Kosovo stattfände, sei von langer Hand vorbereitet worden und folge exakt der serbischen Strategie in Bosnien. Die NATO sei nicht der Angreifer. Und wir müssten der Öffentlichkeit gegenüber auch sehr viel deutlicher machen, in welche Richtung wir gehen und was wir erreichen wollten. Die Außenminister müssten sich dringend treffen und eine starke Erklärung abgeben. Der NATO-Rat böte dazu eine Möglichkeit, so Madeleine Albright.

Dann erläuterte ich Madeleine Albright zum ersten Mal unsere Überlegungen in Gestalt der fünf Punkte: sofortiges Beenden des Tötens im Kosovo durch einen Waffenstillstand, vollständiger und verifizierter Rückzug des serbischen Militärs und der Sonderpolizei, Entwaffnung aller Paramilitärs, Flüchtlingsrückkehr in ein sicheres Umfeld, Verhandlungen auf der Basis von Rambouillet. Der entscheidende Punkt dabei war die Forderung nach »Flüchtlingsrückkehr in ein sicheres Umfeld«, denn dieser Punkt war die Öffnung für eine robuste internationale Sicherheitspräsenz im Kosovo. Meine amerikanische Kollegin hatte gegenüber diesen Punkten keine Einwände, wollte aber über diesen Vorschlag intern beraten. Dies war ein erstes positives Signal unseres wichtigsten Bündnispartners, und insofern rentierte es sich, weiter in diese Richtung zu arbeiten.

Am späten Nachmittag des 30. März 1999 kam Primakow in Bonn an. Während Kanzler und Premierminister sich im Kanzleramt trafen, empfing ich den russischen Außenminister im AA. Danach wollten wir beide ins Kanzleramt fahren, um dort zu Kanzler und Premierminister zu stoßen. Primakow hatte drei Punkte aus Belgrad mitgebracht: Bereitschaft zu politischen Verhandlungen, politische Gespräche, aber nicht im Rahmen der Kontaktgruppe (also Absage an das Rambouillet-Format), erst Stopp der Luftangriffe, dann Beginn von Verhandlungen. Zudem habe Milošević eine nicht quantifizierte Truppenreduzierung im Kosovo angeboten, die wohl auf den Vorkriegsstand der serbischen Truppen dort hinauslaufen sollte. Dies aber war für den Westen ganz entschieden zu wenig, und die russische Seite wusste dies auch. Entscheidend wäre, so unsere Position, dass das Töten sofort aufhöre, und das hieße, dass die Truppen abziehen müssten. Primakows Mission, das verdeutlichte der Bericht des russischen Außenministers, hatte also nichts Neues gebracht und war somit gescheitert. Darüber hinaus berichtete Igor Iwanow über eine grassierende Bunkermentalität in Belgrad. Dort glaube man immer noch an einen Sieg. Russland würde dennoch weiter auf eine Vermittlung setzen.

Als ich danach mit Igor Iwanow ins Kanzleramt fuhr, herrschte dort große Verwirrung. Kanzler und Premierminister standen schweigend in einer dichten Traube von Menschen am Eingang, darunter sehr viele Journalisten mit Kameras. Die Wagenkolonne fuhr schließlich vor, und der russische Premierminister stieg in seinen Wagen. Igor Iwanow musste sich sehr beeilen, sodass wir uns kaum noch verabschieden konnten, um seinen Wagen in der Kolonne noch zu erreichen. Die ganze Szenerie machte den Eindruck eines diplomatischen Eklats. Ich meinerseits eilte dem Kanzler in dessen Büro hinterher und wollte wissen, was denn nun vorgefallen sei.

Etwas erleichtert erfuhr ich, dass die beiden deswegen schweigend nebeneinander gestanden hatten, weil kein Dolmetscher anwesend war und die Wagenkolonne erst zusammengestellt werden musste. Allerdings war das Gespräch wider Erwarten sehr kurz ausgefallen, denn Bundeskanzler Schröder hatte sich Primakows Bericht und Erläuterungen faktisch nur angehört, ohne selbst intensiver in eine sachliche Erörterung einzutreten. Der Bundeskanzler wollte auf keinen Fall das Risiko eingehen, nach dem Treffen von der russischen Seite vereinnahmt zu werden und so Zwietracht und Misstrauen im westlichen Bündnis auszulösen. Dieses Risiko erschien ihm und seinen Beratern einfach zu groß, und so erklärte sich die ungewöhnliche Kürze des Gesprächs. Es war also nur zu einem halben diplomatischen Eklat mit dem russischen Premierminister gekommen, und das war in diesen schweren Zeiten immerhin etwas.

Für den Abend war eine Telefonkonferenz angesetzt mit Albright, Cook und Védrine. Vor der Konferenz rief mich meine amerikanische Kollegin an, um die Lage vorab zu klären. Ich unterrichtete sie über den Verlauf der Gespräche mit den Russen und sagte ihr dann, dass wir jetzt politisch mit einer eigenen Initiative dringend vorankommen müssten, denn ansonsten drohten wir die Initiative gegenüber Russland und Milošević zu verlieren. Was ich denn darunter verstünde, lautete die Gegenfrage. Ich antwortete, dass wir unsere politischen Ziele zusammenstellen müssten. Dieser Vorschlag solle durch die USA in die Kontaktgruppe eingebracht werden, aber es wäre ganz wichtig, dass dies jetzt schnell geschähe. Meine amerikanische Kollegin hatte keinen Widerspruch dagegen. Ich ging dann nochmals auf Rambouillet ein. Meiner Meinung nach war Rambouillet tot, denn nach den Gräueln der letzten Tage wäre ein Zusammenleben von Kosovo-Albanern und Serben kaum noch möglich. Im Ergebnis werde dies »auf eine Art Protektorat« im Kosovo hinauslaufen. Und bei der Frage der militärischen Garantie sprach ich mich dafür aus, dass die NATO die Überwachung aus der Luft übernehmen sollte.

In der anschließenden Telefonkonferenz zu viert wurde eine gemeinsame Sprachregelung bezüglich der Primakow-Initiative vereinbart: Der Vorschlag von Milošević sei völlig unzureichend. Keine der westlichen Vorstellungen sei darin enthalten, vor allem nichts zu der Frage der internationalen Garantie am Boden. Madeleine Albright warf dann noch die Frage nach einer Osterpause bei den Luftangriffen auf, aber wir waren uns alle einig, dass es eine solche Pause nicht geben konnte. Schließlich drängte ich mit großem Nachdruck auf die Diskussion von politischen Vorschlägen.

Am nächsten Tag, dem 31. März, rief gegen 17.00 Uhr Madeleine Albright erneut an, um die Konferenzschaltung mit den anderen Kollegen der Quint, die für 19.00 Uhr angesetzt worden war, vorzubereiten. Meine amerikanische Kollegin kam sofort zur Sache, nämlich zu unseren fünf Punkten. Sie gedächte, diese Punkte stark zu unterstützen, hätte aber noch einen sechsten Punkt, nämlich eine »NATO-lead military presence«. Einerseits war ich sehr froh, dass wir das State Department jetzt offensichtlich von der Notwendigkeit einer politischen Initiative überzeugt hatten, andererseits aber konnte das Beharren auf der Präsenz von NATO-Truppen im Kosovo dieser Initiative sofort wieder den Garaus machen, weil sich dies für Moskau und Belgrad als eine nicht akzeptable Sprache erweisen würde. International und robust ja, aber musste es gleich die NATO sein? Wenn wir die NATO durchsetzen könnten, wäre das sehr gut. Was aber, wenn wir sie nicht durchsetzen könnten? Im Kongress sei nun mal die NATO die beste Adresse, entgegnete Madeleine Albright, und im Übrigen brauche man den Russen gegenüber Verhandlungsmasse, man sollte es vorerst dabei belassen.

Madeleine hatte in der Sache ja völlig recht, denn nur die NATO war militärisch robust genug, um nach dem Ende der Kampfhandlungen die Sicherheit im Kosovo garantieren zu können. »Serbs out, NATO in, refugees back«, lautete das amerikanische Mantra, wie sie es später in ihren Memoiren beschrieb. Allein vor der NATO hatten alle Beteiligten großen Respekt, vorneweg die serbische Führung. Und genau darauf würde es ankommen. Andererseits mussten wir aber eine Sprache verwenden, die den Beginn eines politischen Prozesses, zumindest mit Moskau, ermöglichte. Also plädierte ich dafür, immer NATO zu denken, es aber nicht in den Text hineinzuschreiben. Und so wurde einige Zeit später schließlich jene berühmte Formulierung namens »internationale Sicherheitspräsenz« gefunden, die verbal alles offen ließ, faktisch aber eine Akzeptanz der NATO im Kosovo ermöglichen sollte.

Madeleine Albright bat mich, die Vorschläge in die Konferenz einzuführen, und ich bat sie im Gegenzug um ihre nachdrückliche Unterstützung. So verfuhren wir dann auch in der Schaltkonferenz. Ich führte die fünf Punkte ein, ergänzt um den sechsten Punkt einer robusten militärischen Präsenz. Albright unterstrich, dass es unbedingt eine »NATO-lead force« sein müsse. Robin Cook und Hubert Védrine verhielten sich jedoch äußerst reserviert. Die Zeit für eine diplomatische Initiative wäre noch nicht reif, Primakow habe das gezeigt, so London. Und Paris ergänzte, dass jetzt die Zeit der militärischen Aktion wäre.

Diese Reaktion der Außenminister der beiden »glorious nations« Europas war einerseits zu erwarten gewesen, weil sie sofort eine politische Initiative Deutschlands erahnten, in die sie nicht eingebunden waren. Ihr Denken in den tradierten Kategorien des diplomatischen Prestiges ließ gar keine andere erste Reaktion zu. Andererseits verblüffte es mich immer wieder, wie stark doch noch die alten Reaktionsmuster des europäischen Konzerts der großen Mächte innerhalb der EU oder auch im informellen transatlantischen Rahmen der Quint fortwirkten. Diesmal aber hatte ich die volle Unterstützung der USA, und das erwies sich als entscheidend. Zudem hatten wir uns auf Widerspruch vorbereitet und fingen diesen mittels eines vorbereiteten Verfahrensvorschlags auf, um so aus den fünf Punkten eine gemeinsame Initiative der Quint zu machen. Ich schlug also vor, die politischen Direktoren sollten die Punkte ausarbeiten und die Frage des »Timings« beantworten. Nach einigen Diskussionen des Für und Wider kamen wir schließlich zu einem befriedigenden Ergebnis: Die politischen Direktoren sollten sich der Sache annehmen, sich allerdings nicht treffen, sondern via Telefon an der Initiative arbeiten. Es sollte dazu allerdings kein Text herumgereicht werden. Noch nicht, dachte ich mir dabei im Stillen.

Dann kam das Gespräch auf den ebenfalls sehr wichtigen Punkt, ob Milošević überhaupt noch ein Partner für uns sein könnte. Ich wies darauf hin, dass sich angesichts der jüngsten, in aller Öffentlichkeit begangenen Kriegsverbrechen, für die er die volle politische und persönliche Verantwortung trage, viel mehr die Frage nach dem Kriegsverbrechertribunal in Den Haag stellen würde. Hubert Védrine zog daraus im Kreis der Fünf zum ersten Mal die Schlussfolgerung, dass man die Grundlage von Rambouillet verlassen und in Richtung einer Kapitel-VII-Resolution des Sicherheitsrates gehen müsse. Dann bräuchte man nicht mehr mit Milošević zu verhandeln. Diese Schlussfolgerung des französischen Außenministers sollte sich als überaus richtig und sehr weitsichtig erweisen und öffnete für die westliche Position die Tür zu einem ganz entscheidenden Verfahrensfortschritt. Rambouillet (und damit direkte Verhandlungen mit Milošević) lag, dank Hubert Védrine, seit jener denkwürdigen Telefonkonferenz hinter uns.

In dieser langen, ja vielleicht sogar wichtigsten Schaltkonferenz der Quint während des Kosovo-Krieges erörterten wir darüber hinaus noch weitere brennende Fragen wie die humanitäre Lage und die Frage der Flüchtlinge. Robin Cook warf in dieser Diskussion zum ersten Mal die Frage der Binnenflüchtlinge auf, die sich in großer Zahl im Kosovo versteckt hielten und irgendwie versorgt werden müssten. Darüber hinaus wurde die Verwendung des Genozidbegriffs in der aktuellen Auseinandersetzung diskutiert sowie die Frage der Unterstützung der UÇK, die im amerikanischen Kongress immer dringlicher gestellt wurde.

Madeleine Albright fasste die Diskussion über eine mögliche politische Initiative zusammen: zur Zeit keine politische Initiative; Frage, ob Milošević noch Verhandlungspartner sein könne, müsse beantwortet werden; ebenso die Frage einer Kapitel-VII-Resolution; Übereinstimmung im Grundsatz über die (mittlerweile) sechs Punkte. Na also, dachte ich mir im Stillen, die Dinge fangen an, sich in die richtige Richtung zu bewegen, auch wenn es bis zu einem Schweigen der Waffen im Kosovo noch ein langer, gefahrvoller und mühseliger Weg sein würde. Aber die ersten Schritte waren an diesem Abend erfolgreich in Angriff genommen worden.

Die Tage unmittelbar vor und nach Ostern waren besonders hart gewesen, weil das humanitäre Elend, das Milošević mit seiner Politik der Massenvertreibung auslöste, nicht nur mir emotional sehr naheging. Besonders empört war ich über eine öffentliche Debatte, die in Teilen souverän ignorierte, dass sich hier, im Kosovo und unter den Augen der Weltöffentlichkeit, dieselbe grausame Politik der Terrorisierung und Vertreibung abspielte, wie sie zuvor in Kroatien und vor allem in Bosnien zur Anwendung gekommen war. Ganz im Gegenteil, man machte die NATO für die Vertreibungspolitik Milošević zumindest indirekt verantwortlich. Hättet ihr den Bombenkrieg nicht begonnen, so wäre es nicht zu dieser Massenvertreibung gekommen, lautete der mehr oder weniger ausdrücklich formulierte Vorwurf.

Dies war absurd, weil die militärischen Aufmarschpläne, der Beginn der militärischen Offensive im Kosovo, die taktische Vorbereitung und dann die Umsetzung der Massenvertreibungen und Deportationen sehr viel früher geplant, vorbereitet und schließlich auch begonnen wurden. Milošević hatte mir ja in Belgrad unter vier Augen ziemlich unverblümt zu verstehen gegeben, was er vorhatte, und damals war noch nicht eine einzige Bombe der NATO gefallen. Dass dies auf eine Politik hinauslief, die ethnische Zusammensetzung der Bevölkerung in den eroberten Gebieten mittels Mord, Terror und Vertreibung zu verändern, so wie es in den dreißiger und vierziger Jahren des 20. Jahrhunderts in Europa üblich war, wurde schlicht verdrängt. Gerade aber in der Linken hat man eine solche Politik immer Faschismus genannt, und zwar zu Recht.

Die Politik Milošević seit 1989 war fast bis ins Detail hinein identisch mit dem Pamphlet eines radikalen serbischen Nationalisten, Vaso Čubrilović, das im März 1937 in Belgrad entstanden war. Die Frankfurter Rundschau (FR) hatte es am 28. April 1999 nachgedruckt. Čubrilović, ebenso wie sein wegen des Attentats auf den österreichischen Thronfolger hingerichteter älterer Bruder, gehörte zu den Attentätern von Sarajevo im Juni 1914. Bereits in den dreißiger Jahren war die albanische Dominanz im Kosovo die große Herausforderung für die serbischen Nationalisten gewesen, und sie griffen bei ihren Überlegungen zu deren Lösung auf die damals in Europa üblichen Methoden zurück:

»Wenn wir von dem Standpunkt ausgehen, dass die schrittweise Kolonisation wirkungslos ist, bleibt uns nur ein einziger Weg, die Massenvertreibung. [...] Nichtsdestoweniger hat sich die Weltöffentlichkeit an weit Schlimmeres gewöhnt und ist dermaßen mit Tagesfragen beschäftigt, dass sie sich von dieser Seite wohl kaum beunruhigen dürfte. Wenn Deutschland Zehntausende von Juden vertreiben und Rußland Millionen von Menschen von einem Teil des Kontinents zum anderen verlegen konnte, so wird die Vertreibung von einigen hunderttausend Albanern schon nicht zum Ausbruch eines Weltkrieges führen.« Milošević schien allerdings vergessen zu haben, dass Europa nicht mehr im Jahr 1937 lebte, sondern im Jahr 1999 angekommen war und auf fundamental anderen Werten gründete.

Rudolf Scharping und ich versuchten unsere Argumente in einer gemeinsamen Pressekonferenz am 31. März der Öffentlichkeit zu vermitteln, aber der Erfolg war bescheiden. Es ging eher um unsere sogenannte »Rhetorik« als um die Ereignisse und ihre Zuordnung. »Zu oft, zu heftig, zu moralisch«, lautete da etwa ein Kommentar. Dies galt auch für meine Pressekonferenz wenige Tage später, die ich unter dem Eindruck der schlimmen »Oster-Ereignisse« im Kosovo und zur Vorstellung der fünf Punkte im Weltsaal des Auswärtigen Amtes allein bestritten hatte. »Die Regierung und der Krieg: Je schlechter die Argumente, desto extremer das Vokabular«, fasste am nächsten Tag der Berliner Tagesspiegel das Urteil eines nicht unwichtigen Teils der veröffentlichten Meinung zusammen.

Die dramatischen Ostertage hatten mich emotional alles andere als kaltgelassen, und ich war innerlich gleichermaßen entsetzt wie wütend über Milošević verbrecherische Politik und ihre für alle sichtbaren schlimmen Folgen. Und in der Antwort auf eine Frage während der Pressekonferenz griff ich auf meine persönliche Erfahrung und Betroffenheit als ein Deutscher der unmittelbaren Nachkriegsgeneration zurück, aus der sich für mich, auch ganz persönlich, die Verpflichtung zum Handeln im Kosovo ergeben hatte: »Ich habe nicht nur ›Nie wieder Krieg‹ gelernt, sondern auch ›Nie wieder Auschwitz‹.« Dies war eine Antwort auf die Angriffe von links, die immer mit der Parole »Nie wieder Krieg« als vermeintlich einziger Verpflichtung aus der jüngeren deutschen Geschichte vorgetragen wurden.

Die Reaktion darauf war massiv, und zwar von rechts und links, vor allem aber von links. Ich würde Kosovo mit Auschwitz gleichsetzen und dieses damit relativieren, lautete der völlig unsinnige Vorwurf, denn eine solche Gleichsetzung meinerseits hatte es niemals gegeben. Bis in die jüngste Zeit hinein wird diese bewusste Falschdarstellung wiederholt, was sie aber keineswegs richtiger macht. Ich griff damals in der Auseinandersetzung mit der Linken vielmehr auf meine ganz persönliche Erfahrung zurück, nämlich dass ich mit zwei politischen Grundsätzen als Linker in Nachkriegsdeutschland groß geworden bin, dem besagten »Nie wieder Krieg« und dem Grundsatz »Nie wieder Völkermord, nie wieder Auschwitz«. Bei jedem rassistischen Übergriff oder Verbrechen, bei brennenden Ausländerwohnungen und körperlichen Misshandlungen von Ausländern in Deutschland wurde immer wieder genau dieses Argument benutzt. Und niemand wäre in diesen Fällen je auf die Idee gekommen, aus diesem Grundsatz, der nichts anderes als eine Verpflichtung und Aufforderung zum sofortigen Handeln, zu einem »Wehret den Anfängen!« beinhaltete, eine Relativierung von Auschwitz und des Menschheitsverbrechens der Nazis an den europäischen Juden herauszulesen.

Für Montag, den 12. April, war ein Treffen der NATO-Außenminister in Brüssel angesetzt. Zu dessen Vorbereitung trafen sich zuvor die politischen Direktoren der Quint ebenfalls in Brüssel. Sie einigten sich auf die fünf Punkte, die sich dann auch im Schlussdokument des Außenministertreffens wiederfinden sollten. Ebenso fanden sie sich in der Erklärung des europäischen Sonderrates der Staats- und Regierungschefs der EU vom 14./15. April wieder und, fast wichtiger noch, in der Erklärung des NATO-Gipfels der Staats- und Regierungschefs vom 23./24. April in Washington. Dort heißt es:

»Präsident Milošević muss: einen überprüfbaren Stopp aller Militäraktionen und das sofortige Ende von Gewalt und Unterdrückung im Kosovo sicherstellen/gewährleisten; sein Militär, die Polizei und sämtliche paramilitärischen Kräfte aus dem Kosovo abziehen; der Stationierung internationaler Militärkontingente im Kosovo zustimmen; der uneingeschränkten und sicheren Rückkehr von Flüchtlingen und vertriebenen Personen zustimmen und humanitären und Hilfsorganisationen ungehinderten Zugang zu ihnen garantieren; glaubhaft seine Bereitschaft zur Aufstellung einer politischen Rahmenvereinbarung auf der Basis des Rambouillet-Vertrages bezeugen. Was diese Bedingungen angeht, kann es keinen Kompromiss geben.«

Damit waren die fünf Punkte, angereichert durch zwei weitere, allerdings sehr wichtige Punkte, nämlich die »internationale Militärpräsenz« und »den ungehinderten Zugang der humanitären Hilfsorganisationen« zu den Flüchtlingen, zur nicht verhandelbaren, offiziellen NATO-Position geworden. Zuvor hatte sich bereits die EU in ihren Schlussfolgerungen zum Kosovo in einer Sondersitzung des Allgemeinen Rates am 8. April in Luxemburg diese ergänzten fünf Punkte zu eigen gemacht, und ebenso geschah dies in einer Erklärung der Staats- und Regierungschefs bei ihrem Treffen am 14. April. Damit war die Grundlinie des Westens festgelegt und der erste Schritt hin zu einer politischen Lösung erfolgreich abgeschlossen. Jetzt mussten wir den zweiten Schritt in Angriff nehmen. Wie konnte man von einer definierten Position zu deren Umsetzung mit den Mitteln der Diplomatie gelangen? Es bedurfte dazu einer weiteren Initiative, die das Verfahren festlegte, einen Plan also, der den Weg beschrieb und die einzelnen Schritte und ihre zeitliche Abfolge beinhaltete.

Während wir gemeinsam mit unseren Partnern in NATO und EU an der Beschlussfassung der fünf Punkte arbeiteten, hatten wir uns im AA bereits an die Arbeit für den weitergehenden Plan gemacht, der uns diplomatisch gegenüber Moskau und Belgrad endgültig wieder in die Offensive bringen sollte. Zudem wurde der Druck auf mich aus Parlament und Partei mit jedem Tag, an dem die Bombardierung anhielt, immer stärker. Ich brauchte auch innenpolitisch dringend Entlastung durch die Entwicklung einer überzeugenden politischen Initiative. Inhaltlich spielte dies bei der Abfassung dieses neuen Plans keine wesentliche Rolle, wohl aber bei deren Veröffentlichung.

Der Auftrag zur Ausarbeitung dieses weitergehenden Plans erging am Freitag, den 9. April, erneut an SoBos. Am Sonntag, den 11. April, hatte ich mich für den Nachmittag mit Johannes Haindl, dem Stellvertreter von Botschafter Pauls, verabredet, um den Entwurf für einen Friedensplan durchzugehen. Mit dem Ergebnis war ich alles andere als zufrieden, denn das Papier war zu lang und zu kompliziert. Am Abend telefonierte ich nochmals mit Johannes Haindl, und wir einigten uns auf eine neue, präzisere Struktur der zentralen Elemente eines solchen Plans.

Der zweite Entwurf entsprach völlig meinen Erwartungen, und so konnte ich damit zum NATO-Rat nach Brüssel fahren. Zugleich machte sich damit die Presseabteilung diskret an die Arbeit, denn ich hatte mich diesmal, meiner innenpolitischen Not gehorchend, anders als bei den fünf Punkten, bei der Veröffentlichung für einen Alleingang entschieden. Ich brauchte diesmal einen sichtbaren Erfolg für mich. Das war in der Sache nicht ohne Risiko, weil die Eitelkeiten zwischen den großen Mächten im westlichen Bündnis nicht zu unterschätzen waren. Aber erstens waren wir in der Rolle der Doppelpräsidentschaft in EU und G8. Zweitens waren Franzosen und Briten mit uns in London und Rambouillet alles andere als zimperlich umgegangen. Drittens aber war es im Interesse des Bündnisses, dass Deutschland nicht ausscherte, und das würde ganz entscheidend von den Grünen abhängen. Ich war mir sicher, dass ich dies Madeleine Albright und den anderen Kollegen würde erklären können.

Am 12. April 1999 war ich zur Sitzung des NATO-Rates in Brüssel, und an diesem Tag beging ich zugleich meinen 51. Geburtstag. Da saß ich nun im Allerheiligsten der NATO, im Saal des Rates, war deutscher Außenminister, führte Krieg und hatte Geburtstag! Robin Cook, der britische Außenminister, überreichte mir eine große Glückwunschkarte mit den Unterschriften aller Kolleginnen und Kollegen, die im NATO-Rat anwesend waren. Einerseits war ich über diese Geste fast etwas gerührt, andererseits aber hatte die ganze Szenerie etwas Unwirkliches. Geburtstag, Krieg, NATO-Rat – wo, zum Teufel, war ich da eigentlich gelandet? Leichte Selbstzweifel kamen in mir auf. Meine Biographie zog an mir vorbei, der Frankfurter Sponti, Kommunarde, Straßenkämpfer, Taxifahrer, kurzzeitige Landfreak, Buchhändler und schließlich der grüne Pazifist. Wie passte all dies zum heutigen Tag? Allerdings war die Lage viel zu ernst, als dass ich an meinem 51. »NATO«-Geburtstag einem autobiographisch grundierten Pessimismus hätte nachhängen können. Immerhin, so sagte ich noch zu mir selbst, war ich ein Jahr älter als das Bündnis, denn dessen 50. Geburtstag sollte erst Ende des Monats in Washington gefeiert werden. Dann hatte mich die Realität wieder. »Animus in consulendo liber« (in etwa: Der Geist ist in der Beratung frei), prangte an der Stirnwand des Sitzungssaals des NATO-Rats. Und dieses Motto galt es, meinerseits vor allem in den kommenden Tagen zu beherzigen.

Unsere Überlegungen bezüglich der weiteren Vorgehensweise hatten wir am selben Tag noch in Bonn einigen deutschen Journalisten zur Kenntnis gebracht, und prompt machten die Medien daraus den sogenannten »Fischer-Plan«. Auch dieser Begriff ging auf unsere Presseabteilung zurück. Ich hatte Madeleine Albright zwar zu Beginn des NATO-Treffens in der Sache unterrichtet und später dann auch im NATO-Rat die Eckpunkte dargestellt, ohne allerdings von einem Plan zu sprechen. Ich hatte nichts über unsere diskrete Öffentlichkeitsarbeit verlauten lassen. Am Morgen darauf fand sich der »Fischer-Plan« auf der ersten Seite einiger deutscher Zeitungen.

Meine amerikanische Kollegin war darüber verständlicherweise alles andere als erfreut. »Joschka, what is that, the so-called Fischer-Plan?«, wurde ich von der amerikanischen Außenministerin recht unwirsch gefragt. Die öffentliche Reaktion der amerikanischen Diplomatie fiel noch wesentlich negativer aus. Meine Mitarbeiter berichteten mir, dass die Amerikaner über meine Vorgehensweise richtig »pissed off« gewesen wären, wie man dies in feinstem Englisch zu nennen pflegt. Vor allem der Punkt, der die Einstellung der Luftangriffe in unserem Plan betraf, damit die Serben aus dem Kosovo würden abziehen können, wurde von der amerikanischen Presse als ein Wackeln der Deutschen interpretiert, was es aber definitiv nicht war. Genau so wurde nämlich später bei der Umsetzung der Resolution 1244 verfahren. Andererseits waren aber nicht nur bei uns die Nerven sehr angespannt, und insofern konnte ich die amerikanische Reaktion sogar verstehen.

Ich verwies Madeleine Albright gegenüber auf die Punkte, die ich ihr bei unserem Gespräch bereits mitgeteilt hatte, und druckste im Übrigen herum. Denn ich wusste, dass ich in dieser Angelegenheit unsauber gespielt hatte, aber ich brauchte diese Initiative unbedingt für mich. Der Plan war damit allerdings öffentlich gesetzt worden, er hatte für die Innenpolitik auch den richtigen Namen. Die Partner waren darüber alles andere als erfreut, und auch im Kanzleramt war man über das Verfahren und die Namensgebung nicht allzu sehr erbaut gewesen. Aber all diese negativen Reaktionen hatte ich erwartet. Es war nicht Eitelkeit, die mich zu dieser Vorgehensweise getrieben hatte, sondern die schlichte politische Not. Und deshalb war ich mir auch nur einer »lässlichen Sünde« bewusst. Nun galt es eben, diese Widerstände in den nächsten Tagen abzubauen und die Initiative voranzubringen. Einen weiteren Tag später wurde dann der Plan durch Associated Press (AP) im Wortlaut veröffentlicht. Die beiden Pressesprecher des Amtes, Martin Erdmann und sein Stellvertreter Andreas Michaelis, hatten sehr gute Arbeit geleistet, und innenpolitisch sollte sich dieses Manöver als überaus hilfreich und wichtig erweisen.

Mein »NATO«-Geburtstag hatte es wirklich in sich gehabt: Am 12. April trafen NATO-Flugzeuge versehentlich den Fernzug Belgrad–Thessaloniki, und zahlreiche unschuldige Menschen wurden dabei getötet oder verletzt. Dies sollten nicht die letzten unschuldigen Opfer dieses Krieges bleiben. Das Wissen darum, dass es trotz aller Anstrengungen der Planer der Militäreinsätze und der Piloten dennoch immer wieder zu Fehlentscheidungen oder technischem Versagen kommen konnte, die unschuldige Menschen das Leben oder die Gesundheit kosteten, war für jeden, der an diesen Entscheidungen beteiligt war oder sie zu verantworten hatte, eine große innere Belastung. Der psychologische und moralische Druck nahm auch in mir selbst immer stärker zu. Es galt, allein mit sich, immer wieder die Frage zu beantworten, ob man das Richtige tat und ob man es noch vor sich selbst verantworten konnte. Und selbstverständlich hatten wir alle auch mit unseren inneren Zweifeln zu kämpfen, ohne dass diese Selbstzweifel nach außen dringen durften. In jenen Tagen waren die Treffen und Gespräche mit dem Bundeskanzler und dem Bundesverteidigungsminister für mich nicht nur politisch, sondern auch persönlich sehr wichtig.

In diese politisch und psychologisch an den Nerven zerrenden Lage passte dann der Angriff, den die Berliner tageszeitung (taz) am 12. April auf mich startete, sehr genau: »Die Rambouillet-Lüge: Was wusste Joschka Fischer?«, titelte die taz als mein Geburtstagsgeschenk. Und dann folgte politisch richtig starker Tobak: »Der größte Teil der Leitungsebene des Bonner Auswärtigen Amtes war bis letzte Woche über wesentliche Bestimmungen des Rambouillet-Abkommens für eine Autonomie des Kosovo nicht informiert. [...] Den Abgeordneten des Deutschen Bundestages wurde der vollständige Text des Abkommens bis letzte Woche von der Bundesregierung vorenthalten. Mit der Nichtunterzeichnung des Abkommens durch Belgrad hatte die Bundesregierung den Beginn der Luftangriffe gegen Restjugoslawien am 24. März begründet.«

Im Klartext lautete der Vorwurf: Kriegsbeteiligung mittels Lug und Trug! Ich, Fischer, hätte erstens meine eigenen höchsten Mitarbeiter im Amt über wichtige Teile des Vertragsentwurfs von Rambouillet im Unklaren gelassen und, wesentlich schlimmer noch, den Bundestag nur unvollständig über diesen Entwurf unterrichtet, um an den Fakten und der Wahrheit vorbei Deutschland in den Krieg der NATO im Kosovo hineinzumanövrieren! Dieser Vorwurf war ungeheuerlich und zielte darauf ab, meinen Ruf und meine Glaubwürdigkeit in der zentralen Frage von Krieg und Frieden zu ruinieren. Darüber hinaus ging es um die Erschütterung der politischen und moralischen Glaubwürdigkeit von Rot-Grün in diesem Krieg.

Der Kern dieses unglaublichen Vorwurfs stützte sich auf den sogenannten Annex B des Vertragsentwurfs von Rambouillet, in dem die *militärisch-technischen* Fragen für das Militär der NATO geregelt werden sollten. Das Absurde daran war, dass dieser Annex B während der gesamten Verhandlungen in Rambouillet keine Rolle gespielt hatte. Der Vorwurf, das Abkommen von Rambouillet wäre auf eine NATO-Besatzung für ganz Jugoslawien hinausgelaufen, und deshalb hätte Milošević (und selbst wesentlich moderatere serbische Führer) gar nicht unterschreiben können und dürfen, war schlicht erfunden.

Als wir anlässlich eines der Vorbereitungstreffen für Rambouillet im Ministerium diesen Annex B diskutierten, der das sogenannte »SOFA« (Status of Forces Agreement) beinhaltete, wollte ich selbstverständlich wissen, worum es dabei ging und welche Bedeutung dieser Teil des Vertrages hatte. Die Antwort: Es handele sich um die Regelung der praktischen Kooperation zwischen den Militärs am Boden für den Fall einer politischen Einigung. Darin würden die jeweiligen Rechte und Befugnisse der NATO-Truppen definiert und praktische Fragen der Stationierung, des Transits etc. geklärt. Für die Militärs wäre dies unverzichtbar, da diese Vereinbarung ihren völkerrechtlichen Status und ihre Rechte klären würde. Eine solche Vereinbarung zwischen den Militärs würde immer erst nach der politischen Einigung unterzeichnet. Die NATO habe sich bei dem vorliegenden Entwurf an den Verhandlungen von Dayton orientiert. Im Übrigen schrieben die Militärs immer Maximalpositionen in ihren ersten Entwurf (dies sollte ich in den kommenden Jahren auch bei nationalen Mandaten für den Einsatz der Bundeswehr noch oft erleben), aber wenn die politische Einigung da wäre, dann würden die Stationierungsfragen von den Militärs untereinander verhandelt werden, und man würde sich in der Regel meist sehr schnell einigen. Wir Diplomaten bräuchten uns weiter darum nicht zu kümmern. Dieser Annex sollte allerdings erst gegen Ende der Verhandlungen auf den Tisch gelegt werden, wenn eine politische Einigung in Sicht wäre, denn ansonsten könnte er allzu leicht für politische Störmanöver und Schlimmeres missbraucht werden. Meine Antwort war, dass wir es dann so machen sollten, und damit war dieser Annex B – bis zu meinem 51. Geburtstag – wieder aus meiner Wahrnehmung entschwunden.

Tatsächlich wurde nach der Einigung in Belgrad, Köln und New York über das Ende des Krieges und die Sicherheitsrats-resolution 1244 zwischen der NATO unter General Mike Jackson und dem jugoslawischen General Marjanović ein solches militärisch-technisches Abkommen unterzeichnet. Die beiden Delegationen hatten sich im mazedonischen Kumanovo, an der Grenze zum Kosovo, getroffen und dort das Abkommen verhandelt. Nichts, aber auch rein gar nichts war dabei von dem ganzen innenpolitischen Propagandaqualm um den ominösen Annex B übrig geblieben! Allerdings sah dies an meinem 51. Geburtstag noch ganz anders aus.

Vor allem die Behauptung, ich hätte das Parlament nicht vollständig unterrichtet, hätte für mich politisch tödlich sein können. Es erhob sich auch schon lauter Protest aus den Reihen der Abgeordneten der Regierungsfraktionen und der Opposition. Allerdings stellten wir nach kurzem Nachforschen fest, dass auch dieser Vorwurf völlig haltlos war. Ich hatte dem Ausschussvorsitzenden am 24. Februar die vollständigen Unterlagen übersandt, damit sie dort von den Abgeordneten eingesehen werden konnten, selbstverständlich unter Einschluss des Annex B. Die Dokumente konnten wegen des damals noch nicht abgeschlossenen Prozesses allerdings nicht öffentlich freigegeben werden. Wie es sich zeigte, hatten die Abgeordneten es nicht für nötig gefunden, sich näher damit zu befassen und die Fraktionen zu unterrichten, auch und gerade nicht die Vertreter der PDS im Auswärtigen Ausschuss.

Ich beendete diese Debatte mit einem Auftritt in der Fraktion und einem ausführlichen Interview in der taz, das am 15. April erschien und in dem ich durch die Darstellung der Fakten alle Vorwürfe entkräftete. Zuvor hatte ich der Fraktion Rede und Antwort gestanden. Ich bat Gunter Pleuger und Christian Pauls, mich zu dieser grünen Fraktionssitzung zu begleiten, falls ich fachlichen Beistand bräuchte. Auf dieser Fraktionssitzung blieb ich keine Antwort schuldig, und damit, gemeinsam mit dem ausführlichen Interview, war auch diese gefährliche Attacke überstanden. Hätten wir aber in dieser Frage, die niemand von uns für relevant gehalten hatte, auch nur einen Flüchtigkeitsfehler gemacht – was zwar nicht vorkommen darf, bisweilen aber durchaus vorkommt –, so wäre es für mich wohl sehr eng geworden. Und noch etwas lernte ich aus dieser Angelegenheit, nämlich dass selbst linksliberale Medien mit der Richtigstellung der Fakten von einer Geschichte nicht abzubringen waren, wenn sie meinten, sie hätten einen Treffer in Vorbereitung oder aber eine Attacke auf die Regierung wäre opportun. Dann wurden die Fakten eben passend interpretiert oder gar völlig ignoriert.

Damit ich richtig verstanden werde: Hofberichterstattung verträgt sich weder mit einer unabhängigen Presse noch mit den Grundsätzen der Demokratie. Fehler der Regierung müssen auf den Tisch, und die Vertuschung von Fehlern darf eine freie Presse niemals akzeptieren. Solche Vorgänge müssen aufgedeckt werden. Und wenn es eine Regierung oder ein Mitglied einer Regierung trifft, dann schmerzt dies, ja kann sogar das Amt kosten, aber diese Wächterfunktion der Medien ist unverzichtbar. Das Zurechtbiegen oder gar Ignorieren von Fakten, damit eine Enthüllungsgeschichte nicht zu Staub zerfällt, ist allerdings übel. Und diese Tendenz nimmt unter dem Konkurrenzdruck der Medien immer extremere Formen an. Dabei scheint sich der so wichtige Unterschied zwischen einem auf bloße Sensationsmache und Krawallberichterstattung zielenden Boulevard-Journalismus und einem seriösen Journalismus leider mehr und mehr einzuebnen. Ich sollte mit dieser Form eines immer weiter um sich greifenden Skandalisierungsjournalismus noch reichliche Erfahrungen sammeln dürfen, vor allem in der sogenannten Visa-Affäre. Aber davon wird später ausführlich zu berichten sein.

Die Telefondiplomatie, vor allem mit Moskau, war unterdessen beständig weitergelaufen. Am 7. April hatten sich die politischen Direktoren der Kontaktgruppe in Brüssel getroffen, und die Haltung Moskaus war wenig hoffnungsvoll, denn der in Brüssel weilende stellvertretende Außenminister Awdejew war nicht nur als Vertreter einer konservativ-harten Linie bekannt, sondern er zog es vor, sich allein mit dem stellvertretenden amerikanischen Außenminister Strobe Talbott zu treffen, als an der Sitzung der Kontaktgruppe teilzunehmen. Damit war die Kontaktgruppe aber durch Moskau faktisch für tot erklärt worden. Ich hatte mich persönlich bei einem Treffen mit Awdejew am Abend dieses Tages in Bonn von dessen harter Haltung überzeugen können. Wir mussten also jetzt unbedingt umschalten, weg von der Kontaktgruppe, hin zur G 8. Das würde den Russen entgegenkommen, aber auch uns selbst. Denn in der G 8 waren wir im Vorsitz und konnten die Initiative übernehmen. Wir brauchten für politische Fortschritte im G 8-Rahmen allerdings einen ausgearbeiteten Fahrplan auf der Grundlage der fünf Punkte von NATO und EU, um weiter voranzukommen, und genau den hatten wir erarbeitet.

Am 8./9. April fand in Dresden ein Treffen der politischen Direktoren der G 8 statt, das im Ergebnis sehr erfreulich verlief. Eigentlich sollte auf diesem Treffen die Schlusserklärung des kommenden Gipfeltreffens der G 8 verhandelt werden, aber dann stand die Suche nach einer politischen Lösung des Krieges im Kosovo im Mittelpunkt. Russland hatte einen anderen Vertreter entsandt, den stellvertretenden russischen Außenminister Georgij Mamedow, und so gelang es den politischen Direktoren, sich auf ein sprachlich modifiziertes Papier zu einigen, in dem die fünf Punkte der NATO enthalten waren und das sowohl ein G 8-Außenministertreffen als auch eine Sicherheitsratsresolution zur Beendigung des Kosovo-Krieges enthielt. Damit konnte man arbeiten und vielleicht sogar vorankommen. Gunter Pleuger, der politische Direktor des AA und Vorsitzende dieses Treffens, hatte Herausragendes geleistet.

Am 9. April hatte ich zwei Telefongespräche mit dem russischen Außenminister. Unsere Anstrengungen, Russland zurück ins Boot einer diplomatischen Lösung zu holen, die in den Sicherheitsrat und zu einer Kapitel-VII-Resolution führen würde, nahmen langsam konkretere Formen an. Ich teilte Igor Iwanow mit, dass ich den G 8-Vorschlag, der bei den politischen Direktoren in Dresden auf dem Tisch lag, für ganz vorzüglich hielte. Wenn dieses Treffen erfolgreich verlaufe, dann sollte man ein Ministertreffen ins Auge fassen. Iwanow widersprach dem nicht und unterrichtete mich noch, dass er sich in wenigen Tagen mit Madeleine Albright in Oslo bilateral treffen würde.

Nach dem Treffen in Dresden und der dortigen Einigung der politischen Direktoren der G 8 auf ein gemeinsames Papier war der Weg für jenen Fahrplan freigeräumt worden, den wir dann ab dem 12. April als sogenannten »Fischer-Plan« in der Öffentlichkeit durchsickern ließen. Er umfasste sechs Stufen zur Umsetzung der fünf Punkte:

Erstens ein G 8-Ministertreffen, das den Zeitpunkt des vollständigen Rückzugs aller serbischen Sicherheitskräfte und den Zeitpunkt des Abschlusses dieses Rückzugs festlegen sollte; parallel dazu eine Verpflichtung der UÇK, alle Feindseligkeiten einzustellen und ihre Positionen dann nicht mehr zu verändern (eine russische Ergänzung in Dresden); die Einrichtung einer internationalen Friedenstruppe unter Kapitel VII der VN-Charta, die robust sein und unter einem einheitlichen Kommando stehen sollte; sofortige Arbeitsaufnahme der internationalen Hilfsorganisationen im Kosovo, spätestens aber nach Abzug der serbischen Sicherheitskräfte; dann auch die Rückkehr der Flüchtlinge, Deportierten und Vertriebenen und der Beginn des Wiederaufbaus; Unterstellung des Kosovo unter eine Übergangsverwaltung der VN bis zu einer endgültigen politischen Regelung.

Zweitens die Befassung des Sicherheitsrates, der möglichst schnell die Einigung der Minister in eine Kapitel-VII-Resolution umwandeln sollte. Drittens die Umsetzung der vorher vereinbarten Schritte. Viertens die militärische Absicherung dieses Prozesses durch die NATO im Luftraum des Kosovo und von Albanien und Mazedonien aus. Fünftens der Beginn der internationalen Hilfe. Und sechstens die Flüchtlingsrückkehr und der Beginn des Wiederaufbaus.

Der Zufall des Terminkalenders wollte es, dass am 12. April Staatssekretär Wolfgang Ischinger zu seit längerem verabredeten politischen Konsultationen in Moskau angekündigt war. Diese Chance zur persönlichen Unterrichtung des russischen Außenministers galt es zu nutzen. Ich hatte Iwanow drei Tage zuvor telefonisch mitgeteilt, dass Ischinger meine Überlegungen genau kennen und ihn mündlich detailliert unterrichten würde. Ischinger ließ sich nach der Sitzung des NATO-Rats – mit dem Handy in der Hand auf den Eingangsstufen des russischen Außenministeriums stehend, wie er später erzählte – von mir persönlich noch einmal grünes Licht geben, dass er Iwanow über die Details unserer Überlegungen unterrichten konnte.

Am 15. April gab der Bundeskanzler vor dem Plenum des Deutschen Bundestages eine Regierungserklärung zur Lage im Kosovo ab, an die sich eine längere Debatte anschloss. Vor der Abgabe der Regierungserklärung wurde noch Hans Eichel, der frühere hessische Ministerpräsident und ein guter Bekannter von mir aus der zweiten rot-grünen Koalition in Wiesbaden, als neuer Bundesfinanzminister vereidigt. Dann sprach der Bundeskanzler zur Lage im Kosovo. Zweierlei war an dieser Debatte bemerkenswert:

Erstens, dass sich der bayerische Ministerpräsident Edmund Stoiber ohne Wenn und Aber gegen eine deutsche Beteiligung am Einsatz von Bodentruppen im Kosovo aussprach: »CDU und CSU haben sich deshalb ebenso wie die Bundesregierung klar gegen den Einsatz von Bodenkampftruppen der NATO in diesem Konflikt ausgesprochen. Wir dürfen keine Mittel einsetzen, die politische Lösungen erschweren oder sogar unmöglich machen und die wir in den Konsequenzen nicht beherrschen können. Diesen Standpunkt müssen wir nicht nur hier, sondern auch innerhalb des Bündnisses immer wieder deutlich machen.« Edmund Stoiber hatte in der Woche zuvor Moskau besucht, im Rahmen der Partnerschaft des Freistaates Bayern mit der Region Moskau. Dabei hatte er auch politische Gespräche geführt, die er in Telefonaten mit dem Bundeskanzler und mir vorbereitet hatte, wie dem Plenum mitteilte. Der Oppositionsführer der CDU/CSU im Bundestag, Wolfgang Schäuble, formulierte zwar ungenauer, denn er sprach sich lediglich gegen eine »militärische Eskalation« aus. Aber nach dieser Debatte war definitiv klar, dass für uns die Option Bodentruppen nicht einmal mehr theoretisch bestand, denn im Deutschen Bundestag würde es keine Mehrheit für ein solches Mandat geben.

Und zweitens Gregor Gysis Rede. Gysi hatte auf der Reise in seinen wohlverdienten Osterurlaub einen Abstecher nach Belgrad gemacht und Milošević besucht. Jetzt, in der Debatte des deutschen Parlaments, hielt er eine Rede, die mich abstieß, weil er im Stile eines Advokaten alle möglichen Argumente zusammenklaubte, um Milošević indirekt zu verteidigen. Der eigentliche Aggressor sei die NATO, darum ging es in Gysis Rede, und das war auch die Botschaft seiner Reise nach Belgrad gewesen. Entgegen Gysis milden Worten musste man allerdings nur den Antrag seiner Fraktion durchlesen, der sehr klar war. Dort fand sich kein einziges Wort der Verurteilung der serbischen Politik.

Da ich direkt nach Gregor Gysi sprach, fiel es mir schwer, seine Rede zu ignorieren. »Es geht hier um die Frage: In welchem Europa wollen wir in Zukunft leben?«, hielt ich Gysi entgegen. »Da sind wir an einem Punkt angekommen, wo wir nicht weiter zurückkönnen. Ihnen müssen doch die ganzen Spanienlieder, die Sie so seligen Auges mit Ernst Busch gesungen haben, im Halse stecken bleiben. ›No passarán!‹, hieß es. Sie beziehen sich doch auf eine Tradition, in der am Manzanares mit der Waffe in der Hand – leider nicht erfolgreich, aber mit großem kämpferischem Einsatz – 1936 bis 1938 versucht wurde, die spanische Republik zu verteidigen. Und heute? Heute machen Sie sich hier zum Weißwäscher der Politik eines neuen Faschismus, der auf Vertreibung und ethnische Reinheit für eine großserbische Politik setzt. Mit linker Politik und Friedenslogik hat das nichts zu tun.«

Am Tag der Bundestagsdebatte rief mich der russische Außenminister dann erneut an. Das Treffen in Oslo mit Madeleine Albright sei aus seiner Sicht gut verlaufen (von der amerikanischen Seite bekamen wir allerdings eine eher ernüchternde Einschätzung dieses Treffens zu hören). Oslo hatte aber die Einigung auf ein G 8-Außenministertreffen und den Weg über den Sicherheitsrat gebracht, und diese beiden Ergebnisse waren in ihren positiven Konsequenzen für den weiteren diplomatischen Fortschritt im Rahmen der G 8 und für eine zukünftige Einigung im Sicherheitsrat kaum zu unterschätzen. Denn das hieß nichts Geringeres, als dass es eine grundsätzliche Einigung auf den Verfahrensrahmen mit Russland gegeben hatte. Und dann diskutierte Iwanow mit mir zum ersten Mal die Elemente unseres Plans.

Für Russland gab es vor allem noch Unterschiede zu unserem Vorschlag und der westlichen Position beim vollständigen Abzug der serbischen Sicherheitskräfte (kein vollständiger Abzug), bei der Flüchtlingsrückkehr, die für alle Flüchtlinge unabhängig von ihrer Religion und ethnischen Zugehörigkeit zu gelten habe, und bei der zukünftigen Statusfrage des Kosovo (Autonomie im Rahmen der territorialen Integrität Jugoslawiens und keine Unabhängigkeit). Die größten Schwierigkeiten würde für Russland aber die Stationierung internationaler militärischer Kräfte im Kosovo aufwerfen. Russland sei der Meinung, dass die Vereinten Nationen zivile Kontingente stationieren könnten. Dieser Punkt war natürlich für den Westen völlig unannehmbar, Iwanow wusste das auch ganz genau. Aber in dieser Phase unserer diplomatischen Anstrengungen war dies nicht von großer Bedeutung, denn wir hatten es damals lediglich mit der russischen Eröffnungsposition zu tun.

Viel wichtiger war vielmehr, dass Moskau damit begonnen hatte, sich auf die ernsthafte Suche nach einer diplomatischen Lösung auf der Grundlage der westlichen Vorschläge einzulassen. Daher war vor allem auch der Vorschlag des russischen Außenministers wichtig, die politischen Direktoren weiter nach einer solchen Lösung suchen zu lassen, um ein Außenministertreffen vorzubereiten. Zudem hatte der russische Präsident Jelzin am Tag zuvor den ehemaligen Premierminister Russlands, Viktor Tschernomyrdin, zu seinem persönlichen Sondergesandten für Jugoslawien ernannt. All dies waren ermutigende Signale, dass der russische Präsident eine diplomatische Lösung zur Beendigung des Krieges suchte. So langsam begann sich diplomatisch Stein auf Stein zu fügen.

Allerdings wurde die militärische Lage vor Ort alles andere als einfacher. Am 14. April verwechselte im Kosovo ein Pilot der alliierten Luftstreitkräfte einen Flüchtlingstreck mit einem serbischen Militärkonvoi, und wieder starben zahlreiche unschuldige Menschen. Die NATO führte ihren strategischen

Bombenkrieg fort, ohne dass sich bisher greifbare militärische Erfolge oder gar ein Durchbruch absehen ließen. Aber gerade deshalb kam es damals umso mehr auf den erfolgreichen Fortgang der diplomatischen Anstrengungen an. Die Stimmung in der Koalition und auch innerhalb der Bundesregierung wurde immer schlechter.

Auch angesichts der zunehmenden Zahl unschuldiger Opfer und der politischen Perspektivlosigkeit der Kriegsstrategie war der Bombenkrieg der NATO innenpolitisch und in den Koalitionsfraktionen immer schwerer zu begründen. Es war zu spüren, dass die Unterstützung wegzubrechen begann, und dies betraf nicht nur das linke Lager in Deutschland. Auch aus dem konservativen Lager mehrten sich die kritischen Stimmen. Allein die Bilder und Nachrichten, die immer wieder von Bomben auf Belgrad berichteten, lösten vor allem in der älteren Generation, die noch die Bombennächte des Zweiten Weltkriegs miterlebt hatte, traumatische Erinnerungen aus. Ganz offensichtlich reagierte die Öffentlichkeit in Deutschland parteiübergreifend anders auf den Bombenkrieg der NATO, als dies in Großbritannien und den USA der Fall war. Zumindest legten dies die Berichte meiner Kollegen nahe, wenn wir über die politischen Reaktionen in Parlament und Öffentlichkeit in unseren Ländern miteinander sprachen. Wir mussten eine politische Lösung finden, weil wir – das wurde mit jedem Tag deutlicher – diese Strategie als rot-grüne Bundesregierung nicht mehr lange durchhalten würden.

Am Abend des 21. April waren wir im Bonner Kanzlerbungalow zu einer Koalitionsrunde zwischen Grünen und der SPD verabredet. Die Stimmung war gedrückt, zweifelnd und voller Pessimismus. Nicht nur Jürgen Trittin, sondern nunmehr auch Heidemarie Wieczorek-Zeul und Otto Schily äußerten immer lauter Zweifel an dem Sinn des Krieges und unserer Politik. Ich konnte den Kollegen nicht einmal böse sein, da ich ihre Fragen und Einwände durchaus verstehen konnte, ja teilweise stellte ich mir diese selbst. Aber wir durften uns nach außen keinerlei Anzeichen von Schwäche erlauben, denn sonst würde alles wegrutschen.

Mir war klar: Wenn nunmehr auch die SPD anfinge zu wackeln, gäbe es in meiner Fraktion und Partei kein Halten mehr, und in der Folge davon würde die Regierung zusammenbrechen. In dieser bedrohlichen Situation stand der Bundeskanzler wie ein Fels in der Brandung. Er ließ nicht den geringsten Zweifel an der eingeschlagenen Linie und der unverbrüchlichen Bündnisloyalität der Bundesregierung aufkommen. Schröders eisenharte Entschlossenheit und Festigkeit richtete die Koalitionäre emotional wieder auf und schloss erneut die Reihen. Dies war eine große Leistung des Kanzlers, denn hätte Gerhard Schröder auch nur einen Anflug von Unsicherheit gezeigt, wäre es wahrscheinlich vorbei gewesen. Ohne das Vertrauen in seine starke Führung wären in dieser Situation Regierung und Koalition nur noch sehr schwer zusammenzuhalten gewesen. Ich hatte nicht nur erlebt, wie wichtig Gerhard Schröders entschlossene Führung an diesem Abend der Verzagtheit war, ich wusste darüber hinaus auch, wie sehr wir selbst, das sogenannte »Kriegskabinett«, bestehend aus Gerhard Schröder, Rudolf Scharping und mir selbst, mit unseren eigenen inneren Zweifeln zu kämpfen hatten. Und seit jenem Abend im Bonner Kanzlerbungalow wusste ich auch, was letztendlich einen Kanzler ausmacht. Gerhard Schröder hatte es uns allen an diesem Abend demonstriert.

Die Telefonate mit Iwanow gingen während dieser Tage in hoher Intensität weiter. Russland drängte auf ein Außenministertreffen, aber Washington reagierte darauf sehr zurückhaltend, da alle Anstrengungen auf den bevorstehenden NATO-Gipfel in der amerikanischen Hauptstadt konzentriert werden sollten. Für die amerikanische Diplomatie hatte der Erfolg dieses Gipfels unbedingte Priorität. Ich unterstrich gegenüber Iwanow, dass sich die politische Debatte in Washington immer mehr in Richtung eines Einsatzes von Bodentruppen entwickeln würde und dass es deshalb hohe Zeit für eine Friedensinitiative sei, die vonseiten Milošević eine ernsthafte Bewegung erbringen müsste. Wir alle bräuchten jetzt – und die Betonung lag auf dem Wort »jetzt« – eine substanzielle Bewegung in der Sache. Igor Iwanow stimmte dem zu und meinte, Russland verstehe die tatsächliche Situation. Jelzin werde mit Clinton sprechen, und das könnte jene Chance eröffnen, von der ich gesprochen hätte. Es wäre nützlich, wenn man sich nach dem Gipfel in Washington treffen könnte.

Am 23./24. April fand der NATO-Gipfel in Washington statt.

Sein wichtigstes Ergebnis war die demonstrative Geschlossenheit des Bündnisses mitten im Krieg mit Serbien. In Moskau und Belgrad konnte man alle Hoffnungen auf eine gespaltene Allianz fahren lassen. Vor allem Russland musste nach dem NATO-Gipfel ein Interesse daran haben, dass die diplomatische Schiene nunmehr zielorientiert angegangen wurde. Im Hintergrund allerdings gab es erhebliche Friktionen um die militärische Zielauswahl der NATO. Es ging um den Übergang von Phase II zu Phase III im Luftkrieg der NATO. Man einigte sich darauf, nicht formal in die Phase III einzutreten, also keinen neuen Beschluss des NATO-Rats herbeizuführen, verfuhr aber bei der Zielauswahl entsprechend den Planungen der Phase III. Und selbstverständlich war die Debatte um einen möglichen Bodenkrieg im Kosovo keineswegs vom Tisch. Zwar spielte sie in den offiziellen Beratungen und Dokumenten keine Rolle, gleichwohl war sie in allen informellen Gesprächen präsent. Das Ergebnis des NATO-Gipfels von Washington ließ sich, bezogen auf den weiteren Verlauf des Krieges mit Jugoslawien, in drei Punkten zusammenfassen: verstärkter strategischer Luftkrieg, verstärkte diplomatische Initiative, Vorbereitung des Bodenkriegs.

Moskau und Belgrad waren sich dieses Ergebnisses bewusst, und diese Tatsache konnte für die kommenden diplomatischen Bemühungen durchaus hilfreich sein, denn an der Entschlossenheit und Geschlossenheit des Bündnisses war jetzt nicht mehr zu zweifeln. Alle weiteren Anstrengungen des Westens mussten sich daher fortan darauf richten, die Russen herüberzuziehen, denn wäre Belgrad erst einmal isoliert, dann würde Milošević angesichts des wachsenden militärischen Drucks aus der Luft und der drohenden Bodenoffensive der NATO kaum noch weiter durchhalten können. Zudem brauchten wir die Vetomacht Russland im Sicherheitsrat. Um diese Ziele zu erreichen, mussten nach dem Washingtoner NATO-Gipfel alle Anstrengungen auf die Vorbereitung eines Treffens der G 8-Außenminister konzentriert werden.

Dieses Treffen fand schließlich am 6. Mai 1999 auf dem Petersberg bei Bonn statt. Es war nicht einfach gewesen, unsere amerikanischen Freunde so weit zu bringen, aber am Ende waren sie dann doch alle da. Die Verhandlungen verliefen praktisch entlang der Trennlinie von 7+1. Russland verhandelte mit den anderen sieben G8-Staaten, angeführt von den USA. Die Verhandlungen zogen sich über Stunden hin, wurden aber letztendlich mit einer Einigung auf ein kurzes Grundsatzpapier erfolgreich abgeschlossen, in dem alle für uns wesentlichen Elemente enthalten waren.

Gunter Pleuger, unser Politischer Direktor im AA, hatte erneut ganze Arbeit bei der Vorbereitung des Außenministertreffens geleistet. Statt sich im Kreis der politischen Direktoren mit dem russischen Vertreter in Sachverhandlungen über unseren Plan festzuhaken, hatte er kurzerhand eine Prinzipienerklärung vorgeschlagen und dann auch durchgesetzt. Auf dieser Grundlage fand später die Diskussion der Außenminister statt. Zuerst war es schwierig gewesen, die Briten davon zu überzeugen, von dem Begriff »militärische Präsenz« zugunsten des Begriffs »Sicherheitspräsenz« Abstand zu nehmen. Dann bekam für die USA der Plural bei dem Begriff »Sicherheitspräsenz« eine herausragende Bedeutung, um so den Unterschied zwischen militärischer und ziviler »Sicherheitspräsenz« zweifelsfrei klarzumachen. Diese Episode demonstrierte zugleich, wie angespannt die Nerven aller Beteiligten waren, zumal es sich abzeichnete, dass wir uns in Richtung des diplomatischen Endspiels bewegten.

Die kurze Prinzipienerklärung endete mit dem Auftrag an die politischen Direktoren, eine Sicherheitsratsresolution vorzubereiten und einen Fahrplan auszuarbeiten, der die weiteren konkreten Schritte hin zu einer politischen Lösung der Kosovo-Krise enthalten sollte. Zudem würden die Außenminister zu gegebener Zeit erneut zusammentreffen. Unter Punkt vier wurde der Vorsitz der G8 gebeten, die chinesische Regierung über die Ergebnisse der heutigen Sitzung zu unterrichten. Keiner der auf dem Petersberg versammelten Außenminister ahnte zu diesem Zeitpunkt, was in den nächsten Stunden in Belgrad geschehen sollte und dass die Unterrichtung der chinesischen Regierung etwas anders ausfallen würde als ursprünglich beabsichtigt.

Erleichtert und auch ein wenig stolz über die auf dem Petersberg erreichte Einigung fuhr ich zurück nach Bonn. Zwei Tage später, am 8. Mai, einem Samstag, wurde ich, wie üblich, durch die Nachrichten aus meinem Radiowecker geweckt. Innerhalb

von Sekunden saß ich, wahrscheinlich mit vor Entsetzen ge-
sträubten Haaren, senkrecht in meinem Bett. Die Botschaft der
Volksrepublik China war während der Nacht in Belgrad bom-
bardiert worden, und es hatte drei Tote in der Botschaft gegeben. Ich hätte vor Entsetzen, Wut und Enttäuschung am liebsten
in mein Kissen gebissen, aber es war nicht mehr zu ändern, der
Schaden war da. Wie würde China jetzt reagieren? Wie Moskau?
Und was würde Milošević tun, um diesen katastrophalen Fehler
für sich auszunutzen? Die Volksrepublik China verfügte als
ständiges Mitglied des VN-Sicherheitsrates über ein Vetorecht,
und wenn wir eine Kapitel-VII-Resolution erreichen wollten,
dann musste sich auch China mindestens enthalten. Die Bombardierung der Botschaft war ein sehr ernster Rückschlag, und
die Lage war plötzlich überaus prekär geworden. »Wie gewonnen, so zerronnen«, dachte ich mir angesichts der stolzen Hoffnungen, die ich noch vor wenigen Stunden nach dem Erfolg der
Außenministertagung auf dem Petersberg gehegt hatte.

Was war geschehen? Nach allen uns vorliegenden Informationen hatte es sich um einen Fehler bei der Verifikation des
Zieles gehandelt. Die US-Airforce verfügte zwar über ein mehrfach abgesichertes Zielplanungsverfahren, aber diese fehlerhafte
Planung hatte offensichtlich alle Sicherheitskontrollen durch-
laufen, ohne aufgefallen zu sein. Alle Spekulationen, dass es sich
bei dem Bombentreffer auf die chinesische Botschaft um einen
beabsichtigten Treffer gehandelt habe, hielt und halte ich für
eine absurde Verschwörungstheorie, die durch keinerlei Fakten
gedeckt wurde und wird. Zudem machte diese abstruse Theorie
auch keinerlei politischen Sinn, denn die Position der NATO
und des Westens wurde dadurch geschwächt und unsere diplomatischen Bemühungen ernsthaft gefährdet.

Es galt nunmehr, den eingetretenen Schaden unverzüglich zu
begrenzen. Der Bundeskanzler hatte eine mehrtägige Chinareise
geplant, die er angesichts der zugespitzten Lage auf dem Balkan auf einen Tag verkürzte. Gerhard Schröder reiste faktisch
nur nach China, um sich dort namens der NATO und des Westens bei der chinesischen Führung zu entschuldigen. In Peking
wurde diese Geste des Bundeskanzlers überaus positiv aufgenommen, und sie trug ganz wesentlich zu einer Entspannung

der Lage und zu einer positiven Haltung Chinas bei den noch kommenden Entscheidungen im Sicherheitsrat bei.

Auch in Moskau hatte sich Gott sei Dank die Lage nicht grundsätzlich verändert. Jelzin brauchte vor dem G 8-Gipfel und aus innenpolitischen Gründen eine schnelle Lösung der Kosovo-Krise, und deshalb blieb Moskau unverändert daran interessiert, eine diplomatische Lösung voranzubringen. Allerdings wurden erneut wachsende Widersprüche und Risse innerhalb der russischen Regierung sichtbar, die das Verhandeln nicht einfacher machten. Jelzin hatte, wie bereits gesagt, Viktor Tschernomyrdin zu seinem persönlichen Jugoslawienbeauftragten berufen. Er sollte für die russische Seite die Verhandlungen mit Belgrad und dem Westen führen. Darüber hinaus aber verhandelte auch noch das russische Außenministerium unter dessen Minister Igor Iwanow, und daraus erwuchsen ganz offensichtlich interne Konflikte, die das Verständnis der russischen Position (manchmal waren es offen voneinander abweichende Positionen) nicht einfacher machten. Zudem durften in dieser Aufstellung auch nicht das russische Verteidigungsministerium und der Generalstab vergessen werden, die ebenfalls recht eigene Interessen vertraten.

Auf westlicher Seite hatte Madeleine Albright die Frage aufgeworfen, wer denn für den Westen das Endspiel mit Belgrad verhandeln würde. Denn es war klar, dass wir uns dabei nicht allein auf Russland verlassen könnten. Von der Idee, dies sollte der VN-Generalsekretär Kofi Annan tun, war die amerikanische Seite nicht erbaut, denn das hieße, dass Milošević direkt mit den Vereinten Nationen verhandeln würde. Das war nicht akzeptabel. Und irgendwo zwischen New York und Washington wurde dann die Idee geboren, den finnischen Präsidenten Martti Ahtisaari, einen früheren VN-Diplomaten und erfahrenen internationalen Verhandler, zu benennen. Als Madeleine Albright mich mit diesem Vorschlag konfrontierte, konnte ich nur zustimmen, denn Martti Ahtisaari war eine sehr gute Wahl.

Präsident Ahtisaari genoss nicht nur in Washington und bei den Vereinten Nationen einen sehr guten Ruf, sondern er verfügte auch über vertrauensvolle Beziehungen zu Moskau und kannte das Geschäft diplomatischer Verhandlungen sehr genau. Allerdings musste seine Anbindung geklärt werden. Madeleine Albright schlug in einem bilateralen Telefongespräch am 6. Mai vor, ihn als Beauftragten der EU und der VN zu benennen, denn für die USA würde selbstverständlich ein Amerikaner verhandeln, nämlich der stellvertretende Außenminister Strobe Talbott, ein hervorragender Russlandexperte. Ahtisaari wurde nach einem Treffen mit dem Bundeskanzler und EU-Ratspräsidenten von diesem kurz entschlossen zum Sonderbeauftragten der EU vorgeschlagen und wenige Tage später auf einer Sitzung des Allgemeinen Rates mit dessen formeller Entscheidung auch berufen.

Der Verhandlungsprozess zur Suche nach einer diplomatischen Lösung der Kosovo-Krise war bisher auf drei Schienen verlaufen: Kontaktgruppe, G 8 und bilaterale Kontakte. Die Kontaktgruppe hatte sich im Umgang mit Russland zunehmend als Sackgasse erwiesen und spielte während des diplomatischen Endspiels keine Rolle mehr. An ihre Stelle trat vielmehr die neu gebildete Troika von Tschernomyrdin (Russland), Talbott (USA) und Ahtisaari (EU), die zudem die einzige Verhandlungsschiene war, die mit Tschernomyrdin und, in der entscheidenden Endphase, mit Präsident Ahtisaari einen direkten Verhandlungsdraht zu Milošević hatte. Die G 8-Verhandlungsschiene der politischen Direktoren und Außenminister lief dazu parallel und konzentrierte sich vor allem auf die Erarbeitung der Sicherheitsratsresolution, blieb aber in der entscheidenden Frage der Akzeptanz der fünf Punkte durch Belgrad (und hier vor allem des vollständigen Rückzuges der serbischen Sicherheitskräfte und der Präsenz robuster Militärkräfte der NATO) von der Troika und deren Fortschritten abhängig.

Daraus entwickelte sich ein kompliziertes diplomatisches Spiel und in Moskau, hinter den Kulissen, sogar ein veritabler Machtkampf zwischen Präsident, Außen- und Verteidigungsministerium sowie der Duma, dem russischen Parlament. Die Entlassung von Premierminister Jewgenij Primakow am 12. Mai warf auf die prekären Moskauer Zustände ein bezeichnendes Licht. Auf westlicher Seite wiederum spitzte sich mit jedem weiteren Tag, den der Bombenkrieg andauerte, der Wettlauf zwischen der abnehmenden Durchhaltefähigkeit einiger Mitgliedsstaaten der

NATO, vorneweg Deutschlands, und einem möglichen diplomatischen Durchbruch hin zu einer Beendigung des Krieges zu. Zu diesem Zeitpunkt aber war bereits völlig klar, dass Milošević nicht mehr würde gewinnen können, denn die USA, aber auch Großbritannien, waren definitiv entschlossen, notfalls von Mazedonien aus mit Bodentruppen in das Kosovo einzumarschieren und damit einen Bodenkrieg zu beginnen. Für Präsident Clinton und die Weltmacht USA gab es kein Zurück mehr, auch nicht für Premierminister Tony Blair. Und in diesem Falle hätten auch Frankreich und zahlreiche andere NATO-Mitglieder nicht abseitsgestanden, sondern sich an einer solchen Invasion militärisch beteiligt.

Es war damals also genau jene Lage eingetreten, die ich Milošević bei unserem persönlichen Zusammentreffen in Belgrad vorhergesagt hatte. Er konnte nicht gewinnen. Leider waren meine damaligen Überzeugungsversuche erfolglos geblieben. Die Frage, die Milošević allein noch zu beantworten hatte, war, in welchem Ausmaß Serbien zerstört und verkleinert werden würde und wie viele Menschen noch sinnlos würden sterben müssen, bevor er die Realität begreifen und aufgeben würde.

Freilich war die Option »Bodenkrieg« nicht nur militärisch, sondern auch politisch hochriskant. Sie konnte vor allem in Moskau zu fatalen Konsequenzen führen, die bis zu einem weiteren Militärputsch, zum Sturz Jelzins, russischen Freiwilligen auf serbischer Seite und massiven Rüstungslieferungen reichen konnten, ja selbst bis hin zu einer direkten Konfrontation der NATO mit Russland in und wegen Jugoslawien. Diese sich in den Telefonkonferenzen der Quint immer konkreter abzeichnende militärische Eskalation im Kosovo-Krieg war voller Risiken und deshalb alles andere als erstrebenswert. Für Deutschland allerdings war es aufgrund der eindeutigen Ablehnung eines Bodenkrieges in Parlament und Öffentlichkeit völlig ausgeschlossen, sich daran zu beteiligen.

Die Oppositionsparteien CDU/CSU und FDP hatten sich eindeutig gegen eine deutsche Teilnahme ausgesprochen, und die Koalitionsparteien SPD und Grüne waren noch entschiedener dagegen, sodass es für eine deutsche Beteiligung niemals eine Mehrheit im Deutschen Bundestag gegeben hätte. In

Deutschland entscheidet nach dem Grundgesetz das Parlament über einen Einsatz deutscher Soldaten und nicht die Regierung. Aber auch namhafte Repräsentanten unseres Landes, so zumindest lautete unsere wohlbegründete Annahme, etwa zwei frühere Bundeskanzler und ein früherer Außenminister, hätten mit hoher Wahrscheinlichkeit gegen einen Bodenkrieg und erst recht gegen eine deutsche Beteiligung öffentlich massiv Stellung bezogen. Aus all diesen Gründen war eine deutsche Beteiligung daher einfach unmöglich.

Jewgenij Primakow berichtet in seinen Memoiren, dass noch zwei Jahre später der frühere Bundeskanzler Helmut Kohl ihm gegenüber den Kosovo-Krieg »den größten historischen Fehler« genannt habe. »Wäre ich zu jenem Zeitpunkt noch im Amt gewesen, hätte ich das niemals zugelassen«, so habe Helmut Kohl dann noch hinzugefügt. Sollte Primakows Zitat zutreffen, so wäre dies ein erstaunlicher Vorgang. Denn die entscheidende Weichenstellung für den Kosovo-Krieg fand an jenem Montag, den 12. Oktober 1998, mit der deutschen Zustimmung zur ActOrd-Entscheidung der NATO statt. Sie war im Kanzleramt getroffen worden, noch vor der Entscheidung von Bundeskabinett und Bundestag, unter dem Vorsitz und auf Drängen des damaligen Bundeskanzlers Helmut Kohl. Ich war, gemeinsam mit Gerhard Schröder und Oskar Lafontaine, anwesend gewesen.

Allerdings wären bei einem innenpolitisch erzwungenen Rückzug Deutschlands aus der militärischen Bündnissolidarität die Konsequenzen sehr ernst gewesen. Denn das NATO-Bündnis hätte im Moment der schwersten Herausforderung in seiner Geschichte keinen Bestand gehabt, wenn Deutschland ausgeschert wäre. Gewiss hätten wir Mittel und Wege gefunden, um diese Kalamität diplomatisch zu überbrücken und militärisch eine Aufgabenteilung vorzunehmen, die so lange gehalten hätte, bis eine VN-Resolution die Lage erneut verändert hätte. Aber das Faktum selbst wäre innerhalb des Bündnisses und ganz gewiss in Washington nicht vergessen worden. Die NATO wäre von einem Militärbündnis, beruhend auf militärischer Solidarität und gegenseitiger Beistandspflicht, zu einer »Koalition der Willigen« herabgestuft worden, und ob sie das lange überlebt hätte, werden wir Gott sei Dank niemals mehr erfahren.

Während sich also die Option »Bodenkrieg« intern immer bedrohlicher in den Vordergrund zu schieben begann, wartete auf mich eine ganz andere Herausforderung, nämlich der Sonderparteitag der Grünen zum Kosovo-Krieg in Bielefeld. Dieser sollte an Christi Himmelfahrt stattfinden, einem Donnerstag, den 13. Mai 1999. Ich war mir längere Zeit nicht schlüssig darüber, ob ich den Tag der Himmelfahrt als ein gutes oder ein schlechtes Omen ansehen sollte. Ich entschied mich für die positive Option, aber wie auch immer die theologischen Zeichen dieses Tages zu interpretieren waren, eines schien leicht vorhersagbar zu sein: Dieser Parteitag erinnerte mich viel eher an den militärischen Begriff des »Himmelfahrtskommandos«, an eine aussichtslose Mission. Ich hatte schon unzählige Parteitagsschlachten in meiner Partei durchgestanden, aber Bielefeld drohte alle bisherigen Erfahrungen weit zu übertreffen.

Die Parteiführung war weise genug gewesen, diesen Sonderparteitag zeitlich so weit wie möglich nach hinten zu schieben, in der Hoffnung, dass der Krieg im Kosovo bis dahin beendet sein würde. Aber diese Hoffnung hatte leider getrogen, und so fand dieser Parteitag meiner mehrheitlich pazifistischen Partei während eines andauernden Bombenkrieges statt, an dem die Grünen als Regierungspartei direkt und unmittelbar beteiligt waren – der Albtraum aller grünen Albträume schlechthin!

Ich hatte sehr viel Verständnis für dieses fast sprichwörtliche Unglück meiner Partei, die Geschichte meinte es wirklich nicht gut mit uns. Wir wurden innerhalb weniger Monate seit dem Wahlsieg im September vor die denkbar härteste Prüfung überhaupt gestellt, und das mit einer Partei, deren junge Geschichte und Selbstverständnis zutiefst im Pazifismus und damit der Ablehnung jeder militärischen Gewalt wurzelte. Der grüne Pazifismus hatte sehr viel mit der deutschen Geschichte und dem deutschen Militarismus in der ersten Hälfte des 20. Jahrhunderts zu tun. Denn in Deutschland war damals der »Ruf zu den Waffen« nicht ertönt, um die Freiheit des eigenen Landes zu verteidigen, sondern um unsere Nachbarn zu überfallen und einem militärischen Größenwahn zu frönen, der unser Land und den europäischen Kontinent fast völlig zerstören sollte.

Darüber hinaus war der grüne Pazifismus ganz entscheidend

durch den Kalten Krieg und die Realität des Wettrüstens geprägt worden. Deutschland war über fünf Jahrzehnte hinweg der zentrale Frontstaat des Kalten Krieges gewesen und damit auch das erste Schlachtfeld eines möglichen Dritten Weltkrieges zwischen Ost und West. Angesichts der beispiellosen Konzentration militärischer Feuerkraft auf deutschem Boden, konventionell, biologisch, chemisch und nuklear, wäre im Fall eines Atomkrieges von den Deutschen beiderseits der innerdeutschen Grenze nicht mehr viel übrig geblieben, das war gewiss. Solange die gegenseitige Abschreckung funktionierte und kein Schuss fiel, hatten die Abschreckungstheoretiker recht. Was aber, wenn der erste Schuss fallen würde? Genau dazu durfte es niemals kommen, zumindest nicht aus deutscher Sicht. Das wusste jeder Militärplaner. Insofern drängte sich die Frage auf, ob es jenseits der Abschreckung und der nuklearen Rüstungsspirale einen anderen Weg gab, um das Konfrontationspotenzial zwischen den Blöcken zu reduzieren oder vielleicht sogar zu überwinden. In der Suche nach einer Antwort auf diese Frage bestand eine weitere Wurzel der deutschen Friedensbewegung der frühen achtziger Jahre.

Mit dem Einmarsch der Roten Armee in Afghanistan am 27. Dezember 1979 war nicht nur eine neue Eiszeit zwischen Ost und West angebrochen, sondern es wurde in der Folge auch eine neue nukleare Rüstungsspirale, die sogenannte »Nachrüstung«, losgetreten, die sich vor allem auf Europa konzentrieren sollte. Die Sowjetunion hatte ihre nuklearen Mittelstreckenraketen (SS-20), die auf Europa und vor allem auf Deutschland zielten, massiv ausgebaut, um so die nukleare Bündnisgarantie zu erschüttern und die NATO zu spalten. Auf Betreiben vor allem der Bundesregierung unter Bundeskanzler Helmut Schmidt (SPD) beschloss die NATO eine nukleare Antwort, eben jene »Nachrüstung« mit amerikanischen Mittelstreckenraketen in Zentraleuropa – und dies hieß vor allem in Deutschland.

Im Protest gegen diese Stationierung neuer amerikanischer nuklearer Mittelstreckenraketen hatte sich eine große Massenbewegung gebildet, die »Friedensbewegung«, die für den Erfolg der Grünen bei ihrer Gründung und im Verlauf ihrer ersten Jahre als Partei von ganz entscheidender Bedeutung gewesen war. Neben der Anti-Atomkraft-Bewegung war es vor allem die Friedensbewegung gewesen, die der damaligen Initiative zur Gründung der grünen Partei das entscheidende Momentum verliehen hatte. Es war daher alles andere als ein Zufall, dass mit Petra Kelly die wichtigste Person der Grünen in ihrer Gründungsphase zugleich eine der charismatischsten Führungsfiguren der Friedensbewegung gewesen war. Von diesen friedensbewegten Wurzeln der Grünen bis zum Sonderparteitag im Kosovo-Krieg war es zugegebenermaßen ein weiter, vielleicht sogar ein zu weiter Weg für meine Partei.

Allerdings hatte sich seitdem die Welt dramatisch und sehr grundsätzlich verändert. Der Kalte Krieg war zu Ende gegangen, die Sowjetunion verschwunden, die Nuklearmächte hatten abgerüstet, und mit der Öffnung der Archive im Osten war auch so manche Lebenslüge der westdeutschen Friedensbewegung offenbar geworden. Das Ausmaß ihrer geheimdienstlichen und politischen Unterwanderung durch den Osten, die Realität und das ganze Ausmaß der sowjetischen Raketenbedrohung und der politischen Planungen und Absichten dahinter, all diese dokumentierten Tatsachen waren jetzt nicht mehr zu leugnen, sondern bestenfalls noch zu ignorieren. Und genau dies geschah, denn die Geschichte der Unterwanderung und des Verrats von den Teilen der Friedensbewegung, die eher einen Systemwechsel als eine Alternative zum Wettrüsten im Sinn gehabt hatten, wurde bis heute kaum jemals systematisch und mit der notwendigen Selbstkritik aufgearbeitet, auch in unserer Partei nicht. Und insofern konnten auch die notwendigen Lehren daraus nicht wirklich gezogen werden.

Freilich konnten und können diese Vorwürfe nicht gegen die Friedensbewegung generell erhoben werden. Gerade bei den Grünen gab es viele, wenn auch nicht immer die Mehrheit, die es ernst meinten mit einem neuen friedenspolitischen Ansatz jenseits der Blockkonfrontation. Bei offiziellen Besuchen in Ostberlin und Moskau wurden die kommunistischen Diktaturen und Diktatoren nicht geschont, sondern die dortigen unabhängigen Friedensbewegungen und Bürgerrechtler mutig und unerschrocken unterstützt, die von der Geheimpolizei überwacht und oft auch verfolgt wurden. Manche Mitglieder der grünen

Bundestagsfraktion waren deshalb mit einem Einreiseverbot in die DDR belegt worden oder wurden, wenn sie dennoch einreisen durften, bei ihren Besuchen massiv durch die Stasi überwacht.

Der Verrat saß aber auch in unserer eigenen Fraktion, in Gestalt des Abgeordneten Dirk Schneider aus Westberlin, der der ersten Bundestagsfraktion angehört hatte. Mit ihm geriet ich oft und heftig aneinander, denn er argumentierte so offen auf der Linie der SED, dass ich ihm bereits 1983 die Bezeichnung »ständiger Vertreter der SED bei der grünen Bundestagsfraktion« verliehen hatte. Dass er aber zudem auch konspirativ für die Stasi gearbeitet hatte, war nach 1989 dennoch eine Überraschung. Viele dieser dogmatischen Aktivisten und Grüppchen, darunter auch zahlreiche ehemalige Grüne, landeten dann später und konsequenterweise bei der PDS, der Nachfolgepartei der SED im vereinigten Deutschland. Hier wuchs schließlich in einer Partei zusammen, was ganz offensichtlich schon immer zusammengehört hatte.

Das Ende des Kalten Krieges hatte in Europa aber nicht nur den Fall der Mauer und das Ende des sowjetischen Imperiums gebracht und damit Freiheit und Demokratie für die Völker Osteuropas, sondern im Südosten unseres Kontinents, im ehemaligen Jugoslawien, war der Krieg zurückgekehrt. Und diese Entwicklung sollte scheinbar in Stein gemeißelte politische Positionen in den folgenden Jahren fundamental verändern. Die alte bundesrepublikanische Formel »links = pazifistisch« würde diese Herausforderung nicht überstehen.

Es war Dany Cohn-Bendit gewesen, der sich im Jahr 1993, anlässlich einer Diskussion von 68er-Veteranen im Frankfurter Römer, zum ersten Mal massiv für eine Militärintervention des Westens und auch Deutschlands in Bosnien ausgesprochen hatte. Das Presse- und Informationsamt der Stadt Frankfurt, die damals rot-grün regiert wurde, hatte ursprünglich beabsichtigt, anlässlich des 25. Jahrestages von 1968 ein »Jubiläumsfest der Achtundsechziger« zu veranstalten. Darüber war die örtliche CDU äußerst erbost, sodass aus dem Fest schließlich nur eine öffentliche Podiumsdiskussion zu dem äußerst subversiven Thema »Utopien ohne Zukunft?« wurde. Dagegen konnte selbst die

CDU keine Einwände mehr erheben, und so fand diese Diskussion am 22. März 1993 im Frankfurter Römer statt.

Ich saß neben anderen verdienten Frankfurter Veteranen und Graubärten von 1968 damals als stellvertretender hessischer Ministerpräsident und Umweltminister mit auf dem Podium und war nach Dany Cohn-Bendits emotionalen Worten zutiefst schockiert. Wie konnte Dany das nur tun? Deutsche Soldaten in Bosnien, wo Hitlers Wehrmacht und SS gemordet hatten? Sollten wir jetzt unsere eigenen Söhne erneut in einen Krieg gegen Serbien schicken? Ich verstand an jenem Tag die Welt nicht mehr und am allerwenigsten meinen Freund Dany. Aber er hatte, wie so oft im Laufe unserer gemeinsamen Jahrzehnte, einfach schneller das richtige Gespür für eine fundamental veränderte Lage und völlig neue (oder in diesem Falle leider alte) Herausforderungen und Bedrohungen gehabt. Die Ereignisse in Bosnien sollten ihm mehr als recht geben, leider.

Die Rückkehr des Krieges in Jugoslawien und die Wiedergeburt einer nationalistischen Gewaltpolitik stellten unser linkes Weltbild und Wertesystem radikal auf den Kopf. Zum ersten Mal seit dem Zweiten Weltkrieg und der westdeutschen Wiederbewaffnung galt es nun, eine höchst konkrete Entscheidung zwischen den beiden Prinzipien »Nie wieder Krieg!« und »Nie wieder Völkermord, nie wieder Auschwitz!« zu treffen, und zwar zugunsten des zweiten Prinzips. Bis dahin hatte unser Weltbild als deutsche Linke auf diesen beiden Grundsätzen widerspruchsfrei aufgebaut, und plötzlich tat sich hier ein nicht mehr zu überbrückender Graben zwischen Pazifismus und humanitärer Interventionspflicht auf. Damit wurde aber einer pazifistischen Politik der Boden entzogen, auf dem sie bisher gestanden hatte, und dies musste für unsere Partei schwerste Erschütterungen nach sich ziehen.

Es waren jedoch nicht primär diese parteitaktischen Überlegungen, die mich an jenem Abend im Frankfurter Römer so aufgewühlt hatten, sondern ich spürte einfach, dass hier ein schwerer innerer Konflikt auf mich zukam, den ich mit mir selbst auszufechten hatte. Es sollte in meinem politischen Leben damals erneut um eine fundamental neue Weichenstellung gehen, um eine grundsätzliche Neupositionierung und damit auch

um den Abschied von lange gültigen persönlichen Grundsatz-
positionen. Und solche Abschiede waren mir immer schwergefallen. Daher reagierte ich, wie immer in solchen Situationen,
auch diesmal zuerst konservativ abwehrend, das Überkommene
verteidigend. Aber erneut sollte Dany Cohn-Bendit recht behalten, wie damals, als es um den Abschied von der Spontibewegung und um den Einstieg bei den Grünen ging. Nur war die
Herausforderung diesmal sehr viel ernster und grundsätzlicher,
denn es ging um unsere pazifistischen Grundsätze, um einen
drohenden Genozid in Bosnien und um unsere Bereitschaft zum
Einsatz von deutschem Militär.

In den Tagen vor dem Sonderparteitag in Bielefeld gingen mir
noch einmal die entscheidenden Etappen der grünen Diskussion
um die Kriege und Gräueltaten in Bosnien, dem Kosovo und
das auseinanderbrechende Jugoslawien durch den Kopf. Keine
andere Partei in Deutschland hatte diese Diskussion so tiefge-
hend und so erbittert geführt wie unsere. Es war im wahrsten
und besten Sinne des Wortes eine Grundsatzdebatte gewesen,
die uns fast zerrissen hätte, weil es eben um einen massiven Widerspruch zwischen unseren Grundsätzen ging – und zwar in
der Realität und nicht in der dünnen Luft der Ideologie.

Schon einmal hatte die Partei zu den neuen Balkankriegen ei-
nen Sonderparteitag abgehalten, in Bonn, am 9. Oktober 1993.
Damals hatten die Befürworter einer Militärintervention – Dany
Cohn-Bendit, Marieluise Beck und Ralf Fücks aus Bremen,
Waltraud Schoppe aus Niedersachsen und Gerd Poppe, Konrad
Weiß und Werner Schulz aus Ostdeutschland, um nur einige der
wichtigsten Namen zu erwähnen – nicht mehr als 46 Delegierte
ausgemacht. Ich selbst hatte in Verhandlungen mit der linken
Mehrheit versucht, eine Öffnungsklausel für eine Militärintervention im Falle eines drohenden Völkermordes in den Antrag
des Bundesvorstandes hineinzubringen. Für den Fall der Einigung versprach ich, mich dann für den Antrag auszusprechen.
Aber auch diese Bemühung scheiterte, und so blieb meine Haltung gegenüber dem Mehrheitsantrag ablehnend, auch wenn ich
mit der Position der Interventionsbefürworter um Dany Cohn-
Bendit damals ebenfalls noch große Probleme hatte.

Die Schreckensnachrichten von den bosnischen Kriegsschauplätzen hatten uns jedoch kaum eine Atempause gelassen. Im Juli 1995 wurde die muslimische Enklave Srebrenica in Ostbosnien von bosnisch-serbischen Truppen unter General Mladic erobert. In diese, von holländischen Blauhelm-Soldaten geschützte VN-Enklave hatten sich Zehntausende muslimische Bosnier geflüchtet. Nach der Eroberung der unter dem Schutz der Vereinten Nationen stehenden Enklave wurden die Männer – vom männlichen Jugendlichen bis zum Greis – von den Frauen und Kindern getrennt, und fortan hörte man nichts mehr von ihnen. Sie waren innerhalb weniger Tage alle erschossen und in Massengräber verscharrt worden. Es war das größte Massaker in Europa seit dem Ende des Zweiten Weltkriegs.

Die Nachricht von diesem Massaker hatte mich zutiefst erschüttert. Ich konnte der Tatsache einfach nicht mehr ausweichen, dass es in Bosnien und damit im Europa des Jahres 1995 um die elementarsten Grundsätze einer humanen Gesellschaft ging. »Die Würde des Menschen ist unantastbar«, heißt es nicht umsonst im Artikel 1 des Grundgesetzes unseres Landes. Dies war die Summe der Konsequenzen gewesen, die es aus dem Nationalsozialismus zu ziehen galt. Unveränderbar und unverrückbar! Nie wieder! Wie oft hatte meine Generation Angehörige der Elterngeneration danach gefragt, wie sie angesichts des Grauens in der Nazizeit hatten schweigen und diese Verbrechen zulassen können?

Eine ähnliche Frage galt es jetzt durch mich und für mich zu beantworten. Gewiss, wenn ich jetzt an die Öffentlichkeit ginge, als Fraktionssprecher der Grünen im deutschen Parlament, mit einer klaren Forderung nach internationaler Intervention, dann bestand durchaus die reale Gefahr, dass dieser Schritt unsere Partei zerreißen würde. Und die Spaltung und damit das voraussichtliche Ende der Grünen als parlamentarische Kraft zu riskieren, war alles andere als eine belanglose Sache und war von mir in der Vergangenheit und im Zusammenhang mit anderen Kontroversen immer ablehnend beantwortet worden. Aber konnte das angesichts der Rückkehr des Krieges nach Europa, der Vertreibungen und der Massaker allen Ernstes noch eine ins Gewicht fallende Überlegung sein? Meine Antwort war diesmal: Nein.

Ich versuchte, Jürgen Trittin, damals einer der beiden Sprecher des Bundesvorstandes und Wortführer der Linken in unserer Partei, davon zu überzeugen, dass jetzt der Augenblick gekommen war, einen gemeinsamen Brief an die Partei zu schreiben, der – wie indirekt auch immer – eine internationale Intervention in Bosnien befürworten und so einen politischen Kurswechsel in dieser Grundsatzfrage in unserer Partei einleiten sollte. Als ich damals, nach einiger Zeit intensiver Diskussionen am Telefon, Trittin einen ersten Kompromissentwurf zugesandt hatte, seine Reaktion darauf aber mehr als verhalten war, verstand ich, dass ich in dieser Sache am Ende doch keinen Partner in ihm haben würde. Und so entschied ich mich dazu, diesen Brief allein und ohne Zwänge zum innerparteilichen Kompromiss zu schreiben und zu veröffentlichen. Die damalige Vorstandssprecherin und Reala Krista Sager aus Hamburg und der ehemalige hessische Bundestagsabgeordnete Hubert Kleinert hatten in der internen Diskussion meines Entwurfes zu Recht darauf gedrungen, dass ich die Schlussfolgerungen in dem Brief entsprechend zuspitzte.

Der Brief richtete sich an die »lieben Freundinnen und Freunde« in der Bundestagsfraktion und Partei und war damit indirekt auch für die Öffentlichkeit bestimmt. Zu Beginn des Schreibens warf ich die vier Optionen auf, die sich für die internationale Staatengemeinschaft und damit auch für uns Grüne nach dem Massaker von Srebrenica stellten: »Wie soll es weitergehen in Bosnien, wenn der bisherige UN-Einsatz gescheitert ist? Heißt das den Abzug der Blauhelme? Bedeutet das eine Beendigung des Waffenembargos und Lieferung von schweren Waffen an die bosnische Regierungsarmee? Oder heißt das im Gegenteil jetzt eine Fortsetzung als militärische Intervention der Vereinten Nationen zum Schutz der Schutzzonen ohne Wenn und Aber? Oder geht es am Ende gar so weiter wie gehabt?«

Meine Antwort in dem elf Seiten langen Brief war eindeutig: »Ein Durchlavieren, eine Haltung des ›Wir sind entsetzt, ansonsten schauen wir aber lieber nicht hin‹ kommt angesichts der bosnischen Katastrophe für unsere Partei nicht in Frage. Entweder sind wir für den militärischen Schutz der Schutzzonen, wissend auch um die ganze Unzulänglichkeit der westlichen Bosnienpolitik und ihrer Risiken – und ich bin der Überzeugung, wir müssen angesichts der Lage der dort eingeschlossenen Zivilbevölkerung für den militärischen Schutz der UN-Schutzzonen sein –, dann müssen wir dies als Partei auch sagen, ausdiskutieren und beschließen. Oder wir lehnen diesen militärischen Schutz ab, und dann sollten wir uns, aber ohne uns darum herumzuwinden, für den Abzug der UN-Blauhelme aussprechen. Die Folgen dieses Schrittes sind ebenfalls bekannt. [...] Ich bin, nach Abwägung aller hier vorgetragenen Argumente, der Meinung, dass ein Abzug ein Anheizen des Krieges bedeuten wird und es demnach zu einer militärischen Garantie der UN-Schutzzonen nur schlimmere Alternativen gibt.«

Der Brief sorgte für ein erhebliches Rauschen in den Medien und für nicht minder erhebliche Aufregung in Partei und Fraktion, denn er forderte die Grünen dazu auf, eine internationale Militärintervention zu unterstützen. Und damit war schon damals das Risiko einer Spaltung unserer Partei an dieser Frage sehr konkret geworden. Auch deswegen lag ich mit meiner öffentlichen Einschätzung richtig, dass es sich um eine »Operation am offenen Herzen« der Grünen handeln würde. Damit war aber klar, dass der nächste Parteitag im Dezember in Bremen ganz im Zeichen der grünen »Pazifismuskontroverse« stehen würde.

Vor diesem Parteitag hatte die Partei einen sogenannten »Strategiekongress« einberufen, bei dem nur diskutiert und nicht abgestimmt wurde. Ich war eingeladen, dort meine These von der Notwendigkeit humanitärer militärischer Interventionen zu verteidigen, was ich auch tat. Ich begründete dort die »Pflicht zur militärischen Intervention durch die Vereinten Nationen im Falle der Gefahr eines Völkermordes«. Ruanda und Bosnien waren für mich die aktuellen Beispiele für ein historisches Versagen der Vereinten Nationen, des internationalen Rechts und des Westens.

Die Antwort der Parteilinken auf meine Rede auf dem Strategiekongress, die von ihnen offensichtlich als provokant und für den Parteitag nicht ungefährlich empfunden wurde, erfolgte dann noch rechtzeitig vor dem Parteitag und zur Einstimmung auf denselben ebenfalls in Gestalt eines »offenen Briefes an die Mitglieder von Bündnis 90/Die Grünen«. Es galt vor allem, die von mir postulierte militärische »Interventionspflicht« der Vereinten Nationen bei der konkreten Gefahr eines Völkermordes zu entkräften. Dabei verirrten sich die Autoren des Briefes aber in ihrer Argumentation recht weit nach rechts, in die den Grünen eigentlich sehr fernstehenden Argumentationen der realistischen außenpolitischen Schule der USA. Unsere Linken als Henry Kissinger, dies war eine völlig neue Erfahrung für mich.

Unter der Überschrift: »Wohin führt die Forderung nach einer militärischen Interventionspflicht gegen Völkermord?«, hatten Kerstin Müller, Claudia Roth, Jürgen Trittin und Ludger Volmer – damals die Crème de la Crème der Regierungslinken – eine polemische Epistel gegen mich verfasst, die in dem Vorwurf gipfelte, dass meine Position rechts vom damaligen Verteidigungsminister Volker Rühe enden würde. Ich war wirklich erstaunt. »Man kann, wie Teile der Öffentlichkeit es tun, aus Joschkas Position einen weltweiten Kampfauftrag der Bundeswehr herauslesen, ein Ansatz, den wir nicht einmal Rühe anlasten würden.« Nun denn.

Eingepackt in einen selbst für unsere Linken damals ziemlich platten Antiamerikanismus, wurde der »Humanismus« von Woodrow Wilson attackiert. Dieser wäre schließlich »mit einem Staat verknüpft, der nur durch den Völkermord an den nordamerikanischen Indianern hatte entstehen können«. Anschließend wurden dann die militärischen Interventionen der Vereinigten Staaten seit den zwanziger Jahren angeführt und kritisiert, allerdings wurden die beiden wichtigsten Interventionen, nämlich im Ersten und Zweiten Weltkrieg – warum wohl? –, schlicht vergessen oder zumindest keiner Erwähnung für würdig befunden. Und schließlich wurde über Seiten hinweg mit Henry Kissinger auf Woodrow Wilson eingeschlagen, was zumindest für die pazifistische Linke in der grünen Partei mehr als bizarr war. Denn üblicherweise wurde ja von denselben Leuten bei jedem Konflikt im weiten Erdenrund ein Hoch auf die internationale Solidarität angestimmt, solange es nur gegen die USA ging. Am Ende des offenen Briefes wurde dann durch die Autoren das Verdikt über mich in einem knappen Schlagwort zusammengefasst: »Kronzeuge der konservativen Politik«.

Ich muss zugeben, dass mir diese Attacke ein gewisses Vergnügen bereitete, da ich erstens ein Freund der politischen Polemik bin und diese Schrift mir zweitens die Gelegenheit bot, ein weiteres Mal herzhaft in die Tasten zu hauen und »eine öffentliche Antwort auf den offenen Brief von …« zu verfassen, und zwar unter der Überschrift: »Auf der Flucht vor der Wirklichkeit?«

Die Debatte hatte bei aller Ernsthaftigkeit aber zugleich absurde Elemente, vor allem wenn es darum ging, die unbequeme Realität (plus der unter den Regierungslinken stark ausgeprägten Sehnsucht nach Regierungsbeteiligung) mit den linksgrünen Illusionen in Übereinklang zu bringen. So forderten etwa schließlich auch unsere Linken in ihrem Antrag für den Parteitag friedenserhaltende Blauhelm-Einsätze unter VN-Mandat mit deutscher Beteiligung, aber diese Einheiten sollten, notabene, nicht bei der Bundeswehr, sondern beim Auswärtigen Amt und beim Zoll angesiedelt werden! Welch Genius war damals am Werken und Wirken …

Auch in der grünen Bosniendebatte ging es den Regierungslinken vor allem um die Verteidigung ihrer innerparteilichen Machtpositionen, das war nur zu offensichtlich. Und genau diesen Punkt attackierte ich in meiner öffentlichen Erwiderung. Ich benutzte ein Zitat aus einem früheren Artikel von Ludger Volmer: »Mit Sicherheit wird die Außenpolitik kein Punkt sein, an dem eine rot-grüne Koalition in Bonn scheitern könnte. Das ist jetzt schon absehbar. Deshalb muß kein grünes Tabu gebrochen werden«, um dann damit fortzufahren, dass ich ganz aktuell in der Spiegel-Ausgabe vom 27.11.1995 »Ludgers letzte Äußerung zu diesem Thema« gelesen hätte, »die ich ebenfalls sehr bemerkenswert« fand:

»›Ich sehe keinen Ballast, den wir abwerfen müßten. Ich halte es für legitim, zunächst mal mit alternativen außenpolitischen Perspektiven in Koalitionsverhandlungen zu gehen. Dann sehen wir weiter.‹ Völker hört die Signale, kann ich dazu nur sagen. ›Zunächst mal‹ und ›dann sehen wir weiter‹ klingt ja sehr hoffnungsvoll und entschlossen! Wie wäre es denn zur Abwechslung mal Eurerseits mit einer ›Aktion Klartext‹ für die Partei, liebe Leute. Wer die Position der SPD zur Außen- und Sicherheitspolitik kennt, […] der muss endlich einmal seinen eigenen linken Anhängern in unserer Partei sagen, dass dies im Ernstfall einer Regierungsbeteiligung Eurerseits auf eine ›Strategie des kalkulierten Umfalls‹ hinauslaufen wird und muss.«

Nach diesem innerparteilichen Briefwechsel, der die öffentliche Kontroverse vor dem damaligen Bremer Parteitag nochmals kräftig angeheizt hatte, war es kein Wunder mehr, dass die Abstimmung über Bosnien erneut im Mittelpunkt des öffentlichen Interesses stand. Und Bremen sollte zeigen, wie sehr sich doch die Stimmung und die Mehrheiten in der Partei zugunsten der Interventionsbefürworter verschoben hatten. Waren es zwei Jahre zuvor in Bonn nur 46 Delegierte gewesen, die eine Militärintervention in Bosnien unterstützt hatten, so zeigte diesmal die Abstimmung, dass das Verhältnis nun schon etwa 40 zu 60 Prozent war. Zwar war auch dies noch immer die Minderheit, aber dennoch war es ein gewaltiger Fortschritt. Obwohl wir die Abstimmung verloren hatten, brachen die Realos in lauten Jubel aus, und die Linken waren perplex und geschockt. Und so verwunderte es nicht, dass wir in den Medien als die »gefühlten Sieger« aus diesem Parteitag hervorgingen.

Dany Cohn-Bendit und Werner Schulz, damals der parlamentarische Geschäftsführer unserer Fraktion, hatten bereits im Rahmen der Debatte, die mein Brief ausgelöst hatte, darauf hingewiesen, dass sich Deutschland mit Soldaten in Bosnien beteiligen müsste. Ich hatte diese Frage aus taktischen Gründen immer unbeantwortet gelassen, aber nur wenige Tage nach dem Bremer Parteitag musste dann die Bundestagsfraktion eine sehr konkrete Entscheidung treffen: Würden wir der Beteiligung deutscher Soldaten an der militärischen Absicherung in Bosnien-Herzegowina zustimmen oder nicht? Der Druck aus der Partei auf die Fraktion war in den Tagen vor der Abstimmung ganz erheblich, und es zeigte sich in den internen Diskussionen sehr schnell, dass es in dieser Abstimmung keine gemeinsame Fraktionsposition geben würde.

Die grüne Fraktion stimmte mit 22 Ja-Stimmen in der namentlichen Abstimmung dem Antrag der damaligen Bundesregierung zu. 22 Abgeordnete der grünen Fraktion (darunter die gesamte Regierungslinke) stimmten mit Nein, und fünf unserer Abgeordneten enthielten sich. Damit war Wirklichkeit geworden, was Dany Cohn-Bendit und Werner Schulz vorhergesagt hatten, ohne dass die Partei sich daran gespalten hätte.

Am 25. Oktober reiste dann eine fünfzehnköpfige Delegation von Bundestagsfraktion und Bundesvorstand auf meine Anregung hin nach Bosnien. Ich hatte die theoretischen Debatten satt, ich wollte, dass wir uns mit der konkreten Realität und vor allem mit den konkreten Menschen und ihrem Leid direkt konfrontierten. Die Vorstandssprecher von Fraktion und Partei leiteten diese Delegation. Als wir alle dann, tief betroffen und sehr nachdenklich, auf den Bergen über Sarajevo standen, dort wo sich die serbischen Artilleriestellungen befunden hatten, von denen aus jahrelang direkt in die Stadt hineingeschossen worden war, da begriffen einige der mitgereisten Parteilinken, um welch eine Barbarei und Schlächterei es sich hier in Wirklichkeit gehandelt hatte. Und dass diese Metzelei jetzt, Gott sei Dank und endlich, durch westliches und auch deutsches Militär beendet worden war. Als wir in Tuzla mit den Folgen des Einschlags einer serbischen Artilleriegranate inmitten feiernder Jugendlicher konfrontiert wurden und anschließend noch auf die Frauen von Srebrenica trafen, deren Männer, Brüder und Söhne verschwunden und ermordet worden waren, da wurden bisher scheinbar festgefügte politische Positionen endgültig aufgeweicht. Die bosnische Realität entsprach eben nicht dem grünen Programm.

Es folgten dann das Debakel von Magdeburg, die Bundestagswahlen, die Regierungsbildung, der Parteitag in Bonn und jetzt also Bielefeld, der grüne Parteitag im Krieg. Am Sonntag zuvor, am 9. Mai, hatte ich im Rahmen eines offiziellen Besuches in Skopje und Sofia noch das Flüchtlingslager Čegrane in Mazedonien besucht, das von der Bundeswehr errichtet worden war und jetzt auch betreut wurde. Unsere Soldaten hatten innerhalb kürzester Zeit eine hervorragende Arbeit geleistet, auf die wir alle stolz sein konnten. Die Hoffnungen der Vertriebenen, darunter viele Frauen und Kinder, auf eine schnelle Heimkehr waren sehr anrührend und bewegend.

In Čegrane machte ich das Versprechen, dass wir diesen Menschen eine Heimkehr in ein sicheres Umfeld ermöglichen würden (und das konnte nach Lage der Dinge nur unter dem Schutz des Militärs der NATO heißen). Dieses Element aus den fünf Punkten von NATO und EU war durch die Massenvertreibungen der Kosovo-Albaner in der Tat zu dem entscheidenden Kriegsziel des Westens geworden. Denn genau an dieser »Rückkehr aller Flüchtlinge in ein sicheres Umfeld im Kosovo« würde sich die Frage nach dem Erfolg oder Misserfolg der Intervention des Westens messen lassen müssen – und auch Milošević würde daran gemessen werden.

Auf der Fahrt nach Bielefeld war ich sehr angespannt. Wie immer vor solch wichtigen Momenten in meinem politischen Leben hatte ich mich vorher innerlich entschieden, was ich im Falle einer Niederlage tun würde. Gewiss, ich würde kämpfen, aber wenn die Partei mir die Mehrheit verweigern würde, so käme eine solche negative Entscheidung des Parteitages einer verlorenen Vertrauensabstimmung gleich. Ich würde dann sofort gegenüber dem Parteitag meinen Austritt aus Fraktion und Partei erklären und dem Bundeskanzler meinen Rücktritt als Bundesaußenminister anbieten. Denn im Falle einer Niederlage in einer so zentralen inhaltlichen und auch persönlichen Frage hätte es keinen Sinn mehr gehabt weiterzumachen. Diese Niederlage wäre dann endgültig gewesen.

Der Parteitag wusste ganz genau, worum es ging, ohne dass ich zuvor darüber in der Öffentlichkeit gesprochen hatte. Aber selbstverständlich wurde in der Vorberichterstattung der Medien heftig spekuliert, und es bedurfte fürwahr keiner besonderen prophetischen Gaben, um sich die Konsequenzen einer Abstimmungsniederlage für mich vorzustellen. Und der Parteitag wusste auch, dass es nicht um die deutsche Beteiligung am Kosovo-Krieg ging, denn diese Entscheidung stand nicht in seiner Macht. Wohl aber würde er über die Zukunft von Rot-Grün zu entscheiden haben. Gerhard Schröder würde durch ein negatives Votum als Kanzler nicht stürzen, die rot-grüne Koalition allerdings damit beendet sein und durch eine Große Koalition abgelöst werden. CDU/CSU hätten sich in dieser für Deutschland und das Bündnis schwierigen Lage, mitten im ersten Krieg der NATO, niemals verweigern können. Es wäre also eine Große Koalition unter Gerhard Schröder gebildet worden, und Deutschland wäre aus der militärischen Bündnissolidarität nicht ausgeschieden. Für die grüne Partei allerdings hätte das

Ende von Rot-Grün kaum zu unterschätzende negative Konsequenzen gehabt. Vermutlich hätte sich in der Folge davon die parlamentarische Existenzfrage gestellt, und auch eine Spaltung von Fraktion und Partei wäre sehr wahrscheinlich gewesen.

Die Atmosphäre in und vor der Bielefelder Seidensticker-Halle war extrem aufgeladen, ja hasserfüllt. Ich wurde von meinem Sicherheitskommando durch einen Hintereingang in die Halle gebracht, so dass ich mit den Gegendemonstranten – einer bizarren Mischung aus radikalen Linken, Autonomen und zahlreichen serbischen Anhängern Milošević – nicht in Berührung kam. Am Haupteingang der Halle müssen sich aber üble Szenen abgespielt haben, und die Polizei musste den Zugang für die Delegierten freiräumen. Dies war also nicht nur der erste Parteitag der Grünen im Krieg, sondern auch der erste Parteitag unter massivem Polizeischutz.

Ich nahm mit dem Beginn des Parteitages, der wegen der Tumulte am Eingang mit über einer Stunde Verspätung eröffnet wurde, meinen Platz im Präsidium ein, der sich ganz außen auf der erhöhten Tribüne befand, und konzentrierte mich auf meine Rede, die ich auf einigen Blättern in Stichworten aufgeschrieben hatte. Die Halle glich einem Hexenkessel mit Sprechchören, Transparenten und Trillerpfeifen, und auch einige der ehemals führenden Altfundis waren nach Bielefeld gekommen, um wohl den vermuteten Untergang ihrer einstigen Partei live mitzuerleben.

Während ein Delegierter des tief linken Kreisverbandes Berlin-Kreuzberg sprach, traf plötzlich ein harter Schlag mein rechtes Ohr. Es war ein mit voller Wucht und sehr zielgenau geworfener Farbbeutel. Die Uhr zeigte 10.40 am Morgen. Ich hatte nichts bemerkt, niemanden und nichts kommen sehen und auch meine hinter mir stehenden Sicherheitsbeamten ganz offensichtlich nicht. Im Schutz des vor dem Präsidium versammelten Kamera- und Fotografenpulks hatte sich der Angreifer in Wurfposition gebracht und dann genau getroffen. Sofort brach ein großer Tumult aus, aber ich war nach dem ersten Schock vor allen Dingen voller Zorn und Aggression. Früher hätte ich sofort reagiert und wäre auf den Angreifer losgegangen, aber dies war mir an diesem Tag nicht mehr möglich. Also kochte ich innerlich vor Wut.

Mein rechtes Ohr war voller Farbe und nahezu taub. Ich spürte darin einen stechenden Schmerz, und die rote Farbe lief mir über Hals und Anzug. Ansonsten schien ich allerdings in Ordnung zu sein, es war nur Farbe gewesen. Die ganze Situation war einfach nur ätzend, und ich war sauer. Sauer auf den Kerl, der mich getroffen hatte, sauer auf meine Partei, die nicht in der Lage war, einen Parteitag mit eigenen Kräften unter Kontrolle zu halten, und sauer auf jene angeblichen Pazifisten, die den Parteitag in ein infernalisches Spektakel verwandelten. Die meisten dieser »Friedensfreunde« schienen allerdings keine Delegierten zu sein.

Ich hatte eine Rede zu halten, bei der es um verdammt viel ging, und diese Rede musste deshalb sitzen. In der kochenden, hasserfüllten Atmosphäre der Bielefelder Halle durfte ich jetzt keinerlei Schwäche zeigen, sonst würde ich mit meiner Rede untergehen, und dabei sollte mir mein großer innerer Zorn durchaus helfen. Als ich um 12.05 Uhr aufgerufen wurde und zum Rednerpult ging, konnte ich meine eigenen Worte nicht nur wegen des lädierten Ohres, sondern auch wegen des ohrenbetäubenden Lärms von Zwischenrufen und Trillerpfeifen kaum verstehen. Mörder, Kriegshetzer, Verbrecher etc. – so dröhnte es mir laut und in nicht endenden Sprechchören entgegen. In der Halle tobte der »Bodenkrieg in Bielefeld«, wie es die taz in ihrer Berichterstattung vom Parteitag am nächsten Tag äußerst »treffsicher« formulierte. Die Zeitung hatte mit dieser Schlagzeile den Nagel auf den Kopf getroffen und führte damit auch die ganze pazifistische Rhetorik ad absurdum. Ganz offensichtlich sollte ich am Sprechen gehindert werden, aber dies steigerte nur noch meinen Grimm und meine Entschlossenheit.

»Liebe Freundinnen und Freunde, liebe Gegner, geliebte Gegner, ein halbes Jahr sind wir jetzt hier in der Bundesregierung – ja, ich habe nur darauf gewartet: Kriegshetzer. Hier spricht ein Kriegshetzer, und Herrn Milošević schlagt ihr demnächst für den Friedensnobelpreis vor. [...] Ja, »der Diplomatie eine Chance!«, ich kann das nur nachdrücklich unterstützen. Nur, ich sage euch, ich war bei Milošević, ich habe mit ihm zweieinhalb Stunden diskutiert. Ich habe ihn angefleht, darauf zu verzichten, dass die Gewalt eingesetzt wird im Kosovo. Jetzt ist Krieg, ja. Und ich hätte mir nie träumen lassen, dass Rot-Grün mit im Krieg ist. Aber dieser Krieg geht nicht erst seit 51 Tagen, sondern seit 1992 [...]. Er hat mittlerweile Hunderttausenden das Leben gekostet, und das ist der Punkt, wo Bündnis 90/Die Grünen nicht mehr Protestpartei sind.

Wir haben uns entschieden, in die Bundesregierung zu gehen, in einer Situation, als klar war, dass hier die endgültige Zuspitzung der jugoslawischen Erbfolgekriege stattfinden kann. Ich erinnere mich noch – nein, ich höre nicht auf! Den Gefallen tue ich euch nicht! –, ich kann mich noch erinnern: Die Bundestagswahlen waren gerade vorbei, da sind Schröder und ich nach Washington geflogen. Wir waren noch in der Opposition, da war schon klar, dass wir ein Erbe mitbekommen, das unter Umständen in eine blutige Konfrontation, in einen Krieg führen kann. [...] Schon damals, als wir die Koalition beschlossen haben, war uns klar, dass wir in einer schwierigen Situation antreten.

Ich hätte mir nicht träumen lassen, dass wir im ersten halben Jahr nicht nur die Agenda 2000, nicht nur die Frage der Krise der Kommission, sondern auch die Frage Rambouillet und schließlich das Scheitern von Rambouillet und den Krieg dort haben. Nur, ich kann euch nochmals sagen, was ich nicht bereit bin zu akzeptieren: Frieden setzt voraus, dass Menschen nicht ermordet, dass Menschen nicht vertrieben, dass Frauen nicht vergewaltigt werden. Das setzt Frieden voraus!

[...] Mir wurde moralischer Overkill vorgeworfen, und ich würde da eine Entsorgung der deutschen Geschichte betreiben und Ähnliches. Ich will euch sagen: Für mich spielten zwei zentrale Punkte in meiner Biographie eine entscheidende Rolle, und ich kann meine Biographie da nicht ausblenden. Ich frage mich, wer das kann in dieser Frage! In Solingen, als es damals zu diesem furchtbaren, mörderischen Anschlag auf eine ausländische Familie, auf eine türkische Familie kam, die rassistischen Übergriffe der Neonazismus, die Skinheads. [...] ich frage mich, wenn wir innenpolitisch dieses Argument [»Wehret den Anfängen«, der Verf.] immer gemeinsam verwandt haben, warum verwenden wir es dann nicht, wenn Vertreibung, ethnische Kriegsführung in Europa wieder Einzug halten und eine blutige Ernte mittlerweile zu verzeichnen ist? Ist das moralische Hochrüstung, ist das moralischer Overkill?

Auschwitz ist für mich unvergleichbar. Aber ich stehe auf zwei Grundsätzen: Nie wieder Krieg! Nie wieder Auschwitz, nie wieder Völkermord, nie wieder Faschismus! Beides gehört für mich zusammen. […] Mit dem Ende des Kalten Krieges ist eine ethnische Kriegsführung, ist eine völkische Politik zurückgekehrt, die Europa nicht akzeptieren darf. Wenn wir diese Politik akzeptieren, werden wir dieses Europa nicht wiedererkennen.

[…] wenn ihr sagt: ›Lasst uns das Bomben einstellen, und dann schauen wir mal, dann verhandeln wir.‹ Ich habe mir mal rausgesucht, wie viele Waffenstillstandsabkommen durch Milošević und seine Paladine […] unterzeichnet wurden. Achtzehn Waffenstillstandsabkommen seit 1993, davon hat nur das letzte gehalten [der Vertrag von Dayton, J. F.]. Dies alles hat Hunderttausenden ihr Leben gekostet, in Bosnien-Herzegowina und in den anderen Regionen. 73 VN-Resolutionen, liebe Freundinnen und Freunde, 73! Und da lese ich zwei davon, am 16. April des Jahres 1993 die VN-Resolution 819 – Srebrenica wird Schutzzone. Und am 6. Mai die VN-Resolution 824 – Einrichtung von sechs Schutzzonen für muslimische Flüchtlinge in Srebrenica, Žepa, Goražde, Tuzla, Sarajevo, Bihac.

Ich frage euch, liebe Freundinnen und Freunde, woher nehmt ihr euer Vertrauen gegenüber Milošević, dass es ohne massiven bewaffneten Schutz den Menschen nicht genau so wieder gehen wird wie den Männern in Srebrenica, die kalt im Massengrab liegen […]? Woher nehmt ihr das? Ich habe dieses Vertrauen nicht. […]

Wir haben in Rambouillet versucht, die serbisch-jugoslawische Seite zu überzeugen. Das Absurde ist, dass der Westen, die von euch so verachtete NATO, für die territoriale Integrität Jugoslawiens eingetreten ist, gegen Sezession, gegen die Unabhängigkeit der Kosovaren. Wir sind dafür eingetreten, eine politische Lösung zu erreichen. Und wenn gesagt wird: ›Gebt der Diplomatie eine Chance!‹ – es wurde doch alles versucht, um mit diplomatischen Mitteln ein Einvernehmen herzustellen. […] Und wenn ich mir was vorwerfe, liebe Freundinnen und

Freunde, dann kann es allerhöchstens das sein, Milošević in seiner Brutalität, in seiner Radikalität, in seiner Entschlossenheit, den ethnischen Krieg ohne Rücksicht auf die Zivilbevölkerung durchzusetzen, diesen ethnischen Krieg zu Ende zu bringen, [...] unterschätzt zu haben.

[...] Milošević geht von der These aus: Guerillas sind diejenigen, die im Volk wie im Wasser schwimmen, und deswegen lasse das Wasser ab, zerstöre ein Volk, vertreibe es vollständig durch Schrecken und Terror, und dann wird es auch keine Guerilla mehr geben. Und zudem destabilisiere noch die Nachbarstaaten.

[...] Diese Politik ist in einem doppelten Sinne verbrecherisch. Ein ganzes Volk zum Kriegsziel zu nehmen, zu vertreiben durch Terror, durch Unterdrückung, durch Vergewaltigung, durch Ermordung, und gleichzeitig die Nachbarstaaten zu destabilisieren: Dies bezeichne ich als eine verbrecherische Politik. [...] Milošević darf sich nicht durchsetzen. Wir dürfen nichts beschließen, was in diese Richtung gehen könnte. [...] Wir haben die fünf Punkte vorgeschlagen und durchgesetzt. Wir haben einen Friedensplan, der zuerst belächelt wurde, der mittlerweile aber die Grundlage der G 8 ist, durchgesetzt. Wir haben darauf gesetzt, den Vereinten Nationen endlich wieder eine entscheidende Rolle zukommen zu lassen. Wir haben darauf gesetzt, Russland ins Boot zu bringen. [...] Wir setzen darauf – das, bitte ich euch, ist der Kern des Ganzen – nicht, ob wir mit einem guten Gewissen nach Hause gehen, nicht, ob wir uns mit Farbbeuteln beschmissen haben, sondern ob wir politische Entscheidungen treffen, die die Rückkehr der Vertriebenen ermöglichen. Ja oder Nein, das ist der Maßstab. [...] Das ist auch der moralische Maßstab, der friedenspolitische Maßstab. [...] Ohne diese Rückkehr wird es keinen Frieden geben. Und diese Rückkehr wird nur stattfinden, wenn es eine robuste internationale Friedenstruppe gibt.

[...] Und deswegen, liebe Freundinnen und Freunde, ist heute Klartext angesagt. Ich freue mich ja, wenn gesagt wird, von Hans-Christian Ströbele und anderen, sie wollen, dass Joschka Fischer Außenminister bleibt. Aber dann müsst ihr die Bedingungen auch dafür schaffen, dass ich erfolgreich Außenminister sein kann. Ich werde mit eurem Antrag geschwächt aus diesem Parteitag hervorgehen, nicht gestärkt. [...] Ich halte zum jetzigen

Zeitpunkt eine einseitige Einstellung, eine unbefristete Einstellung der Bombenangriffe für das grundfalsche Signal. Milošević würde dann nur gestärkt und nicht geschwächt. Ich werde das nicht umsetzen, wenn ihr das beschließt – damit das klar ist. Ich muss hier Klarheit schaffen!

[...] Aber ich bitte euch, liebe Freundinnen und Freunde, was wir jetzt gemeinsam brauchen, ist die Kraft, diese Verantwortung umzusetzen, so schwer dies auch geht. Und um was ich euch als Außenminister bitte, ist, dass ihr mir helft, dass ihr Unterstützung gebt und dass ihr mir nicht Knüppel zwischen die Beine werft. Und dass ich nicht geschwächt, sondern gestärkt aus diesem Parteitag herausgehe, um unsere Politik weiter fortsetzen zu können.«

Nach etwa 20 Minuten hatte ich gewiss nicht meine beste, gleichwohl aber die wichtigste politische Rede in meinem Leben beendet. Viele Delegierte standen auf, minutenlang applaudierend. Aber war es auch die Mehrheit? Dies war angesichts der chaotischen Zustände schlicht nicht auszumachen. Ich setzte mich zurück auf meinen Platz. Die Schmerzen im Ohr hatten immer noch nicht nachgelassen, sodass ich kurze Zeit später zur Behandlung ins Krankenhaus fahren musste, wo ein geplatztes Trommelfell diagnostiziert wurde. Auf dem Weg zum Arzt rief mich der Bundeskanzler an, erkundigte sich nach meinem Befinden und wünschte mir alles Gute. Nach der ärztlichen Behandlung ging es zurück in die Seidensticker-Halle, und ich folgte dort von meinem Platz aus den weiteren Ereignissen. Allerdings zog die stundenlange Debatte mehr an mir vorüber, als dass ich ihr innerlich noch groß gefolgt wäre. Zwischen mir und dem Parteitag hatte sich durch die Ereignisse eine emotional tiefe innere Kluft aufgetan. Ich fühlte mich eigentlich nur noch körperlich anwesend, emotional war ich bereits weg.

Ludger Volmer, Staatsminister im Auswärtigen Amt, hielt die letzte Rede für den Antrag des Bundesvorstandes, in der er sich, ebenfalls unter Pfiffen und Tumult, mit großem Nachdruck für ein Ja zu diesem Antrag einsetzte. Um 19.00 Uhr kam es schließlich zur Abstimmung über zwei Anträge: der Antrag des Bundesvorstandes gegen den Antrag der Linken. Bei dieser Abstimmung ging es nicht nur um die unterschiedlichen Texte und Inhalte der beiden Anträge – dem Parteitag und der Öffentlichkeit war klar, dass eine Mehrheit für den Antrag des Bundesvorstandes bedeutete, dass ich als Außenminister weitermachen könnte und die rot-grüne Koalition fortbestehen würde. Und dass eine Mehrheit für den Antrag der Linken meinen sofortigen Rücktritt und das Ende der Koalition nach sich ziehen würde. Inhaltlich sprach sich der Antrag des Bundesvorstandes dafür aus, dass sich die Bundesregierung für einen befristeten Bombenstopp einsetzen sollte (womit ich leben konnte), während die Linken um Hans-Christian Ströbele, Bärbel Höhn, Claudia Roth und Annelie Buntenbach einen sofortigen und unbefristeten Bombenstopp verlangten. Beides war im Lichte der Realität gleichermaßen unwahrscheinlich, aber darum ging es ja bei dieser Abstimmung nicht. Ja oder Nein zu Rot-Grün hieß vielmehr die Alternative.

Die Auszählung der Stimmen brauchte seine Zeit, da die Mehrheitsverhältnisse mit dem bloßen Auge kaum feststellbar waren. Dennoch war ich mir sofort sicher, dass der Antrag des Bundesvorstandes über eine Mehrheit verfügte und wir gewonnen hatten. Das ausgezählte Ergebnis lautete dann 444 gegen 318 Stimmen. Ich dachte in diesem Moment zurück an den Bonner Sonderparteitag im Jahr 1993 und an den weiten Weg, den meine Partei seitdem, bis zum heutigen Tag in Bielefeld, zurückgelegt hatte. Ich dachte aber auch an den hohen persönlichen Preis, den dieser weite Weg von mir verlangt hatte, und ich fragte mich, wie lange ich diese Kraftanstrengung wohl noch durchhalten könnte und durchhalten wollte. Und ich dachte auch daran, wenn dies heute nicht nur ein Farbbeutel gewesen wäre ... Ich wollte weg, so schnell wie möglich weit weg von Bielefeld und diesem Parteitag.

Das weitaus wichtigere Treffen für den weiteren Verlauf des Balkankrieges an diesem Himmelfahrtstag fand allerdings weitab von Bielefeld in Helsinki statt. Dort traf sich zum ersten Mal die neue Kosovo-Troika, bestehend aus den Unterhändlern Russlands, der USA und der EU – Viktor Tschernomyrdin, Strobe Talbott und dem finnischen Präsidenten Martti Ahtisaari. Vor allem in den Händen dieser drei Unterhändler lag fortan die Aufgabe, den Krieg im Kosovo erfolgreich zu beenden. Dazu bedurfte es erstens eines Konsenses zwischen der westlichen und der russischen Position, und zweitens musste dann Milošević zur Annahme dieses Ergebnisses bewegt werden. Es war dabei aus westlicher Sicht immer völlig klar, dass es an den fünf Punkten keinerlei Abstriche geben konnte, und hier vor allem bei den entscheidenden Machtfragen: völliger Rückzug der serbischen Sicherheitskräfte, die NATO als »Kern« einer internationalen robusten Schutztruppe, einheitliche Kommandostruktur und kein eigener russischer Sektor. Die Arbeit der Außenminister würde sich fortan auf die Erarbeitung der notwendigen Sicherheitsratsresolution konzentrieren, die aber erst nach einer Einigung der Troika mit Belgrad erfolgreich sein konnte.

Iwanow vertrat nach wie vor die harte Haltung des russischen Außenministeriums. Dies bestätigte sich in einem Telefonat am 19. Mai, das ich am frühen Nachmittag mit ihm führte. Das Treffen der Troika in Helsinki sei leider ergebnislos verlaufen, weil die Amerikaner unnachgiebig geblieben seien. Es ging ihm um die Punkte: Serben raus, NATO rein, und keine Erwähnung mehr der »territorialen Integrität Jugoslawiens«. Deshalb sei Tschernomyrdin auch allein nach Belgrad gereist. Ahtisaari und Talbott kämen morgen nach Moskau, aber wenn diese ultimative Position beibehalten werden würde, wären auch diese Gespräche zum Scheitern verurteilt. Dies gelte auch für die Gespräche der politischen Direktoren der G 8 in Bonn. Wenn Washington auf militärischen Sieg setze, dann könne dies nicht mit Russlands Hilfe geschehen. Es wäre ein Fehler, dass sich die USA so hart aufstellen würden.

Und auch mit den Vorschlägen zum weiteren Verfahren war der russische Außenminister nicht einverstanden. Russland werde nicht den Briefträger für die NATO gegenüber Belgrad spielen. Dies komme für Russland nicht in Frage. Ich antwortete gegenüber den russischen Vorhaltungen im Wesentlichen prozedural und hinhaltend, denn es war völlig klar, dass wir in keinem der wesentlichen Punkte nachgeben konnten. Was die territoriale Integrität Serbiens betraf, schien mir Iwanow allerdings etwas überbesorgt zu sein, denn dies hätte eine Änderung des gemeinsamen westlichen Standpunktes bedeutet, für die es keinerlei Notwendigkeit gab.

Um 23.00 Uhr desselben Tages sprach ich dann mit Madeleine Albright den jüngsten Stand der Ereignisse durch. Neben der Entwicklung in Belgrad und einer möglichen »Option B«, falls Talbott und Ahtisaari scheitern würden (der Luftkrieg würde fortgeführt und ein Bodenkrieg immer wahrscheinlicher werden), ging es um das Treffen in Helsinki und die russische Haltung. Die amerikanische Außenministerin berichtete von widersprüchlichen Signalen. Einerseits wäre Talbott relativ optimistisch aus den Gesprächen mit Tschernomyrdin herausgekommen, andererseits aber habe Iwanow seinen politischen Direktor bei den Verhandlungen auf dem Petersberg blockiert. Der Widerspruch zwischen Präsident Jelzins Sonderbeauftragtem Viktor Tschernomyrdin und dem russischen Außenminister wurde immer offensichtlicher. Offenbar wollten Jelzin und sein engstes Umfeld eine schnelle Beendigung des Krieges, auch um den Preis der Übernahme der westlichen Position. Gleichzeitig stieß er dabei aber auf heftigen Widerstand in der eigenen Regierung, im Außen- und im Verteidigungsministerium sowie in der Duma.

Am Wochenende war Pfingsten, und während die große Mehrheit der Deutschen sich einige Tage Urlaub gönnte, galt es für mich als Delegierten der Bundesversammlung im Reichstagsgebäude in Berlin einen neuen Bundespräsidenten zu wählen. Johannes Rau (SPD) wurde, auch von mir, im zweiten Wahlgang gewählt. Damit stellte die SPD unter den Spitzen der obersten Verfassungsorgane der Bundesrepublik Deutschland den Bundespräsidenten, den Bundeskanzler, den Bundestagspräsidenten und die Präsidentin des Bundesverfassungsgerichts. Die Sozialdemokraten hatten wirklich keinerlei Anlass, sich über Rot-Grün zu beschweren, manche taten es aber dennoch weiterhin.

Am 27. Mai verkündete die Chefanklägerin des Haager Jugoslawien-Tribunals, Louise Arbour, öffentlich, dass Slobodan Milošević vor dem Tribunal wegen Kriegsverbrechen angeklagt würde. Damit war Milošević endgültig kein denkbarer direkter Verhandlungspartner mehr und diplomatisch zu einem »Unberührbaren« geworden. Diese Entscheidung der Chefanklägerin war ohne jeglichen politischen Einfluss zustande gekommen. Im Gegenteil, hätte man uns gefragt, so wäre in der Quint wohl die einhellige Meinung gewesen, diese Anklage auf die Zeit nach einer Einigung mit Belgrad zu verschieben, aber es wurde eben niemand gefragt. Freilich bestand für den Westen gar keine andere Möglichkeit, als die Entscheidung der Chefanklägerin öffentlich vorbehaltlos zu unterstützen. Ansonsten hatte sich an der westlichen Position durch die Entscheidung im Haag nichts geändert. Die fünf Punkte galten uneingeschränkt fort, und auch die Troika wurde dadurch nicht in Frage gestellt, wie die Tage danach zeigen sollten. Jelzin wollte um jeden Preis ein Ende des Krieges, und Belgrad begann, als Folge der intensivierten Luftangriffe, nun doch zunehmend Wirkung zu zeigen, und suchte nach einem Ausweg.

Das Endspiel des Krieges hatte in diesen Tagen definitiv begonnen, dies war allenthalben zu verspüren. Darin wurden wir auch durch einen Brief bestärkt, der am 31. Mai im Auswärtigen Amt ankam. Der Absender war der jugoslawische Außenminister Jovanović. Neben den üblichen Beschuldigungen und Vorwürfen enthielt er allerdings neue, interessante Elemente, die nicht nur auf eine Akzeptanz der Prinzipien der G 8 seitens der jugoslawischen Regierung hinwiesen, sondern auch auf eine mögliche Akzeptanz einer VN-Präsenz im Kosovo. Dies war zwar bei weitem nicht genug, aber die Dinge schienen sich in Belgrad zu bewegen. Deshalb kam es nun vor allem auf die Arbeit der Troika an.

Deren entscheidende Sitzung fand auf Einladung des Bundeskanzlers am 1./2. Juni auf dem Bonner Petersberg statt. Es war dort vier Uhr morgens geworden, bis schließlich die drei Troika-Mitglieder eine Einigung erzielt hatten. Allerdings war die schwierige Frage eines eigenen russischen Sektors nicht wirklich geklärt (hätte man diesen akzeptiert, so wäre das faktisch auf eine Teilung des Kosovo hinausgelaufen), aber über alle anderen Fragen war Einigkeit erzielt worden. Innerhalb der russischen Delegation kam es immer wieder zu schweren, ja lautstarken Zerwürfnissen, vor allem zwischen Tschernomyrdin und dem Vertreter des russischen Verteidigungsministeriums, General Iwaschow, wie westliche Teilnehmer einhellig berichteten. Dennoch, die Vereinbarung hielt, und Tschernomyrdin und Ahtisaari reisten am 2. Juni nach Belgrad ab, um dort die entscheidenden Verhandlungen mit Milošević zu führen.

Am 3. und 4. Juni tagte der Europäische Rat in Köln im Gürzenich. Selbstverständlich war die Anspannung bei allen Anwesenden sehr groß, ganz besonders aber bei der deutschen Präsidentschaft. Würde es Ahtisaari am heutigen Tag in Belgrad schaffen? Am frühen Nachmittag erreichte uns in Köln die Kunde, dass Milošević dem von Ahtisaari vorgelegten Dokument uneingeschränkt zugestimmt habe und zur Stunde das serbische Parlament zur Billigung der Vereinbarung zu einer Sondersitzung zusammentreten würde. Meine Erleichterung war riesig, aber in der nächsten Sekunde kamen wieder Zweifel auf, ob das alles so stimmen würde, denn Milošević war nicht zu trauen. Irgendein falsches Spiel war noch jederzeit möglich, solange die NATO nicht im Kosovo war. Aber welch ein Tag – sollten die Informationen tatsächlich zutreffen! Und dazu schien die Sonne an einem endlos blauen Himmel über Köln.

Ahtisaari kam am Nachmittag direkt in die laufende Sitzung des Europäischen Rates. Er wurde von einem strahlenden Bundeskanzler Gerhard Schröder im Blitzlichtgewitter der Presse vor dem Gebäude begrüßt und in den Saal geleitet, wo der finnische Präsident von den versammelten Staats- und Regierungschefs und Außenministern der EU mit Beifall empfangen wurde. Ahtisaari gab einen sachlichen Bericht, nach dem in der Tat die Regierung und das Parlament in Belgrad seinem Dokument uneingeschränkt zugestimmt hätten, er aber dennoch zur Vorsicht und zur Zurückhaltung mahne, da noch eine schwierige Wegstrecke bis zur vollen Umsetzung der Vereinbarung vor uns läge.

Der finnische Präsident sollte recht behalten, wie die weiteren Ereignisse zeigten, denn die militärische Implementierungsfrage war in Belgrad nicht verhandelt worden, und sie betraf vor allem die bisher nicht gelöste zukünftige russische Rolle im Kosovo. Diese ungelöste Frage barg noch ein großes Potenzial an Unheil. Und sollte hier in den kommenden Tagen noch etwas haken, so hätte dies durchaus negative Konsequenzen für die diplomatische Schiene haben können, die uns jetzt über die Erarbeitung einer VN-Resolution zurück nach New York und in den Sicherheitsrat führen würde, denn Russland war dort Vetomacht.

Dennoch, diesen wunderschönen Frühsommertag in Köln haben wir – der Bundeskanzler, ich selbst und alle unsere an den Verhandlungen beteiligten Mitarbeiter – in vollen Zügen genossen. Nur für einen kurzen Augenblick dachte ich zurück an Bielefeld, ansonsten aber waren wir glücklich und stolz, stolz auf unsere gemeinsame Leistung, und stolz auch auf die Rolle, die unser Land, unter unserer Führung, sowohl im Krieg als auch bei der Durchsetzung des Friedens gespielt hatte. Damals, im Oktober 1997 im Lancaster House in London, hatte man noch versucht, Deutschland jenseits der Seitenauslinie zu halten, und heute wurde das beginnende Ende des Kosovo-Krieges in Köln unter der deutschen EU- und G 8-Präsidentschaft verkündet. Dies war ein weiter Weg für unser Land und uns selbst gewesen, aber wir waren ihn erfolgreich gegangen und hatten uns gegen alle Widerstände durchgesetzt.

Am Abend dieses wunderbaren Tages wurde in der Quint das weitere Vorgehen erörtert und festgelegt. Die Troika hatte ihre Arbeit getan, jetzt war der Staffelstab an uns, die Außenminister, weitergereicht worden und an das Militär. Wir hatten eine Einigung auf eine Sicherheitsratsresolution zu erzielen, und das Militär musste sich mit der jugoslawischen Seite auf die praktischen Umsetzungsfragen und ein militärisch-technisches Abkommen (der berühmt-berüchtigte »Annex B« von Rambouillet!) einigen. Wir vereinbarten in der Quint ein schnellstmögliches Außenministertreffen, das parallel zu den militärischen Bemühungen stattfinden sollte. Zudem sollten die Bombardierungen zwar nicht eingestellt, wohl aber reduziert werden.

Über das Wochenende tauchten dann die ersten militärischen Umsetzungsprobleme auf, die allenthalben befürchtet worden waren. Bei den Verhandlungen am mazedonischen Grenzübergang Blače (die Verhandlungen der beiden Militärdelegationen begannen in einem Café namens »Europa 93«, keine 500 Meter diesseits der Grenze in Mazedonien) erklärte die serbische Delegation, dass man keine Befugnis habe, über die Dislozierung der NATO-Truppen im Kosovo zu verhandeln. Deswegen war es an jenem Samstag auch zu keiner Unterzeichnung gekommen, und die serbische Delegation war wieder abgereist. Die Verhandlungen wurden dann aber am nächsten Tag in einem Zelt auf dem sich unter französischer Kontrolle befindenden Flughafen Kumanovo in Mazedonien fortgesetzt.

Durch diese nicht erfolgte Zustimmung zu den NATO-Truppen im Kosovo (KFOR) konnte allerdings eine unangenehme Situation entstehen – dass sich die serbischen Sicherheitskräfte zwar zurückzögen, die NATO aber nicht die Zustimmung Belgrads hätte, in das Kosovo einzurücken. Dies könnte im Sicherheitsrat Probleme verursachen, am Boden im Kosovo ebenfalls und ganz gewiss für die Bundesregierung im Deutschen Bundestag. Die Zustimmung Belgrads und/oder eine Sicherheitsratsresolution würden, strikt völkerrechtlich gesehen, den entscheidenden Unterschied zwischen einer militärischen Friedensmission und einer Invasion ausmachen. Gewiss, die Dinge waren jetzt im Fluss, und es galt unbedingt, ein Sicherheitsvakuum im Kosovo nach dem Abzug der Serben durch NATO-Truppen zu verhindern. Aber ohne die Unterschrift Belgrads oder ohne eine Sicherheitsratsresolution würden wir mit einem militärischen Mandat in unserem Parlament sicher große Schwierigkeiten bekommen.

Die Reihenfolge der Ereignisse wurde in der Quint wie folgt festgelegt: Zuerst die Unterschrift unter das militärische Abkommen, dann die Sicherheitsratsresolution und anschließend sofort die ActOrd im NATO-Rat. Falls es Verzögerungen im Sicherheitsrat geben würde, sollte die NATO dennoch die ActOrd beschließen, da wir kein Vakuum im Kosovo zulassen durften.

Darüber hinaus hatten wir von Gunter Pleuger, der zu dieser Zeit in Moskau verhandelte, schlechte Nachrichten erhalten. Tschernomyrdin habe ohne Mandat gehandelt, behauptete man im russischen Außenministerium. Und auch ansonsten stieß der deutsche politische Direktor in Moskau vor allem auf eine Ablehnung der meisten seiner Textvorschläge. Dennoch würde Igor Iwanow am Montag auf dem Petersberg anwesend sein. Es schien so, als wenn sich die Verhandlungen der G8-Außenminister über die Sicherheitsratsresolution alles andere als einfach anlassen würden. Andererseits hörten wir Positives aus Peking. Die chinesische Regierung beabsichtigte, sich in der Frage der Sicherheitsratsresolution sehr konstruktiv zu verhalten.

Am Montag, den 7. Juni, begann auf dem Petersberg um die

Mittagszeit das entscheidende G 8-Außenministertreffen zur Erarbeitung einer VN-Sicherheitsratsresolution. Ich hatte bisher mit den Verfahrensfragen und Regeln des Sicherheitsrates noch nie etwas zu tun gehabt, aber mit Gunter Pleuger stand mir ein auch in diesen Fragen äußerst kundiger Experte zur Seite. Zudem verfügte Madeleine Albright aus ihrer Zeit als VN-Botschafterin der USA über reichlich Erfahrung mit diesem Geschäft und auch mit den entscheidenden Botschaftern im Sicherheitsrat. Aus diesem Grund drang sie auch unerbittlich darauf, die Einigung mit Russland im G 8-Rahmen der Außenminister zu suchen und zu finden. Sie wollte unbedingt verhindern, dass dies zwischen den Botschaftern in New York geschehen müsste, da sie den dortigen russischen Botschafter Sergej Lawrow (der spätere russische Außenminister) für einen Hardliner hielt, mit dem eine Einigung nur schwer zu erzielen sein würde.

Die Gespräche verliefen erwartungsgemäß zäh. Wir legten als Vorsitz den bisherigen Resolutionsentwurf auf den Tisch, ausgearbeitet von den Ministerien und, soweit es möglich war, verhandelt von den politischen Direktoren. Die noch nicht vereinbarten Teile des Textes waren in Klammern gesetzt, ebenso die noch unterschiedlichen Vorschläge der Parteien. Die Aufgabe der Außenminister würde es nun in den kommenden Stunden sein, diese »Klammern aufzulösen«, wie es in der Diplomatensprache heißt, und in jedem Einzelfall, der streitig gestellt worden war, einen Konsens zu erreichen. Normalerweise war Textarbeit nicht die Aufgabe der Minister, diese Arbeit wurde in der Regel von den Beamten geleistet, aber an diesem Tag ging es nicht anders. Also machten wir uns an die Textarbeit.

Die Konstellation während der Verhandlungen war immer 7:1, die sieben westlichen Außenminister gegen unseren russischen Kollegen. Dennoch versuchte ich, die Atmosphäre im Raum durch meine Verhandlungsführung so zu gestalten, dass es niemals zu einer harten Konfrontation entlang der Linie »einer gegen alle anderen« oder gar zu einer feindseligen Atmosphäre kommen konnte. Wir hatten ein gemeinsames Ziel zu erreichen, dazu war eine positive Gruppenpsychologie unerlässlich. Igor Iwanow leistete hinhaltenden Widerstand vor allem dort, wo es um die territoriale Integrität Jugoslawiens ging, um

Bezugnahmen auf das internationale Kriegsverbrechertribunal für Jugoslawien und um die Präsenz einiger serbischer Einheiten im Kosovo. Gerade die beiden letzten Punkte waren für die westliche Seite unverzichtbar (Tribunal) bzw. nicht hinnehmbar (Präsenz serbischer Truppen).

Die beiden zentralen Streitpunkte, nämlich »NATO-Präsenz im Kosovo« und »einheitliches Kommando«, waren elegant gelöst worden, indem man sowohl die »Erklärung des Vorsitzenden zum Abschluß des Treffens der Außenminister der G 8 auf dem Petersberg am 6. Mai 1999« als Anlage I und auch Ahtisaaris Belgrader Dokument, das Milošević akzeptiert (wenn auch nicht unterschrieben) hatte, als Anlage II der Sicherheitsratsresolution anfügte und die Resolution darauf positiv Bezug nahm. Und in der Anlage II stand es dann schwarz auf weiß: »4. Die internationale Sicherheitspräsenz unter substantieller Beteiligung der Nordatlantikvertrags-Organisation muß unter gemeinsamer Führung disloziert werden und ermächtigt sein, ein sicheres Umfeld für alle Menschen im Kosovo zu schaffen und die sichere Rückkehr aller Vertriebenen und Flüchtlinge in ihre Heimat zu erleichtern.«

Es wurde im Kreis der Außenminister um jedes Wort gerungen, die Fortschritte bei den Kompromissen in der Textarbeit wurden mühselig und über Stunden hinweg erarbeitet. Und immer wieder mussten die Verhandlungen unterbrochen werden, weil der russische Außenminister mit Moskau telefonieren und sich offensichtlich dort absichern musste.

Da die Verhandlungen im Wesentlichen in Englisch geführt wurden, geriet der britische Außenminister Robin Cook, der englische Literatur studiert hatte und ein wunderschönes Englisch sprach, immer mehr in die Rolle der entscheidenden Instanz, die die diplomatischen Kompromisse der Außenminister noch einigermaßen mit den Regeln der englischen Sprache in Übereinstimmung zu bringen hatte. Dann und wann musste er intervenieren mit dem Satz: »Sorry colleagues, but you really can't say that in English.« Und so gewöhnte ich mir an, immer wenn wir einen Kompromiss bei einer noch strittigen Formulierung gefunden hatten, Robin als unseren »G 8-Headmaster« nochmals um seine sprachliche Bewertung zu bitten.

Eigentlich hätten die Verhandlungen am Montag in der Nacht beendet werden können, aber ganz offensichtlich brauchte Russland noch mehr Zeit, um zu einem Abschluss zu kommen. Wir mussten das Treffen also auf den nächsten Tag verlängern. Daraus erwuchs für uns als Gastgeber ein ganz praktisches Problem, denn wenn wir die Konferenz am nächsten Tag fortführen wollten, so konnte dies nicht mehr auf dem Petersberg geschehen. Dieser war für den nächsten Tag bereits an ein großes deutsches Unternehmen vergeben, und die Geldsumme, die als Ausfallgarantie gegenüber dem Unternehmen fällig geworden wäre, war doch ganz erheblich. Was also tun?

Unser Protokoll schlug mir einen Umzug in den Kölner Gürzenich vor, den die Bundesregierung wegen anderer internationaler Treffen noch für einige Zeit belegt hatte. »Schafft ihr das?«, war meine Frage, und die Antwort war ein klares »Ja«. Die Nacht hindurch hatte die Protokollabteilung Großartiges geleistet, und so konnte die Konferenz am nächsten Tag im Gürzenich fortgesetzt werden. Gemeinhin wird die Leistung des Protokolls in der Öffentlichkeit unterschätzt, denn die meisten Menschen machen sich kaum eine Vorstellung, wie viel an Aufwand hinter der Organisation einer internationalen Konferenz steckt. Alles muss auf die Sekunde sitzen und funktionieren, und jede Panne, jeder Fehler kann diplomatische oder gar politische Schwierigkeiten nach sich ziehen und einen Verhandlungserfolg gefährden. Ist eine Konferenz ein Erfolg, so ist das gastgebende Land zu Recht stolz darauf, aber hinter einem solchen Erfolg steckt auch und vor allem die nie ermüdende Anstrengung und organisatorische Flexibilität von meist nur wenigen Mitarbeiterinnen und Mitarbeitern aus der Protokollabteilung des Auswärtigen Amtes. Die Organisation des Umzuges der Konferenz der G 8-Außenminister innerhalb weniger Stunden vom Petersberg nach Köln in den Gürzenich war eine große Leistung des deutschen Protokolls.

Am nächsten Morgen um 10.00 Uhr wurden die Verhandlungen im Kölner Gürzenich fortgesetzt. Und plötzlich ging alles sehr schnell, sodass ich gegen 13.00 Uhr, nach insgesamt etwa 12 Stunden Verhandlungen, die Einigung auf den Textentwurf für die Sicherheitsratsresolution feststellen konnte. Ebenso zügig erfolgte dann die Einigung auf das weitere Verfahren. Angeregt von Gunter Pleuger schlug ich vor, dass jetzt alle sofort ihre jeweiligen VN-Botschafter unterrichten und Anweisungen erteilen sollten, den Entwurf der Resolution unverzüglich »in Blau« zu setzen – d. h. er konnte innerhalb von 24 Stunden im Sicherheitsrat abgestimmt werden. Madeleine Albright fand den Vorschlag eine vorzügliche Idee, und so griffen alle anwesenden Außenminister zu ihren Mobiltelefonen, um ihre VN-Botschafter in New York über das Ergebnis und die weitere Vorgehensweise zu instruieren. Als dies alles vorüber war, befanden sich zumindest die westlichen Beteiligten in einer aufgeräumten Stimmung, und ich sagte zu meinen Kollegen, dass es während des Krieges einen sehr kritischen Artikel des amerikanischen Nachrichtenmagazins TIME mit der Überschrift »Madeleine's War« gegeben hatte. »Nun«, fuhr ich fort, »wenn dies Madeleines Krieg war, dann ist das heute auch Madeleines Frieden.« Anschließend wurden die Fotografen in den Saal gebeten, um den historischen Augenblick für die Öffentlichkeit festzuhalten.

Jetzt hing alles nur noch an der Unterschrift der serbischen Militärdelegation unter das technisch-militärische Abkommen in Kumanovo. Und genau da hakte es immer noch. Sollte am Ende der Friede doch noch an weiteren Manövern und Ausflüchten von Milošević scheitern? Hoffte er immer noch auf Hilfe aus Moskau? Es erwies sich als überaus hilfreich, dass wir G 8-Außenminister in Köln noch jenseits der Verhandlung über eine Sicherheitsratsresolution unsere »normale« Tagesordnung abzuarbeiten hatten, sodass Igor Iwanow auch während der nächsten Tage unter uns in Köln weilte. Kürzer konnte im Falle einer möglichen Krise im Kosovo kein diplomatischer Dienstweg sein. Und als sich die Serben beschwerten, dass in dem Entwurf für die Sicherheitsratsresolution eine 24-Stunden-Frist zwischen ihrem Abzug und dem Einmarsch von KFOR liegen würde, und sie dies zur weiteren Verzögerung ihrer Unterschrift benutzen wollten, wurde dieser Satz von den in Köln versammelten G 8-Außenministern kurzerhand gestrichen.

Irgendwie passte es zu diesen Tagen, dass nach all den diplomatischen Mühen und Anstrengungen das offizielle G 8-Treffen der Außenminister einen süßen Ausklang nahm, nämlich mit einem Abendessen im Imhoff-Stollwerck-Museum in Köln. Beginnend bei einem nie versiegenden süßen Schokoladebrunnen konnte man in diesem Museum die dreitausendjährige Geschichte der Schokolade besichtigen, aber wir beschränkten uns auf den Schokoladebrunnen zum Aperitif und anschließend auf das offizielle Abendessen. Die versammelten G 8-Außenminister haben den süßen Ausgleich zu ihrem ansonsten eher herben Geschäft an jenem Abend mehr als verdient genossen.

Am 9. Juni 1999 abends kam es schließlich zur Unterzeichnung des militärisch-technischen Abkommens in Kumanovo. Gegen 22.40 Uhr gab General Mike Jackson, der kommandierende NATO-General vor Ort, seine Pressekonferenz, in der er die erfolgte Unterzeichnung der Öffentlichkeit bekanntgab. Wir wurden von der Unterzeichnung bereits kurz nach 21.00 Uhr informiert. Jetzt würde in New York unverzüglich der Sicherheitsrat tagen und beschließen, dann der NATO-Rat die ActOrd auf den Weg bringen, die Serben mit dem Abzug beginnen, die NATO ihre Bombardierungen einstellen und schließlich KFOR in das Kosovo einrücken. Damit wäre der Krieg definitiv zu Ende, und der Wiederaufbau könnte beginnen.

Am Donnerstag, den 10. Juni, tagte am Nachmittag im Kölner Gürzenich eine weitere Ministerkonferenz, nämlich zum Balkan-Stabilitätspakt, als mir Madeleine Albright eine handschriftliche Notiz zukommen ließ: »Joschka, Solana is on t.v. right now announcing a pause. Madeleine.« Einer meiner Mitarbeiter hatte auf der Notiz vermerkt: »Bitterlich (damals der deutsche NATO-Botschafter) bestätigt, Rückzug verifiziert.« Es war vorbei, der Krieg der NATO war nach 78 Tagen zu Ende. Ich atmete einmal tief durch und war sehr erleichtert. In seinen Memoiren vermerkt General Wesley Clark den genauen Zeitpunkt des Endes des Kosovokrieges: »At 3:36 I directed Jim Ellis to suspend the air campaign. Operation Allied Force was done. Finished.« Allerdings war die NATO noch nicht im Kosovo.

Der Tag danach, ein Freitag, begann um 8.00 Uhr mit einer Kabinettssitzung, darauf war von 9.00 bis 10.00 Uhr eine Fraktionssitzung angesetzt, und anschließend trat dann das Plenum des Deutschen Bundestages zusammen, um über das Ende des Krieges im Kosovo zu debattieren und den deutschen militärischen Beitrag für KFOR in zwei Lesungen am selben Tag abschließend zu entscheiden. Dazwischen würde es noch zu den für die parlamentarische Beschlussfassung notwendigen Ausschusssitzungen des Parlaments kommen, die zwischen erster und zweiter Lesung stattzufinden hatten.

In der Kabinettssitzung galt es ebenfalls, die Vorlage der Bundesregierung über den deutschen Militärbeitrag für KFOR zu entscheiden. Der Finanzminister wurde durch seinen Staatssekretär vertreten, der sich auch als Erster meldete, um finanzwirksame Unklarheiten in der Vorlage zu monieren. »Schweigen im Raum«, vermerkte dazu die Süddeutsche Zeitung in ihrem Bericht. »Da fragt der Kanzler in die Runde: ›Haben wir heute nicht etwas Historisches vor?‹ Nach diesem Machtwort geht es dann etwas weniger geschäftsmäßig zu.« Dem Bericht der SZ über diese Kabinettssitzung ist nicht zu widersprechen. Darüber hinaus ergriff Otto Schily noch das Wort und dankte dem Bundeskanzler, dem Bundesaußen- und dem Bundesverteidigungsminister – dem sogenannten »Kriegskabinett« – für unseren Beitrag zum Zustandekommen der Lösung für das Kosovo, und dann wurde die Vorlage beschlossen und die Kabinettssitzung beendet.

In der Fraktionssitzung gab es vor dem Eintritt in die Tagesordnung langanhaltenden Beifall für mich, was mich allerdings eher verlegen stimmte, denn Beifall aus den eigenen Reihen war für mich nach wie vor gewöhnungsbedürftig. Aber die Aussprache zeigte, dass wir auch an diesem Tag nicht geschlossen abstimmen würden. In der Plenardebatte sprachen Rudolf Scharping und ich. Gemeinsam begründeten wir den Antrag der Bundesregierung, 8500 Soldaten im Rahmen von KFOR in das Kosovo zu entsenden. Deutschland würde, neben den USA, Frankreich, Großbritannien und Italien, einen eigenen Sektor übernehmen, und zwar im Südwesten des Kosovo, die Region um die Stadt Prizren herum. Zudem würde es das größte und robusteste Militärkontingent im Ausland sein, das die Bundesrepublik Deutschland jemals im Rahmen eines VN-Mandats stationiert hatte.

Ich eröffnete für die Bundesregierung die Debatte und wurde von den Koalitionsfraktionen mit viel Beifall empfangen. Dies schien der Tag des Beifalls zu sein, und ich genoss ihn still. Zugleich erinnerte ich mich aber an die alte politische Weisheit, dass in der Politik Lorbeeren nicht zum Ausruhen taugen, denn der Beifall gilt immer nur für die Vergangenheit. Die Politik hat es aber überwiegend mit der Gegenwart und vor allem mit der Zukunft zu tun. Und dort lauert meistens bereits hinter der nächsten Ecke neues Unheil und in einer Demokratie jede Menge Kritik bis hin zur Möglichkeit des persönlichen Scheiterns. Diese Entscheidungen, die aus Möglichkeit Wirklichkeit machen, an der Nahtstelle von Gegenwart und Zukunft, von denen man also nie wirklich wissen kann, ob sie sich als richtig oder falsch erweisen werden, sind der wahre Beruf der Politik.

Die Debatte dieses Tages aber war durch den Rückblick auf die vergangenen Wochen geprägt, durch die – mit Ausnahme der Fraktion der PDS – allseits geteilte Befriedigung, dass Milošević sich nicht durchgesetzt hatte und ihm stattdessen endlich und erfolgreich Einhalt geboten wurde. Der Blick richtete sich auch nach vorn, auf den kommenden Einsatz unserer Soldaten und dessen Gefahren sowie auf die Notwendigkeit, eine stabile Friedensordnung auf dem Balkan zu schaffen. Als ich meine Rede beendet und mich unter dem Beifall der Koalitionsfraktionen wieder auf meinen Platz auf der Regierungsbank gesetzt hatte, gab es überraschenderweise noch Blumen, überreicht von zwei Abgeordneten meiner Fraktion.

Es war der direkt nach mir für die Fraktion der CDU/CSU sprechende Abgeordnete Karl Lamers, der mich sehr schnell wieder in die Realität zurückholte. Er verlas eine AFP-Meldung von 11.11 Uhr, »... in der es heißt: Nach Angaben der unabhängigen jugoslawischen Nachrichtenagentur ›Beta‹ sind am Freitag die ersten russischen Einheiten der künftigen internationalen Kosovo-Friedenstruppe in Jugoslawien einmarschiert. Laut ›Beta‹ überschritt ein Kontingent, von Bosnien kommend, die Grenze; […] Die Moskauer Verhandlungen zwischen den USA und Rußland über die Modalitäten der russischen KFOR-Beteiligung wurden unterdessen auf unbestimmte Zeit unterbrochen. Dies meldete die russische Nachrichtenagentur ›Interfax‹ unter

Berufung auf den russischen Delegationsleiter General Leonid Iwaschow. Iwaschow hatte zuvor angekündigt, Rußland werde möglicherweise einen eigenen Sektor im Kosovo ohne Abstimmung mit den USA errichten.« Und Lamers fuhr fort: »Ich hoffe zu Gott, dass diese Meldungen im Kern nicht zutreffen; denn sonst war vieles von dem, was Sie, Herr Minister, gerade gesagt haben, vielleicht übereilt.«

Der Mann sollte recht haben, denn die Meldungen trafen zu. Alle westlichen Regierungen wurden von dieser Entwicklung völlig überrascht. Ich bat die im Hintergrund der Regierungsbank sitzenden Mitarbeiter um eine sofortige Feststellung der Fakten auf allen uns zugänglichen Kanälen, aber das sollte seine Zeit dauern. Der Antrag der Bundesregierung wurde mit einer überwältigenden Mehrheit angenommen, in der grünen Fraktion stimmten 34 Abgeordnete mit Ja, sieben enthielten sich, keine Nein-Stimme. Ich selbst hatte jedoch keinen Kopf für dieses Ergebnis, denn in Jugoslawien taten sich Dinge, die höchst besorgniserregend waren.

Der russische Vormarsch durch Serbien hindurch war eine völlige Überraschungsaktion und fand ohne jede Vorankündigung statt. Zuerst trat noch während der Bundestagsdebatte etwas Entspannung ein, als die Agenturen aus Moskau meldeten, dass die Truppen an der Verwaltungsgrenze zum Kosovo haltmachen würden. Dennoch versuchte ich so schnell wie möglich, mit Igor Iwanow in Kontakt zu kommen. Gegen 15.20 Uhr hatte ich Igor Iwanow am Telefon, der mir berichtete, dass es neue Probleme mit der Stationierung der internationalen Einheiten gäbe. Talbott sei nach Moskau zurückgekehrt, und er werde sich mit ihm in zehn Minuten wieder zusammensetzen. Die USA hätten fünf Sektoren gebildet, an denen sich Russland beteiligen könne, und dies sei für seine Regierung nicht akzeptabel. Es müsse jetzt schnell eine Lösung gefunden werden. Ich warnte ihn vor einem Wettlauf der Militärs und sprach mich für eine schnelle Lösung aus, die er mit Strobe Talbott finden sollte.

Wir verfolgten den ganzen Nachmittag und Abend CNN, und was wir dort sahen, stand in einem offensichtlichen Widerspruch zu dem, was mir Iwanow in einem weiteren Gespräch am Abend sagte, nämlich dass die russischen Truppen nicht in das Kosovo einrücken würden und dass dies alles ein Missverständnis wäre. Madeleine Albright hatte dieselbe Information vom russischen Außenminister erhalten. Ich blieb noch lange mit einigen Mitarbeitern im Büro. CNN zeigte, wie den 200 russischen Fallschirmjägern aus Bosnien auf ihrem »Marsch nach Priština« in Serbien zugejubelt wurde. Gegen 23.00 Uhr ging ich nach Hause und legte mich schlafen, nur um einige Stunden später telefonisch von meinem stellvertretenden Büroleiter wieder geweckt zu werden.

Die russischen Truppen hatten gegen 2.00 Uhr nachts unter dem Jubel der serbischen Bevölkerung Priština erreicht und waren, entgegen Igor Iwanows mehrfachen Versicherungen, dann noch spät in der Nacht am Flughafen Priština angekommen und hatten diesen besetzt. Noch um diese Uhrzeit in der Nacht telefonierte ich mit Madeleine Albright in deren Flugzeug, da sie sich auf dem Rückflug von Mazedonien in die USA befand. Aber auch sie hatte keine weiteren Informationen, so dass uns nichts anderes übrigblieb, als auf Strobe Talbott in Moskau zu vertrauen. Die NATO-Truppen, darunter auch deutsche Einheiten, würden auf jeden Fall in wenigen Stunden in das Kosovo einrücken und auch den Flughafen Priština erreichen.

Die wenigen russischen Fallschirmjäger konnten die NATO nach deren Einmarsch in das Kosovo nicht wirklich herausfordern, dazu war ihre Zahl zu gering und ihre Bewaffnung zu leicht. Die Besetzung des Flughafens konnte gleichwohl nichts anderes heißen, als dass sie aus Russland eintreffende Verstärkungen aus der Luft erwarteten, und daraus konnte sich sehr schnell eine sehr gefährliche direkte Konfrontation mit den USA und der NATO entwickeln. Die Lage verhieß wenig Gutes. Jetzt würde es nahezu ausschließlich auf das Krisenmanagement der USA ankommen, denn nur sie allein verfügten über die Fähigkeiten, die Macht und die Erfahrung, Moskau zu beeindrucken und zu einer gütlichen Lösung zu veranlassen.

Durch den Kosovo-Krieg waren die amerikanisch-russischen Beziehungen unter das Zeichen des »u-turns« geraten. Der damalige russische Premierminister Primakow war auf dem Weg zu einem Besuch der USA gewesen, als die Nachricht vom Beginn des Krieges im Kosovo ihn erreicht hatte. Prompt ließ er im Luftraum über Island kehrtmachen und flog zurück nach Moskau. Am 11. Juni ereilte nun Strobe Talbott dasselbe Schicksal. Der stellvertretende Außenminister der USA und seine Delegation waren bereits in der Luft, von Moskau kommend auf dem Weg nach Brüssel, als er, irgendwo über Weißrussland, von Washington über die neue Lage informiert und angewiesen wurde, unverzüglich kehrtzumachen und wieder nach Moskau zurückzufliegen.

In seinen Memoiren schildert Strobe Talbott die dann folgenden stundenlangen Verhandlungen im russischen Außenministerium und eine lange Nacht im russischen Verteidigungsministerium. Seine Darstellung ist äußerst lesenswert, weil darin sehr eindrücklich geschildert wird, dass in jenen Tagen und Nächten in Moskau eine Situation eingetreten war, die hart an die Grenze der Meuterei höchster russischer Militärs gegenüber ihrer politischen Führung heranreichte. Offensichtlich schien die politische Führung nur sehr eingeschränkt bis gar nicht zu wissen, was der innerste Kreis von Generälen im russischen Generalstab mit den russischen Truppen in Bosnien, die sich auf dem Weg in das Kosovo befanden, tatsächlich geplant und diesen befohlen hatte und welche Absprachen mit der serbischen Generalität für den Fall eines Rückzuges der serbischen Sicherheitskräfte aus dem Kosovo verabredet worden waren. Offensichtlich sollte das Kosovo in einen NATO-Sektor und in einen russischen Sektor gespalten werden, das hätte die politische Teilung der Provinz nach sich gezogen. Ich selbst konnte mich in meinen Gesprächen mit Igor Iwanow in diesen Stunden ebenfalls des starken Eindrucks nicht erwehren, dass die politische Führung in Moskau nicht mehr alleiniger Herr des Verfahrens war.

Die Situation wurde noch gefährlicher, als die Nachricht bestätigt wurde, dass die russische Regierung um Überflugrechte für Antonow-Truppentransporter bei den Regierungen in Ungarn, Rumänien und Bulgarien nachgesucht hatte. Es bestand die Absicht, 10 000 Soldaten auf dem Luftweg in das Kosovo oder auch nach Bosnien zu verlegen, um von dort aus über den Landweg in das Kosovo zu gelangen. Die Ukraine hatte die Überfluggenehmigung bereits erteilt, aber die anderen Regierungen blieben unerschütterlich bei ihrem Nein. Was aber, wenn die russischen

Maschinen dennoch fliegen würden? Würden die USA und die NATO sie dann an der Landung hindern? Oder an der Entladung am Boden? Oder die Flugzeuge gar in der Luft abschießen? Hier zeichnete sich die Möglichkeit eines Dramas mit unabsehbaren Konsequenzen ab. Strobe Talbott kommentierte die eingetretene Situation in seinen Memoiren mit folgenden Worten: »I'd lost plenty of sleep over Russia during the previous six and a half years, but this was the first time I had real nightmares.« Nicht nur er allein wurde in dieser Nacht von Albträumen geplagt.

Entgegen den ersten Informationen hatten die russischen Maschinen ihre Basen aber noch nicht verlassen, und so konnte am Ende eine dramatische militärische Konfrontation zwischen den USA und Russland vermieden werden. Die instabile innenpolitische Situation in Moskau hatte sich in dieser prekären Situation als erhebliches Risiko erwiesen, und erneut waren es die ganz besonderen Beziehungen dieser beiden Supermächte und ihre über die Jahrzehnte des Kalten Krieges hinweg eingespielten Verfahren und Verhaltensmuster, die diese Krise am Ende entschärfen sollten. Europa konnte in diesen Stunden einer drohenden Konfrontation mit Russland im Kosovo nahezu nichts beitragen, da ihm dazu die Fähigkeiten und Möglichkeiten fehlten und bis heute fehlen.

Die NATO war jetzt zwar mit ihrem Militär im Kosovo, aber trotz eines Telefonats zwischen Präsident Clinton und Präsident Jelzin blieb die Lage noch bis auf weiteres angespannt, da die Frage einer militärischen Beteiligung Russlands im Kosovo immer noch nicht gelöst war. Erst die direkten Verhandlungen zwischen den Außen- und Verteidigungsministern beider Staaten in Helsinki am 16. und 17. Juni und der Zwang für den russischen Präsidenten, noch unmittelbar vor dem G 8-Gipfel in Köln eine Einigung herbeizuführen, brachten dann den Durchbruch. Russland erhielt keinen eigenen Sektor, und die Kommandostruktur wurde analog zu Bosnien gelöst, d.h. die russischen Truppen waren nicht der NATO unterstellt, sondern koordinierten sich mit dem KFOR-Oberkommando über einen amerikanischen General, der ebenfalls nicht der NATO unterstand. Damit war der Kosovo-Krieg endgültig beendet.

Die Mehrzahl der Kosovo-Serben war mit den abziehenden

serbischen Sicherheitskräften nach Serbien geflohen, da sie die Rache der Kosovo-Albaner fürchteten. Und die Rückkehr der vertriebenen und geflohenen Kosovo-Albaner erfolgte spontan und sehr schnell. Hinter den ersten einrückenden NATO-Einheiten kamen auch schon die ersten Flüchtlinge zurück, und innerhalb kurzer Zeit war dieser Prozess abgeschlossen. Die Menschen begannen mit dem Wiederaufbau. Die politische Lösung für das Kosovo und das Zusammenleben der verschiedenen Ethnien sollte sich allerdings als die sehr viel schwierigere und langwierigere Herausforderung für den Westen und Europa erweisen, sie konnte bis heute nicht abgeschlossen werden.

Mein erster Besuch im Kosovo, gemeinsam mit Rudolf Scharping, galt unseren Soldaten in Prizren. Gemeinsam besuchten wir auch eine jener Stätten des Grauens, wo zahlreiche Kosovo-Albaner von serbischen Sicherheitskräften hingerichtet worden waren. Wir landeten mit unserem Hubschrauber in der Nähe des kleinen Weilers Velika Kruša im Südwesten des Kosovo. In einem Gehöft außerhalb der Ortschaft, das von niederländischen Soldaten bewacht wurde, wurde uns ein Raum gezeigt, in dem etwa 25-30 Menschen ermordet worden waren. Der Anblick war entsetzlich – verweste menschliche Überreste in einem verkohlten Raum ohne Dach und Fenster.

Eine Gruppe britischer Pathologen versuchte, die nicht mehr kenntlichen Leichen zu identifizieren, ihnen ihre Namen zurückzugeben und damit ihre Schicksale aufzuklären. Ich unterhielt mich länger mit einer jungen Pathologiestudentin, die mir ihre Arbeit bei der Identifikation eines etwa vierzehnjährigen Mädchens erklärte, das zu den Opfern gehörte. Seitdem bin ich voller Respekt und Anerkennung für die Arbeit von Gerichtsmedizinern und Pathologen. Dieser Besuch in Velika Kruša hatte mir aber auch erneut klargemacht, wofür wir gekämpft hatten und dass es richtig gewesen war, Milošević diesmal entschlossen militärisch entgegenzutreten.

Lange bevor die militärische Konfrontation im Kosovo begann, hatten wir uns bereits Gedanken gemacht über eine strategisch-politische Antwort Europas und des Westens auf diese Herausforderung durch einen aggressiven Nationalismus. Die zukünftige Entwicklung der gesamten Balkanregion musste geändert werden, sonst würde der Krieg in Europa nicht eliminiert werden können. Dies war die Lektion der neunziger Jahre mit den jugoslawischen Erbfolgekriegen, die Europa zu begreifen hatte. Die Vereinbarung von Dayton hatte zwar ein Ende des Krieges in Bosnien gebracht, gleichwohl aber keine grundsätzlich andere strategische Perspektive für die gesamte Region eröffnet. Dies galt es im Zusammenhang mit der Kosovo-Krise nun unbedingt nachzuholen. Das war zumindest meine damalige Position.

Meiner Analyse nach hatten wir es im ehemaligen Jugoslawien, verglichen mit der allgemeinen europäischen Entwicklung, mit dem Phänomen der politisch-kulturellen Ungleichzeitigkeit zu tun. Der westliche Balkan hatte die europäische Entwicklung seit 1945 und erneut seit 1989 nicht nachvollzogen, sondern war in der Ära des Nationalismus und nationalistischer Kriege und Sezessionen stehengeblieben. Man musste deshalb als strategische Antwort auf diese Krise im Südosten Europas das Rad nicht neu erfinden, sondern lediglich jene Antwort auch auf diese Region anwenden, die sich für Europa insgesamt nach 1945 und 1989 als richtig erwiesen hatte. Und das hieß nicht weniger, als auch diesem Teil Europas den Weg in das Europa der Integration, der Demokratie, der Herrschaft des Rechts und des wirtschaftlichen und sozialen Fortschritts zu eröffnen. Auch für den westlichen Balkan musste die Zukunft EU und NATO heißen.

Allerdings klaffte zwischen dieser langfristigen europäisch-westlichen Perspektive und der Gegenwart einer durch den Nationalismus zerstörten Region mit all ihrem Elend, Leid und Hass eine viel zu große Lücke, als dass die langfristige Perspektive allein irgendeine positive Auswirkung gehabt hätte. Bis die Heranführungsinstrumente der EU an einen Beitritt wirken würden – vor allem die Assoziations- und Stabilisierungsabkommen mit der EU –, würde es ebenfalls noch eine längere Zeit dauern. Es galt, diese Lücke zu schließen, und auch bei diesem Unterfangen musste das Rad nicht neu erfunden werden. So wie den Westeuropäern 1947 mit dem Marshallplan geholfen worden war, so musste heute ein ähnliches Instrument zur Stabilisierung der Balkanregion gefunden werden, ein »Stabilitätspakt« eben zwischen den westlichen Nationen und den Staaten der betroffenen Region.

Dieser Stabilitätspakt umfasste als Nehmerländer die Staaten der weiteren Balkanregion und konzentrierte sich auf sogenannte »drei Tische« (Arbeitsgruppen): 1) Demokratie und Menschenrechte, 2) wirtschaftlicher Wiederaufbau, Entwicklung und Kooperation, 3) Sicherheitsfragen (Grenzschutz, Kriminalitätsbekämpfung etc.). Am Stabilitätspakt waren die EU und die G 8-Staaten beteiligt, darüber hinaus zahlreiche andere Organisationen wie die internationalen Finanzinstitutionen, OSZE, NATO, Europarat etc. Sein Hauptzweck war, durch Erfolge bei der »Hilfe zur Selbsthilfe« der Staaten in der Region zum Wiederaufbau beizutragen, dadurch ein Klima der Hoffnung anstelle des nationalistischen Hasses entstehen zu lassen und statt Feindschaft und Ablehnung mittels wirtschaftlicher Kooperation das Verständnis für grenzüberschreitende Zusammenarbeit zu stärken.

Nachdem die Idee geboren worden war, hatten sich die Experten des deutschen AA seit Beginn des Jahres 1999 an die Arbeit gemacht, um diese Idee auszufüllen und praktisch umsetzbar zu machen. Die Idee eines »Stabilitätspakts« wurde von da an durch uns beharrlich vorangetrieben und schließlich Teil der Erklärung der G 8-Außenminister vom 6. Mai (Petersberg) und am 17. Mai durch einen Beschluss des Allgemeinen Rates zur gemeinsamen Position der Europäischen Union. Im deutschen Parlament und in der deutschen Öffentlichkeit stieß der »Stabilitätspakt« auf starke Unterstützung. Für die internationale Akzeptanz dieser Idee war vor allem die Unterstützung der USA von sehr großer Bedeutung, ebenso die der EU. Die US-Regierung verfolgte ähnliche Ideen, war bei deren Ausarbeitung aber noch nicht sehr weit vorangeschritten. Daher fanden wir für unser Konzept schließlich auch die amerikanische Unterstützung. Und am 17. Mai beschloss die EU im Ministerrat formell die Eckpunkte des »Stabilitätspaktes«, damit war unsere Idee zum gemeinsamen Standpunkt der EU geworden.

Am Nachmittag des 10. Juni 1999 und direkt im Anschluss an die entscheidende Sitzung der G 8-Außenminister, die zur Einigung über die VN-Resolution 1244 geführt hatte, fand dann – ebenfalls im Kölner Gürzenich – die entscheidende Sitzung zum Stabilitätspakt auf der Ebene der Außenminister statt. Alle grundsätzlichen Probleme waren zuvor ausgeräumt worden. Allerdings hegten einige der Staaten in der Region die Hoffnung, den Stabilitätspakt als Abkürzung zur Mitgliedschaft in NATO und EU benutzen zu können. Bei anderen bestand die Angst, dass der Pakt sich als eine Alternative zu ihrer zukünftigen Vollmitgliedschaft erweisen könnte. Beides war nicht richtig.

Gunter Pleuger, der die diplomatischen Verhandlungen über den Pakt bis dahin geführt hatte, berichtete am Tag des großen Treffens in Köln von noch nicht gelösten Problemen mit den USA. Es ging um die Rolle der NATO, aber mehr im rhetorischen Bereich als in der Realität. Die Russen waren mit der gefundenen Sprache schließlich nach langem Feilschen einverstanden, nicht aber die Amerikaner. Deren Diplomaten verstärkten die Ängste einiger NATO-Kandidaten, dass wir deren Mitgliedschaft in der Allianz durch den Stabilitätspakt erschweren wollten, was allerdings völliger Unfug war. Pleuger meinte nach längerer Erörterung der Kritik im Kreise der beteiligten Diplomaten, dass wir dann eben den Stabilitätspakt sein lassen müssten, wenn er in der Region nicht gewünscht würde. Deutschland brauche den Pakt nicht. Die Reaktion darauf war eine schnelle Einigung auf die abschließende Textfassung, die dann den Außenministern vorgelegt wurde.

Bei der Sitzung der Minister ging es um die formelle Zustimmung der beteiligten Regierungen und Organisationen, nach Möglichkeit ohne jede weitere Arbeit am Text. Nachdem ich meine kurze einleitende Rede als Konferenzvorsitzender abgeschlossen hatte, stellte ich (auf den Rat meines politischen Direktors hin) einfach die Frage, ob ich hiermit die Zustimmung aller Versammelten zu dem ausgehandelten Text feststellen dürfte. Und bevor sich noch ein anwesender Minister zu Wort melden konnte, begann Gunter Pleuger mit seinen Händen unter dem Tisch zu klatschen, und die Versammlung der Minister und Exzellenzen stimmte in den zustimmenden Beifall mit ein. Ich bedankte mich höflich für die akklamativ geäußerte Zustimmung der Konferenz zu dem vorliegenden Text, den ich dann für das Protokoll als beschlossen feststellte. Madeleine Albright hatte zwar das Manöver durchschaut, ließ den Vorsitz aber amüsiert gewähren. Schließlich sollte sich spätestens beim kommenden Gipfel in Sarajevo der Pakt als ein großer amerikanischer Erfolg erweisen.

Es waren vor allem die USA gewesen, die den mehr zeremoniellen Gipfel in Sarajevo wollten, bei dem der Stabilitätspakt durch die Staats- und Regierungschefs der beteiligten Staaten feierlich unterzeichnet werden sollte. Ich flog mit dem Bundeskanzler am 30. Juli nach Sarajevo, und es war von hoher Symbolik, dass ausgerechnet hier, in dieser durch den nationalistischen Irrsinn so furchtbar gepeinigten Hauptstadt Bosniens, der Pakt für die Zukunft der gesamten Region, gründend auf Zusammenarbeit, Demokratie, gemeinsamen Interessen und der Herrschaft des Rechts, unterzeichnet wurde. Vor fast genau 85 Jahren, am 28. Juni 1914, war von dieser Stadt nach der Ermordung des österreichischen Thronfolgerpaares das Signal für den Sturz Europas in den Ersten Weltkrieg ausgegangen. Zu Beginn der neunziger Jahre war diese Stadt, über mehrere Jahre hinweg militärisch belagert und beschossen, zum Symbol des Selbstbehauptungswillens der bosnischen Muslime geworden. Und jetzt, an diesem 30. Juli 1999, wurde hier der Stabilitätspakt unterzeichnet, der den Balkan in eine europäische Zukunft führen sollte.

Zugleich war es ein großer Tag für die deutsche Diplomatie, die diesen Pakt erdacht, entwickelt und schließlich in der internationalen Gemeinschaft mehrheitsfähig gemacht und durchgesetzt hatte. Darüber hinaus wurde Bodo Hombach, der bisherige Kanzleramtsminister unter Gerhard Schröder, als der erste »Sonderkoordinator des Stabilitätspakts für Südosteuropa« berufen. Damit konnte der Kanzler auch eine ihn peinigende Personalie endlich erfolgreich abschließen. Mit der Konferenz in Sarajevo begann endgültig die Phase des Wiederaufbaus auf dem Balkan.

Allerdings war die Kriegsgefahr noch nicht völlig gebannt und Milošević in Belgrad noch an der Macht. »Dies war kein Krieg als Mittel der Politik, sondern dies war ein Krieg, damit der Krieg als Mittel der Politik in Europa dauerhaft zugunsten der Herrschaft des Rechts und des Gewaltverzichts der Vergangenheit angehört«, hatte ich am 11. Juni in meiner Rede im Deutschen Bundestag ausgeführt. Ich hatte mich mit diesen

Worten bewusst zu dem Vermächtnis des amerikanischen Präsidenten Woodrow Wilson aus der Zeit des Ersten Weltkriegs bekannt, weil in der Tat Europa gegen Ende des 20. Jahrhunderts, jenes »Jahrhunderts der Extreme«, kurz davorstand, Wilsons Vermächtnis, dank EU und NATO, praktisch zu verwirklichen. Ich drückte in dieser Rede auch die Hoffnung aus, »dass dies der letzte Balkankrieg gewesen ist. Wenn es gelingt, diese Region an das Europa der Integration heran- und in das Europa der Integration hineinzuführen, besteht die Chance, dass dies der letzte Krieg in Europa gewesen ist.«

Allerdings lag damals noch die Krise in Mazedonien vor uns. Erst deren Lösung im Frühjahr 2002 sollte ein Ende der Kriegsgefahr auf dem Balkan bringen. Wirklich erfolgreich abgeschlossen wird dieses Kapitel europäischer Geschichte aber erst dann sein, wenn auch für das Kosovo ein endgültiger und allseits akzeptierter Status gefunden sein wird.

HERAUSFORDERUNG EUROPA – VON BERLIN ÜBER NIZZA NACH LAEKEN

»Wie gewonnen, so zerronnen«, heißt das alte deutsche Sprichwort, und genauso fühlte ich mich erneut an diesem Sonntag, den 13. Juni 1999. Es war der Tag der Europawahl, und recht früh am Abend stand fest, dass das Wahlergebnis für die Grünen ein Desaster bringen würde. Noch zwei Tage zuvor, am vergangenen Freitag, hatten wir nach dem Ende des Krieges im Kosovo im Bundestag noch Triumphe gefeiert, und jetzt bekam Rot-Grün und ganz besonders wir Grüne eine regelrechte Abreibung von unseren Wählern verpasst. Wir hatten 3,7 Prozentpunkte verloren, was aber in absoluten Zahlen hieß, dass wir unsere Stimmenzahl im Vergleich zur letzten Europawahl 1994 halbiert hatten – von 3,56 Mio. Stimmen waren wir auf 1,74 Mio. zurückgefallen! Nun gilt in der Politik ein ehernes Gesetz: Der Erfolg hat viele Väter (und Mütter), die Niederlage aber immer nur einen Vater, und der war in diesem Falle ich.

Die CDU triumphierte, und es war nur ein schwacher Trost, dass die FDP die Fünfprozenthürde nicht geschafft hatte. Insgesamt war die Wahlbeteiligung von 60 Prozent (1994) auf 45,2 Prozent (1999) dramatisch zurückgegangen, aber das machte die Sache nicht besser. Denn die Wahl war ganz offensichtlich durch die sehr unterschiedliche Mobilisierung der jeweiligen Wählerschaften entschieden worden. Es war nicht zu übersehen, dass sich weite Teile unserer Wähler, im Gegensatz zu den konservativen Wählern, in einem Zustand der Frustration und Demobilisierung befanden und deswegen am Wahltag zu Hause geblieben waren. Und die Antwort auf dieses Debakel fiel bei der öffentlichen wie auch grün-internen Ursachenforschung ebenfalls nicht allzu schwer: Der »Kriegskurs«, die zu große Anpassung an die Regierungsrealität (beim Atomausstieg zum Beispiel) und zu wenig an vorzeigbaren grünen Erfolgen wurden dabei immer an erster Stelle genannt.

Nach Hessen und Bremen war diese Europawahl unsere dritte Niederlage, seitdem wir mit Rot-Grün im Bund regierten, und diese Niederlagen schmerzten politisch doch sehr. Ohne jeden Zweifel hatte der Krieg im Kosovo entscheidend zur Demobilisierung unserer Anhänger beigetragen, auch wenn dies nicht zu ändern gewesen war. Wir hatten die Kosovo-Krise vorgefunden und konnten uns, einmal in der Regierung, unserer Verantwortung nicht mehr entziehen.

Allerdings verhieß das Wahlergebnis der Europawahl gerade für unsere Partei nichts Gutes. Analysierte man etwas eingehender das Ergebnis, dann sprachen fast alle Faktoren dafür, dass wir Grüne an diesem Sonntag nicht die letzte Wahlniederlage bei den vor uns liegenden Landtagswahlen erlebt haben dürften. Ganz im Gegenteil war vielmehr damit zu rechnen, dass auch in unserer Wählerschaft der Veränderungsprozess von einer Oppositions- zu einer Regierungspartei erst langsam begonnen hatte. Wir brauchten also Zeit – und während dieser Zeit politisches Stehvermögen. Die entscheidende Frage war jedoch: würde die Partei in den Zwängen der Regierungsverantwortung schneller ermüden, als unsere Wählerschaft brauchte, um diese Veränderungen nachzuvollziehen?

Persönlich war ich in diesem Sommer 1999 heilfroh, als wir endlich die parlamentarische Sommerpause erreicht hatten. Anfang August verabschiedete ich mich in den Urlaub, und dies war in diesem Jahr zugleich auch der Abschied für immer vom Regierungssitz Bonn. In der Sommerpause würde der Umzug von Bundestag und Bundesregierung nach Berlin stattfinden, und diese Verlegung des Parlaments- und Regierungssitzes würde eine weitere historische Zäsur in der Geschichte der Bundesrepublik Deutschland markieren. Beim Grübeln über diesen in wenigen Wochen stattfindenden Umzug von der Bonner in die Berliner Republik beschlich mich wieder ein ungutes Gefühl: Erlebte die rot-grüne Bundesregierung vielleicht etwas zu viel Geschichte, etwas zu viel an historischen Zäsuren in den ersten Monaten ihrer Existenz? Wenn ich also in der zweiten Augusthälfte aus dem Urlaub zurückkäme, würde ich nach Berlin fliegen und mein Büro im Auswärtigen Amt am Werderschen Markt wiederfinden.

Das alte Gebäude des Berliner AA, neben dem noch ein gläserner Neubau errichtet worden war, diente bis 1945 als Zentrale der Reichsbank und war, wie so viele andere Regierungs- und Parlamentsgebäude in Berlin, zu Stein gewordene deutsche Geschichte des 20. Jahrhunderts. Die neue Reichsbank war das erste größere Gebäude, das die Nazis nach der Machtergreifung in Berlin gebaut hatten. Hitler selbst hatte den Grundstein gelegt, und noch heute finden sich im Untergeschoss die mächtigen Tresorräume der Reichsbank. In einem dieser Räume ist heute das Krisenreaktionszentrum des Auswärtigen Amtes untergebracht. In der Zeit, als die Bundesregierung gemeinsam mit Vertretern der deutschen Wirtschaft über eine Entschädigung für das Millionenheer der Sklaven- und Zwangsarbeiter mit den internationalen Opferverbänden verhandelte, stellte ich mir beim Gang in mein Büro öfter die Frage, wie viel geraubtes Vermögen der deutschen und europäischen Juden und der vom Deutschen Reich besetzten Länder wohl hier gehortet worden war? Wie viel geraubtes Gold der in den Vernichtungslagern Ermordeten in diesen Tresoren wohl gelegen haben mochte? Vielleicht war es diese Erinnerung – neben der Architektur, die ich nicht mochte –, die dazu führte, dass ich mich in diesem Gebäude niemals wohlgefühlt habe.

Nach dem Arbeiteraufstand in Ost-Berlin am 17. Juni 1953 hatte dann das ZK der SED die großartige Idee, in dieses Gebäude einzuziehen, weil sich die Vorhut des Proletariats im Falle eines erneuten Aufstands der werktätigen Massen hinter diesen massiven Mauern besser würde verteidigen können. Erich Honecker, achtzehn lange Jahre der Generalsekretär der SED, saß wohl am längsten in jenem Zimmer, das fortan mein Amtszimmer sein würde. Zwar war es nach den Umbauten nicht wiederzuerkennen, aber es blieb dennoch eine Tatsache, dass es das Amtszimmer des Generalsekretärs der SED gewesen war.

Wie konnte ich also des langjährigen Bewohners dieser Räumlichkeiten angemessen gedenken? Das war eine schwierige Frage. Das Faktum Honecker einfach zu ignorieren, erschien mir zu banal und nachgerade geschichtsvergessen. Honecker und sein ZK gehörten nun mal zu diesem Gebäude, wie Hitlers Reichsbank auch. Zudem ging mir ein Satz des späten Honecker nicht aus dem Kopf, der, wie mir schien, die ganze Absurdität des Systems der DDR kurz vor seinem Untergang noch einmal trefflich zeigte: »Den Sozialismus in seinem Lauf halten weder Ochs noch Esel auf!« Kaum dass der Generalsekretär der SED diese bedeutende Feststellung getroffen hatte, war es auch schon vorbei mit der DDR. So viel zur Treffsicherheit der dialektisch-materialistischen Analyse à la Erich Honecker. Was also tun? Ich ließ zwei kleine Holzfiguren besorgen, Ochs und Esel, die fortan auf meinem Schreibtisch standen und Erich Honecker und seinem Sozialismus hinterherschauten. Sie erregten bei meinen vielen Besuchern allerdings keinerlei Aufmerksamkeit.

Das politische Deutschland war mit dem Ende der Sommerpause im Jahr 1999 in der sogenannten »Berliner Republik« angekommen, aber dieser historische Schritt in Gestalt eines Umzugs hatte sich eigentlich recht prosaisch vollzogen. Die offizielle Begrüßung im neuen Amtssitz fand durch den Regierenden Bürgermeister Eberhard Diepgen statt, der, obgleich durch und durch Berliner, als Symbolfigur des alten West-Berlins eher ein Symbol der Kontinuität mit der alten »Bonner Republik« zu sein schien. Dann machten wir uns in Berlin an die Arbeit.

Der Krieg im Kosovo hatte in den zurückliegenden Monaten die deutsche Außenpolitik nahezu völlig dominiert und unsere ganze Konzentration erfordert. Aber auch in anderen Teilen der Welt war es in diesem Jahr 1999 zu dramatischen Krisen gekommen, z. B. auf Timor, einer Insel nördlich von Australien, sehr weit weg von Deutschland und Europa. Die westliche Hälfte von Timor war während der jahrhundertelangen europäischen Kolonialherrschaft eine Kolonie der Niederlande gewesen und gehörte seit der Unabhängigkeit Indonesiens zu diesem Staat. Die östliche Hälfte befand sich hingegen bis 1975 unter portugiesischer Kolonialherrschaft. Während des Konflikts um die Unabhängigkeit Osttimors marschierte indonesisches Militär in diesen Teil der Insel ein und annektierte Osttimor. Dies war der Beginn eines mehr als zwei Jahrzehnte währenden Unabhängigkeitskrieges, der insgesamt mehr als 180 000 Menschen das Leben kosten sollte. Bei einer Gesamtgröße der Bevölkerung von etwa 800 000 Einwohnern war dies eine erschreckende Zahl.

Im Jahr 1999 kam es dann unter Aufsicht der VN zu einem Referendum, in dem sich die Bevölkerung Osttimors mehrheitlich für die Unabhängigkeit aussprach. Daraufhin nahm der Terror der proindonesischen Milizen massiv zu, sodass die Vereinten Nationen entschieden, eine Friedenstruppe der VN unter der Führung Australiens nach Osttimor zu entsenden, um dem Terror der Milizen ein Ende zu bereiten und einen friedlichen Übergang Osttimors in die Unabhängigkeit zu gewährleisten. Und so erging eine Anfrage der VN an alle ihre Mitgliedsstaaten, also auch an Deutschland, welchen Beitrag sie bereit wären, für diese VN-Mission zu leisten.

Ein robuster militärischer Beitrag kam für Deutschland nicht in Frage. Ich war jedoch der Auffassung, dass wir nicht einerseits alles uns Mögliche für einen NATO-Einsatz in Europa tun konnten, uns aber andererseits gegenüber einer Mission der VN außerhalb Europas völlig verweigern konnten, zumal sich Deutschland und ganz besonders Rot-Grün immer für VN-Friedensmissionen und eine starke, friedenssichernde Rolle der VN eingesetzt hatte. Unser Verteidigungsminister Rudolf Scharping hatte Kofi Annan sogar ein sogenanntes »Stand-by-Agreement« angeboten, nachdem bestimmte Einheiten der Bundeswehr für einen VN-Einsatz in Bereitschaft gehalten würden. Ich fand diese Initiative unseres Verteidigungsministers wichtig und richtig.

Ein humanitärer Beitrag zu dem Blauhelm-Einsatz in Osttimor schien mir daher mehr als angemessen und sinnvoll zu sein. Das Verteidigungsministerium schickte eine Erkundungsmission auf den Weg, und nach deren Rückkehr kamen wir gemeinsam zu dem Ergebnis, dass der deutsche Beitrag ein sogenannter Med-Evak-Airbus der Bundeswehr plus begleitendem Sanitätskontingent und Flugpersonal sein sollte, der in Darwin im Norden Australiens stationiert sein würde und sich dort für mögliche medizinische Evakuierungsflüge aus Dili, der Hauptstadt Osttimors, bereithalten sollte.

Ich sprach dies innerhalb der Bundesregierung mit dem Bundeskanzler und dem Bundesverteidigungsminister ab. Rudolf

Scharping blockierte die Initiative nicht, war aber plötzlich von dem Einsatz alles andere als überzeugt, obwohl er noch wenige Monate zuvor gegenüber Kofi Annan in aller Öffentlichkeit in New York die großzügigen Zusagen gemacht hatte.

Am 22. September hielt ich meine erste Rede vor der Generalversammlung der Vereinten Nationen. Darin machte ich törichterweise zu dem erwähnten deutschen Beitrag für die VN-Mission in Osttimor eine öffentliche Ankündigung, die ich zu diesem Zeitpunkt besser gelassen hätte: »Wir werden ein Sanitätskontingent zur Unterstützung der Friedenstruppen entsenden und weitere Maßnahmen beim Wiederaufbau des zerstörten Landes leisten. Ich bin sicher, dass unser Parlament diesem Vorhaben seine uneingeschränkte Unterstützung geben wird.«

Dies war ein grober handwerklicher Fehler, denn das Parlament war über die Absichten der Bundesregierung noch gar nicht detailliert unterrichtet worden. Ich war zwar bei der Durchsicht des Redeentwurfs noch über diese Passage gestolpert, entschied mich aber dafür, sie unverändert im Text stehen zu lassen. In den Fraktionen wurde ich daraufhin heftig kritisiert, und ich konnte diese Kritik, soweit sie das Verfahren betraf, nicht zurückweisen. Der Bundestag verteidigte schließlich mit Recht seine Prärogative gegenüber der Exekutive, bei Auslandseinsätzen der Bundeswehr das alleinige Entscheidungsrecht zu haben, und verbat sich deshalb jegliche öffentliche Vorfestlegungen durch den Bundesaußenminister.

Nachdem mich die empörten Reaktionen zu Hause erreicht hatten, wusste ich, welchen Fauxpas ich mir geleistet hatte, der zudem völlig unnötig gewesen war. Ich ärgerte mich daher inniglich über mich selbst. Dennoch gelang es, die Entscheidung in der Sache durch das Kabinett zu bringen. Der Bundeskanzler erklärte in der Kabinettssitzung: Wenn der Bundesaußenminister für Deutschland in der Generalversammlung der VN eine Zusage mache, dann müsse das Kabinett zustimmen. Und so geschah es denn, wenn auch begleitet von heftigem Weh und Ach rund um den Kabinettstisch. Der Bundesverteidigungsminister ließ erkennen, dass er trotz seiner Zustimmung nicht begeistert war, und die Ministerin für wirtschaftliche Zusammenarbeit hätte den Einsatz am liebsten ganz abgelehnt, da sie das Geld lieber für den Wiederaufbau einsetzen wollte. VN-politisch hätte diese andere Mittelverwendung uns aber überhaupt nicht geholfen.

Nach dem Bundeskabinett stimmte am 7. Oktober auch der Bundestag (gegen die Stimmen der PDS) der Entsendung der Sanitätssoldaten mit großer Mehrheit zu. In der Debatte musste ich mir erneut und von allen Seiten heftige Kritik über das Verfahren anhören. In der Sache erwies sich die Entscheidung aber als völlig richtig. In den folgenden Monaten kamen immer wieder Abgeordnete, darunter auch zahlreiche Kritiker dieser Entscheidung, von Besuchen der VN in New York zurück und berichteten übereinstimmend, dass sie nach ihren Gesprächen im VN-Hauptquartier die Osttimor-Entscheidung inzwischen doch anders bewerten und als richtig ansehen würden. Die Causa Osttimor sollte allerdings zu noch ungeahnten Weiterungen für mich führen, die nichts mit dem Deutschen Bundestag zu tun hatten …

Am 27. September erreichte mich ein gleichermaßen merk- wie denkwürdiger Brief des SPIEGEL-Herausgebers Rudolf Augstein mit folgendem Inhalt: »Lieber Joschka, ich möchte Dir einen alten Spruch in Erinnerung rufen: ›Man liebt den Verrat, aber man liebt nicht den Verräter.‹ Du wärst der zweite wichtige Mann, der in dieser Legislatur seine Partei sicher in den Untergang steuern kann. Lafontaine hat Dir das ja schon vorgemacht. Ich habe Dir nie Ratschläge erteilt, und auch dies ist kein Ratschlag. Ich habe nur aus dem Fundus der Geschichte geschöpft. Dein dich innigst liebender und verehrender Rudolf.«

Ich konnte mir auf diesen Brief so recht keinen Reim machen, aber dies sollte sich binnen weniger Tage ändern. Denn Rudolf Augstein eröffnete eine wahre politische Kanonade, die vor allem auf mich zielte und die jeweils montags in Gestalt eines bitterbösen Kommentars im SPIEGEL abgefeuert wurde. Nach der Lektüre dieses starken Tobaks fragte ich mich, wie ich damit umgehen sollte? Ich entschied mich, auf diese in ihrer Maßlosigkeit und Überzogenheit mehr einer Verdammung als einem politischen Angriff gleichenden Kommentare einfach nicht zu reagieren. »Diese Kommentare sind zwar ungerecht, maßlos und in der Sache abwegig«, sagte ich zu mir selbst, »aber Augstein darf das.« Meiner Wertschätzung, ja Verehrung für diesen großen, vielleicht sogar größten Journalisten der alten Bundesrepublik hat diese publizistische Buttersäure keinen Abbruch getan. Die Bundesrepublik wäre ohne Augstein und sein Blatt eine andere Republik und mit Sicherheit keine bessere gewesen, und insofern galt es für mich, diese Attacken zu ertragen.

Augsteins Angriffe zeigten mir jedoch auch, wie schwer sich gerade die Kriegsgeneration mit der neuen militärischen Rolle Deutschlands in der Welt nach dem Ende des Kalten Krieges tat. Ich hatte dafür Verständnis, denn das »Nie wieder!« gründete bei der Kriegsgeneration nicht nur auf geschichtlichen, sondern auf konkreten, meist schrecklichen persönlichen Erfahrungen. Selbst mir, einem Angehörigen der unmittelbaren Nachkriegsgeneration, der selbst auf keine Erfahrungen mehr mit Krieg zurückblicken konnte und musste, war es unendlich schwergefallen, mich aus dem Vermächtnis des »Nie wieder!« der deutschen Nachkriegsgeschichte zu lösen. Um wie viel schwerer musste es dann erst für die Kriegsgeneration sein, sich auf die ganz anderen außenpolitischen Bedingungen einzustellen und die neue Rolle Deutschlands, eingebunden in EU, NATO und VN, zu akzeptieren? Rudolf Augstein war nicht der Einzige seiner Generation, der der Beteiligung Deutschlands an internationalen, durch die VN legitimierten Militäreinsätzen mit tiefem Misstrauen, ja mit Ablehnung begegnete.

Die Wahrheit ist aber, dass Deutschlands Soldaten heute nicht mehr fremde Länder für Deutschlands Größe erobern und verwüsten, wie dies noch vor zwei Generationen der Fall war. Die Soldaten der Bundeswehr sind vielmehr gemeinsam mit unseren Bündnispartnern und im Auftrag von VN und NATO an internationalen Einsätzen beteiligt, um schwerste Menschenrechtsverletzungen zu beenden, den Frieden in zerstörten Kriegsgebieten wiederherzustellen und zu sichern und anderen Staaten beim Wiederaufbau zu helfen.

Das Sanitätsflugzeug für Osttimor war eben kein Kanonenboot und taugte nicht zum erneuten »Panthersprung«, wie ihn das wilhelminische Deutschland mit dem Kanonenboot »Panther« 1911 unternommen und damit die sogenannte Zweite Marokko-Krise ausgelöst hatte. Die Beteiligung Deutschlands an der VN-Friedensmission in Osttimor hatte nichts mit jener

Großmannssucht der deutschen Außenpolitik unter der Regierung Wilhelms II. zu tun, die ganz wesentlich dazu beigetragen hatte, dass Deutschland das Unglück des Ersten Weltkriegs schließlich auslöste. Und genau dies machte und macht den entscheidenden Unterschied zwischen der Gegenwart einer friedlichen, europäisch und multilateral eingebundenen deutschen Demokratie und einem autoritären und totalitären, nationalistischen und militaristisch-aggressiven Deutschland der Vergangenheit aus. Auch ein Rudolf Augstein konnte diese offensichtliche Differenz für mich nicht wegpolemisieren.

Die Innenpolitik hatte mich mit dem Ende der Sommerpause wieder mehr in Beschlag genommen. Am 5. September wurden im Saarland und Brandenburg Landtage gewählt, am 12. September in Thüringen, am selben Tag fanden Kommunalwahlen in NRW statt, und am 19. September gingen die Sachsen an die Wahlurne. Wir Grüne erlitten in diesem Herbst in allen Landtags- und Kommunalwahlen eine Niederlage nach der anderen, aber das eigentliche Desaster erlebte unser Koalitionspartner. Die SPD verlor das Saarland an die CDU und büßte ihre Vorherrschaft in den Kommunen Nordrhein-Westfalens ein. Die SPD hatte dort im Landesdurchschnitt 8,4 Prozentpunkte verloren, die CDU hingegen 10 Prozentpunkte hinzugewonnen und lag in NRW damit landesweit bei 50,3 Prozent. Die Grünen hatten »nur« 2,9 Prozentpunkte verloren, was jedoch ebenfalls alles andere als erfreulich war. Dieses rot-grüne Desaster bei der Kommunalwahl im Stammland der SPD, das zudem noch von Rot-Grün regiert wurde, konnte für die Koalition im Bund sehr schnell gefährliche Auswirkungen haben. Sollte nämlich die SPD im kommenden Frühjahr bei den Landtagswahlen in Nordrhein-Westfalen ihr Stammland an die CDU verlieren (wofür nach dem Debakel der Kommunalwahl fast alles sprach), dann sähe es ziemlich düster aus für die Koalition im Bund, und wir könnten in Berlin dann sehr schnell vor dem politischen Aus stehen.

Zu allem Überfluss hakte es nun auch noch bei einem für uns Grüne ganz entscheidenden Projekt in der Berliner Koalition, nämlich beim Ausstieg aus der Atomenergie. Würden wir mit dem Atomausstieg Schiffbruch erleiden, dann hätten wir Grüne mit hoher Wahrscheinlichkeit nicht nur eine ökologische Neuausrichtung der Energiepolitik in Deutschland, sondern auch die nächste Bundestagswahl und vermutlich auch Rot-Grün abschreiben können. Die Frage des Atomausstiegs war also eine Schlüsselfrage für die Zukunft von Koalition und Partei. Darüber hinaus war jeder öffentliche Streit zwischen den Regierungspartnern Gift für die Stabilität der Koalition, mit der es damals eh nicht sehr weit her war. Je schwächer wir zudem als Koalition durch weitere Wahlniederlagen würden, desto geringer wäre der Anreiz für die Stromwirtschaft, sich mit unserer Bundesregierung zu einigen.

Der Atomausstieg, so war es in den Koalitionsverhandlungen vereinbart worden, sollte im Konsens mit der Stromwirtschaft erreicht werden, und dies war keineswegs so unmöglich, wie es im ersten Moment klingen mochte. Gerhard Schröder hatte schon als niedersächsischer Ministerpräsident einen ersten Anlauf unternommen, der dann aber weniger an der Stromwirtschaft als an der konservativ-liberalen Bundesregierung und den CDU-geführten Bundesländern gescheitert war. Diese Bedingungen hatten sich jetzt durch die rot-grüne Mehrheit im Bundestag fundamental verändert. Das Abkommen zwischen der Bundesregierung und der Stromwirtschaft würde zeitlich begrenzte Laufzeiten für die am Netz befindlichen Atomkraftwerke beinhalten und eine Änderung des Atomgesetzes, die das Auslaufen der Atomenergie in Deutschland gesetzlich festlegen würde. Die Industrie ihrerseits war daran interessiert, ihre getätigten Investitionen langfristig zu sichern und die Zwischen- und Endlagerfrage so zu lösen, dass sich daraus kein Klagegrund vor den Gerichten mehr ergeben konnte, der zu einer gerichtlichen Stilllegung von am Netz befindlichen Atomkraftwerken führen konnte. In diesem Geben und Nehmen zwischen Politik und Stromwirtschaft würde also im Kern die Einigungsformel zu finden sein. Dies war allen Beteiligten auch bewusst.

Bedauerlicherweise waren die Verhandlungen ins Stocken geraten, und es schien mir, als ob dabei das mangelnde Vertrauen zwischen dem Bundesumweltminister und den Stromkonzernen eine nicht unerhebliche Rolle gespielt hatte. Ich bot daher Jürgen Trittin an, eine Deblockierung der Gespräche mit den Stromkonzernen zu versuchen, nicht um ihn und seine Beamten zu brüskieren, sondern um den Weg zu substanziellen Verhandlungen in diesem für uns alle zentralen strategischen Projekt wieder frei zu machen. Ich wollte und konnte nicht in der Sache verhandeln, dies war allein die Aufgabe des Bundesumweltministers.

Nach der Zustimmung von Jürgen Trittin sprach ich die Sache mit dem Bundeskanzler ab. Nachdem ich auch von ihm grünes Licht für meine Initiative erhalten hatte, nahm ich den Kontakt zu führenden Vertretern der Stromwirtschaft auf, die ich seit meiner Zeit als hessischer Umweltminister persönlich kannte. Ich schilderte meine Absichten und fragte, ob seitens der Industrie ein Interesse daran bestünde, in einem vertraulichen Gespräch die Möglichkeiten der Wiederaufnahme von Verhandlungen auszuloten. Die andere Seite stimmte nach kurzer Zeit zu, und so vereinbarten wir ein Treffen am 9. Juli, weit weg von Berlin, am Frankfurter Flughafen.

Ich hatte mich vor dem Gespräch von Umweltminister Trittin bewusst nicht über die Sachlage und den Stand der Gespräche zwischen Bundesregierung und Stromwirtschaft unterrichten lassen, um gar nicht erst in die Gefahr zu geraten, am Ende doch in der Sache zu verhandeln. Das Gespräch verlief erfolgreich, sodass wir eine Fortsetzung vereinbarten, diesmal in Berlin und unter Teilnahme des Bundesumweltministers.

Am 17. September, einem Freitag, trafen wir uns so zu einem weiteren Gespräch in der Berliner Dienstvilla des Auswärtigen Amtes in der Pacelliallee. Auf unserer Seite nahmen außer mir Jürgen Trittin als der zuständige Minister und sein Staatssekretär Rainer Baake, der zwischen 1991–94 ebenfalls mein Staatssekretär im hessischen Umweltministerium gewesen war und mit dem mich ein enges Vertrauensverhältnis verband, teil. Auch dieses Treffen verlief erfreulich konstruktiv. Ich konnte mich dabei weitgehend zurückhalten, da die Fachleute beider Seiten sehr schnell über die konkreten Fragen und Interessenkonflikte des Atomausstiegs sprachen. Es kam zwar noch zu keinen Substanzverhandlungen, wohl aber wurden inhaltliche Kompromissskizzen erörtert, sodass die Blockade überwunden war.

Am 10. Oktober gewann die CDU auch die Wahlen zum Abgeordnetenhaus in Berlin, während wir Grüne erneut, diesmal sogar in einer unserer großstädtischen Hochburgen, um mehrere Prozentpunkte einbrachen. Ich fing an, mich an die sonntäglichen Wahlniederlagen zu gewöhnen, und begann mich tatsächlich zu wundern, wenn ein Sonntag völlig normal und ohne politische Prügelstrafe ablief. Die Nerven in beiden Parteien begannen aber langsam blankzuliegen. Und als wenn es der Sorgen noch nicht genug gegeben hätte, bauten sich in der Koalition ohne jede Not noch weitere dräuende Gewitterwolken auf. Es ging um den Verkauf von rund tausend Leopard-2-Panzern an die Türkei.

Im Bundessicherheitsrat, so meldete die Presse damals, sei die Lieferung eines einzelnen Probepanzers für das Ausschreibungsverfahren in der Türkei beschlossen worden, und dies entfachte einen gewaltigen Wirbel in den Medien und in meiner Partei. Ich schüttelte über diesen Vorgang nur den Kopf, denn es war klar, dass der gequälten grünen Seele nach dem Krieg im Kosovo nicht auch noch ein solcher Waffendeal zugemutet werden konnte. Ich selbst, aber auch andere Mitglieder der grünen Führung, hatten dies den Verantwortlichen auf der Seite unseres Koalitionspartners mehrmals deutlich gesagt. Darüber hinaus hatten die Grünen mit ihrer Ablehnung in der Sache recht, denn die begründete Sorge, dass die Türkei, obwohl NATO-Partner, diese Waffen zur Aufstandsbekämpfung gegen die Kurden im Südosten des Landes einsetzen würde, war keineswegs von der Hand zu weisen. Daher wäre eine solche Lieferung auch ein klarer Verstoß gegen die Koalitionsvereinbarung gewesen.

Irgendwelche vertraglichen Absprachen mit der Türkei waren dabei nur von geringem Wert, wie die Vergangenheit gezeigt hatte. Die Regierung Kohl hatte in den neunziger Jahren alte Waffen aus DDR-Beständen in die Türkei geliefert und immer behauptet, dass diese nicht zur Aufstandsbekämpfung eingesetzt werden dürften. Das Gegenteil war aber der Fall, wie dann Pressefotos aus dem Südosten der Türkei zweifelsfrei bewiesen. Es war also absehbar, dass die Grünen diesen Export nicht mitmachen würden.

Die Stimmung in der Koalition heizte sich in dieser Angelegenheit sehr schnell auf, angefacht durch die Medien, die Witterung aufgenommen hatten. Wir brauchten uns darüber nicht zu ärgern (auch wenn dies dennoch meistens geschah), weil genau darin schließlich die Aufgabe kritischer und unabhängiger Medien in einer Demokratie bestand. Wie immer in solchen Fällen, wenn irgendwo in Koalition oder Partei Brandgeruch festzustellen war, wurden seitens der Journalisten reihum »kritische« Stellungnahmen aus Fraktion und Partei eingeholt und munter gedruckt und gesendet. So schaukelte sich dieser Koalitionszwist zum großen Vergnügen von Medien und Opposition immer weiter hoch. Und wenn man eine solche Entwicklung treiben lässt, dann geht es meistens sehr schnell nicht mehr nur allein um die Sache, sondern auch um den Gesichts- und damit Prestigeverlust der beteiligten Personen. Am gefährlichsten wird ein solcher Koalitionskonflikt allerdings dann, wenn die Führungsfiguren beider Seiten dadurch direkt aneinandergeraten. Genau dieser Fall sollte in der »Panzerkrise« eintreten.

Der Bundeskanzler fühlte sich durch die öffentliche Debatte und die immer zahlreicher und heftiger werdende grüne Ablehnung des Panzergeschäfts mit der Türkei zusehends auch in seiner Führungsrolle innerhalb der Koalition herausgefordert, was wiederum alles andere als zur Abkühlung des Konflikts beitrug. Und in dieser unersprießlichen Lage traf sich am 25. Oktober um 21.00 Uhr eine Koalitionsrunde im Kanzleramt in Berlin.

Ich hatte den Tag über in Paris verbracht und war erst am späten Nachmittag von dort zurückgekommen, um abends an dem Koalitionsgespräch teilzunehmen. Die Stimmung unter den Koalitionären war von Anfang an schlecht, und es dauerte nicht sehr lange, da explodierte Gerhard Schröder und attackierte frontal und laut ein Mitglied der grünen Verhandlungsdelegation. Mir reichte es. In früheren Fällen hatte ich zumeist versucht, die Situation abzukühlen und vermittelnd einzugreifen, aber so konnte Gerhard Schröder nun weiß Gott nicht mit uns umspringen. Und so keilte ich aggressiv zurück. Ein Wort gab das andere, und zwischen dem Kanzler und mir wurde es immer lauter. Lauthals wurde verkündet, dass man dann eben Schluss machen müsse mit der Koalition. Auf jeden Fall würden die Panzer mit uns nicht zu liefern sein.

Der Schreck unter den übrigen Versammelten im Kanzleramt war groß, denn eine solche lautstarke Konfrontation zwischen

Kanzler und Vizekanzler hatte es so zuvor noch nie gegeben. Und so machte sich das Gefühl breit, dass die Koalitionsrunde an diesem Abend gemeinsam einen Blick in den Abgrund getan hatte. Dieses Erlebnis hatte durchaus eine das Klima bereinigende, ja sogar heilsame Wirkung, denn beide Seiten, das hatte dieser gemeinsame Blick in die kalte Grube des Scheiterns der rot-grünen Koalition gezeigt, wollten allen Ernstes kein Scheitern der Koalition.

Nachdem sich die Gemüter allseits wieder beruhigt hatten, einigte sich die Koalitionsrunde auf ein Papier, das drei Punkte umfasste: Erstens wurde die Entscheidung des Bundessicherheitsrates inhaltlich dargelegt. Zweitens wurde das weitere Verfahren vereinbart, falls die Türkei in Zukunft einen Exportantrag stellen sollte. »Die Entscheidung wird unter Berücksichtigung der tatsächlichen und überprüfbaren Fortschritte in der Menschenrechtslage getroffen werden.« Und drittens wurde die Überarbeitung der »Politischen Grundsätze für den Export von Kriegswaffen und sonstigen Rüstungsgütern« der Bundesregierung durch einen Staatssekretärsausschuss unter Hinzuziehung der Experten der beiden Fraktionen vereinbart.

Damit war auch diese für den Zusammenhalt der Koalition sehr ernste Krise gelöst worden – zumindest vorerst. Denn die Frage der Exporte von Atomtechnologie und Rüstungsgütern sollte in dieser Koalition ein beständiger Quell von Ärger und Verdruss bleiben. Ich befand mich dabei als Außenminister in einer unbequemen Lage, eingeklemmt zwischen Baum und Borke, zwischen dem Bundeskanzler und meiner Partei. Und noch etwas hatten sowohl der Bundeskanzler als auch ich und ebenso unsere Partei- und Fraktionsspitzen aus dieser Konfrontation gelernt: Wir mussten es zukünftig im Interesse des Fortbestandes der Koalition unbedingt vermeiden, dass wir beide erneut in eine direkte Konfrontation gerieten.

Seitdem wir die Regierung übernommen hatten, prasselte ein politisches Unwetter nach dem anderen auf uns nieder. Erst im Herbst des Jahres 1999 schien sich die Großwetterlage endlich zu ändern. Die Hilfe kam unverhofft und zudem aus einer nicht zu erwartenden Ecke. Die Grüfte der sechzehn Regierungsjahre Helmut Kohls und seiner Partei wurden durch die Ermittlungsbehörden geöffnet, und siehe da, es kam Erstaunliches zutage. Die CDU begann mit jedem weiteren Tag in einem Parteispendenskandal zu versinken, der nur schwer absehbare Ausmaße annahm. In Hessen entfaltete sich vor den Augen eines erstaunten bis entsetzten Publikums ein Skandal der dortigen christdemokratischen Landespartei, den selbst unsereins, der über eine genauere Kenntnis der hessischen CDU-Verhältnisse verfügte, nicht für möglich gehalten hätte. Schwarzgeldkonten waren über viele Jahre hinweg durch die hessische CDU in ausländischen Steuerparadiesen geführt worden. Und als sogenannte »anonyme jüdische Vermächtnisse«, die angeblich der Partei zugeflossen seien, kam dieses Geld dann »gewaschen« irgendwann wieder bei der hessischen CDU an und konnte so legal verbucht werden.

Die Gelder waren während der Flick-Affäre ins Ausland verschoben worden, um die Partei gegenüber der vermeintlichen Gefahr von links handlungsfähig zu halten. Das klang alles sehr nach einem klaren Klassenkampfstandpunkt und passte insofern dann doch wieder zu der hessischen CDU als einem stramm rechten Kampfverband, nicht aber zur Rechtsordnung der Bundesrepublik Deutschland. Solche Methoden waren schlicht illegal und verstießen gegen eine ganze Reihe von Gesetzen. Zudem war die Lüge von den »jüdischen Vermächtnissen« infam. Im Zentrum des hessischen CDU-Skandals stand ausgerechnet der ehemalige Bundesinnenminister Manfred Kanther, der zugleich – welche Ironie! – der Vater des Geldwäschegesetzes im Bundestag gewesen war. Die ganze Affäre verschlug einem schlicht den Atem, aber es sollte noch weitaus besser kommen.

Helmut Kohl, der Kanzler der Einheit und langjährige CDU-Vorsitzende, war ebenfalls tief in die Spendenaffäre seiner Partei verstrickt. Er selbst hatte nicht deklarierte Spendengelder in Millionenhöhe erhalten, und zwar von »anonymen Spendern«, deren Namen zu nennen sich der Altkanzler standhaft weigerte. Und der nächste Blitz- und Donnerschlag fällte dann den amtierenden Partei- und Fraktionsvorsitzenden der CDU, Wolfgang Schäuble. Er sollte von einem flüchtigen bayerischen Waffenhändler persönlich eine Geldspende für seine Partei angenommen haben, deren Verbleib zu einem bizarren öffentlichen Streit mit der ehemaligen Schatzmeisterin der CDU führte. Auch Wolfgang Schäuble musste zurücktreten. In der Union schien kein Stein mehr auf dem anderen stehenzubleiben.

Am Mittwoch, den 24. November 1999, begann morgens um 9.00 Uhr die 2. Lesung zum Bundeshaushalt 2000. Aufgerufen wurde der Einzelplan 04 – Bundeskanzler und Bundeskanzleramt –, und entsprechend der Tradition des Hauses würde der Einzelplan des Bundeskanzlers zur Generaldebatte genutzt werden, und diese wiederum würde ihren Höhepunkt mit der sogenannten »Elefanten-Runde« erreichen, jener Debatte, in der die großen politischen Tiere, d. h. der Kanzler, die Fraktionsvorsitzenden und vielleicht auch ein wichtiger Ministerpräsident eines Bundeslandes, die Klingen kreuzen würden. So saß ich trotz eines vollen Terminkalenders an diesem Morgen auf meinem Platz auf der Regierungsbank. Altkanzler Helmut Kohl war ebenfalls zu dieser Debatte anwesend und saß wie üblich auf seinem Platz im ersten Drittel der Reihen der Unionsfraktion.

Die Debatte verlief ohne größere Höhepunkte, bis der Fraktionsvorsitzende der SPD, Peter Struck, das Wort erhielt. Im hinteren Teil seiner Rede kam er mit scharfen Worten auf die CDU-Parteispendenaffäre zu sprechen. Helmut Kohl musste sich durch Strucks Attacke derart provoziert gefühlt haben, dass er sich zu einer Zwischenfrage meldete. Und was dann geschah, war ein selbstverschuldeter Denkmalsturz. Helmut Kohl, der über sechzehn lange Jahre hinweg der scheinbar unumschränkte Herrscher in diesen Debatten gewesen war und den in diesem Haus über jene lange Zeit hinweg niemand und nichts aus der Ruhe der Macht zu bringen vermocht hatte, meldete sich zu einer Zwischenfrage! Die SPD-Fraktion spürte sofort ihre Chance und begann schon nach den ersten Sätzen von Helmut Kohl mit lauten und sarkastischen Zwischenrufen. Die Aura der Macht, die ihn sechzehn lange Jahre umgeben und die Meute auf Distanz gehalten hatte, existierte plötzlich nicht mehr. Die CDU/CSU-Fraktion versuchte zwar noch, dagegenzuhalten und ihren Altkanzler zu schützen, doch dieser Versuch war vergebens.

Peter Struck, der als Redner auf die Zwischenfrage das letzte Wort hatte, nutzte seine Chance und provozierte Helmut Kohl zu einer weiteren Zwischenfrage. Diese machte die ganze Angelegenheit aber nur noch schlimmer für den Altkanzler. Die Szenerie hatte etwas Trauriges (auch wenn Mitleid angesichts der Vorwürfe völlig unangebracht war), denn Helmut Kohl erinnerte mich in jenem Augenblick im Deutschen Bundestag an einen alten Elefanten, der durch die ihn jagende Meute in die Ecke getrieben worden war und nun, aus vielen Wunden blutend, sein letztes Gefecht lieferte. Ich konnte mich einiger sentimentaler Gefühle angesichts dieses Endes einer großen, ja herausragenden Figur der deutschen Politik nicht erwehren. »Warum tut er sich das an?«, fragte ich mich. »Warum muss er hier noch herumsitzen, nach all dem, was er geleistet hat? Und warum tut er das seiner Partei an?«

An diesem Tag begann ich zum ersten Mal darüber nachzudenken, was ich tun würde, wenn meine Zeit zum Abschied gekommen wäre. Helmut Kohl taugte mit dem heutigen Tag für mich in dieser Frage nur noch als negatives Vorbild. Wenn man nach langen Jahren an oder in der Spitze der deutschen Politik abgewählt wird oder zurücktritt, dann sollte man die Kraft haben, vollständig loszulassen und einen radikalen Schnitt zu machen. Zumindest wollte ich das versuchen, wenn die Zeit dafür gekommen sein würde.

Der Parteispendenskandal der CDU und der Untergang von Kanther, Kohl und Schäuble in diesem Sumpf drehte die politische Großwetterlage zugunsten von Rot-Grün. Bei den Landtagswahlen in Schleswig-Holstein am 27. Februar 2000 konnte Rot-Grün seine Mehrheit verteidigen, auch wenn die Grünen erneut Verluste hinnehmen mussten. Der Spitzenkandidat der CDU, der frühere Bundesminister der Verteidigung Volker Rühe, hatte über Monate hinweg in den Umfragen als der sichere Sieger ausgesehen, bis dann aufgrund des Parteispendenskandals die Stimmung umschlug und die Werte für die CDU richtiggehend wegbrachen. Und auch NRW konnte aus demselben Grund bei den Landtagswahlen am 14. Mai 2000 gehalten werden, obgleich auch hier für Rot-Grün wieder schmerzhafte Verluste zu verzeichnen waren.

Wir hatten also noch einmal Glück gehabt, sehr großes Glück sogar! Denn wenn der Spendensumpf der CDU erst ein Jahr später entdeckt worden wäre, dann hätte mit hoher Wahrscheinlichkeit die CDU in Schleswig-Holstein die Landtagswahlen gewonnen und gemeinsam mit der FDP die rot-grüne Landesregierung in Kiel abgelöst. Dann wäre auch NRW kaum zu halten gewesen, und dies hätte das vorzeitige Aus für Rot-Grün im Bund nach sich gezogen, ohne dass Berlin darauf noch irgendwelchen Einfluss hätte nehmen können. Genauso sollte es ja dann auch kommen, allerdings erst fünf Jahre später.

Insofern hatte der Parteispendenskandal der CDU im wahrsten Sinne des Wortes Geschichte gemacht. Die rot-grüne Epoche hätte es mit hoher Wahrscheinlichkeit am Ende ohne die versunkenen Schätze der Union gar nicht gegeben. Aber zugleich liegt darin auch ein Stück ausgleichender Gerechtigkeit, denn wenn 1989 die Mauer nicht gefallen wäre (was sie jedoch Gott sei Dank ist!), dann wäre damals bei der nächsten Bundestagswahl mit sehr hoher Wahrscheinlichkeit Helmut Kohl durch Oskar Lafontaine und Rot-Grün abgelöst worden. Glück und Zufall gehören in der Politik eben dazu, wie die Luft zum Atmen. Vieles, was im Nachhinein als großartiges Kalkül oder eine wohldurchdachte Strategie erscheint oder von den Akteuren im Nachgang nur allzu oft dazu erklärt wird, ist in Wirklichkeit dem Zufall oder schlicht Glück zu verdanken und weniger dem vermeintlichen Genius der Handelnden. Und deshalb ist auch eine der weit unterschätzten politischen Tugenden die Fähigkeit, eine unvermutet auftauchende Gelegenheit zu erkennen, beherzt beim Schopfe zu packen, sie zu nutzen (und sein Handeln anschließend als Ergebnis einer genialen strategischen Planung zu erklären!).

Trotz all der zahlreichen Herausforderungen blieb die Zukunft Europas angesichts der heraufziehenden Osterweiterung der EU eine der zentralen Aufgaben der deutschen Außenpolitik. Jenseits davon sollte sich aber das Thema Europa gegen Ende des Jahres in einer völlig unerwarteten Form wieder in den Vordergrund schieben, und zwar verbunden mit der Herausforderung eines anwachsenden Rechtsradikalismus innerhalb der EU.

In Österreich hatten am 3. Oktober 1999 Nationalratswahlen stattgefunden. Österreich wurde seit vielen Jahren von einer großen Koalition aus (stärkeren) Sozialdemokraten und (schwächeren) Christdemokraten regiert. Im Stärkeverhältnis der beiden großen Parteien hatte sich auch bei dieser letzten

Wahl wenig geändert. Der eigentliche Sieger aber war diesmal die Freiheitliche Partei (FPÖ) von Jörg Haider, die mit einem Programm angetreten war, das stark von ausländerfeindlichen bis rechtsradikalen Ideen durchsetzt war. Im Laufe der auf die Wahl folgenden Wochen zeichnete sich bei den Koalitionsverhandlungen zur Erneuerung der Großen Koalition immer mehr ab, dass der christdemokratische Parteivorsitzende, Vizekanzler und Außenminister der österreichischen Bundesregierung, Wolfgang Schüssel, keine Erneuerung dieser Koalition mehr wollte. Stattdessen strebte er eine Koalition mit den Freiheitlichen Jörg Haiders an.

Dies kam aber einem unerhörten Tabubruch innerhalb der EU gleich, denn bisher hatten vor allem Jacques Chirac und die französischen Gaullisten jeder Versuchung widerstanden, Le Pen und seine rechtsradikale Partei in die Regierung zu holen. Dadurch hätten die Gaullisten zwar die französische de facto Große Koalition mit den dortigen Sozialisten namens »Cohabitation« beenden können, aber Jacques Chirac war nicht bereit, diesen Preis zu bezahlen. Umso empörter reagierte er jetzt auf den sich abzeichnenden Tabubruch in Wien. Und auch in Belgien hatte sich ein erheblicher innenpolitischer Druck durch die Wahlerfolge einer rechtsradikalen Partei im flämischen Teil des Landes aufgebaut. Es stand zu befürchten, dass, wenn rechtsradikalen Parteien erst einmal die Respektabilität der Regierungsbeteiligung gewährt würde, anschließend ein allgemeiner Dammbruch zugunsten von rechtsradikalen Parteien bei Wahlen innerhalb der EU stattfinden würde. Eine solche Entwicklung würde aber den Charakter der Union nicht unberührt lassen und könnte Fragen nach ihrem Zusammenhalt als »Union der Werte« aufwerfen.

Die sich im Januar abzeichnende Wahrscheinlichkeit, dass in Österreich eine weit rechts außen stehende Partei an der Regierung beteiligt werden würde, stellte daher die EU wie auch ihre einzelnen Mitgliedsstaaten vor die schwierige Frage, wie denn in Zukunft mit diesem Tabubruch umgegangen werden sollte. Diese Frage wurde für mich zum ersten Mal intern im Kreis der drei Außenminister von Frankreich, Großbritannien und Deutschland im Januar bei einem Treffen auf dem Wochenendsitz des britischen Außenministers in Südengland aufgeworfen. Robin Cook, Hubert Védrine und ich waren uns sehr schnell einig, dass alle formellen Beschlüsse oder gar Maßnahmen unterbleiben sollten, da dies in Österreich nur zu einem innenpolitischen Solidarisierungseffekt führen würde. Im Übrigen müsste die österreichische Demokratie mit dieser Herausforderung fertigwerden. Andererseits konnten wir aber nicht so tun, als wenn nichts passiert wäre, und insofern waren wir gemeinsam der Meinung, dass eine »Politik der kalten Schulter« auf bilateraler Ebene die angemessene Reaktion wäre, und das hätte geheißen, Kontakte auf Kabinettsebene möglichst zu vermeiden und die Kontakte mit Wien auf das Notwendige zu beschränken.

Am 31. Januar 2000, einem Montag, besuchte die portugiesische Ratspräsidentschaft Berlin. Während sich der portugiesische Premierminister António Guterres mit dem Bundeskanzler traf, gab ich ein Mittagessen für den portugiesischen Außenminister Jaime Gama im Gästehaus des AA. Dort diskutierten wir u. a. den Vorschlag der Ratspräsidentschaft zum Umgang der EU mit der kommenden österreichischen Regierung. Ich war inhaltlich mit dem Vorschlag einverstanden, plädierte aber für eine diskrete, nichtöffentliche Handhabung.

António Guterres schilderte mir bei einer späteren Gelegenheit die Lage, wie sie sich aus seiner Sicht dargestellt hatte. Als EU-Ratspräsident habe er damals unter einem erheblichen Druck gestanden, die Mitgliedsstaaten der EU in der Frage Österreich zusammenzuhalten. Frankreich und Belgien hätten die Absicht gehabt, auf jeden Fall bilateral hart zu reagieren und die Angelegenheit auch in der EU zur Sprache zu bringen. Und auch in Wien waren sehr wichtige Leute der Meinung, dass die EU nicht untätig bleiben dürfte. Denn dort fürchtete man, bis in die Reihen der ÖVP und der Spitzen des Staates hinein, eine erneute internationale Isolation Österreichs, wie sie bereits einmal eingetreten war, nachdem die Vergangenheit des damaligen österreichischen Bundespräsidenten Kurt Waldheim in Hitlers Wehrmacht ruchbar geworden war.

Das Interesse der portugiesischen EU-Ratspräsidentschaft war es, die Geschlossenheit der Mitgliedsstaaten angesichts des österreichischen Tabubruchs durch die Regierungsbeteiligung

Haiders zu sichern. Deshalb hatte António Guterres einen *informellen* Maßnahmenkatalog vorgeschlagen: Offizielle bilaterale Kontakte auf Regierungsebene sollten unterbleiben, österreichische Kandidaten in internationalen Organisationen sollten nicht mehr unterstützt werden, österreichische Botschafter sollten in den Hauptstädten nur noch auf technischer Ebene empfangen werden. Dies alles wäre sinnvoll und wirksam gewesen, wenn man sich informell so verhalten hätte. Eine *formelle* Erklärung würde allerdings die Frage der Einmischung in die inneren Angelegenheiten eines Mitgliedsstaates aufwerfen und damit eine völlig andere, für die Sache kontraproduktive Debatte eröffnen.

Allein, für solche Überlegungen war es an diesem Montag zu spät. Aus dem Kanzleramt erfuhr ich, dass man dort bereits mit den drei genannten Punkten an die Öffentlichkeit gegangen war. Das Kind lag damit also im Brunnen. Innerhalb kurzer Zeit schlossen sich dreizehn Mitgliedsstaaten der EU der Erklärung der portugiesischen Präsidentschaft an. Freilich konnte diese Initiative der EU-Mitgliedsstaaten den weiteren Gang der Ereignisse nicht verhindern. Am 4. Februar 2000 wurde in Wien unter Bundeskanzler Wolfgang Schüssel eine Regierung aus Christdemokraten und Freiheitlichen gebildet, und damit begann ein monatelanger erbitterter Konflikt mit Österreich innerhalb der EU.

Entgegen dem öffentlichen Eindruck waren die sogenannten »Sanktionen« gegenüber der neuen österreichischen Regierung keineswegs das Ergebnis einer Verschwörung der österreichischen mit der europäischen Linken, sondern vor allem Ausdruck eines fundamentalen Werte- und Machtkonflikts innerhalb der europäischen Konservativen. Dort wurde erbittert um die Grundsatzfrage einer Öffnung nach rechts gestritten. Die These, dass es vor allem die Linke gewesen sei, die diese »Sanktionen« aus machtpolitischen Gründen gewollt hätte, ist nicht zutreffend. Wohl hatte die europäische Linke diese Initiative für richtig gehalten und gestützt, aber der französische Präsident und seine Partei gehörten nicht der Linken an. Aus heutiger Sicht darf man wohl zu Recht annehmen, dass die EU nach den unerfreulichen Erfahrungen in der Causa Austria dieses Verfahren nicht wiederholen wird, zumal im Vertrag von Nizza jetzt formelle Verfahrensregeln für einen solchen Fall eingeführt wurden. Ob diese Regeln allerdings jemals angewandt werden, darf ebenfalls mit guten Gründen bezweifelt werden.

Auch dieser verhältnismäßig nachrangige Konflikt um Österreich vermittelte eine Ahnung, wie sehr sich Europa mit dem Ende des Kalten Krieges politisch verändert hatte und wie reformbedürftig die EU angesichts ihrer Osterweiterung und des fundamental veränderten historischen und weltpolitischen Umfelds tatsächlich war. Noch weitaus mehr aber hatten die Krisen, Kriege und Katastrophen im auseinanderbrechenden Jugoslawien erbarmungslos die Schwäche Europas offengelegt und die neuen Gefahren und Bedrohungen sichtbar gemacht, mit denen es Europa nach dem Ende des Kalten Krieges zu tun haben würde. Zusammenbrechende Staaten und politische Ordnungen konnten gefährliche Gewaltpotenziale freisetzen, die regionale und / oder globale Institutionen zum militärischen Eingreifen zwingen konnten, um eine humanitäre Katastrophe und eine damit einhergehende regionale Destabilisierung zu vermeiden.

Mit dem Ende des Kalten Krieges war zudem die politische Geographie Europas eine grundsätzlich andere geworden. Aus Westeuropa war plötzlich das ganze Europa geworden. Es war völlig klar, dass aufgrund des Erfolges von NATO und EU und aufgrund der geopolitischen Nachbarschaft mit Russland und der jahrzehntelangen Erfahrung sowjetischer Besatzung die übergroße Mehrheit der osteuropäischen Länder nach Westen streben würde, hinein in die NATO und in die EU. Sicherheit in Freiheit, demokratische Stabilität und wirtschaftlicher Fortschritt waren die drei Ziele, die der Beitritt zur NATO und EU ganz praktisch verhießen. Die (West-)Europäer konnten sich diesem historischen Zug der Mittel- und Osteuropäer nach Westen nicht verweigern, ohne den Erfolg der europäischen Einigungsidee als solchen in Frage zu stellen. Denn all diese osteuropäischen Staaten gehörten zweifelsfrei geopolitisch, historisch und kulturell zu Europa.

Die Idee der europäischen Einheit, wie sie sich nach den Katastrophen der beiden großen Kriege in der ersten Hälfte des 20. Jahrhunderts so machtvoll entwickelt hatte, ließ keine erneute künstliche Teilung zwischen einem Europa der Integration und einem Europa des alten europäischen Nationalismus zu, ohne dass diese historische Einigungsidee selbst in Frage gestellt worden wäre. Und gerade die damals noch präsenten Erfahrungen mit der jugoslawischen Katastrophe riefen allen Europäern die Gefahren ins Bewusstsein, die sich daraus ergeben konnten, wenn man zuließe, dass sich die europäische Staatenwelt unter zwei gegensätzlichen Prinzipien auf dem europäischen Kontinent organisieren würde. Es konnte und durfte deshalb nur ein Europa geben, das Europa der Integration.

Die europäische Einheit war aber damit seit 1989 und quasi über Nacht von einer westeuropäischen zu einer gesamteuropäischen Herausforderung geworden, und diese Tatsache sollte weitreichende Konsequenzen für die Zukunft der EU haben. Denn wenn die Erweiterung der EU unabweisbar war, dann ergaben sich daraus ganz unmittelbar eine Reihe von sehr praktischen Konsequenzen, die, bei Lichte besehen, eigentlich die Voraussetzung für eine gesamteuropäische Erweiterung der EU gewesen wären, wenn diese wesentlich größere, erweiterte Europäische Union im Interesse der Mitgliedsstaaten und der Bürgerinnen und Bürger auch in Zukunft stark, effizient und handlungsfähig bleiben sollte. Dabei ging es vor allem um folgende Punkte: 1) die Verstärkung der Integration und die Reform der Institutionen, 2) die Neuverteilung der Finanzen, 3) die Neugestaltung des Gleichgewichts zwischen großen und kleinen Mitgliedsstaaten, 4) die Definition der Grenzen Europas, 5) die Erweiterung in einem oder in mehreren Schritten.

Erstens war die Vertiefung der europäischen Integration bei einer wesentlich größeren EU notwendig, um den Zusammenhalt (Kohäsion) der Europäischen Union zu verstärken. Nicht der föderalistische Traum von einem europäischen Bundesstaat definierte die Notwendigkeit einer vertieften Integration vor der Erweiterung, sondern vielmehr die pragmatische Erkenntnis, dass der EU ohne eine integrative Vertiefung im Falle ihrer Erweiterung eine ernste Krise durch ihre abnehmende Kohäsion und Handlungsfähigkeit drohte. Denn in einer erheblich vergrößerten Europäischen Union, die zudem in den ersten zwei Jahrzehnten nach der Osterweiterung über wesentlich größere interne wirtschaftliche Ungleichgewichte verfügen würde, würden die auseinandertreibenden Interessen und die sich teils im Widerspruch befindenden politisch-kulturellen nationalen Traditionen stärker sein, als dies bei allen vorangegangenen Erweiterungsrunden jemals der Fall gewesen war. Der Erweiterung müsste daher eigentlich eine Vertiefung der Integration vorangehen, d. h. erheblich mehr an nationaler Souveränität auf Brüssel übertragen werden, um so diese auseinandertreibenden Kräfte in der größeren Union ausgleichen zu können. Aus all diesen Gründen würde die Osterweiterung der Europäischen Union eine Reform ihrer Institutionen und Verfahren unabweisbar machen. Dabei bedurfte allein die Anzahl der Kommissare in der obersten Behörde der EU, der Kommission, einer Reform angesichts der sich abzeichnenden Erweiterung. Eine Kommission mit 27 Mitgliedern würde nicht stark, sondern schwach sein. Dies galt auch für die Frage der halbjährlich rotierenden Präsidentschaften der EU und für die Ausdehnung der Mehrheitsentscheidung auf wesentlich mehr Politiken der Union, als dies bis dahin der Fall war. Darüber hinaus bedurfte es der Stärkung der integrativen Institutionen der EU, nämlich von Kommission und Europäischem Parlament. Die demokratische Legitimation der Kommission sollte deshalb verstärkt und die Mitentscheidungsrechte des Parlaments, gemeinsam mit den erweiterten Mehrheitsentscheidungen in den europäischen Räten, erheblich ausgedehnt werden. Zudem hatten die Kriege auf dem Balkan offengelegt, dass die Union einer eigenen starken Außen- und Sicherheitspolitik bedurfte. Zu diesem Zweck mussten neue und zugleich starke integrative Institutionen und Politiken innerhalb der EU geschaffen werden.

Zweitens beruhte die Attraktivität der EU und ihrer Erweiterungspolitik auf mehreren Faktoren: auf der Modernisierung der staatlichen Institutionen, der Anpassung der nationalen Gesetzgebung an das EU-Recht, der grundsätzlichen Politiken (Verwaltung, Gesetzgebung, Haushalts- und Finanzdisziplin und -transparenz) der Beitrittsländer und auf dem Zufluss ganz erheblicher europäischer Finanzmittel für die Kandidaten zur Modernisierung ihrer Infrastruktur, Landwirtschaft und der Wirtschaft im Allgemeinen und zum Ausgleich bestehender regionaler Ungleichgewichte mittels der Förderung der wirtschaftlichen Entwicklung. Die Konsequenz davon aber war ebenfalls offensichtlich: Angesichts der Vielzahl von wirtschaftlich sehr schwachen Kandidaten würde die Osterweiterung der Europäischen Union eine Neuverteilung der Finanzmittel der EU unabweisbar machen. Zur Lösung dieser Frage gab es drei Optionen, nämlich entweder die zusätzlichen Mittel durch die Nettozahler (die reichen Industrieländer des europäischen Nordens) aufbringen zu lassen oder die alten Nettoempfänger (zumeist den ärmeren europäischen Süden) fortan aus der Förderung weitgehend herauszunehmen und diese damit die Rechnung der Erweiterung bezahlen zu lassen. Die dritte Option war, eine faire Lastenverteilung unter allen alten Mitgliedsstaaten zu erreichen, um so eine finanzierbare Neuverteilung der EU-Finanzmittel unter Einschluss der neuen und wesentlich ärmeren Mitgliedsstaaten zu erreichen.

Drittens würde die EU nach der nächsten Erweiterungsrunde mehrheitlich aus kleinen Mitgliedsstaaten bestehen. Das Gleichgewicht zwischen großen und kleinen Mitgliedsstaaten, eines der wesentlichen Elemente der internen Stabilität der Union, würde dadurch aber zulasten der großen Mitgliedsstaaten wesentlich verändert werden. Zwar konnte die Union auch mit dem Prinzip der Stimmengewichtung (jeder Mitgliedsstaat verfügt über eine nach seiner Größe festgelegte Anzahl von Stimmen in den europäischen Räten) weiter leben, aber es würde unter dem Gesichtspunkt der Transparenz, Effektivität und Demokratie erheblich besser sein, wenn das Abstimmungsprinzip bereits den Zwang zum Kompromiss zwischen den großen und kleinen Mitgliedsstaaten enthalten würde. Dies aber würde den Übergang vom Prinzip der Stimmengewichtung zum Prinzip der doppelten Mehrheit bedeuten: Entsprechend diesem Abstimmungssystem würde in den Räten der EU jeweils zweimal abgestimmt werden, nämlich einmal nach Staaten (Staatenmehrheit) und einmal nach Bevölkerungsgröße (Bevölkerungsmehrheit). Bei der Staatenmehrheit wären die kleinen Mitgliedsstaaten stärker, bei der Bevölkerungsmehrheit die großen. Ein Vorschlag wäre dann angenommen, wenn er beide Mehrheiten auf sich vereinigen würde, sodass beide Seiten von vornherein immer in Kompromissen denken und entscheiden müssten, denn jede Seite könnte die jeweils andere blockieren. Darüber hinaus war dieses Verfahren transparenter und demokratischer, weil es den Mehrheitsverhältnissen in einer erweiterten Union eher gerecht werden würde als das System der politisch festgelegten Stimmengewichtung, ohne jedoch die Gefahr einer Majorisierung durch einige wenige Mitgliedsstaaten nach sich zu ziehen.

Viertens würde der europäische Einigungsprozess die Frage nach den endgültigen Grenzen Europas aufwerfen. Der Kalte Krieg hatte von vornherein verhindert, dass sich diese Frage für die EU-Erweiterung jemals gestellt hätte. In Westeuropa galt bis 1989 die übereinstimmende Auffassung, dass die Osteuropäer selbstverständlich eines Tages auch zur EU gehören würden. Ein solches Bekenntnis kostete auch jene Westeuropäer nichts, die eine solche Perspektive eigentlich sehr skeptisch sahen, da eine mögliche Beitrittsperspektive der Osteuropäer angesichts der Wirklichkeit des Ost-West-Konflikts völlig irreal war. Der Kalte Krieg hatte es den Europäern z.B. auch als ratsam erscheinen lassen, die Türkei eng an Europa zu binden und ihr eine sehr langfristige und deshalb ebenfalls mehr theoretische EU-Mitgliedschaft anzubieten. 1963 hatte zu diesem Zweck die EWG mit der Türkei ein Assoziationsabkommen abgeschlossen, und anlässlich der Unterzeichnung dieses Abkommens in Ankara hatte der damalige Kommissionspräsident, der deutsche Christdemokrat Walter Hallstein, starke und erhebende Worte über die Zugehörigkeit der Türkei zu Europa und zu deren zukünftiger Mitgliedschaft in der EU gefunden: »Die Türkei gehört zu Europa. Das heißt nach den heute gültigen Maßstäben, dass sie ein verfassungsmäßiges Verhältnis zu der europäischen Gemeinschaft herstellt. Wie diese Gemeinschaft selbst, so ist auch jenes Verhältnis von dem Gedanken der Evolution beherrscht. [...] Und eines Tages soll der letzte Schritt vollzogen werden: die Türkei soll vollberechtigtes Mitglied der Gemeinschaft sein. Dieser Wunsch und die Tatsache, dass wir in ihm mit unseren türkischen Freunden einig sind, sind der stärkste Ausdruck unserer Gemeinschaft.

Nach dem Ende des Kalten Krieges und mit der anstehenden Osterweiterung der EU stellten sich nun aber diese in der Vergangenheit eher theoretischen Fragen sehr konkret. Wo würden die Grenzen Europas liegen? Die Antwort auf diese Frage war und ist kompliziert und definiert die Beziehungen einer erweiterten Europäischen Union zu den drei wichtigsten geopolitischen Nachbarregionen, die für Europas Sicherheit im 21. Jahrhundert von zentraler Bedeutung sind: Russland und der Kaukasus, der Nahe und Mittlere Osten und Afrika. Europa war eben, anders als die USA, kein Kontinent zwischen zwei weiten Ozeanen, sondern verfügte geopolitisch über eine schwierige und herausfordernde Nachbarschaft. Wo galt es also, Europas Grenze zu ziehen?

Aus der Beantwortung dieser Frage ergaben sich fünftens zahlreiche weitere, sehr praktische Fragen: Welche Staaten in Osteuropa konnten und sollten Kandidatenstatus erhalten? Wie würden sich die Beitrittsbedingungen für diese Kandidaten gestalten? In welchen Zeiträumen sollten die Beitritte stattfinden? Sollte dies in einer oder in mehreren, zeitlich gestaffelten Gruppen geschehen? Wer würde dann zu welcher Gruppe gehören? Gehörte der Balkan perspektivisch dazu? Und wo war gegenüber Russland und dem Nahen und Mittleren Osten die definitive EU-Außengrenze zu ziehen? Die Beantwortung jeder einzelnen dieser Fragen trug sehr viel zukünftigen Konfliktstoff innerhalb der EU und zwischen der EU und ihren Nachbarn in sich.

Die zwölf alten Mitgliedsstaaten der Europäischen Union waren sich seit dem Ende des Ost-West-Konflikts und der Wiedervereinigung Deutschlands am 3. Oktober 1990 dieser Herausforderungen bewusst. Die erste Osterweiterung der EU hatte ja tatsächlich bereits am 3. Oktober 1990 stattgefunden, als mit dem Beitritt der DDR zur Bundesrepublik Deutschland siebzehn Millionen Ostdeutsche nicht nur Bundesbürger wurden, sondern damit zugleich auch Bürgerinnen und Bürger der EU. Im Augenblick der deutschen Einheit hatte sich die Ostgrenze der Union von der Elbe an die Oder verschoben und damit die Trennlinie des Kalten Krieges überschritten.

Um die Osterweiterung der Union praktisch voranzubringen, bedurfte es einer ganzen Reihe von Änderungen der Verträge, auf denen die EU beruhte. Vertragsänderungen müssen einstimmig erfolgen und ebenfalls einstimmig durch die Parlamente oder durch Volksabstimmungen in allen Mitgliedsstaaten ratifiziert werden. Insofern liegt in der Regel die Hürde für die Zustimmung zu Vertragsänderungen sehr hoch, vor allem wenn es um schwierig zu erzielende neue Kompromisse geht, welche die grundsätzlichen Interessen der Mitgliedsstaaten oder deren Sichtweise auf Europa berühren. Das Verfahren dieser Vertragsänderungen findet mittels einer sogenannten »Regierungskonferenz« statt, die dann in einem Europäischen Rat ihren Abschluss findet, wo entweder die schwierigsten und letzten Kompromisse auf der höchsten Ebene der Staats- und Regierungschefs gefunden werden oder eben das Scheitern einer Einigung festgestellt werden muss.

Die erste Regierungskonferenz nach der Auflösung des Warschauer Paktes und damit dem Ende des Kalten Krieges hatte während einer niederländischen Ratspräsidentschaft am 9.–10. Dezember 1991 in der Stadt Maastricht ihren erfolgreichen Abschluss gefunden und führte zur Unterzeichnung des »Vertrages von Maastricht« am 7. Februar 1992. Damals umfasste die EU noch zwölf Mitgliedsstaaten, aber am 1. Januar 1995 traten mit Österreich, Finnland und Schweden drei weitere Staaten bei. Einerseits hatte diese Erweiterung die Konsensfindung innerhalb der EU nicht einfacher gemacht, andererseits aber hatten gerade diese drei neuen Mitgliedsstaaten aus geopolitischen und historischen Gründen ein großes Interesse an der Osterweiterung der EU nach dem Ende der Teilung Europas.

Den Kern des Vertrages von Maastricht bildete die Wirtschafts- und Währungsunion mit der stufenweisen Einführung einer gemeinsamen Währung, dem Euro, der Schaffung der Europäischen Zentralbank (EZB) und der Einigung auf sogenannte »Konvergenzkriterien«, die innerhalb des gemeinsamen Währungsraumes für Währungs- und Preisstabilität sorgen und die Haushalts- und Finanzpolitik der am Euro beteiligten Länder angleichen sollten. Mit der gemeinsamen Währung wurde in der Tat eine neue Qualität von Integration in Europa erreicht. Hinzu kam in Maastricht noch die Gründung der Europäischen Union, die gewissermaßen als Dach die bestehenden europäischen Gemeinschaften zusammenfassen würde. Weiter wurden eine Gemeinsame Außen- und Sicherheitspolitik (GASP) und die verstärkte Zusammenarbeit in der Innen- und Rechtspolitik begonnen. Diese drei Bereiche bildeten fortan die sogenannten »drei Säulen« der neuen Europäischen Union.

Zudem wurden in Maastricht noch die Rechte des Europaparlaments gestärkt, indem dessen Entscheidungskompetenz durch die Einführung eines Mitentscheidungsverfahrens und dessen Rolle bei der Bestellung der Kommission gestärkt wurde. Des Weiteren wurde noch ein Ausschuss der Regionen gegründet und ein 15 Mrd. Ecu (europäische Rechnungseinheit, die dann vom Euro abgelöst wurde) schweres zusätzliches Förderprogramm namens »Kohäsionsfonds« für die ärmeren Mitgliedsstaaten des europäischen Südens aufgelegt. Vor allem Spanien sollte von diesem Fonds profitieren.

Deutschland hat in Maastricht sehr viel gegeben, vor allem die D-Mark, die de facto eine europäische Reservewährung war und die allein unter der Kontrolle der Deutschen Bundesbank und damit des deutschen Gesetzgebers stand. Deutschland war zwar aufgrund seiner Niederlagen und nationalen Katastrophen in der ersten Hälfte des 20. Jahrhunderts zum »politischen Zwerg« geworden, ökonomisch und währungspolitisch aber war es durch die D-Mark und seine ökonomische Stärke ein weltwirtschaftlicher Riese und die unangefochtene wirtschaftliche Führungsmacht des europäischen Kontinents.

Das Projekt der Einführung einer Gemeinschaftswährung war seit längerem in den europäischen Gremien vorbereitet worden, und zwar ganz unabhängig von der weltpolitischen Zäsur von 1989/90. Das Ende des Kalten Krieges machte allerdings die Beantwortung der Frage nach der zukünftigen europäischen Friedensordnung und der Zukunft der europäischen Integration sehr viel dringlicher. Ganz offensichtlich war dies das entscheidende Motiv für den währungspolitischen Integrationssprung von Maastricht gewesen. Die Währungsunion sollte die beteiligten Staaten unwiderruflich miteinander verbinden und war wohl aus Sicht der Integrationisten im damaligen Europäischen Rat vor allem »Friedenspolitik mit anderen Mitteln« gewesen (so der damalige luxemburgische Finanzminister und jetzige Premierminister seines Landes, Jean-Claude Juncker, der Maastricht mit verhandelt hatte). Das sich seitdem hartnäckig haltende Gerücht, dass Deutschlands Ja zur Gemeinschaftswährung die Gegengabe für die deutsche Einheit gewesen sei, entbehrt jeder Grundlage.

Wohl aber wäre in Deutschland selbst für Bundeskanzler Helmut Kohl eine Währungsunion pur wegen des Widerstands der »Mandarine der Deutschen Mark« in Bundesbank und Finanzministerium kaum durchzusetzen gewesen. Denn im Direktorium der Bundesbank und in der hohen Beamtenschaft des Finanzministeriums galt der Grundsatz, dass die Währungsunion nur der politischen Union folgen könnte und niemals umgekehrt. Der Durchbruch zu einer wirklichen politischen Union scheiterte aber an der Weigerung des französischen Staatspräsidenten François Mitterrand, Frankreichs Souveränität, vor allem in der Außen- und Sicherheitspolitik, ernsthaft in Frage zu stellen.

So behalf man sich in Maastricht mit der Konstruktion einer politischen Union, die im Wesentlichen aus Überschriften und Absichtserklärungen bestand. Liest man den Vertrag von Maastricht sorgfältig, so wird die mangelnde Balance zwischen dem tatsächlich vollzogenen währungspolitischen Integrationssprung und einer politischen Union, die eher Versprechen als Wirklichkeit blieb, sofort offensichtlich. Der deutsch-französische Kompromiss von Maastricht hieß daher tatsächlich nicht deutsche Einheit gegen europäische Währung, er lag vielmehr in dem Geschäft D-Mark (die Deutschland aufzugeben hatte) gegen die Übernahme des »Systems Bundesbank« (Frankreich musste im Gegenzug die politische Unabhängigkeit der EZB und die Konvergenzkriterien akzeptieren und damit de facto die Aufgabe seiner Finanzsouveränität hinnehmen).

Die Integrationisten im damaligen Europäischen Rat gingen darüber hinaus von der Annahme aus, dass die politische Union der einmal durchgesetzten Währungsunion fast automatisch folgen würde, weil die ökonomische Basis den politischen Überbau zwingen würde, diese Entwicklung nachzuvollziehen. Diese fast marxistisch anmutende Überlegung bezüglich des Verhältnisses von Basis und Überbau sollte sich im Lichte der Erfahrungen der späteren Jahre allerdings als ein Irrtum mit fatalen Folgen erweisen.

Denn jenseits des deutsch-französischen Kompromisses bei der Gemeinschaftswährung blieben in Maastricht die entscheidenden Fragen, die sich aus der absehbaren großen Osterweiterung der EU zwingend ergeben würden, unbeantwortet liegen. Es war offensichtlich, dass dieser Vertrag weder die notwendigen institutionellen Reformen noch gar eine integrative Vertiefung der Union gebracht hatte, von einer wirklichen politischen Union ganz zu schweigen. Die Vertiefung war aber die Voraussetzung für die Erweiterung, sofern man auch zukünftig eine starke Union wollte. Selten findet sich in einem europäischen Vertragswerk eine vergleichbare Parallelität von Größe und Versagen, von Durchbruch und Stillstand, wie im Vertrag von Maastricht. Und seit Maastricht musste sich die Union, bedingt durch die Unzulänglichkeit des dort geschlossenen Vertrages, bis auf den heutigen Tag mit besagter Parallelität von »Vertiefung und Erweiterung« der EU herumplagen. Rhetorisch handelt es sich dabei um ein einfaches Unterfangen, das zudem noch den Vorteil hat, sehr eingängig zu klingen. In der harten politischen Realität hingegen verbirgt sich hinter dieser süffigen Formel aber ein fast nicht zu lösender Widerspruch.

Dennoch hätte ein deutsches Nein in Maastricht oder im Ratifizierungsverfahren im Bundestag oder Bundesrat fatale Folgen gehabt, denn ein solches Nein hätte nicht nur die Frage nach der Zukunft der EU, sondern darüber hinaus auch nach der zukünftigen europäischen Ordnung schlechthin aufgeworfen. Deutschland liegt in der Mitte Europas, verfügt als bevölkerungsreichster und wirtschaftlich stärkster Mitgliedsstaat der EU über eine kritische Größe und eine problematische Geschichte. Aus all diesen Gründen musste deshalb gerade Deutschland an einer dauerhaften europäischen Ordnung ein überragendes Interesse haben, da mögliche neue europäische Unsicherheiten nach dem Ende des Kalten Krieges unser Land erneut in eine schwierige Lage gebracht hätten. Ein Nein zu Maastricht wäre also gegen die elementarsten Interessen unseres Landes gerichtet gewesen.

Zudem kann ich anhand meiner eigenen Erfahrungen nur bestätigen, dass sich die Fortschritte in der europäischen Integration niemals unter optimalen Laborbedingungen vollziehen, sondern in der wirklichen Welt der europäischen Staaten, ihrer unterschiedlichen Interessen, Sichtweisen und historisch gewachsenen Mentalitäten durchzusetzen sind. Insofern ist man gut beraten, das Machbare und das Wünschenswerte niemals miteinander zu verwechseln. Aber ebenso darf der Sinn für das Notwendige, auch wenn es bisweilen unrealistisch erscheinen mag, in den europäischen Angelegenheiten nicht verlorengehen. Der europäische Fortschritt verdankte sich immer den Visionären und den Machern gemeinsam, niemals aber einer Gruppe allein.

Die in Maastricht nicht beantworteten Fragen der Vertiefung der Europäischen Union haben seitdem den Dreh- und Angelpunkt der weiteren Entwicklung der Europäischen Union ausgemacht, und diese Feststellung gilt bis auf den heutigen Tag. In der Sprache der EU werden diese offenen Fragen immer als »Reste« (»left overs«) bezeichnet, was allerdings einer ziemlichen Untertreibung gleichkommt. Denn bei diesen »Resten« handelt es sich tatsächlich um die dicksten Brocken der institutionellen Reformen und der politischen Vertiefung.

Seit dem Vertrag von Maastricht, der am 1. November 1993 nach Abschluss des EU-weiten Ratifizierungsprozesses in Kraft trat, versuchen die Europäer, dessen Fehler zu reparieren. Wer die Schwierigkeiten und auch Widersprüchlichkeiten des europäischen Verfassungsprozesses wirklich begreifen will, der muss mit Maastricht und dessen Defiziten beginnen.

Der erste Versuch, den Maastricht-Vertrag zu reparieren, fand am 16.–17. Juni 1997 in Amsterdam (wieder also unter einer niederländischen Ratspräsidentschaft) statt. Diese erneute Regierungskonferenz brachte zwar einen neuen Vertrag (Vertrag von Amsterdam) hervor, der z. B. die Vergemeinschaftung von Asyl, Visa, Einwanderung und Grenzkontrollen beinhaltete und das Amt eines Hohen Beauftragten für die GASP in Verbindung mit dem Amt des Generalsekretärs des Rates schuf, faktisch also einen außenpolitischen Beauftragten der EU. Das waren ohne jeden Zweifel wichtige Fortschritte. Ansonsten aber war der Vertrag von Amsterdam in den zentralen Fragen der berühmtberüchtigten »left overs« von Maastricht eine enttäuschende Fehlanzeige. Dies war die Lage der Europäischen Union, als 1998 Rot-Grün in Deutschland die Regierung übernahm.

Unmittelbar nach unserer Regierungsübernahme im Herbst 1998 mussten sich die neuen Amtsspitzen in Kanzleramt, Auswärtigem Amt und Finanzministerium auf die mit dem 1. Januar 1999 auf uns zukommende deutsche Ratspräsidentschaft verständigen. Vor allem die im kommenden März in Berlin unter deutschem Vorsitz stattfindenden Finanzverhandlungen über einen neuen, siebenjährigen Haushalt der EU würden uns Neulingen sehr viel abverlangen, zumal sich auch dabei die Ausgangslage als alles andere als einfach erwies. Wir würden jeden Euro (oder damals noch D-Mark) zu Hause brauchen, wenn wir unsere innenpolitischen Sozialreformen einigermaßen solide finanzieren wollten. Zudem waren die deutschen Spielräume durch die finanziellen Auswirkungen der deutschen Einheit und durch die Maastrichter Konvergenzkriterien, die einer weiteren Aufblähung der staatlichen Verschuldung enge Grenzen setzten, faktisch nicht mehr vorhanden. Jedes finanzielle Geschenk, das wir in Berlin gegenüber unseren europäischen Partnern machen würden, würde unsere innenpolitischen Spielräume weiter einschränken und potenziell den Erfolg der Koalition gefährden, so einfach gestaltete sich die Formel für uns. Zudem würden wir dann gefährlich nahe an die Dreiprozentmarke der Verschuldungsgrenze von Maastricht geraten.

Die mögliche Kompromisslinie für den EU-Haushalt war von ähnlicher Einfachheit: Die reichen Mitgliedsstaaten (Nettozahler) würden am Ende etwas oben drauflegen müssen, und die ärmeren Mitgliedsstaaten im europäischen Süden würden etwas von ihren bisherigen finanziellen Zuflüssen abgeben müssen, damit die Osterweiterung der EU im nächsten Haushaltszeitraum der EU finanzierbar sein würde. Klar war, dass Deutschlands finanzielle Möglichkeiten sehr klein geworden waren, ja fast nicht mehr existierten. Damit würde aber ein entscheidender Mechanismus ausfallen, der in der Vergangenheit europäische Fortschritte regelmäßig möglich gemacht hatte, nämlich die finanzielle Absicherung eines europäischen Kompromisses durch deutsche Finanzmittel. In Maastricht waren es noch die 15 Mrd. Ecu im Kohäsionsfond gewesen, aber in Berlin im Jahr 1999 würden uns diese Spielräume nicht mehr zur Verfügung stehen.

Schlimmer noch, Deutschland musste unbedingt seine Position als größter Nettozahler verbessern, wenn wir nicht das Risiko eines erstarkenden euroskeptischen Populismus in der deutschen Innenpolitik eingehen wollten. Zumindest durften wir unsere Position auf keinen Fall weiter verschlechtern, und daher blieben als einziger Ausweg nur Einsparungen. Nichts aber ist leichter in der Politik, als unter dem donnernden Applaus des Publikums Einsparungen zu fordern. Und nichts ist anschließend schwerer, als diese angekündigten Einsparungen auch umzusetzen, denn der donnernde Applaus verkehrt sich in diesem Falle regelmäßig in wüste Empörung bei den Betroffenen. Dies galt auch und gerade für die EU. Denn wollte man im Haushalt der EU nennenswerte Einsparungen erzielen, so konnte man das nur in den beiden größten Ausgabebereichen tun, nämlich in der gemeinsamen Agrarpolitik und in der Regional- und Strukturpolitik.

Die regionale Strukturförderung kam aber für Einsparungen für uns nicht wirklich in Frage, weil Deutschlands Position als Nettozahler nur deswegen in der deutschen Innenpolitik noch einigermaßen darzustellen war, weil wir, bedingt durch die negative wirtschaftliche Lage in den neuen Bundesländern, in diesem Bereich erhebliche Rückflüsse aus Brüssel zu verzeichnen hatten. Wenn also in diesem Sektor gespart werden würde, so hätte das fatale Auswirkungen auf uns, und zwar mehrfach: eine verschlechterte Nettozahlerposition und ein absehbarer Krach mit den Ministerpräsidenten der neuen Bundesländer, inklusive der Gefahr einer Ablehnung der Ratifizierung im Bundesrat, wenn sich dort die von der Opposition geführten Bundesländer mit den ostdeutschen Ländern verbünden würden.

So blieb uns also für die notwendigen »Ausgabenbegrenzungen« im EU-Haushalt, wie die Kürzungen sprachlich wunderschön umschrieben wurden, nur die Agrarpolitik, und das hieß nichts Geringeres, als sehenden Auges auf einen Konflikt mit Frankreich loszusteuern. Diese Strategie versprach nicht gerade ein Erfolg versprechendes Rezept für einen europäischen Gipfel zu sein. Frankreich befand sich politisch im Jahr 1999 in einer »Cohabitation« (einer de facto Großen Koalition) zwischen Gaullisten und Sozialisten. Für die Gaullisten waren die Großbauern ein unverzichtbarer innenpolitischer Machtfaktor, zudem schlug das Herz des französischen Staatspräsidenten Jacques Chirac, der im Laufe seiner langen politischen Karriere auch Landwirtschaftsminister gewesen war, unerschütterlich für die französische Landwirtschaft. Und für die Sozialisten waren die in Frankreich noch sehr zahlreichen Kleinbauern ebenfalls ein nicht zu vergessender innenpolitischer Machtfaktor.

Faktisch wirkte die gemeinsame Agrarpolitik, die völlig vergemeinschaftet ist, wie eine finanzielle Umverteilungsmaschine unter den Mitgliedsstaaten der EU, mit Gewinnern und Verlierern. Frankreich gehörte hierbei eindeutig zu den Gewinnern, ja stand bei den Gewinnern an erster Stelle. Allerdings hatte ich damals von diesen komplizierten finanziellen und machtpolitischen Zusammenhängen Europas und der deutsch-französischen Beziehung nur oberflächliche Kenntnisse, da solche Details mehr zum exekutiven Arkanum Europas gehörten. In der Frage der Finanzverhandlungen verließen wir uns im Wesentlichen auf die Vorarbeiten und Verhandlungsstrategien der früheren Bundesregierung, zumal diese uns als durchaus vernünftig erschienen. Dabei hatten wir den Vorschlag vorgefunden und übernommen, Teile der Agrarpolitik in die nationale Mitfinanzierung (Kofinanzierung) zurückzuführen. Das würde die Agrarausgaben der Union einerseits begrenzen, andererseits sollte es den Mitgliedsstaaten dann freistehen, mit nationalen Mitteln einzuspringen. Auf jeden Fall würde uns dieser Mechanismus bei unserer Bemühung um Ausgabenbegrenzung im europäischen Haushalt helfen.

Der Vorschlag der Kofinanzierung schien uns nicht nur vernünftig zu sein, sondern hatte zudem noch den Vorteil, von der Opposition im Bundestag unterstützt zu werden. Und so machte ich mich also zur Vorbereitung der deutschen Präsidentschaft seit dem Spätherbst 1998 frohgemut auf den Weg durch die Hauptstädte der Mitgliedsstaaten der Union und erklärte dort unsere Position zu der kommenden Regierungskonferenz in Berlin, wo es vor allem um das liebe Geld gehen würde.

In Madrid fand ich so gut wie überhaupt kein Verständnis für die deutsche Position. Es sei völlig undenkbar, so wurde mir zu verstehen gegeben, dass Ministerpräsident José Maria Aznar, ein Konservativer, aufgeben könnte, was sein sozialistischer Amtsvorgänger Felipe González für Spanien erreicht hätte. Es ging im Wesentlichen um die Mittel aus dem Kohäsionsfond von Maastricht. Auf meine Frage, was sich Spanien denn unter der Solidarität mit den neuen Mitgliedsstaaten vorstellen würde, wurde mir mitgeteilt, dass die Osterweiterung der EU doch vor allem im deutschen Interesse wäre und die deutsche Wirtschaft davon an erster Stelle profitieren würde. Also müsste diese Frage wohl durch Deutschland beantwortet werden. Und so ging es dann munter weiter. Fast jede Hauptstadt hatte ihre Reservationen, und niemand dachte daran, sich jetzt schon zu bewegen. Ich hingegen warb um Verständnis für die nicht mehr vorhandenen deutschen Finanzspielräume und für die Idee der Kofinanzierung.

Offensichtlich musste ich dabei mit meinem Werben für die Kofinanzierung in der Agrarpolitik in den Hauptstädten der EU so viel Wirkung gezeigt haben, dass man in Paris anfing, die Handschuhe auszuziehen, um das nationale Heiligtum der »gemeinsamen Agrarpolitik« mit allen Mitteln zu verteidigen. In der Folgezeit erreichten mich aus Paris und Brüssel immer dräuendere Töne: Fischer wäre dabei, den seit Adenauer und de Gaulle geltenden »ungeschriebenen Vertrag« zwischen Deutschland und Frankreich aufzukündigen, der besagen würde, dass Deutschland für seine große Industrie den gemeinsamen Markt und Frankreich für seinen großen Agrarsektor die gemeinsame Agrarpolitik bekommen würde. Ich lernte binnen weniger Tage, dass beim Geld die Freundschaft wirklich sehr schnell aufhörte, auch und gerade in Europa. Und dass es dann politisch ziemlich robust zur Sache ging.

Gerade die deutschen Medien in Brüssel schienen mit solchen Argumenten leicht beeindruckbar zu sein, und so wurde dieser Hebel von dem von mir ansonsten geschätzten Europaminister im französischen Außenministerium, Pierre Moscovici, auch geschickt und weidlich genutzt. Trotz alledem war ich der Meinung, wir sollten an unserer Position festhalten, denn für ein Aufgeben von eigenen Positionen wäre es jetzt noch viel zu früh. Lieber sollten wir etwas deutsch-französischen Theaterdonner ertragen, als vor der Zeit eine wichtige Karte aus der Hand zu geben. Denn Dankbarkeit ist leider keine politische Tugend, und Geschenke werden in der Regel gerne wortlos und ohne Gegenleistung eingestrichen (»konsumiert« heißt das in der Diplomatensprache), ohne dass dies die Verhandlungspositionen der anderen Seite auch nur um ein Jota verändern würde.

Ein Konflikt zwischen Deutschland und Frankreich würde die Erfolgsaussichten für den kommenden Berliner Gipfel verdüstern, daher mussten wir versuchen, eine Einigung mit Frankreich vorher zu erreichen. Es wurden noch andere Möglichkeiten der Ausgabenbegrenzung geprüft, aber die Frage der Kofinanzierung blieb für Paris ein rotes Tuch. Dies liefe auf eine Renationalisierung der gemeinsamen Agrarpolitik hinaus und würde das Prinzip der finanziellen Solidarität innerhalb der EU in Frage stellen, lautete das Gegenargument. Immerhin akzeptierte Paris die Notwendigkeit der Verbesserung der deutschen Nettozahlerposition, aber ein wirklicher Fortschritt war auch das nicht, denn faktisch würde es darauf hinauslaufen, dass andere Mitgliedsstaaten die Zeche bezahlen müssten, sodass dies lediglich eine Verschiebung des Problems, nicht aber seine Lösung bedeuten würde.

Paris machte aber in allen Vorgesprächen weiterhin massiven Druck gegen die Kofinanzierung, und so nahm sie der Kanzler während eines Vorbereitungstreffens für Berlin gegenüber dem französischen Präsidenten schließlich vom Tisch. »Das können wir eh nicht durchsetzen«, lautete sein Argument. Dieses vorzeitige Nachgeben sollte sich als ein Fehler erweisen, denn Schröders freundliche Geste wurde nahezu kommentarlos von der französischen Seite »konsumiert«, und die Karte Kofinanzierung sollte ihm in der entscheidenden Verhandlungsrunde in der letzten Nacht in Berlin fehlen. Dort hätte er sie gut gebrauchen können.

Je weiter wir uns dem Berliner Gipfel näherten, desto mehr nahm der Druck auf die Bundesregierung zu, auch durch die Ereignisse auf dem Balkan, die sich zunehmend Richtung Krieg entwickelten. Als der Berliner Gipfel schließlich am 24. März eröffnet wurde, stand er ganz im Zeichen des beginnenden Luftkriegs der NATO gegen Serbien und der Entscheidung über den nächsten Präsidenten der Kommission, die nach dem Rücktritt der gesamten bisherigen Kommission notwendig geworden war. Der Rat einigte sich schnell auf den Personalvorschlag des amtierenden Ratsvorsitzenden, Bundeskanzler Schröder, und berief den früheren italienischen Ministerpräsidenten Romano Prodi zum nächsten Präsidenten der Europäischen Kommission.

Schließlich begannen am zweiten Tag die Verhandlungen um das Geld.

Nach einer längeren Eröffnungssitzung des Europäischen Rates und der länglichen Darlegung der Position eines jeden einzelnen Mitgliedsstaates wurde die Sitzung schließlich unterbrochen, und die deutsche Ratspräsidentschaft nahm nunmehr die einzelnen Delegationen in Zweiergesprächen ins Gebet. Nicht umsonst heißt diese Vorgehensweise innerhalb der EU »Beichtstuhlverfahren«, weil dort die jeweils amtierende Präsidentschaft mit den Vertretern jedes Mitgliedsstaates allein spricht und dessen Position auf mögliche Kompromisse hin sondiert. Im trauten Tête-à-Tête des »Beichtstuhls« sind Kompromisse und Auflockerungen scheinbar fest gefügter Positionen eher möglich als in der Öffentlichkeit des Europäischen Rates. Am Ende aller Gespräche muss dann die jeweilige Ratspräsidentschaft einen Vorschlag präsentieren, der von allen akzeptiert werden kann.

So verhielt es sich auch an diesem Tag und vor allem in der Nacht im Hotel InterContinental in Berlin. Wir hatten intern die Gespräche mit den Mitgliedsstaaten unter uns aufgeteilt. Der Bundeskanzler, Staatsminister Günter Verheugen und ich würden uns jeweils nacheinander mit einigen Mitgliedsstaaten treffen, anschließend würden wir uns wieder zusammensetzen, eine Bestandsaufnahme machen, um dann mit neuen Vorschlägen in die zweite Runde zu gehen und zu versuchen, all diejenigen Länder auszusortieren, mit denen ein Kompromiss bereits erreicht wurde. Am Ende würden dann nur noch die Mitgliedsstaaten übrig bleiben, mit denen es am schwierigsten sein würde, Kompromisse zu finden. Wir durchliefen also eine Verhandlungsrunde nach der nächsten, immer wieder unterbrochen durch Ratssitzungen, neue Einigungsappelle und erneuten Rückzug in den Beichtstuhl.

Wie zu erwarten war, erwies sich die Landwirtschaftspolitik und damit Frankreich als die härteste Nuss. Zudem war Spanien nicht bereit, sich in der Kohäsionsförderung auch nur minimal zugunsten der neuen Mitgliedsstaaten zu bewegen. Nach dem Abendessen hakte es genau an diesen beiden Punkten. Der Bundeskanzler wusste bereits zu diesem Zeitpunkt, dass ein möglicher Kompromiss für Deutschland teurer ausfallen würde, als wir uns dies erhofft hatten. Aber sowohl Chirac als auch Aznar kalkulierten ganz offensichtlich damit, dass sich Schröder ein Scheitern des Berliner Gipfels weder innen- noch außenpolitisch erlauben konnte, und setzten daher auf Nerven und Ausdauer. Und so wurde es immer später in der Nacht. Weit nach Mitternacht, etwa gegen 2.00 Uhr, stand die Konferenz vor dem Scheitern, da sich in den zentralen Fragen nichts bewegte. Daraufhin entschloss sich der Bundeskanzler, eine Runde allein unter den Staats- und Regierungschefs zusammenzurufen, ohne die Außenminister und ohne weitere Mitarbeiter, um dort einen Durchbruch zu erzielen.

Während die Staats- und Regierungschefs unter sich tagten, sprach ich in der Hotellobby mit Pierre Moscovici erneut die Lage durch. Deutschland und Frankreich müssten doch jetzt gemeinsam einen Kompromiss auf den Tisch legen und dadurch Führung zeigen, sagte ich zu ihm. Dies ginge aber nur, wenn Frankreich sich bei den Agrarsubventionen bewegen würde. Mit einem solchen Schritt könnte Chirac ein Vertrauensverhältnis zu Schröder aufbauen, das für Europa in den kommenden Jahren von ganz entscheidender Bedeutung sein würde. Dies wäre auch im Interesse Frankreichs. Im umgekehrten Fall würde der heutige Gipfel tiefe Wunden hinterlassen, die nicht leicht zu schließen sein würden. Zudem könnten wir uns doch ein Scheitern als EU in diesem historischen Augenblick gar nicht erlauben. Unsere Soldaten kämpften gemeinsam auf dem Balkan, und die Staats- und Regierungschefs zerstritten sich über das Geld – dies wäre einfach unmöglich! Pierre Moscovici signalisierte Verständnis für meine Auffassungen, sagte aber auch, dass die »Cohabitation« sehr schwierig wäre und er auf den weiteren Fortgang der Dinge keinen Einfluss mehr habe. Während unseres Gespräches wussten wir beide aber noch nicht, was sich währenddessen im Saal der unter sich tagenden Staats- und Regierungschefs zugetragen hatte.

Nach den Berichten musste es dort wirklich hart zur Sache gegangen sein. Staatspräsident Chirac habe sich zu Wort gemeldet und einem konsternierten Bundeskanzler und den anderen Staats- und Regierungschefs mitgeteilt, dass er nicht nur eine, nicht nur zwei, nicht nur drei und auch nicht nur vier, sondern dass er fünf für Frankreich unverzichtbare Forderungen in der Agrarpolitik zu stellen habe. Würden diese akzeptiert, könnte er einer Einigung zustimmen. Wenn nicht, dann müsste man heute eben nach Hause fahren und sich etwas später erneut zu einem zweiten Einigungsversuch treffen. Auch Aznar bewegte sich nicht.

Nach der Beendigung der geschlossenen Sitzung der Chefs wurde in der deutschen Delegation erneut beraten, wie jetzt weiter verfahren werden sollte. Der Bundeskanzler hatte an dem Auftritt des französischen Staatspräsidenten erheblich zu kauen, aber ein Scheitern des Gipfels wurde vom Kanzler als Option definitiv ausgeschlossen. Die Krise der Kommission und der Kosovo-Krieg machten einen Kompromiss noch in dieser Nacht unabweisbar. Der war aber nur zu bekommen, wenn wir den Forderungen von Chirac und Aznar entgegenkommen würden, und das hieße für uns, schlicht nachzugeben. Gerhard Schröder war schließlich bereit, vier von den fünf Forderungen Jacques Chiracs zu akzeptieren, die fünfte aber lehnte er ab. Es war dies die sogenannte »Herodesprämie«, d.h. Subventionen der EU für Kälber, die sofort nach der Geburt getötet wurden. In der Tat war dies eine abstoßende und abwegige Regelung, die zugleich ein deprimierendes Licht auf Europa warf.

Hinzu kamen noch eine Überprüfungsklausel für das Jahr 2002, d.h. vor der nächsten Verhandlungsrunde der World Trade Organization (WTO), durch die die Agrarsubventionen der EU insgesamt erneut auf den Prüfstand gestellt werden sollten. Zudem wurde anerkannt, dass Deutschland ein Nettozahlerproblem hatte und demnach einen nationalen Rabatt vom sogenannten »Briten-Rabatt« erhalten würde, der unsere Zahlungsposition leicht verbessern würde. Mittlerweile war es gegen 4.00 Uhr morgens geworden, und alle Beteiligten waren hundemüde. Die Delegationen hatten es sich in den Sesselgruppen des Hotelfoyers bequem gemacht, dösten vor sich hin oder rechneten nochmals ihre Zahlen durch und warteten auf das erlösende Signal der deutschen Ratspräsidentschaft zum letzten, alles entscheidenden Zusammentreffen des Plenums des Europäischen Rates.

Der Bundeskanzler hatte mich gebeten, mit einem letzten Angebot zur spanischen Delegation zu gehen und eine Einigung zu versuchen. Ich fand den spanischen Ministerpräsidenten, umringt von seiner Delegation, auf dem Deckel eines geschlossenen Konzertflügels sitzend, vor. Dort unterbreitete ich Aznar oder vielmehr dem spanischen Europastaatssekretär Ramón de Miguel unser Angebot, der es dann aus dem Englischen für den Ministerpräsidenten ins Spanische übersetzte und zugleich inhaltlich kommentierte. Erneut wurde gerechnet und ein letztes Mal verhandelt. Schließlich hatten wir eine einigungsfähige Lösung auf dem Papier zusammengebracht. Ich bat die Spanier um einige weitere Minuten, da ich mich mit dem Bundeskanzler und unserer Delegation rückkoppeln musste, und ging zurück ins Zimmer der deutschen Delegation, das »Kaminzimmer« des InterContis in Berlin. Nach einem kurzen Bericht meinerseits und der Überprüfung der Zahlen durch die Fachleute erhielt ich schließlich grünes Licht vom Bundeskanzler: »Mach das so. Schließ ab.«

Ich ging zurück zum spanischen Flügel, auf dem Ministerpräsident Aznar noch immer obenauf saß und seine Beine baumeln ließ. Ein letztes Mal wurde noch etwas an den Zahlen herumverhandelt, und dann sagte ich den Spaniern, dass ich abschließen könnte. Aznar akzeptierte ebenfalls. Ich half dem spanischen Ministerpräsidenten vom Piano herunter, indem ich ihm meinen Arm reichte, und wir besiegelten die mühselig erreichte Einigung mit einem Handschlag. Es war mittlerweile 4.30 Uhr geworden. Die abschließende Beschlussfassung im Ratsplenum, die dort vom Bundeskanzler vorgetragen wurde, war dann nur noch eine Formsache, aber dauerte ebenfalls nochmals seine Zeit. Als Gerhard Schröder als Ratspräsident schließlich die Einigung als beschlossen verkündete und den Berliner Gipfel der EU beendete, war es bereits Tag geworden, und draußen, auf der Budapester Straße, zwitscherten munter die Vögel.

Wir hatten also in dieser langen Berliner Nacht bei weitem nicht erreicht, was wir uns ursprünglich vorgestellt hatten, aber diese Vorstellungen waren, im Rückblick gesehen, auch nicht unbedingt immer von Realismus geprägt gewesen. Man darf allerdings dabei nicht vergessen, dass wir politisch Verantwortlichen erst seit wenigen Monaten im Amt gewesen waren. Legte man den Maßstab des Möglichen und nicht des Wünschenswerten an das Ergebnis des Berliner Gipfels an, so hatten wir jedoch gar kein schlechtes Ergebnis erzielt. Unsere Nettozahlerposition würde sich auf mittlere Sicht etwas verbessern, der Ausgabenanstieg konnte begrenzt werden, und eine Revisionsklausel zur Überprüfung der Agrarsubventionen stand im Vertrag. Am wichtigsten aber war, dass dieser Europäische Rat ein Ergebnis zustande gebracht hatte und nicht gescheitert war. Europa hatte sich in einer historischen Stunde zusammengerauft, und es war Gerhard Schröder gewesen, dem ja nicht gerade der Ruf eines überzeugten Europäers vorausgeeilt war, der als Ratspräsident in dieser Nacht europäische Führung gezeigt und die entscheidenden Kompromisse schließlich ermöglicht hatte. Er ganz persönlich hatte dadurch eine große Krise der EU in einer für Europa kritischen Situation abgewendet und zugleich mit dem Berliner Finanzkompromiss den ersten praktischen Schritt hin zur Verwirklichung der Osterweiterung der EU ermöglicht.

Auf dem Weg zur Pressekonferenz musste ich an jenes denkwürdige Streitgespräch zwischen Gerhard Schröder und mir im Stern aus dem Jahr 1997 zurückdenken. Ich hatte es ihm damals prophezeit, dass auch er als Bundeskanzler, wenn es dereinst in der EU hart auf hart käme, wie alle seine Vorgänger, entsprechend des elementaren deutschen Interesses an einem sich vereinigenden Europa die notwendigen Entscheidungen zugunsten der EU treffen würde. Und so war es in dieser Berliner Nacht gekommen. Zudem hatten wir damit auch in Europa als rotgrüne Bundesregierung unsere erste große Prüfung bestanden. Allerdings sollte es in der Zukunft noch großer Anstrengungen und viel Zeit bedürfen, bis das in jener Berliner Nacht entstandene tiefe Misstrauen zwischen Gerhard Schröder und Jacques Chirac überwunden werden konnte. In den kommenden Jahren sollte es sich für Europa als wenig hilfreich erweisen, dass sich in Berlin ein deutsch-französischer Gegensatz an der Spitze aufgetan hatte.

Am 28./29. Mai fand der halbjährliche deutsch-französische Gipfel im südfranzösischen Toulouse statt, im Gebäude der Präfektur. Beide großen Delegationen saßen sich auf Tuchfühlung an einem schmalen Verhandlungstisch in einem engen Saal gegenüber, als das Gespräch zwischen Kanzler und Präsident erneut auf die Verhandlungen des EU-Haushalts von Berlin kam. Dies wäre eigentlich der Augenblick für eine versöhnliche Geste seitens Jacques Chiracs gewesen, um die eingetretenen Irritationen auszuräumen, aber das Gegenteil war der Fall. Der französische Präsident pries in bewegenden Worten und mit großer Geste, welch große Opfer Frankreich im Interesse der deutsch-französischen Freundschaft auch diesmal wieder gebracht habe, wie so oft in der Vergangenheit. Es wäre ja schließlich Frankreich gewesen, das den Kompromiss von Berlin bezahlt und damit möglich gemacht habe.

Dies war, angesichts der Tatsachen und des Ablaufs der Berliner Verhandlungsnacht, nun wahrhaft starker Tobak. Diejenigen Mitglieder der deutschen Delegation, die in Berlin anwesend gewesen waren, verfielen angesichts der Ausführungen von Jacques Chirac nahezu in eine Schockstarre, unter Einschluss von mir selbst. Würde es jetzt zur direkten Konfrontation zwischen Kanzler und Präsident kommen, gar zum Eklat? Schröders Kiefer begann zu mahlen, man konnte es an seinen Wangenmuskeln sehen, und er setzte jenes für ihn typische Haifischlächeln auf, das ich noch oft an ihm erleben sollte. Es signalisierte meistens eine sehr starke, unterdrückte Emotion. Der Kanzler schluckte aber alles runter, was er auf den Lippen gehabt haben mochte, und reagierte mit Sarkasmus auf Chiracs Ausführungen. Damit war die Situation gerettet. Aber diese Szene in Toulouse machte das ganze Ausmaß der Spannungen sichtbar, die sich seit Berlin zwischen diesen beiden für die Zukunft Europas entscheidenden Regierungschefs aufgebaut hatten.

Die Beziehungen zwischen den beiden Außenministern gestalteten sich hingegen weniger kompliziert. Ich hatte zu meinem französischen Kollegen Hubert Védrine seit meiner Amtsübernahme ein vertrauensvolles Verhältnis aufgebaut, das auf enger Abstimmung in allen relevanten Fragen und auf häufigen Treffen und Telefonaten beruhte. Auch unsere engsten Mitarbeiterinnen und Mitarbeiter hielten einen sehr engen Kontakt. Hubert Védrine war in der Außenpolitik ein brillanter strategischer Kopf, mit einem großen Interesse an Kultur und Geschichte. Er war kein europäischer Föderalist, sondern für ihn blieb Frankreich immer der entscheidende und unerschütterliche Bezugspunkt.

Bereits bei unserem ersten Treffen im Herbst 1998 im prächtigen Büro des französischen Außenministers am Quai d'Orsay hatten wir uns zu regelmäßigen informellen Treffen mit nur ganz wenigen Mitarbeitern verabredet, um dort über die Zukunft Europas zu diskutieren. Diese Treffen sollten den Charakter eines Brainstormings haben und nicht der Abklärung operativer Positionen dienen. Hubert Védrine erklärte sich erfreut bereit, im November zu einem solchen Treffen einzuladen.

Wir begannen unser gemeinsames Nachdenken über die Zukunft Europas am 20. November 1998 bei einem Mittagessen im Gästehaus des französischen Außenministeriums, einem Schlösschen, das im Westen von Paris lag, nicht weit von Versailles entfernt. Es hatte dereinst Madame de Pompadour, der Favoritin von Ludwig XV., gehört. Die Küche und der Weinkeller des Quai d'Orsay erwiesen sich darüber hinaus als ganz hervorragend, und überhaupt waren sowohl das Schloss als auch das ganze Ambiente so tief in der französisch-europäischen Vergangenheit verwurzelt, dass mir dies kein schlechter Ort zu sein schien, um über Europas Zukunft nachzudenken.

Obwohl Deutsche und Franzosen dieselben karolingischen Wurzeln verbinden, könnten diese beiden Nachbarvölker unterschiedlicher kaum sein. In Frankreich ist es selbstverständlich, dass die Küchen des Staatspräsidenten, des Premierminsters und der wichtigsten Ministerien von großen Küchenchefs geführt werden und die Weinkeller die besten Tropfen der Nation enthalten. Hier zu knausern oder zu sparen käme einer Beleidigung der französischen Kultur gleich und würde wohl höchst unangenehme politische Folgen für die Regierung haben. In Deutschland hingegen gilt das gerade Gegenteil. Wehe dem Kanzler oder Minister, der sich erfrechen würde, dem französischen Beispiel zu folgen. Oskar Lafontaine hatte dies als saarländischer Ministerpräsident in der Bonner Landesvertretung seines Bundeslandes getan und wurde sofort der Verschwendungssucht geziehen. Ich trank damals allerdings nur Mineralwasser, und insofern beschränkte sich mein önologisches Vergnügen ausschließlich auf das Schnuppern an fremden Gläsern.

Dieser Novembertag im Schloss Celle-Saint-Cloud erwies sich als außergewöhnlich, denn die Diskussion mit Hubert

Védrine übertraf das kulinarische Erlebnis noch um ein Vielfaches. Wir tauschten dort zum ersten Mal unsere Gedanken über die Konsequenzen des Epochenbruchs von 1989 für Europa aus. Und an jenem Tag begann mit Hubert Védrine ein gemeinsamer Prozess des Nachdenkens, der mich schließlich zu meiner Rede in der Berliner Humboldt-Universität führen sollte. Die Gespräche mit Hubert Védrine waren dazu wohl der wichtigste Beitrag. Zudem verabredeten wir, dass wir unsere Diskussion über Europa wechselseitig in beiden Ländern fortführen wollten, auch außerhalb der Hauptstädte, verbunden mit der Idee, die Geschichte und Kultur der jeweiligen Region zu studieren. Zudem wollten wir beide den Vergleich der französischen mit der deutschen Küche nicht zu kurz kommen lassen und also auch die sogenannte »Sterne-Gastronomie« in diese Treffen mit einbeziehen.

Wir trafen uns in den folgenden Jahren immer wieder in unregelmäßigen Abständen, mal in Burgund, mal im Rheingau, in der Provence, im Bergischen Land, in der Auvergne, im Elsass und an anderen Orten, besuchten gemeinsam alte Klöster und andere historische Orte und Baudenkmäler und setzten dann beim Mittag- oder Abendessen in einem regionalen Restaurant unser Nachdenken über die Zukunft Europas fort. Die damals im Bundestag und in den deutschen Medien periodisch immer wieder auftauchende Behauptung von einer Krise im deutsch-französischen Verhältnis kam mir angesichts dieses intensiven Austauschs auf der Ebene der Außenminister abwegig vor. Wenn man allerdings das Verhältnis Schmidt-Giscard d'Estaing und Kohl-Mitterrand (nicht aber das Verhältnis Kohl-Chirac) als Vergleichsmaßstab heranzog, dann konnte man auf der obersten Ebene zwar keineswegs von einer Krise, wohl aber von einer Abkühlung sprechen.

Unsere Diskussion über die Zukunft Europas hatte ihren Ausgangspunkt bei den dramatischen Veränderungen auf dem europäischen Kontinent seit 1989 genommen. Es war klar, dass die Erweiterung kommen würde, ja kommen musste, da die Beschränkung der europäischen Einigungsidee auf Westeuropa diese Idee selbst beschädigt und dadurch den weiteren Fortschritt des europäischen Einigungswerks bedroht hätte. Wenn also die Osterweiterung der EU ein historisch zwingendes Erfordernis für die Zukunft der EU und für Frieden und Stabilität in Europa war – wie, so lautete die Frage, müsste diese vergrößerte Union denn verfasst sein, damit sich die Osterweiterung nicht als eine riskante Schwächung der EU erweisen würde?

Für Frankreich – im Gegensatz zu Deutschland – war allein schon diese Ausgangsfrage eine politisch kaum zu verdauende, sehr grundsätzliche Herausforderung. Die EU und eine neue supranationale Realität in Europa waren für Frankreich so lange akzeptabel gewesen, wie sie Frankreichs Einfluss und Interessen stärkten. Mit der kommenden Osterweiterung aber würde das relative Gewicht Frankreichs in der EU abnehmen, die Achse der Union Richtung Osten wandern, Richtung Deutschland also, und zudem würden die neuen Mitgliedsstaaten aus ihren historischen Erfahrungen und aus ihren Sicherheitsängsten heraus sich sehr stark an Washington und damit am Transatlantismus orientieren.

Zudem sah man in Paris die politischen und ökonomischen Vorteile einer erweiterten EU nahezu ausschließlich bei Deutschland, das sich im zukünftigen Europa in einer positiven Mittellage befinden würde und darüber hinaus sein volles wirtschaftliches Potenzial mittels der Osterweiterung würde ausspielen können. Manchem in Paris (und nicht nur dort, wie die Volksabstimmung über den europäischen Verfassungsvertrag 2005 zeigen sollte) schauderte richtiggehend vor der Osterweiterung der Europäischen Union, während aus Berliner Sicht darin überwiegend die einmalige historische Chance gesehen wurde, Europa in Frieden und Freiheit zu vereinen.

Die ökonomische Argumentation konnte mich niemals überzeugen, denn die französische Privatwirtschaft war dank des Modernisierungsdrucks, der vom Euro ausging, eigentlich recht gut aufgestellt und investierte energisch in den kommenden Mitgliedsstaaten im Osten Europas (übrigens unter Einschluss der Türkei). Die These, die man vor allem von Spanien und Frankreich hören konnte, dass die Osterweiterung ökonomisch überwiegend im deutschen Interesse wäre, war meines Erachtens nichts anderes als eine interessengeleitete Ablenkung, um so eigene Solidarbeiträge für die Erweiterung zu minimieren und Deutschland in das finanzielle Obligo für die Finanzierung der Erweiterung zu bringen. Anders verhielt es sich jedoch mit den politischen Vorbehalten.

Hier war meine Antwort, dass eine erweiterte Union einer verstärkten deutsch-französischen Zusammenarbeit bedürfte. Vor allem die notwendigen institutionellen Reformen sollten von Deutschland und Frankreich gemeinsam initiiert werden, ohne dabei allerdings die anderen Mitgliedsstaaten auszuschließen. Die historischen Tatsachen ließen sich nicht ändern, und die erweiterte Union wäre eine unabweisbare Notwendigkeit, auch für Frankreich. Wenn die französischen Besorgnisse aber vor allem das größer gewordene Deutschland beträfen, so ließen sich diese am besten durch eine vertiefte Zusammenarbeit dieser beiden Länder überwinden. Deutschland jedenfalls, so fasste ich aus meiner Sicht die europapolitische Debatte in meinem Land zusammen, wäre dazu bereit.

Im Zentrum unserer Diskussionen stand jedoch die zukünftige Ordnung oder auch Verfassung der EU. Meiner Ansicht nach hätte sich die »Methode Monnet«, nämlich die EU schrittweise über die Integration einzelner Politiken aufzubauen, zunehmend erschöpft. Die Entscheidung zur Wirtschafts- und Währungsunion hätte eine neue Qualität gehabt, nämlich die Übertragung eines Kernbestandteils staatlicher Souveränität auf Europa. Der klassische Souveränitätsbegriff umfasste im Kern drei Elemente, nämlich die äußere und die innere Sicherheit eines Staates und die Kontrolle der Währung. Eine Währung ist nicht nur ein wirtschaftliches Zahlungsmittel, sondern zugleich auch immer Ausdruck souveräner, politischer Macht. Denn ohne die Macht eines Staates und seine daran hängende Kreditwürdigkeit ist dessen Geld nur bedrucktes Papier.

Der Entscheidung von Maastricht folgend müssten daher nunmehr auch in der erweiterten Union weitgehende Schritte bei der Außen- und Sicherheitspolitik getan werden. Zudem habe der Erfolg der Schengen-Initiative außerhalb der Verträge der EU gezeigt, dass die Mitgliedsstaaten auch bei der inneren Sicherheit und der Öffnung der nationalen Grenzen innerhalb der EU zu weiteren großen Schritten bereit wären. Die laufende

Regierungskonferenz sollte dazu unbedingt genutzt werden. Dazu müsste die EU aber aus ihrer Lethargie geweckt und ihr mittels einer öffentlichen Initiative rechtzeitig genug die Richtung vorgegeben werden. Hierzu wäre doch eine gemeinsamer Vorschlag des französischen und deutschen Außenministers ein denkbares Instrument.

Nach dem erfolgreichen Abschluss des Berliner Gipfels zur Finanzierung der Osterweiterung der Union mussten also in einer weiteren Regierungskonferenz nunmehr endgültig die institutionellen Voraussetzungen für die Osterweiterung der EU beschlossen werden, um die Union auch institutionell für die Erweiterung aufnahmefähig zu machen – es ging also wieder um die sogenannten »left overs« von Maastricht und Amsterdam. Diese Regierungskonferenz sollte ihren Abschluss während der kommenden französischen Präsidentschaft in der zweiten Hälfte des Jahres 2000 finden. Sie würde zugleich für den deutsch-französischen Motor eine große Chance bieten, die Union gemeinsam voranzubringen. Deutschland hätte den Durchbruch bei den Finanzen in Berlin ermöglicht, und Frankreich könnte mit entschlossener Führung und unserer Unterstützung dasselbe jetzt bei den institutionellen Reformen erreichen.

Die Gespräche mit Hubert Védrine über die Zukunft Europas begannen aber zu stagnieren, je näher die französische Präsidentschaft rückte. Es zeigte sich zudem mehr und mehr, dass eine gemeinsame Initiative eher unwahrscheinlich sein würde. Inhaltlich gab es zwar eine hohe Übereinstimmung, und die vorhandenen Unterschiede unserer beider Positionen hätten sich überbrücken lassen, aber die machtpolitische Ausgangslage in der französischen Cohabition war für Hubert Védrine weitaus komplizierter als für mich. Denn er musste zur gleichen Zeit immer zwei Herren dienen, dem konservativen Staatspräsidenten und dem sozialistischen Premierminister. Ich hatte es hier wesentlich einfacher mit unserer rot-grünen Koalition in Berlin. Also entschloss ich mich zum Alleingang, machte daraus aber gegenüber Hubert Védrine kein Geheimnis.

Wir bereiteten im Auswärtigen Amt eine öffentliche Rede zur Finalität Europas vor, die ich am 12. Mai 2000 an der Humboldt-Universität zu Berlin halten sollte. Wir hatten uns für die

Universität entschieden, um so auch den Charakter der Rede als eines öffentlichen Nachdenkens über die Zukunft Europas zu unterstreichen und dadurch die Gefahr von politischen Missverständnissen bei unseren Partnern zu reduzieren. Ich wollte auf jeden Fall den Eindruck vermeiden, dass es sich bei dieser Rede um die offizielle Position der Bundesregierung handelte. Denn es war mir von Anfang an völlig klar, dass diese Rede, wenn sie etwas in den europäischen Angelegenheiten bewegen sollte, weder innerhalb von Bundesregierung und Koalition noch gar innerhalb der EU abgestimmt werden konnte. Ich musste mir dazu die Freiheit nehmen, über die Zwänge des Regierungshandelns und offizieller, wohlabgestimmter Positionen hinauszugehen.

Zur Vorbereitung dieser Rede setzte ich mich mehrmals mit dem gesamten europapolitischen Sachverstand des Auswärtigen Amtes zusammen, auch einer unseren besten »Europäer«, der deutsche EU-Botschafter in Brüssel, Wilhelm Schönfelder, kam zu diesen Vorbereitungsdiskussionen nach Berlin. Ebenso luden wir eine Runde ausgewählter Experten zu einer Diskussion über die Zukunft Europas in das Auswärtige Amt ein, angeführt von dem früheren Präsidenten der EU-Kommission, Jacques Delors, und dem früheren Bundespräsidenten Richard von Weizsäcker. Aus all diesen Gesprächen und Diskussionen entstand so schließlich jene Rede vom 12. Mai 2000, die sogenannte »Humboldt-Rede«. Der Name war angesichts des europäischen Vermächtnisses der beiden Brüder Wilhelm und Alexander von Humboldt und ihrer herausragenden wissenschaftlichen und aufklärerischen Leistungen mehr als eine Formsache, er war eine Verpflichtung.

Der erste Entwurf wurde wieder und wieder von den Experten überarbeitet, aber ich war immer noch nicht mit dem Ergebnis zufrieden, sodass ich mich schließlich selbst auf einem Nachtflug vom 9. auf den 10. Mai, hoch über dem Atlantik, an meinen Laptop setzte und die Endfassung der Rede niederschrieb. Aber auch dieser letzte Entwurf ging nochmals durch zahlreiche Hände und wurde weiter geprüft, poliert und geschliffen, bis alle Unebenheiten und absehbaren Fallgruben beseitigt zu sein schienen. Ich selbst veranlasste noch die Einfügung, dass ich diese Rede nicht für die Bundesregierung halten würde, da ich damit sowohl der innenpolitischen Opposition – »Mit wem wurde denn die Rede abgestimmt?« – als auch der absehbar grimmigen Reaktion der Euroskeptiker in Großbritannien und anderswo etwas den Wind aus den Segeln nehmen wollte.

Der Bundeskanzler bekam den Redetext vorab zur Kenntnis, aber da ich ihn nicht aus den Händen geben wollte, bat ich um einen persönlichen Termin bei ihm und brachte den Redeentwurf selbst zu ihm. Nach der Lektüre der Rede und meinen Erläuterungen bestand zwischen uns in der Sache keine Differenz, zumal ich ausdrücklich nicht für die Bundesregierung sprach. Ansonsten stellte der Bundeskanzler trocken fest: »Das wird einen gehörigen Knall geben, wenn du diese Rede so hältst. Aber mach das mal.« Ebenso wurden unsere Botschaften in den Hauptstädten der EU und der Kandidatenländer informiert und mit einer Sprachregelung versehen. Die Rede erhielten sie mit einer Sperrfrist, damit sie diese dann unverzüglich den Regierungen ihres Gastlandes übermitteln und auch erläutern konnten.

Am Morgen des 12. Mai war der große Hörsaal der Humboldt-Universität gut gefüllt. In den ersten Reihen zwängten sich zahlreiche Botschafter und Diplomaten der alten und auch der kommenden EU-Mitgliedstaaten in das enge Gestühl des Hörsaales. Sie wollten persönlich hören, was der deutsche Außenminister zur Zukunft Europas zu sagen haben würde. Ebenfalls waren zahlreiche Medienvertreter anwesend, denn selbstverständlich hatte das Pressereferat des Auswärtigen Amtes dieses Ereignis professionell vorbereitet. Nach einer kurzen Begrüßung durch einen der Gastgeber, Richard Schröder (Theologieprofessor, Sozialdemokrat und eine der großen Persönlichkeiten der deutschen Wiedervereinigung in der demokratisch gewählten Volkskammer 1989/90), erhielt ich dann das Wort. Ich hatte meine Rede unter die Überschrift »Vom Staatenverbund zur Föderation« gestellt:

»Meine sehr geehrten Damen und Herren, fast auf den Tag vor 50 Jahren stellte Robert Schuman seine Vision einer ›Europäischen Föderation‹ zur Bewahrung des Friedens vor. Hiermit begann eine völlig neue Ära in der europäischen Geschichte. Die europäische Integration war die Antwort auf Jahrhunderte eines prekären Gleichgewichts der Mächte auf diesem Kontinent, das immer wieder in verheerende Hegemonialkriege umschlug, die in den beiden Weltkriegen zwischen 1914 und 1945 kulminierten. Der Kern des Europagedankens nach 1945 war und ist deshalb die Absage an das Prinzip der *balance of power*, des europäischen Gleichgewichtssystems und des Hegemonialstrebens einzelner Staaten, wie es nach dem Westfälischen Frieden von 1648 entstanden war, durch eine enge Verflechtung ihrer vitalen Interessen und die Übertragung nationalstaatlicher Souveränitätsrechte an supranationale europäische Institutionen.

Ein halbes Jahrhundert später ist Europa, der europäische Einigungsprozess für alle beteiligten Staaten und Völker die wohl wichtigste politische Herausforderung, da sein Erfolg oder Scheitern oder auch nur die Stagnation dieses Einigungsprozesses für die Zukunft von uns allen, vor allem aber für die Zukunft der jungen Generation von überragender Bedeutung sein wird. Und eben dieser europäische Einigungsprozess ist gegenwärtig bei vielen Menschen ins Gerede gekommen, gilt als eine bürokratische Veranstaltung einer seelen- und gesichtslosen Eurokratie in Brüssel und bestenfalls als langweilig, schlimmstenfalls aber als gefährlich. […]

Man kann es gegenwärtig fast mit den Händen greifen, dass zehn Jahre nach dem Ende des Kalten Krieges und mitten im Beginn des Zeitalters der Globalisierung die europäischen Probleme und Herausforderungen sich zu einem Knoten geschürzt haben, der innerhalb der bestehenden Vorgaben nur noch sehr schwer aufzulösen sein wird: Die Einführung der gemeinsamen Währung, die beginnende Osterweiterung der EU, die Krise der letzten EU-Kommission, die geringe Akzeptanz von europäischem Parlament und europäischen Wahlen, die Kriege auf dem Balkan und die Entwicklung einer gemeinsamen Sicherheits- und Außenpolitik definieren nicht nur das Erreichte, sondern bestimmen auch die zu bewältigenden Herausforderungen.

Quo vadis Europa?, fragt uns daher ein weiteres Mal die Geschichte unseres Kontinents. Und die Antwort der Europäer kann aus vielerlei Gründen, wenn sie es gut mit sich und ihren Kindern meinen, nur lauten: vorwärts bis zur Vollendung der europäischen Integration. […] Was vor uns liegt, wird alles andere als einfach werden und unsere ganze Kraft erfordern, denn wir werden in der nächsten Dekade die Ost- und Südosterweiterung der EU zu wesentlichen Teilen zuwege bringen müssen, die letztlich zu einer faktischen Verdoppelung der Mitgliederzahl führen wird. Und gleichzeitig, um diese historische Herausforderung bewältigen und die neuen Mitgliedsstaaten integrieren zu können, ohne dabei die Handlungsfähigkeit der EU substanziell in Frage zu stellen, müssen wir den letzten Baustein in das Gebäude der europäischen Integration einfügen, nämlich die politische Integration.

Die Notwendigkeit, diese beiden Prozesse *parallel* zu organisieren, ist die wohl größte Herausforderung, vor der die Union seit ihrer Gründung jemals gestanden hat. Aber keine Generation kann sich ihre historischen Herausforderungen aussuchen, und so ist es auch diesmal. Nichts Geringeres als das Ende des Kalten Krieges und der erzwungenen Teilung Europas stellt die EU und damit auch uns vor diese Aufgabe, und deshalb bedarf es auch heute einer ähnlich visionären Kraft und pragmatischen Durchsetzungsfähigkeit, wie sie Jean Monnet und Robert Schuman nach dem Ende des Zweiten Weltkriegs bewiesen haben. Und wie damals, nach dem Ende dieses letzten großen europäischen Krieges, der wie fast immer auch ein deutsch-französischer Krieg gewesen war, wird es bei diesem letzten Bauabschnitt der Europäischen Union, nämlich ihrer Osterweiterung und der Vollendung der politischen Integration, ganz entscheidend auf Frankreich und Deutschland ankommen. [...]

Die europäische Integration hat sich als phänomenal erfolgreich erwiesen. Das Ganze hatte nur einen entscheidenden Mangel, der durch die Geschichte erzwungen war. Es war nicht das ganze Europa, sondern ausschließlich dessen freier Teil im Westen. [...] Nach dem Zusammenbruch des Sowjetimperiums musste sich die EU nach Osten öffnen, sonst hätte sich die Idee der europäischen Integration selbst ausgehöhlt und letztlich zerstört. Warum? Ein Blick nach dem ehemaligen Jugoslawien zeigt uns die Konsequenzen. [...] Eine auf Westeuropa beschränkte EU hätte es dauerhaft mit einem gespaltenen Staatensystem in Europa zu tun gehabt: in Westeuropa die Integration, in Osteuropa das alte Gleichgewichtssystem mit seiner anhaltend natio-

nalen Orientierung, Koalitionszwängen, klassischer Interessen-
politik und der permanenten Gefahr nationalistischer Ideologien
und Konfrontationen. Ein gespaltenes europäisches Staatensystem ohne überwölbende Ordnung würde Europa dauerhaft zu
einem Kontinent der Unsicherheit machen, und auf mittlere
Sicht würden sich diese traditionellen Konfliktlinien von Osteuropa auch wieder in die EU hinein übertragen. [...]

Es ist absehbar, dass die Europäische Union am Ende des
Erweiterungsprozesses 27, 30 oder noch mehr Mitglieder zählen wird. [...] Wir stehen damit in Europa gegenwärtig vor der
enorm schwierigen Aufgabe, zwei Großprojekte parallel zu
organisieren. [...] Die Institutionen der EU wurden für 6 Mitgliedsstaaten geschaffen. Sie funktionieren mit Mühe noch zu
15. So wichtig der erste Reformschritt mit seiner verstärkten
Mehrheitsentscheidung bei der vor uns liegenden Regierungskonferenz auch für den Beginn der Erweiterung ist, so wird er
langfristig für die Erweiterung insgesamt allein nicht ausreichen.
Die Gefahr besteht dann, dass eine Erweiterung auf 27–30 Mitglieder die Absorptionsfähigkeit der EU mit ihren alten Institutionen und Mechanismen überfordern wird, und dass es zu
schweren Krisen kommen kann. Aber diese Gefahr spricht,
wohlgemerkt, nicht gegen die schnellstmögliche Erweiterung,
sondern vielmehr für eine entschlossene und angemessene Reform der Institutionen. [...] *Erosion oder Integration* lautet deshalb die Konsequenz. [...]

Die Erweiterung wird eine grundlegende Reform der europäischen Institutionen unverzichtbar machen. Wie stellt man sich
eigentlich einen Europäischen Rat mit dreißig Staats- und Regierungschefs vor? Dreißig Präsidentschaften? Wie lange werden Ratssitzungen dann eigentlich dauern? [...] Wie soll man
in dem heutigen Institutionengefüge der EU dreißig Interessen
ausgleichen, Beschlüsse fassen und dann noch handeln? Wie will
man verhindern, dass die EU damit endgültig intransparent, die
Kompromisse immer unfasslicher und merkwürdiger werden,
und die Akzeptanz der EU bei den Unionsbürgern schließlich
weit unter den Gefrierpunkt sinken wird?

Fragen über Fragen, auf die es allerdings eine ganz einfache
Antwort gibt: *den Übergang vom Staatenverbund der Union*

hin zur vollen Parlamentarisierung in einer Europäischen Föderation, die Robert Schuman bereits vor 50 Jahren gefordert hat. Und das heißt nichts Geringeres als ein europäisches Parlament und eine ebensolche Regierung, die tatsächlich die gesetzgebende und die exekutive Gewalt innerhalb der Föderation ausüben. Diese Föderation wird sich auf einen *Verfassungsvertrag* zu gründen haben.

[…] Die Vollendung der europäischen Integration lässt sich erfolgreich nur denken, wenn dies auf der Grundlage einer *Souveränitätsteilung von Europa und Nationalstaat* geschieht. […] Diese drei Reformen: die Lösung des Demokratieproblems sowie das Erfordernis einer grundlegenden Neuordnung der Kompetenzen sowohl horizontal, d. h. zwischen den europäischen Institutionen, als auch vertikal, also zwischen Europa, Nationalstaat und Regionen, wird nur durch eine konstitutionelle Neugründung Europas gelingen können, also durch die Realisierung des Projekts einer europäischen Verfassung, deren Kern die Verankerung der Grund-, Menschen- und Bürgerrechte, einer gleichwertigen Gewaltenteilung zwischen den europäischen Institutionen und einer präzisen Abgrenzung zwischen der europäischen und der nationalstaatlichen Ebene sein muss. Die Hauptsache einer solchen europäischen Verfassung wird dabei das Verhältnis zwischen Föderation und Nationalstaat bilden. […]

Meine Damen und Herren, die Frage, die sich nun immer drängender stellt, ist folgende: *Wird sich diese Vision einer Föderation nach der Integration realisieren lassen, oder muss diese Methode selbst, das zentrale Element des bisherigen Einigungsprozesses, in Frage gestellt werden?*

In der Vergangenheit dominierte im Wesentlichen die ›Methode Monnet‹ mit ihrem Vergemeinschaftungsansatz in europäischen Institutionen und Politiken den europäischen Einigungsprozess. Diese schrittweise Integration ohne Blaupause für den Endzustand war in den fünfziger Jahren für die wirtschaftliche Integration einer kleinen Ländergruppe konzipiert worden. So erfolgreich dieser Ansatz dort war, für die politische Integration und die Demokratisierung Europas hat er sich als nur bedingt geeignet erwiesen. Dort, wo ein Voranschreiten aller EU-Mitglieder nicht möglich war, gingen deshalb Teilgruppen in wechselnden Formationen voraus, wie in der Wirtschafts- und Währungsunion oder bei Schengen.

[...] Schon heute ist eine wohl innerhalb ihrer eigenen Logik nicht mehr zu lösende Krise der ›Methode Monnet‹ nicht mehr zu übersehen. [...] Springt eine Mehrheit der Mitgliedsstaaten in die volle Integration und einigt sich auf einen europäischen Verfassungsvertrag zur Gründung einer Europäischen Föderation? Oder, wenn dies nicht geschieht, wird eine kleinere Gruppe von Mitgliedsstaaten als Avantgarde diesen Weg vorausgehen, d. h. ein Gravitationszentrum aus einigen Staaten bilden, die aus tiefer europäischer Überzeugung heraus bereit und in der Lage sind, mit der politischen Integration voranzuschreiten? [...]

Mir sind nun die institutionellen Probleme im Hinblick auf die jetzige EU durchaus bewusst, die ein solches Gravitationszentrum mit sich bringen würde. Deshalb würde es entscheidend darauf ankommen, sicherzustellen, dass das in der EU Erreichte nicht gefährdet, diese nicht gespalten und das die EU zusammenhaltende Band weder politisch noch rechtlich beschädigt werden darf. [...] Bei jeder Überlegung über die Option Gravitationszentrum muss eines klar sein: Diese Avantgarde darf niemals exklusiv, sondern muss für alle Mitgliedsstaaten und Beitrittskandidaten der EU offen sein, wenn diese zu einem bestimmten Zeitpunkt teilnehmen wollen. [...]

Der letzte Schritt wäre dann die Vollendung in einer Europäischen Föderation. [...] Von der verstärkten Zusammenarbeit führt kein Automatismus dorthin, egal ob als Gravitationszentrum oder gleich als Mehrheit der Unionsmitglieder. Die verstärkte Zusammenarbeit wird zunächst vor allem nichts anderes als eine verstärkte Intergouvernementalisierung angesichts des Drucks der Fakten und der Schwäche der ›Methode Monnet‹ bedeuten. Der Schritt von der verstärkten Zusammenarbeit hin zu einem Verfassungsvertrag – und genau dies wird die Voraussetzung der vollen Integration sein – bedarf dagegen eines bewussten politischen Neugründungsaktes Europas.

Dies, meine Damen und Herren, ist meine persönliche Zukunftsvision: Von der verstärkten Zusammenarbeit hin zu einem europäischen Verfassungsvertrag und die Vollendung von

Robert Schumans großer Idee einer Europäischen Föderation. Dies könnte der Weg sein!«

Die öffentliche und politische Reaktion auf meine Humboldt-Rede war, wie es der Kanzler vorhergesehen hatte, gewaltig und überwiegend positiv. Nur meine eigene Partei und Fraktion waren völlig verstummt. Noch heute bedaure ich allerdings zutiefst, dass es nicht möglich war, statt der Humboldt-Rede ein gemeinsames Papier zur Zukunft Europas mit Hubert Védrine zu verfassen und zu veröffentlichen. Denn dessen Wirkung und Durchschlagskraft wären noch erheblich größer gewesen.

Die Reaktion in der Koalition, vor allem seitens der SPD, war zustimmend. Die Opposition, vorneweg die CDU/CSU, reagierte den Erwartungen entsprechend: Erstens wären das alles ihre eigenen Ideen, die ich da entwendet hätte; zweitens wollte man wissen, mit wem die Rede in der Regierung und in der EU denn eigentlich abgestimmt war; und drittens sähe man das alles mehr oder weniger genauso.

Ebenfalls erwartungsgemäß reagierten die üblichen Euroskeptiker in Großbritannien und darüber hinaus: Sie verstanden immer nur eins, nämlich »Superstaat«. Was diese üblichen Verdächtigen offensichtlich nicht begriffen hatten oder begreifen wollten, war die Tatsache, dass die Humboldt-Rede einen entscheidenden Schritt weg machte vom alten föderalen Traum eines europäischen Bundesstaates und sich damit in Richtung eines Kompromisses mit den »Intergouvernementalisten« bewegte.

Die Humboldt-Rede war von einem überzeugten europäischen Föderalisten gehalten worden, folgte aber mit dem Vorschlag einer Föderation nicht mehr der Grundidee eines europäischen Bundesstaates. Sie versuchte vielmehr einen Weg hin zu einem machbaren Kompromiss zu erkunden, in dem sich die unterschiedlichen und widerstreitenden europäischen Lager wiederfinden könnten. Entscheidend würden dabei drei Kompromissachsen sein: zwischen großen und kleinen Mitgliedsstaaten, zwischen armen und reichen Ländern und zwischen Föderalisten und Intergouvernementalisten. Die Föderalisten wollten ein starkes Europa durch starke integrierte europäische Institutionen. Die Intergouvernementalisten wollten ein mehr oder weniger starkes Europa durch eine verstärkte Zusammenarbeit der nationalen Regierungen und weniger durch starke europäische Institutionen.

Für die Euroskeptiker war und ist allerdings alles, was auch nur den Hauch einer supranationalen europäischen Entwicklung bedeutet, von Übel, und so verwunderte diese Reaktion nicht. Sie war aber auch nicht von allzu großer Bedeutung. Die offizielle britische Reaktion hingegen fiel erstaunlich moderat aus und enthielt durchaus positive Grundtöne. Die Reaktion in Frankreich ließ sich ebenfalls als hinhaltend mit positiver Grundtendenz beschreiben, allerdings mit einer Ausnahme, nämlich den französischen Innenminister und »Souveränisten« (so heißen in Frankreich die Euroskeptiker, weil für sie die nationale Souveränität unantastbar ist) Jean-Pierre Chevènement, der dem »Mouvement des Citoyens« angehörte, einem kleineren Koalitionspartner der regierenden Sozialisten. Er erhob öffentlich den Vorwurf, meine Rede zeigte (so die Neue Zürcher Zeitung vom 23. Mai 2000), »Deutschland sei noch immer nicht von der Entgleisung des Nazismus genesen«. Chevènements »Entgleisung« verursachte eine gewaltige öffentliche Erregung im politischen Frankreich, sodass er sich unverzüglich zu einer öffentlichen Richtigstellung veranlasst sah.

In der Folge dieser Attacke organisierten die französische Tageszeitung Le Monde und die deutsche Wochenzeitung Die Zeit ein Streitgespräch zwischen Chevènement und mir, das im Juni in der Residenz des deutschen Botschafters in Paris stattfand. Wir konnten in diesem öffentlichen Streitgespräch zwar die inhaltlichen Differenzen zwischen einem französischen Euroskeptiker und einem deutschen Euroföderalisten nicht ausräumen, die Kontroverse verlief danach aber wieder in etwas rationaleren Bahnen.

Für den weiteren Fortgang der Debatte war der öffentliche Streit mit dem französischen Innenminister aber nur ein Nebenschauplatz. Denn es würde ganz entscheidend darauf ankommen, wie die französische Regierung reagieren würden. Staatspräsident Jacques Chirac beabsichtigte dies am 27. Juni 2000 mit einer Rede vor dem Deutschen Bundestag in Berlin zu tun, vier Tage bevor Frankreich für die Dauer von sechs Monaten die EU-Ratspräsidentschaft übernehmen würde.

Jacques Chiracs Vorbehalte gegen die Erweiterung waren dann in seiner Berliner Rede unüberhörbar, auch wenn er sich nicht gegen deren Notwendigkeit aussprach. Er machte sich stark für eine Avantgarde-Gruppe, die durch verstärkte Zusammenarbeit voranschreiten sollte, und zwar noch vor der Erweiterung, auch wenn er diese Konsequenz nur nahelegte und nicht ausdrücklich formulierte. Allerdings fielen seine Vorschläge für diese Avantgarde-Gruppe recht dünn aus und liefen im Wesentlichen darauf hinaus, ein neues Koordinierungssekretariat zu schaffen. Dieses sollte die Wirtschaftspolitiken, die Verteidigungs- und Sicherheitspolitik und die Kriminalitätsbekämpfung der an der Gruppe beteiligten Staaten besser koordinieren.

»Sollten diese Staaten untereinander einen neuen Vertrag schließen und komplexe Institutionen errichten? Ich glaube nicht. Denn dadurch würde Europa […] nur eine zusätzliche Ebene erhalten, wo es heute doch schon so viele gibt! Wir müssen auch vermeiden, dass in Europa für immer Gräben entstehen. […]« Nein, diese Vorschläge waren entschieden zu wenig, um die Idee einer Avantgarde-Gruppe mit Leben zu erfüllen und ihr eine praktische Zukunft zu eröffnen. Avantgarde-Gruppen waren im Rahmen der EU immer nur dann sinnvoll, wenn entweder die EU ein wichtiges Thema nicht aufgriff, wie das mit dem Schengen-Abkommen über die offenen Binnengrenzen und der gemeinsamen inneren Sicherheit der Fall gewesen war, oder wenn eine Mehrheit (oder Minderheit) weitergehen wollte, dazu aber keine Einstimmigkeit im Europäischen Rat erreicht werden konnte, wie das Beispiel Maastricht und die Währungsunion gezeigt hatte. Eine Avantgarde-Gruppe funktionierte also immer nur, wenn eine Blockade in einem wichtigen Politikbereich innerhalb der Union zu überbrücken war.

Das Erstaunliche und Vorwärtsweisende an der Rede des französischen Staatspräsidenten war aber etwas völlig anderes: Jacques Chirac nahm die Idee eines Verfassungsvertrags nicht nur auf, sondern konkretisierte in seiner Berliner Rede bereits die weitere zeitliche Vorgehensweise ziemlich genau:

»Deshalb schlage ich vor, dass wir gleich nach dem Gipfel von Nizza [er sollte vom 7. bis 9. Dezember 2000 stattfinden, J. F.] […] einen Prozess in die Wege leiten, der es uns nach der

Regierungskonferenz ermöglicht, die anderen institutionellen Fragen, die sich Europa stellen, zu lösen. Zunächst sind die Verträge neu zu organisieren, damit diese kohärenter und für die Bürger verständlicher werden. Danach müssten […] die Befugnisse zwischen den verschiedenen europäischen Ebenen klar abgegrenzt werden. Im Rahmen dieses Prozesses könnten wir auch darüber nachdenken, wo die geographischen Grenzen der Union letztendlich zu ziehen sind; zu bestimmen wäre ferner die Art der Charta der Grundrechte, die wir – so hoffe ich – in Nizza annehmen werden. Schließlich müssten wir auf der Ebene der Exekutive wie auch des Parlaments die erforderlichen institutionellen Anpassungen vorbereiten, damit die Effizienz unserer Union und deren demokratische Kontrolle gestärkt werden können. Diese vorbereitenden Überlegungen müssen offen und unter Beteiligung der Regierungen und der Bürger – über ihre Vertreter im Europäischen Parlament und in den einzelstaatlichen Parlamenten – geführt werden. Hinzuzuziehen sind selbstverständlich auch die Beitrittskandidaten. Mehrere Formeln sind denkbar: Ausschuss der Weisen oder Gremium nach dem Vorbild des Konvents, der unsere Charta der Grundrechte ausarbeitet.«

Jacques Chiracs Berliner Vorschläge sollten der späteren Vorgehensweise des Europäischen Rates nach Nizza bereits erstaunlich nahekommen. Allerdings war dies für die Zuhörer der Rede des französischen Staatspräsidenten vor dem Deutschen Bundestag alles andere als klar, und so war der Eindruck der Rede eher bescheiden. Nichts war ausgeschlossen worden, aber ebenso wenig schienen die Dinge mit dieser Rede klarer geworden zu sein. In der Folgezeit wurden noch mannigfache öffentliche Überlegungen über die Zukunft der Europäischen Union angestellt, aber der Schwerpunkt der Europapolitik verlagerte sich in der zweiten Jahreshälfte 2000 mehr und mehr auf den erfolgreichen Abschluss der Regierungskonferenz unter dem französischen Ratsvorsitz. Am 7. Dezember flog ich gemeinsam mit dem Bundeskanzler und der deutschen Delegation von Berlin nach Nizza.

Jenseits der Europapolitik hatten auch in der Innenpolitik wichtige Entwicklungen stattgefunden. Mitte März hatte meine Partei einen Parteitag in Karlsruhe abgehalten, bei dem es vor allem um die grüne Verhandlungsposition bei dem für uns Grüne zentralen Thema des Atomkonsenses gegangen war. Allerdings sollte ich wider Willen und ohne jegliche Absicht auf diesem Parteitag eine wenig rühmliche Rolle spielen. In der Woche vor dem Parteitag, der wie üblich an einem Freitag begann, las ich plötzlich als dicke Schlagzeile in den Zeitungen: »Rot-Grün bürgt für Atomexporte. Die Bundesregierung sichert die Lieferung von Siemens-Technik für Atomkraftwerke in China, Argentinien und Litauen finanziell ab. Die Energieexperten der Grünen sind verblüfft: Hermes-Bürgschaften sollten doch ökologischer werden?«, so etwa die Berliner taz. Mit diesen für Grüne krachenden Sätzen in den Ohren reisten die Parteitagsdelegierten also in Karlsruhe an.

Aber nicht nur die anonymen »Energieexperten der Grünen« waren verblüfft, ich selbst war es am Ende sogar noch mehr. Denn ich hatte zu diesem Vorgang keine Vorlage gesehen, dessen war ich mir sicher. Eine rasche amtsinterne Aufklärung bestätigte, dass die Medien korrekt berichtet hatten. Was war geschehen? Am vergangenen Freitag hatte der »Interministerielle Ausschuss« (IMA) der Bundesregierung für die Vergabe staatlicher Exportkredite getagt (zur Genehmigung sogenannter »Hermeskredite«, welche die Firmen im Falle eines Ausfalls von Zahlungen seitens ihrer Schuldner im Ausland durch Garantien des Bundes absichern). Dabei lagen Anträge der Firma Siemens vor, Technik für Atomkraftwerke (AKW) in Litauen, Argentinien und China zu liefern. Der Antrag für das AKW Lianyungang in der Volksrepublik China betraf Leittechnik und umfasste einen Wert von 300 Millionen D-Mark. Das AA hatte einer grundsätzlichen Zusage zugestimmt, obwohl es eine klare Anweisung meinerseits gab, dass ohne eine vorherige Ministerbefassung in all solchen Fällen immer eine Sperre einzulegen war. Dieses Verfahren hatte bisher reibungslos funktioniert, aber dieses eine Mal war die Vorlage einer ansonsten sehr zuverlässigen Mitarbeiterin durchgerutscht. Shit happens! Aber dass dies ausgerechnet noch in der Woche vor dem Parteitag passieren musste, bei dem es um den Atomkonsens gehen sollte, fand ich dann fast schon wieder komisch.

Es hätte nicht passieren dürfen, war aber dennoch passiert, und insofern musste ich da jetzt mit offenem Visier durch den Parteitag hindurch. Getreu der Devise in meiner Antrittsrede als Außenminister, dass die Fehler des Amtes meine Fehler sind, räumte ich diesen meinen Fehler in meiner Rede auf dem Parteitag unumwunden ein und bat um Verständnis. Was sollte ich auch sonst tun? Ich wollte es dem Parteitag allerdings auch nicht zu einfach machen und legte ihm gleich ein noch nicht entschiedenes Exportproblem mit Atomtechnologie auf den Tisch. Damit verband ich selbstverständlich auch die Absicht, die Debatte auf dem Parteitag und in der Öffentlichkeit von dem Fehler der Vergangenheit auf einen neuen potenziellen Konflikt in der Zukunft zu lenken (dies gelang):

Russland verfügte aus den Zeiten des Kalten Krieges über einen gewaltigen Vorrat an atomwaffenfähigem Plutonium, das damals weltweit wahrscheinlich eines der größten Sicherheits- und ökologischen Risiken darstellte. Angeführt von den USA war der Westen mit Russland im Rahmen der G 8 übereingekommen, dass der Westen die Neutralisierung dieses hochgefährlichen Plutoniumvorrats finanzieren würde. Die beste Methode dazu schien, das russische Plutonium in sogenannte Mischoxid-Brennelemente (MOX-BE) für zivile Atomreaktoren zu verarbeiten. Dazu gab es in Hanau bei Siemens eine nagelneue Anlage, die noch nie in Betrieb gegangen war. Natürlich entbehrte dieser ganze Vorgang nicht einer derben politischen Ironie, denn es war zwischen 1991–94 ausgerechnet der hessische Umweltminister Joschka Fischer (Die Grünen) gewesen, welcher damals der MOX-Brennelemente-Fabrik in Hanau den politischen Garaus gemacht hatte. Allerdings galt das nur für die mehr als unsichere Altanlage. Die Neuanlage war vor Gericht wegen der Unfähigkeit der Vorgängerregierung von CDU/FDP und ihres Umweltministers zu einem dem Atomgesetz entsprechenden Genehmigungsverfahren gescheitert. Aber dies waren Feinheiten für Experten der hessischen Atompolitik, die in der breiteren Öffentlichkeit niemand interessierten. Die Plutoniumfabrik in Hanau galt zu Recht als mein politischer Skalp im Kampf gegen die Atomwirtschaft. Und insofern war es nur zu verständlich, dass sich die Öffentlichkeit ausschließlich dafür interessierte, ob ich aus diesem verwitterten politischen Skalp jetzt eine Perücke machen würde, die ich mir nun Jahre später als Bundesaußenminister selbst aufzusetzen gedächte.

Ich schilderte dem verdutzten Parteitag also die auf mich und damit auch auf die Grünen zukommende Zwangslage und bat vorsorgend schon einmal darum, mir einen Ratschlag zu geben, damit ich nicht wieder gerügt werden müsste. Wie sollte ich mich verhalten? Das russische Plutonium musste aus zwingenden ökologischen und Proliferationsgründen neutralisiert werden. Kein Grüner konnte dazu allen Ernstes nein sagen. Und wenn die Technik aus Hanau dazu taugte und von Russland und unseren westlichen Partnern verlangt werden würde, wären dann gerade wir Grüne nicht dazu verpflichtet, die Hanauer Anlage zu liefern? Aus dem Export der Plutoniumanlage nach Russland sollte später dennoch nichts werden, aber die Hanauer Atomfabrik ließ mich auch weiter nicht los. Sie verfolgte mich über alle meine Jahre im Amt wie ein Wiedergänger aus einer anderen Welt, fast einer Untoten gleich, und holte mich auf dem Umweg über China wieder ein.

Mein Auftritt wegen der Atomexporte auf dem grünen Parteitag sollte im Parlament und in den Medien noch ein Nachspiel haben, denn die CDU befragte im Haushaltsausschuss den Wirtschaftsminister nach dem von mir vor dem Parteitag angesprochenen »Kompromisspaket« in Sachen Atomtechnologieexporten. Der Wirtschaftsminister antwortete formal korrekt, dass ein solches Paket in den Beschlussgremien von Regierung und Parlament nicht vorläge. Gleichwohl hatte es diese politische Verabredung zwischen mir und dem Bundeskanzler gegeben, sodass ich in der Sache den Parteitag völlig richtig informiert hatte. Bei Rüstungs- und Atomtechnologieexporten verfügte die Regierung zu Recht über einen weiten Ermessensspielraum, da es oftmals die unterschiedlichsten nationalen, öffentlichen und privaten Interessen gegeneinander abzuwägen galt. Wurde ein drohendes Nein seitens der Bundesregierung in Richtung der Antragsteller signalisiert, so kam es in den meisten Fällen überhaupt nicht mehr zu einem förmlichen Antrag, und so war dies auch in manchen der von mir angesprochenen Fälle geschehen. Die Opposition tat, was ihre Pflicht war, und zieh mich der Unwahrheit. Einige Medien sprangen darauf an und versuchten ein »Glaubwürdigkeitsproblem für Fischer« zu konstruieren, aber dieser Vorwurf war schlicht falsch und verfing auch nicht weiter.

Doch zurück zum Parteitag in Karlsruhe. Dieses ganze ungewollte Exportdrama hatte in der Folge für Umweltminister Jürgen Trittin und den Parteitagsbeschluss durchaus positive Konsequenzen. Denn ich gab auf diesem Parteitag mehr nolens als volens den Atomschurken, der Bundesumweltminister hielt eine glänzende Rede und bekam am Ende eine satte Mehrheit für das von ihm gewünschte Verhandlungsmandat mit der Stromwirtschaft und dem Koalitionspartner SPD. Der zweite wichtige Punkt auf der Tagesordnung endete allerdings mit einem weit weniger erfreulichen Ergebnis. Ein erneuter Anlauf zu einer grundsätzlichen Strukturreform der Partei scheiterte knapp an der für Satzungsänderungen erforderlichen Zweidrittelmehrheit.

Als die Grünen 1980 als Partei gegründet wurden, war der Glaube in die direkte Demokratie in der Partei mindestens ebenso groß wie das Misstrauen gegen feste Parteistrukturen, Funktionäre und Abgeordnete. Drei Regelungen sollten das sogenannte »Abheben« von Funktionären und Abgeordneten verhindern und die »Anti-Parteien-Partei« (Petra Kelly) auf Dauer sichern: die Rotation der Abgeordneten nach zwei Jahren, die Doppelspitzen in Partei- und Fraktionsvorständen und die Trennung von Amt und Mandat. Diese Regelungen machten in der Frühphase der Grünen sogar einen gewissen Sinn, als die Partei noch mehr einer Sammlungsbewegung glich. In dieser Frühphase der grünen Partei galt es vor allem, die zahlreichen Zentralkomitees und Kleinstparteien nebst zahlreichen eigenwilligen Persönlichkeiten zu integrieren und den Zusammenhalt der jungen Partei gefährdende persönliche Auseinandersetzungen zu vermeiden. Der beste Weg dazu war, mittels organisatorischer Regelungen zu garantieren, dass für alle die reale Chance bestand, innerhalb relativ kurzer Zeit selbst einmal in eine Spitzenfunktion zu gelangen. Der Preis für diese Flexibilität bezahlte die Partei allerdings mit sehr schwachen Organisationsstrukturen und dadurch eingeschränkter Handlungsfähigkeit.

Mit dem Einzug in die Parlamente begannen sich diese Strukturen in ihr Gegenteil zu verkehren, denn die Bedingungen dort wurden durch die Parteien- und Abgeordnetengesetze geregelt und nicht durch grüne Parteistatuten. In den Parlamenten galten also völlig andere politische Wettbewerbsbedingungen. Die grünen Regelungen erwiesen sich dort im Laufe weniger Jahre als ein großer Wettbewerbsnachteil. Das freiwillige Bekenntnis zum Amateurstatus wirkte in der politischen Bundesliga der Bundesrepublik nur am Anfang sympathisch, auf Dauer aber stieß dieser Dilettantismus die Wählerinnen und Wähler eher ab. Und so fiel als Erstes die Rotationsregel, weil deren negative Folgen nur zu deutlich waren und die Abgeordnetengesetze den Mandatsträgern darüber hinaus eine starke Stellung verliehen. Niemand konnte gegen seinen Willen zum Mandatsverzicht nach zwei Jahren gezwungen werden.

Abgeordnete durften in der grünen Partei jedoch nicht gleichzeitig ein Parteiamt ausüben, was ebenfalls absurd war. Man wollte damit eine Konzentration von Macht verhindern, schwächte aber so lediglich die formellen Strukturen der Partei. Denn selbstverständlich waren auch die Grünen keine besseren Menschen, und deshalb war ein gut bezahltes und gesetzlich abgesichertes Mandat in einem Landtag, Bundestag oder im Europaparlament allemal erstrebenswerter als ein schlecht bezahltes und zudem unsicheres Parteiamt. Entsprechend schwach und unprofessionell war die Rolle der Partei gegenüber den Parlamentsfraktionen, und diese Schlagseite an politischem Gewicht zugunsten der Fraktionen war keineswegs im Interesse von Sache und Partei. Der nächste Bundestagswahlkampf würde mit hoher Wahrscheinlichkeit sehr hart werden und ein hohes Maß an Professionalität in der Parteiführung notwendig machen. Vor allem als Regierungspartei erwies sich diese gewollte Strukturschwäche unserer Partei als ein beständiges Hemmnis. Eine Aufhebung der Trennung von Amt und Mandat würde dieses Hemmnis beseitigen.

Der Antrag auf Aufhebung der Trennung von Amt und Mandat bekam in Karlsruhe zwar eine Mehrheit, verfehlte aber die notwendige Zweidrittelmehrheit. Diese Entscheidung hatte etwas Bizarres an sich und reihte sich insofern nahtlos in die lange Reihe bizarrer grüner Parteitagsbeschlüsse ein. Denn einerseits war die grüne Partei als Regierungspartei ja überaus realistisch geworden, in ihren eigenen Strukturen allerdings leistete sie sich andererseits nach wie vor einen teuren Amateurstatus, der unter dem hehren Banner organisatorischer Utopie auf nichts anderes hinauslief, als auf eine bewusste Selbstschwächung. Das Ergebnis des Karlsruher Parteitages war also sehr durchwachsen: Fehlanzeige bei den Strukturreformen, aber bei der Frage des Atomkonsenses und damit bei der Realisierung des Ausstiegs aus der Atomenergie war diesem Parteitag ein wichtiger Schritt nach vorne gelungen.

In der Nacht vom 14. auf den 15. Juni einigten sich dann die Bundesregierung und die Stromwirtschaft auf einen Konsens zur Beendigung der Atomenergie in der Bundesrepublik Deutschland. Neubauten von Atomkraftwerken würden in Deutschland zukünftig gesetzlich untersagt. Die Restlaufzeiten für am Netz befindliche Atomkraftwerke würden 32 Kalenderjahre betragen, zwei mehr als der Karlsruher Parteitag beschlossen hatte. Zudem wurde eine Reststrommenge für alle bisher genehmigten Atomkraftwerke beschlossen, die in Absprache mit dem zuständigen Bundesumweltministerium flexibel auf die einzelnen AKW übertragen werden konnte. Würden die jüngeren Atomkraftwerke also längere Laufzeiten erhalten, dann müssten dafür ältere früher vom Netz genommen werden. Die Abschaltung der ersten Atommeiler würde nach dieser Vereinbarung allerdings erst in der nächsten Legislaturperiode beginnen. Zudem würde die offene Endlagerfrage durch langfristige Zwischenlager bei den Kraftwerken überbrückt und die Wiederaufbereitung deutschen Kernbrennstoffs im Ausland innerhalb von fünf Jahren beendet werden. Danach wäre nach dem neu zu formulierenden Atomgesetz in Deutschland nur noch die direkte Endlagerung abgebrannter atomarer Brennelemente erlaubt.

Dies war in der Geschichte des Atomausstiegs gewiss ein historischer Durchbruch, blieb allerdings weit hinter all den über die Jahre hinweg an der Basis sorgsam gehegten Vorstellungen und Erwartungen vom Sofortausstieg zurück. Zudem war es eine bittere Pille für die grüne Partei, dass der Ausstieg erst in der nächsten Legislaturperiode beginnen sollte. Allerdings würde diese Tatsache die Bedeutung der nächsten Bundestagswahl für uns noch wesentlich erhöhen, denn ein Machtverlust für Rot-Grün könnte diese Entwicklung nochmals völlig umdrehen.

Das Verratsgeschrei in Partei und Öffentlichkeit war natürlich groß, aber meine ursprüngliche Überlegung zu Beginn der Koalitionsbildung, dass mit Jürgen Trittin die führende Persönlichkeit des linken Parteiflügels diese Aufgabe zu lösen und zu vertreten hätte, hatte sich mit der Einigung auf den Atomkonsens als völlig richtig erwiesen. Vom 23. bis 24. Juni 2000 tagte eine weitere grüne Bundesdelegiertenkonferenz in Münster, die sowohl über den erzielten Atomkonsens zu beschließen als auch einen neuen Bundesvorstand zu wählen hatte. Mit diesem Vorstand würden wir die nächsten Wahlen vorbereiten und dann den Wahlkampf bestreiten müssen, und insofern kam der personellen Zusammensetzung des Parteivorstands ganz besondere Bedeutung zu. Besonders wichtig waren dabei die Besetzung der Ämter der beiden Parteivorsitzenden und die internen Mehrheitsverhältnisse im Vorstand zwischen Realos und Linken.

Die Debatte über den Atomkonsens verlief erwartungsgemäß sehr emotional, aber am Ende fiel die Zustimmung zum erzielten Atomkonsens sehr deutlich aus: Von 672 anwesenden Delegierten stimmten 433 mit Ja, 227 mit Nein. Die beiden bisherigen Sprecher des Bundesvorstandes waren fortan gleichberechtigte Vorsitzende, und als solche wurden Fritz Kuhn und Renate Künast gewählt, Reinhard Bütikofer wurde als Bundesgeschäftsführer bestätigt. Sowohl Fritz Kuhn als auch Renate Künast verfügten über ein Landtagsmandat, das sie nach ihrer Wahl in Münster aufgeben mussten. Beide hatten aktiv an den Koalitionsverhandlungen mit der SPD 1998 teilgenommen und einen starken Eindruck hinterlassen. Fritz Kuhn kannte und schätzte ich seit langem. Er war ein baden-württembergischer Realo der ersten Stunde gewesen, zusammen mit unserem gemeinsamen Freund Rezzo Schlauch eine der starken und unerschütterlichen Figuren im Lager der Realos. Er verfügte zudem über eine einflussreiche Position im baden-württembergischen Landesverband und hatte sich im dortigen Landtag als Fraktionsvorsitzender der Grünen einen Namen als der eigentliche Oppositionsführer gemacht.

Renate Künast kannte ich weniger gut, aber sie hatte bei den

Koalitionsverhandlungen für den Justizbereich einen bleibenden Eindruck bei mir hinterlassen. Als Berliner Abgeordnete gehörte sie nominal der Linken in der Partei an, war aber für linke Maßstäbe überaus realistisch eingestellt. Ich hatte sie deshalb in Karlsruhe am Rande des dortigen Parteitages zum ersten Mal darauf angesprochen, ob sie sich eine Kandidatur als Vorsitzende unserer Bundespartei vorstellen könnte.

Mit Renate Künast und Fritz Kuhn hatten wir also in Münster ein starkes Vorsitzendenduo an der Spitze der Partei bekommen, das, wie die Zukunft zeigen sollte, ganz vorzüglich zusammenarbeitete. Diese Tatsache ließ mich die Niederlage bei der Strukturreform in Karlsruhe etwas vergessen. Aber aufgeschoben war nicht aufgehoben, und nach einer erfolgreichen Bundestagswahl, gestützt auf ein starkes Vorsitzendenduo, würden wir dann eben einen zweiten Anlauf versuchen.

Der Parteitag in Münster brachte noch eine weitere Neuerung, denn in Karlsruhe waren nicht alle Strukturreformen gescheitert. Der grüne Länderrat, das höchste Parteigremium zwischen den Parteitagen, wurde faktisch in ein Parteipräsidium umgewandelt, dem fortan neben den beiden Bundesvorstandsvorsitzenden und dem Bundesgeschäftsführer auch Abgeordnete und Minister angehören konnten. Für den Länderrat war die Trennung von Amt und Mandat also abgeschafft worden, und nur noch die Frauenquote von mindestens fünfzig Prozent Frauen war einzuhalten. Und so kam es in Münster zu den ersten Präsidiumswahlen der Partei Bündnis 90/Die Grünen, denn der Länderrat war und ist faktisch ein Parteipräsidium. Selbstverständlich bestand die Erwartung in der Partei, dass ich ebenfalls kandidieren würde, was ich dann auch tat. Und so wurde ich in Münster nach neunzehn Jahren Mitgliedschaft in der grünen Partei zum ersten Mal in ein Parteiamt gewählt.

Der Herbst des Jahres 2000 stand ganz im Zeichen zahlreicher Auslandsreisen, bevor im Dezember dann mit dem EU-Gipfel in Nizza die Europapolitik erneut meine politische Agenda dominieren würde. Anfang September begleitete ich den Bundeskanzler zum sogenannten »Millenniumsgipfel« der Vereinten

Nationen nach New York. Zum Anlass der Jahrtausendwende wurde vor der jährlich stattfindenden Generalversammlung der Weltorganisation ein Sondergipfel – »Jahrtausend-Gipfel« (»Millennium Summit«) – der Staats- und Regierungschefs abgehalten, auf welchem sogenannte »Jahrtausend-Ziele« (»Millennium Goals«) beschlossen werden sollten: die Halbierung der Anzahl der Menschen mit einem Einkommen von weniger als einem Dollar pro Tag, die Halbierung der Zahl der hungernden und unterernährten Kinder, die Verringerung der Kindersterblichkeit um drei Viertel, die Verringerung der Müttersterblichkeit um drei Viertel, die Gleichheit der Geschlechter und die Förderung von Frauen, eine allgemeine Grundschulausbildung, die Halbierung von HIV/AIDS- und Malaria-Infektionen, die Halbierung der Zahl der Menschen ohne ausreichenden Zugang zu sauberem Trinkwasser.

Dies waren alles hochvernünftige und bitter notwendige Ziele, auf die sich die Staats- und Regierungschefs auf Vorschlag von VN-Generalsekretär Kofi Annan geeinigt hatten. Eine Umsetzung dieser Ziele wäre zudem für die globale und regionale Sicherheit im 21. Jahrhundert wichtiger als die Verteidigungsbudgets aller Staaten zusammengenommen, da sie die Bedingungen für Konflikte und Kriege erheblich verringern würden. Gleichwohl hat diese Millenniums-Erklärung einen ganz entscheidenden Nachteil: Sie ist für niemanden verpflichtend und insofern praktisch wirkungslos. Ohne feste Verpflichtungen mit Finanzen und Zeitplänen, ohne Überprüfungsdaten, -berichte und -konferenzen und ohne massiven öffentlichen Druck geschieht in der Regel wenig bis gar nichts in der wirklichen Welt jenseits der wohltönenden Gipfelerklärungen. Denn im politischen Alltag dominieren mächtige innenpolitische Interessengruppen und Lobbyinteressen, die auch den Zugriff auf die knappen Finanzmittel bestimmen. Langfristig vernünftige globale Ziele geraten dabei allzu schnell ins Hintertreffen oder werden vergessen.

Es ist allerdings bereits heute absehbar, dass gerade die reichen Nationen für ihr kurzsichtiges Verhalten in nicht allzu ferner Zukunft einen hohen Preis zu bezahlen haben werden, da sich die Globalisierung als eine Zweibahnstraße erweist, die nicht nur eine Globalisierung der Wirtschaft, sondern vor allem auch eine Globalisierung der meisten Konflikte mit sich bringen wird. Sicherheitspolitik im Zeitalter der Globalisierung wird deshalb vor allem langfristiger Investitionen bedürfen, wie sie die Jahrtausend-Ziele definiert haben – und weniger weitere militärische Aufrüstung.

Jenseits der großen Politik wird mir diese gemeinsame Millenniums-Reise mit dem Bundeskanzler nach New York aber auch deswegen immer in Erinnerung bleiben, weil die Unterbringung der deutschen Delegation sich durchaus denkwürdig gestaltete und es in der Folge davon zu allerhöchsten Eruptionen kommen sollte. Wir flogen von Berlin aus über Island, wo wir zu einem Gespräch des Bundeskanzlers mit dem isländischen Premierminister unseren Flug unterbrachen, dann weiter nach New York. Während Gerhard Schröder zu seinem Gespräch mit dem isländischen Ministerpräsidenten nach Reykjavik fuhr, holte mich mein isländischer Kollege Halldor Asgrimsson zu einem gemeinsamen Bad in der »Blauen Lagune« ab. Dies war ein großes, sehr schön gemachtes Heißwasserbad unter freiem Himmel, in welches das Wasser aus einem geothermischen Kraftwerk abgeleitet wurde, das faktisch auf dem mittelatlantischen Rücken errichtet worden war. Das Kraftwerk hatten wir noch gemeinsam besichtigt, bevor wir, nur mit einer Badehose bekleidet, im vulkanisch erhitzten Wasser schwammen und herumplanschten. Ich habe nur noch einmal in einer ähnlich angenehmen Umgebung diplomatische Gespräche geführt wie in Island, nämlich mit meinem finnischen Kollegen Erkki Tuomioja in einer alten finnischen Sauna an den Gestaden der selbst im finnischen Sommer verflucht kalten Ostsee.

Nachdem wir in New York gelandet waren, erreichte ich vor dem Bundeskanzler unser Delegationshotel in der Lexington Avenue, das sich als eine Absteige in einem traurigen Zustand erweisen sollte. Aus Sicherheitsgründen ging es durch den Kücheneingang dann mit dem Lastenaufzug in das oberste Stockwerk, von wo aus man dann nochmals eine betonierte Hintertreppe zu unseren Zimmern zu nehmen hatte. Die Räume waren grässlich und erinnerten eher an den Film »Tod eines Handlungsreisenden« als an eine Hotelsuite für den deutschen Bundeskanzler, immerhin der Regierungschef des drittgrößten Beitragszahlers der Vereinten Nationen. Dunkle, niedrige Zimmer, kleine Fenster in Kniehöhe, eingeschmutztes altes Mobiliar und ebenso mit Schmutzflecken übersäte Teppichböden und Tapeten. Alles in allem war der Eindruck einfach nur deprimierend. Ich nahm die Lage von der heiter-praktischen Seite, da ich eh nur eine Nacht in diesen freundlichen Gemächern verweilen und morgen mit einer Linienmaschine nach Deutschland zurückfliegen würde. Wie aber würde der Kanzler reagieren? Ich muss gestehen, dass ich bei dieser Vorstellung leicht ins Feixen geriet.

Gerhard Schröder war in all den Jahren, in denen ich mit ihm zusammen gereist bin, niemals ein Bundeskanzler gewesen, der qua Amt oder gar als Person überzogene Ansprüche gestellt hätte. Er war auch mit einer eher bescheidenen Unterbringung zufrieden, aber dieser sich »Hotelsuite« nennende Verhau war selbst für ihn des Guten zu viel. Als sich dann noch erwies, dass selbst die Toilette nicht funktionierte, verlor er die Fassung.

Wie der leibhaftige Höllenhund Zerberus fuhr er brüllend vor Zorn in die vor seiner »Suite« wartende Schar aus Sicherheitsbeamten und Mitarbeitern, die allesamt schreckensbleich wurden. Er verlangte tobend nach dem für den Bundeskanzler zuständigen stellvertretenden Leiter des Protokolls, der aber glücklicherweise in diesem Augenblick nicht anwesend war, sodass sich der vor Wut schnaubende Kanzler mit der Frage: »Wer ist hier von der VN-Vertretung?« an die Beamtenschar wandte. Ein junger, sympathischer Mitarbeiter, der mich zum Hotel begleitet hatte, war ganz offensichtlich das einzige Mitglied unserer VN-Vertretung und meldete sich sehr zögerlich, was ihm angesichts des erzürnten Kanzlers kaum nachzusehen war. Seine Gesichtsfarbe hatte sich vor Schreck der mit Schmutzflecken übersäten grauen Tapete an den Wänden anverwandelt, und diesen beklagenswerten Menschen, dem die ganze Sache selbst peinlich war und der nichts mit der Entscheidung für dieses Unglück von Hotel zu tun hatte, sollte völlig zu Unrecht der ganze Zorn des Kanzlers treffen.

Ich stellte dies kurze Zeit später gegenüber dem Bundeskanzler klar, nachdem dessen Wut am Abklingen war und wir uns zu zweit in seiner »Suite« befanden. Gerhard Schröder begann dort bereits wieder, die ganze Angelegenheit von der heiteren Seite zu sehen. Ich bat ihn zu einem der kleinen Fensterchen in Kniehöhe. Wir bückten uns, und ich zeigte ihm das mächtige Waldorf-Astoria-Hotel direkt gegenüber. Dort wohnten sehr viele Delegationen in ansehnlichen Räumen, sagte ich zu ihm, darunter auch zahlreiche Staats- und Regierungschefs sehr viel ärmerer Staaten, nur eben nicht der deutsche Bundeskanzler.

Was war geschehen? Eine Delegation des deutschen Protokolls hatte schon vor einiger Zeit eine Vorausreise nach New York unternommen, um die Unterbringung der großen deutschen Delegation vor Ort zu klären. Die Vorgabe des Kanzlerbüros dazu war gewesen, dass es zu keinen Unterbringungskosten kommen dürfe, die sich als schlagzeilenverdächtig erweisen könnten. Daran hatte sich die Vorausdelegation sklavisch gehalten. Allerdings war bei dieser internen Vorgabe nicht bedacht worden, dass sich die New Yorker Hotellerie der Tatsache bewusst war, dass zum Millenniums-Gipfel circa 190 Staats- und Regierungschefs und deren Delegationen anreisen würden und eigentlich fast jeder Preis für eine angemessene Unterbringung dieser hohen Gäste verlangt werden konnte. Eine Bonanza war also angesagt, sagte sich ganz offensichtlich das Übernachtungsgewerbe in Manhattan und verlangte daher astronomische (und d. h. »schlagzeilenverdächtige«) Preise für ihre Zimmer und Präsidentensuiten. Allerdings hatten die New Yorker Hoteliers nicht mit der eisernen Sparpolitik der deutschen Bundesregierung gerechnet. Wenigstens wir hatten dieser Wegelagerei einen Strich durch die Rechnung gemacht!

Es war also der vorgegebene Finanzrahmen des Kanzleramtes gewesen, der uns in diesen traurigen und gleichwohl teuren Kammern hatte stranden lassen. Schon nach einer halben Stunde lachten wir wieder herzlich über diese Posse. Der Bundeskanzler sagte gegenüber den betroffenen Beamten, dass ihm sein Wutausbruch leidtäte und man es ihm nicht nachtragen sollte, und damit war die Sache abgehakt und vergessen.

Am nächsten Tag nahm ich an der Eröffnung des Millenniums-Gipfels im großen Plenarsaal der Vereinten Nationen und an den zahlreichen bilateralen Gesprächen des Bundeskanzlers teil, bevor ich mich am Abend wieder zum Flughafen aufmachte, um nach Deutschland zurückzufliegen. Am folgenden Tag, einem Donnerstag, musste ich auf der Klausur der grünen Bundestagsfraktion anwesend sein, denn dort wurden nach dem Ablauf zweier Jahre die beiden Fraktionsvorsitzenden und der gesamte Fraktionsvorstand neu gewählt. Kerstin Müller und Rezzo Schlauch wurden bestätigt, und auch die übrigen Wahlen brachten keine Überraschungen, sodass ich mich beruhigt erneut auf den Weg nach New York machen konnte, nachdem ich zuvor noch am Sonntagmorgen den Berlin-Marathon gelaufen war.

Ich war vom World Jewish Congress (WJC) eingeladen worden, auf einer Versammlung, an der auch der amerikanische Präsident Bill Clinton teilnahm, eine Rede zu halten, in der ich das deutsch-jüdische Verhältnis und die fortdauernde historische und moralische Verantwortung des demokratischen Deutschland für unsere Geschichte und damit auch für das beispiellose Verbrechen des Völkermords an den deutschen und europäischen Juden behandelte.

Die Grünen hatten sich seit ihrem Einzug in den Deutschen Bundestag im Jahr 1983 immer für eine großzügige finanzielle Geste der Bundesrepublik Deutschland gegenüber den überlebenden Sklaven- und Zwangsarbeitern aus der Zeit der Nazi-Diktatur eingesetzt. Vor allem unsere spätere langjährige Vizepräsidentin im Deutschen Bundestag, Antje Vollmer, war für diese Sache über all die Jahre hinweg eine unermüdliche Streiterin gewesen, die dieses Ziel niemals aus den Augen verloren hatte. Und so fand sich die Verpflichtung der rot-grünen Bundesregierung auf eine Lösung dieser Frage konsequenterweise auch in der Koalitionsvereinbarung vom 20. Oktober 1998 wieder.

Eine der ersten Initiativen, die Bundeskanzler Schröder dann nach der Regierungsübernahme angestoßen hatte, war die Lösung der auch Jahrzehnte nach dem Ende des Zweiten Weltkriegs immer noch offenen Entschädigungsfrage für das Millionenheer der Sklaven- und Zwangsarbeiter. Das Wort »Entschädigung« war aber durchaus missverständlich, denn für das erlittene Unrecht und das Leid der Opfer konnte es keine Entschädigung geben, wohl aber eine Geste der Anerkennung dieses Leids durch das demokratische Deutschland und die deutsche Wirtschaft. Mit jedem weiteren Jahr des Zuwartens forderte zudem das

Alter unter den Überlebenden einen wachsenden Tribut, und viele dieser alten Menschen lebten unter oftmals erbärmlichen Bedingungen in den Staaten Osteuropas und der früheren Sowjetunion. Ihnen musste geholfen werden und wurde mit einer Einigung zwischen den Opferverbänden, den Herkunftsstaaten und der deutschen Industrie sowie der Bundesregierung im Sommer des Jahres 2000 auch geholfen. Denn auch die deutsche Industrie, die ja während des Zweiten Weltkriegs von der Ausbeutung der Sklaven- und Zwangsarbeiter profitiert hatte, war an einer abschließenden Regelung interessiert, die sie im In- und im Ausland, vor allem in den USA, vor weiteren Sammelklagen Betroffener bei den Gerichten bewahren würde.

Zu diesem Zweck wurde per Gesetz die Bundesstiftung »Erinnerung, Verantwortung, Zukunft« gegründet und jeweils zur Hälfte durch die deutsche Industrie und den deutschen Staat mit insgesamt 10 Mrd. D-Mark ausgestattet. Otto Graf Lambsdorff, der frühere Bundeswirtschaftsminister und FDP-Vorsitzende, hatte auf Wunsch des Bundeskanzlers für die Bundesregierung die Verhandlungen geführt und gemeinsam mit dem Vertreter der deutschen Wirtschaft, dem Daimler-Manager Dr. Manfred Gentz, auf deutscher Seite zu einem erfolgreichen Ende der Verhandlungen beigetragen. Parallel dazu wurde zwischen der Bundesregierung und der Regierung der Vereinigten Staaten von Amerika über ein zwischenstaatliches Abkommen verhandelt, mit dem die deutsche Industrie vor amerikanischen Gerichten in Zukunft vor Privatklagen geschützt werden sollte. Auch diese Verhandlungen wurden erfolgreich abgeschlossen. Die Unterzeichnung dieses Abkommens sowie einer gemeinsamen Erklärung aller an den Verhandlungen beteiligten Regierungen, Organisationen und Rechtsanwaltskanzleien erfolgte am 17. Juli 2000 im Weltsaal des Berliner Auswärtigen Amtes, dem ehemaligen Kassensaal von Hitlers Reichsbank. Der Ort war sowohl symbolisch als auch historisch für diesen Anlass gut gewählt, und selbstverständlich ließ ich es mir als Hausherr nicht nehmen, an diesem denkwürdigen letzten Treffen der Delegationen und der Unterzeichnung von Abkommen und Erklärung teilzunehmen.

Auch wegen dieser für die deutsch-jüdischen Beziehungen

so wichtigen jüngsten Entscheidung wollte ich die Einladung des WJC nach New York auf keinen Fall versäumen, selbst wenn dies hieß, dass ich noch in der Nacht wieder zurück nach Deutschland fliegen musste, weil am nächsten Tag im Bundestag die Haushaltsdebatte stattfinden würde, bei der ich ebenfalls nicht fehlen durfte.

Nach dem Ende der Veranstaltung im Ballsaal des Hotels Pierre am New Yorker Central Park fuhr ich zurück zum John-F.-Kennedy-Flughafen, um mich erneut auf den Weg über den Atlantik zu machen. Nach einem weiteren Nachtflug hatte ich dann am Abend im Bundestag in der Debatte den Haushalt des AA zu vertreten. Nach der Haushaltsdebatte fuhr ich wiederum zum Flughafen, um mich innerhalb einer Woche ein drittes Mal auf den Weg nach New York zu machen. Denn dort hatte in der Zwischenzeit die Generalversammlung der Vereinten Nationen begonnen, und diese Veranstaltung war ebenfalls ein unbedingtes Muss für einen Außenminister.

Die UN-Generalversammlung ist so etwas wie die große internationale Messe der Diplomatie. In einer knappen Woche kann man dort zu Fuß locker die Welt diplomatisch umrunden, weil man im Gebäude der Vereinten Nationen und in den nahe gelegenen Hotels viele Treffen absolvieren und Gespräche mit internationalen Partnern führen kann, die ansonsten mehrere Weltreisen in Anspruch nehmen würden. Diese dritte Reise nach New York musste diesmal allerdings auf einer ungewöhnlichen Station unterbrochen werden, nämlich in Tripolis, der Hauptstadt Libyens. Ich wollte mich dort persönlich für die Hilfe und Unterstützung bedanken, die Libyen bei der Befreiung dreier deutscher Geiseln auf den Philippinen geleistet hatte. Monatelang hatte die Bundesregierung und die deutsche Öffentlichkeit dieses Geiseldrama in Atem gehalten.

Am 23. April 2000, dem Ostersonntag, hatte eine Gruppe Bewaffneter eine Hotelanlage auf der im Osten Malaysias gelegenen Insel Sipadan überfallen und 21 Menschen mit Schnellbooten auf die südphilippinische Insel Jolo entführt. Unter den Entführten befanden sich neben den drei Deutschen auch noch zwei französische und zwei finnische Staatsangehörige. Die Entführer meldeten sich nach einigen Tagen öffentlich. Es handelte sich um eine islamistische Rebellengruppe aus dem Süden der Philippinen, die dort gegen die Zentralregierung in Manila kämpfte. Von solchen Gruppen gab es dort einige, bei denen sich politische Motive und organisierte Kriminalität eng vermischten. Die Entführer forderten ein hohes Lösegeld und drohten ansonsten damit, die Geiseln zu enthaupten, falls man ihren Forderungen nicht nachkäme oder die Geiseln unter Einsatz des Militärs befreien wollte. Für uns hatte das Leben der Geiseln in dieser Krise immer unbedingten Vorrang gehabt, und so war es, unter dem Einsatz eines libyschen Vermittlers, der über gute Kontakte zu den Islamistengruppen im Süden der Philippinen verfügte, schließlich gelungen, die Geiseln freizubekommen.

Am 13. Juli hatte ich, nach dem Abschluss des Treffens der G 8-Außenminister im Süden Japans, gemeinsam mit meinem französischen und finnischen Kollegen Manila besucht und dort persönlich mit dem philippinischen Präsidenten Joseph Estrada über den Fortgang der Bemühungen um die Befreiung der Geiseln verhandelt. Der Präsident, ein früherer populärer Schauspieler auf den Philippinen, empfing uns in Cowboystiefeln und trug unter dem Anzug ein Western-Hemd sowie um den Hals eine Western-Schleife. Wir insistierten in diesem Gespräch nochmals mit allem Nachdruck darauf, dass es auf keinen Fall zu einem Einsatz von Gewalt kommen dürfe und dass alle drei europäischen Regierungen die philippinische Regierung hier in der Verantwortung sähen. Der Präsident gab uns die gewünschte Zusicherung, und wir wiesen in einem internen Gespräch unsere drei Botschafter in Manila an, alles zu tun, damit diese Zusage auch eingehalten würde. Nach diesem Besuch waren wir uns zudem gemeinsam darüber im Klaren, dass wir es in Manila, um es diplomatisch auszudrücken, mit ungewöhnlich schwierigen Verhältnissen zu tun hatten und dieses Entführungsdrama leider nicht schnell beendet werden könnte.

Dennoch kam wenige Tage nach unserem Besuch eine erste deutsche Geisel frei, die krank und den Belastungen der Geiselnahme nicht mehr gewachsen war. Es war ein erstes Hoffnungssignal, zumal sich Anfang Juli die Zahl der deutschen Geiseln auf vier erhöht hatte, da die Entführer einen angereisten deutschen Journalisten ebenfalls als Geisel genommen hatten. Am 9. September, nach Monate währenden Verhandlungen mit den Geiselnehmern, wurden schließlich auch die letzten der an Ostern entführten europäischen Geiseln freigelassen, dank der libyschen Vermittlung und der materiellen Hilfe durch die »Gaddafi International Foundation for Charity Associations«. Deren Vorsitzenden, den zweitältesten Sohn des libyschen Staatschefs Gaddafi, sollte ich nun in jener Nacht in Tripolis für eine halbe Stunde in der Nähe des Flughafens treffen, um ihm den persönlichen Dank der Bundesregierung zu übermitteln. Anschließend flog ich dann weiter nach New York.

So langsam begann ich mit dieser Dichte an Reisen über den Atlantik sogar meinen geschätzten Amtsvorgänger Hans-Dietrich Genscher zu überholen, und dies wollte etwas heißen. Denn von ihm sagte man ja, dass er sich über dem Atlantik selbst begegnet sei. Ich hingegen schien nun erfolgreich daran zu arbeiten, auf beiden Kontinenten zur selben Zeit präsent zu sein. Denn so weit wie in dieser Woche war ich mit meinen Bemühungen, die politische »Allgegenwart« zu erreichen, noch nie gekommen!

Allerdings: Dieser dreimalige Flug über den Atlantik innerhalb weniger Tage demonstrierte zugleich auch die Veränderungen der Diplomatie im Zeitalter der Globalisierung. Die Beschleunigung der Informationen macht die persönliche Präsenz alles andere als überflüssig, sondern baut vielmehr ganz im Gegenteil einen Präsenz- und Handlungsdruck über sehr große Distanzen hinweg auf, der die persönlichen Anforderungen an Regierungsmitglieder und ganz besonders an die Außenminister nicht ab-, sondern vielmehr erheblich zunehmen lässt. Die Informationsübermittlung qua Fernsehen, Mobiltelefonen und Internet vollzieht sich fast »in Echtzeit«, sodass in den Innenpolitiken der westlichen Gesellschaften für die Zuschauer (und Wähler) der Eindruck entsteht, als wenn sie an all diesen, oft sehr weit voneinander entfernten Schauplätzen unmittelbar anwesend und beteiligt wären. Und so erwarten sie von ihren gewählten Regierungen überall und zur selben Zeit nicht nur ein Mehr an Präsenz, sondern auch an Handlungsfähigkeit. Die Unterschiede zwischen Innen- und Außenpolitik werden so mehr und mehr verwischt, ja tendenziell aufgelöst. Die Tsunami-Katastrophe rund um den Indischen Ozean an Weihnachten 2004 sollte diese Veränderungen auch für eine breitere Öffentlichkeit sichtbar machen.

Am 30. September wurden in der indischen Hauptstadt Neu-Delhi die deutschen Festspiele eröffnet. Indien ist nach China die zweite aufsteigende Megamacht Asiens, und es war absehbar, dass Indien in den kommenden Jahren sowohl politisch als auch wirtschaftlich und kulturell eine immer größere Bedeutung bekommen würde. Im Kanzleramt und in weiten Teilen der deutschen Wirtschaft hatte man sich vor allem auf China konzentriert. Umso wichtiger war es daher, dass wir im AA die Beziehungen mit Indien pflegten und intensivierten. Zudem waren die deutschen Festspiele in Indien der diesjährige Schwerpunkt der auswärtigen Kulturpolitik und verdienten auch daher eine ganz besondere Aufmerksamkeit. Daher sollte eigentlich Bundespräsident Johannes Rau im Rahmen eines Staatsbesuchs bei der feierlichen Eröffnung dieser deutschen Festspiele in Indien anwesend sein, aber der Bundespräsident war erkrankt, sodass ich einspringen musste. Diese Reise erwies sich als gleichermaßen schön wie lehrreich und wich in der Reiseplanung völlig von dem üblichen Schema einer Reise des Außenministers ab, denn wir hatten einen Teil der Reiseplanung des Bundespräsidenten übernommen, und dadurch war es nicht die übliche hektische Abfolge von Landung, Gesprächen, Abflug, wie es normalerweise bei Außenministerreisen der Fall war, diesmal war genug Zeit und Muße auch für die Kultur und Geschichte des Landes vorgesehen.

Wir begannen unseren Aufenthalt in der Hauptstadt des nordindischen Bundesstaates Rajasthan, in Jaipur. Dort stand neben Besichtigungen auch ein Treffen mit dem Ministerpräsidenten dieses großen nordindischen Bundesstaates auf dem Programm, das mir zu einer tieferen Einsicht in die allgemeine Definition von Macht verhelfen sollte. Es war ein heißer Tag, und ich beneidete den Ministerpräsidenten um seine landesübliche leichte Kleidung, während ich in Anzug und Krawatte vor mich hin schwitzte. Nach einer kurzen Begrüßung griff ich zu meinen Karten, auf denen meine Beamten alle ihnen wichtig erscheinenden Gesprächsinhalte fein säuberlich aufgeschrieben hatten, inklusive Daten und Hintergrundinformationen. Ich trug also unsere Anliegen vor, und als ich damit geendet hatte, richtete sich mein erwartungsvoller Blick auf den mir gegenübersitzenden Ministerpräsidenten. Der machte jedoch keine Anstalten zu sprechen. Stattdessen ertönte aus der anderen Ecke des Raumes die Stimme seines Privatsekretärs: »Der Ministerpräsident bedankt sich für die Ausführungen seiner Exzellenz. Der Ministerpräsident möchte dazu Folgendes sagen…« Und dann erläuterte der Privatsekretär die Auffassung des Ministerpräsidenten, während dieser die ganze Zeit lächelnd aus dem Fenster schaute.

Und so verlief das ganze Gespräch, mal redete ich, mal der Ministerpräsident in Gestalt seines Privatsekretärs. Am Ende schüttelten wir uns freundlich die Hände, wünschten uns gegenseitig alles Gute und gingen unserer Wege. Unser Botschafter in Neu-Delhi, den ich eigentlich als einen sehr ruhigen und besonnenen Mann kannte, war hinterher über diese ihm völlig unziemlich erscheinende Behandlung seines Ministers recht empört. Ich erstaunte ihn jedoch nicht schlecht, als ich ihm mitteilte, dass ich diese ungewöhnliche Gesprächsführung ganz im Gegenteil mehr als angemessen gefunden hätte. Besser noch, dass ich durch dieses Treffen sogar eine tiefere Einsicht gewonnen hätte: Das Verhältnis von Macht und Beamtenschaft hätte in Rajasthan ganz offensichtlich noch seine angestammte Ordnung bewahrt, während dieses im Westen mittlerweile völlig auf den Kopf gestellt zu sein schien. Denn bei uns trage der Minister artig vor, was ihm seine Beamten aufgeschrieben hätten, und diese wiederum lauschten entzückt, um ihre eigenen Worte aus dem Munde des Ministers zu vernehmen. Hier in Rajasthan hingegen herrschten offensichtlich noch die alten Verhältnisse. Der Minister lasse vortragen, wie es sich für einen Mächtigen geziemt. Die Beamten seien hier noch die Diener des Ministers und der Minister nicht der Knecht seiner Beamtenschaft. Ich hatte nicht den Eindruck, dass die mich begleitenden deutschen Beamten meinen Ausführungen über das rajasthanische System allzu viel abgewinnen konnten.

In Neu-Delhi selbst besuchte ich den Unterricht einer Deutschklasse im dortigen Goethe-Institut, überwiegend junge

Menschen, darunter sehr viele Frauen, die alle hervorragend Deutsch sprachen. Natürlich hatte man auch in Indien jene unsägliche »Kinder statt Inder«-Kampagne der nordrhein-westfälischen CDU im letzten Landtagswahlkampf registriert. Zudem wurde in Deutschland heftig über die sogenannte »Greencard«-Zuwanderung diskutiert und über die Frage der Leitkultur, der Integration von Zuwanderern und des notwendigen Erwerbs der deutschen Sprache. Und hier, im Goethe-Institut in Neu-Delhi, saß nun eine Klasse junger Inder vor mir, die hervorragend Deutsch sprachen und unserem Land und seiner Kultur zugeneigt waren.

Vielleicht war ich durch die Begegnung mit jenem ganz anderen Verständnis von ministerieller Macht in Jaipur dazu angeregt worden, auf jeden Fall war ich so angetan von dieser Deutschklasse, dass ich sie kurzerhand und zum stummen Entsetzen meiner Delegation zu einem Besuch nach Deutschland einlud. Hinterher gestand mir einer meiner mitreisenden Beamten, dass es dafür überhaupt keine Mittel gäbe. Die würden sich doch sicher irgendwo auftreiben lassen, beschied ich ihn. Die Einladung könnte ich jetzt auf keinen Fall mehr zurücknehmen. Und so geschah es dann auch.

Einige Monate später traf ich die Deutschklasse aus Neu-Delhi erneut, diesmal im Auswärtigen Amt in Berlin. Sie hatten zwei sehr interessante Wochen in Deutschland verbracht, waren durch das ganze Land gereist und zeigten sich von ihren Erfahrungen begeistert. Zum Abschluss ihrer Reise diskutierten wir ihre Eindrücke, die sie von Deutschland gewonnen hatten, und der Tenor der Berichte war durchgängig positiv. Ganz zum Schluss fragte ich eine junge Frau, ob sie sich denn vorstellen könne, hier in Deutschland zu leben und zu studieren. Ja, antwortete sie, das könne sie. Aber ich möge ihr eine Frage gestatten: »Bin ich hier denn auch sicher?« Diese Frage war nur zu berechtigt und deswegen auch schockierend. Ich muss gestehen, dass ich in diesem Moment so etwas wie Scham empfunden habe vor diesen jungen Gästen aus Indien, die selbst so viel Zuneigung für Deutschland empfanden. Ich versuchte nach bestem Wissen die Frage der jungen Frau zu beantworten, aber diese Antwort war nicht einfach zu geben, denn Menschen mit dunkler Hautfarbe waren eben nicht überall sicher in Deutschland. Rassismus und Fremdenfeindlichkeit verzerrten nach wie vor das Bild des demokratischen Deutschland. Das Gespräch mit meinen jungen Gästen aus Indien hatte mir erneut vor Augen geführt, dass wir trotz aller Anstrengungen unser Ziel noch nicht erreicht hatten, Deutschland zu einem toleranten, weltoffenen Land zu machen.

Im Herbst hatte sich in Serbien die Ära Milošević mittlerweile ihrem Ende zugeneigt. Ein letztes Mal hatte Slobodan Milošević versucht, das Ergebnis der im September abgehaltenen Wahlen zu manipulieren und so seine Macht zu erhalten. Aus den Wahlen zum Staatspräsidenten war aber nicht Milošević, sondern der Kandidat der Opposition, Vojislav Koštunica, als eindeutiger Wahlsieger hervorgegangen. Milošević versuchte, dieses Ergebnis zu verfälschen. In der Folge kam es zu fast zweiwöchigen Protestaktionen der Opposition, einem Generalstreik, einer Annullierung des manipulierten Wahlergebnisses und am 5. Oktober schließlich zum Sturm auf das Parlament in Belgrad und zum Sturz Milošević.

Ich verfolgte diese dramatischen Stunden vor dem Parlament in Belgrad am Nachmittag und Abend des 5. Oktober mit meinen Mitarbeitern am Fernseher, denn die Ereignisse wurden aus Belgrad direkt übertragen. Als der Sturz Milošević und der Sieg der demokratischen Revolution in Jugoslawien feststanden, ließ ich mich sofort mit Madeleine Albright verbinden, um mich bei ihr zu bedanken. Denn an diesem Abend waren mit dem Sturz Milošević durch serbische Demokraten die Balkankriege der neunziger Jahre endgültig zu Ende gegangen. Die USA und Deutschland hatten in den vergangenen Jahren und Monaten gemeinsam die serbische Demokratiebewegung unterstützt, da wir uns immer der Tatsache bewusst gewesen waren, dass auch Serbien der Weg hinein in das Europa der Integration eröffnet werden musste. Nur so konnte die tragische Geschichte der Balkanregion dauerhaft überwunden und ein neues, friedlicheres Kapitel begonnen werden. Nach dem Telefonat mit der amerikanischen Außenministerin sprach ich dann noch mit dem

Bundeskanzler und Rudolf Scharping, dem Bundesverteidigungsminister. Für uns war dies ein großer Augenblick.

Kurz vor dem Gipfel von Nizza, am 16. November 2000, hatte die Koalition den Gesetzentwurf zur Rentenreform in den Deutschen Bundestag eingebracht. Es handelte sich dabei um eine weitere der zentralen Reformen von Rot-Grün, nämlich die Einführung einer kapitalgedeckten zweiten gesetzlichen Rentensäule für die zukünftige Alterssicherung. Diese zusätzliche Rentenversicherung, die sogenannte »Riester-Rente«, benannt nach Walter Riester, dem Arbeitsminister im Kabinett Schröder, würde die Konsequenzen aus den fundamentalen demographischen Änderungen ziehen. Denn die Mehrheit der Deutschen würde für ein ausschließlich über die gesetzliche Rente finanziertes Alterssicherungssystem einfach zu alt werden. Diese Entwicklung würde daher in Zukunft entweder zu einem Zusammenbruch des gesetzlichen Rentensystems führen müssen oder aber zu Rentenkürzungen und Altersarmut.

Deshalb musste jetzt gehandelt werden, solange noch Zeit war. Es galt, das bewährte System auch langfristig finanzierbar zu halten und den absehbaren Rückgang bei der auf 67 Prozent absinkenden gesetzlichen Rente, die umlagenfinanziert bleiben sollte, durch eine neue Rücklage einigermaßen auszugleichen. In der gesetzlichen Rente sollte der sogenannte »Generationenvertrag« fortgelten, d.h. die Beiträge der aktiven Generation würden zur laufenden Finanzierung der aktuellen Generation von Rentnerinnen und Rentner herangezogen werden. Zur Ergänzung dieses Generationenvertrags sollte aber eine zweite Säule aufgebaut werden, deren Beiträge am privaten Kapitalmarkt angelegt werden würden. Walter Riester hatte für diese Reform in der Öffentlichkeit sehr viel Kritik, ja richtiggehend Prügel einstecken müssen, aber ich war und bin der Meinung, dass Arbeitsminister Riester (und Rot-Grün mit ihm) auf diese Jahrhundertreform unseres Sozialstaates stolz sein kann. Die späteren Generationen werden es ihm danken und seinen Namen in Gestalt der »Riester-Rente« noch lange in Ehren halten.

Was ich darüber hinaus aus dieser Zeit rot-grüner Reformen

politisch gelernt habe, ist, dass es keine große sozialpolitische oder steuerrechtliche Reform geben kann, die nicht im Lichte ihrer praktischen Folgen nachgebessert und angepasst werden muss. Dieser Zwang zur Nachbesserung hat in der Regel nichts mit mangelnder handwerklicher Sorgfalt zu tun, sondern liegt im System begründet. Denn wo es um die Interessen von zig Millionen Menschen und der unterschiedlichsten Interessengruppen geht, sind gesetzliche Reformen in ihren Folgewirkungen niemals ganz überschaubar, selbst wenn der Gesetzentwurf von den besten Experten verfasst worden ist. Die Interessenstruktur ist dazu einfach zu komplex, und deshalb kommt es sehr oft zu unbeabsichtigten Folgewirkungen, die dann nachgebessert werden müssen.

Obwohl gegen Ende des Jahres 2000 Rot-Grün und ganz besonders uns Grünen innenpolitisch ein eisiger Wind um die Ohren pfiff, sah ich doch so langsam die Konturen eines erfolgreichen Bundestagswahlkampfes im Jahr 2002 entstehen: Zuwanderungsgesetz, Ökosteuer, Atomausstieg, die noch anzupackende Förderung der erneuerbaren Energieträger und des Energiesparens (gemeinsam mit dem Atomausstieg und der Ökosteuer bildete die Förderung der erneuerbaren Energieträger und des Energiesparens den Dreisatz unserer neuen ökologischen Energiepolitik), die »Riester-Rente«, die Entschuldungsinitiative Deutschlands für die ärmsten Länder auf dem G 8-Gipfel von Köln und unser Beitrag zur Friedenssicherung auf dem Balkan. Damit und mit manch anderem, was noch im Entstehen war, würde sich eine inhaltlich sehr gut begründete Alternative zur konservativ-liberalen Opposition herausarbeiten und unsere Wählerschaft voll mobilisieren lassen. Mit einem solchen Wahlkampf könnten wir auf Sieg setzen.

Die anhaltende Serie von grünen Wahlniederlagen bei Landtagswahlen und die schlechten Werte in allen Meinungsumfragen ließen uns allerdings ganz im Gegenteil wie die kommenden klaren Wahlverlierer aussehen. Dennoch blieb ich für die Bundestagswahlen optimistisch, da ich unsere Reformagenda im Entstehen sah, und darauf würde es 2002 ganz entscheidend ankommen. Gewiss konnten noch viele unvorhersehbare Ereignisse eintreten, die alle Annahmen auf den Kopf stellen würden.

Aber wenn wir so weitermachen und uns nicht, wie 1998, selbst wieder ein Bein stellen würden, dann stünden unsere Chancen eigentlich gar nicht so schlecht. Wir mussten als Koalition nur durchhalten!

Die Innenpolitik und die Lage in Koalition und Partei waren zu dem damaligen Zeitpunkt jedoch alles andere als erfreulich, und so war ich durchaus dankbar, dass ich am 20. November kurz vor Mitternacht zu meiner zweiten großen Afrikareise aufbrechen konnte, die mich in den Süden des Kontinents und zu den großen Seen führen sollte. Diese Reise ging in drei Länder, die alle von Bürgerkriegen zerrissen und im Falle von Ruanda durch den nur wenige Jahre zurückliegenden Völkermord der Hutus an den Tutsis schwer traumatisiert waren. Weite Teile Afrikas wurden durch grausame, scheinbar endlose Bürgerkriege verwüstet, wie im Kongo, in Burundi, am Horn von Afrika in Somalia, aber auch in einigen Staaten Westafrikas. An anderer Stelle kam es zu zwischenstaatlichen Spannungen und Kriegen, wie zwischen Äthiopien und Eritrea, zwei der ärmsten Länder der Welt.

Der das gesamte Land verheerende jahrzehntelange Bürgerkrieg in Angola ging zurück bis in die Zeit des Endes der portugiesischen Kolonialherrschaft und war Teil des Kalten Krieges in Afrika gewesen, das Gleiche hatte für Mosambik gegolten. Zudem wurde der Kontinent von anhaltender Unterentwicklung, Analphabetismus, Korruption, schlechter Regierungsführung, schweren und schwersten Menschenrechtsverletzungen und einer dramatischen Ausbreitung von HIV/AIDS und endemischer Krankheiten wie Malaria geplagt. Afrika schien ein hoffnungsloser Fall zu sein, aber so einfach konnten es sich zumindest die Europäer nicht machen.

Die Kolonialherrschaft der europäischen Mächte hat bis heute fatale Konsequenzen für Afrika. Man kann viele der Kriege und Bürgerkriege ohne diese Geschichte nicht verstehen. Die europäischen Mächte teilten den Kontinent auf der sogenannten »Berliner Konferenz« oder auch »Kongokonferenz« von 1884/85 unter sich auf und schufen so innerhalb weniger Jahre aus mehreren hundert politischen Einheiten, die damals Afrika ausmachten, einige wenige Kolonien, die entlang der Interessen der europäischen Kolonialmächte künstlich geschaffen wurden. Auf lokale und regionale Interessen, auf ethnische Zusammensetzung, Stämme und Religion wurde keine Rücksicht genommen oder gar, wie im Falle Ruandas, eine Spaltung und Vertiefung der Gräben zwischen den verschiedenen Bevölkerungsgruppen und Stämmen von der Kolonialmacht bewusst betrieben.

Mit der Dekolonisierung übernahmen die neuen unabhängigen Staaten diese künstlich geschaffenen Territorien samt deren Grenzen und damit auch all jene potenziellen Konflikte, die darin verborgen waren. Nun konnte man die Geschichte des Kontinents mit der Dekolonisierung nicht mehr ungeschehen machen oder gar zurückdrehen. Und eine Infragestellung der kolonialen Grenzen hätte den Kontinent in einem Meer von Blut und Chaos versinken lassen. Aber genau deshalb sollten die Konsequenzen des Kolonialzeitalters in vielen der jungen afrikanischen Staaten noch lange über dessen Ende hinaus bis in die Gegenwart hinein fortwirken.

Unter anderem ist auch die Landverteilung in den Staaten des südlichen Afrika nach wie vor eines der wichtigsten innenpolitischen Konfliktthemen. Sie spielte in Simbabwe eine besonders destruktive Rolle, weil sie von der Regierung Mugabe zur Unterdrückung der Opposition benutzt und dadurch zugleich einer der potenziell größten Exporteure von Nahrungsmitteln im südlichen Afrika an den Rand einer Hungerkatastrophe gebracht wurde. Aber auch in Namibia und Südafrika ist die Frage der Neuverteilung des Landes ein zentrales Thema der Innenpolitik und verfügt über ein sehr hohes Konfliktpotenzial.

Unter den politischen und ökonomischen Realitäten Afrikas wirkt sich sogar Reichtum an Bodenschätzen, Öl oder Diamanten fatal aus, weil er bei einem nur schwachen oder manchmal überhaupt nicht vorhandenen nationalen Konsens oftmals zu Bürgerkriegen um die nationalen Ressourcen eines afrikanischen Landes führt. Westliche Interessen und westliche Unternehmen spielten und spielen dabei nur allzu oft eine die Konflikte verschärfende, ja bisweilen regelrecht anheizende und ausbeutende Rolle.

Während der deutschen G 8-Präsidentschaft 1999 war in Köln eine internationale Entschuldungsinitiative beschlossen worden, welche die ärmsten Länder der Welt, die meisten davon in Afrika gelegen, aus der Verschuldungsfalle befreien sollte. Allerdings geschah dies nicht bedingungslos, die Länder mussten sich durch eine gute Regierungsführung und nationale Maßnahmen dafür qualifizieren. Diese Initiative erwies sich als Erfolg. Der nächste Schritt bestand in der erwähnten Beschlussfassung über die Millenniums-Ziele der Vereinten Nationen, die leider nicht verbindlich waren und sind. Diese Ziele verbindlich zu machen, und zwar auf der Grundlage eines beiderseitigen Gebens und Nehmens, wie dies bei der Entschuldungsinitiative der G8 der Fall gewesen war, würde strukturell die Lage der ärmsten Länder und damit vor allem Afrikas dramatisch verbessern. Leider steht dieser entscheidende Schritt bis heute noch aus.

Unsere eigenen nationalen Anstrengungen, das Ziel von 0,7 Prozent des Bruttoinlandsprodukts (BIP) an jährlicher Entwicklungshilfe zu erreichen, hatten wir als rot-grüne Koalition zwar intensiviert, aber die Haushaltslage zwang uns zu anhaltenden Sparmaßnahmen, sodass die Spielräume auch in diesem so wichtigen Sektor der Entwicklungszusammenarbeit äußerst begrenzt waren. Zudem mussten wir nach der Regierungsübernahme von einem über die Jahre hinweg immer weiter abgesunkenen Bundesetat für die Entwicklungshilfe ausgehen. Dieses Faktum stand in einem gravierenden Gegensatz zu den Versprechungen, die die Vorgängerregierung international gemacht hatte. Dennoch gelang es Rot-Grün, diesen jahrelangen Abwärtstrend bei der deutschen Entwicklungshilfe zu stoppen und im Laufe der Jahre umzukehren.

Meine erste Station auf dieser Afrikareise war Luanda, die Hauptstadt von Angola. Das Land selbst war eigentlich sehr reich, vor allem an Öl und Diamanten, aber der Jahrzehnte während Bürgerkrieg hatte es nahezu völlig zerstört. Das wenige, was die portugiesische Kolonialherrschaft hinterlassen hatte, lag in Trümmern oder befand sich in einem traurigen Zustand. Angola war das weltweit wohl am meisten durch Anti-Personen-Minen geplagte Land. Es gab keine Pläne von den Minenfeldern, und auch über die Zahl der verlegten Landminen gab es nur Schätzwerte. Die vielen Opfer von Landminen – unter ihnen zahlreiche Kinder –, denen die Gliedmaße abgerissen oder verstümmelt wurden, bedurften dringend der Hilfe. Die Unterstützung für orthopädische Hilfs- und Rehabilitationszentren hatte deshalb für die humanitäre Hilfe Deutschlands eine herausgehobene Bedeutung. Beim Besuch in einem dieser Zentren in Luanda wurde ich mit den furchtbaren Folgen der Landminen und dem ganzen Ausmaß des menschlichen Leids konfrontiert. Von der Arbeit der deutschen und angolanischen Helfer und der Begegnung mit den Opfern der Landminen war ich tief beeindruckt und bewegt.

Die politischen Gespräche mit dem angolanischen Präsidenten dos Santos und der Regierung behandelten vor allem den anhaltenden Bürgerkrieg, die Lage im Kongo, Angolas Nachbar, und die Verletzung der Menschenrechte im Land. Es wurde in dem Gespräch offensichtlich, dass die Regierung nicht mehr auf Verhandlungen mit den Rebellen von der UNITA unter deren Anführer Jonas Savimbi setzte, sondern auf einen militärischen Sieg. Seitdem Savimbi nach dem Ende der Apartheid die südafrikanische Unterstützung weggebrochen war, hielt man allgemein einen militärischen Sieg der Zentralregierung nur noch für eine Frage der Zeit. Allerdings würde bis dahin das humanitäre Desaster für die betroffene Zivilbevölkerung weiter anhalten. Auch als direkter Nachbar des Kongo spielte Angola bei der Frage der Stabilisierung oder Destabilisierung dieses riesigen, rohstoffreichen und von Bürgerkriegen erschütterten Landes eine nicht unwichtige Rolle. Mangelnde Demokratie und die Missachtung der Menschenrechte wurden von der Regierung mit dem Hinweis auf den Bürgerkrieg abgetan, aber diese Haltung war mehr Vorwand als tatsächlicher Grund, um eine autoritäre Einparteienherrschaft aufrechtzuerhalten und zu legitimieren.

In Bujumbura, der Hauptstadt von Burundi, traf ich auf ein Land, das sich in einem zerbrechlichen Zustand irgendwo zwischen Bürgerkrieg und einem politischen Ausgleich befand. Burundi und Ruanda waren bis in den Ersten Weltkrieg hinein Teil des deutschen Kolonialreichs gewesen und wurden dann von Belgien übernommen. Ich sprach in Bujumbura mit den politischen Vertretern der beiden großen Volksgruppen, der Hutus und Tutsis, und beide Seiten versicherten ihre Bereitschaft zum Frieden. Als wir dann aber vom Flughafen abhoben, sahen wir während des Starts die Leuchtgarben eines Feuergefechts zwischen Rebellen und Militär an den recht nahen Berghängen.

Ruanda, unsere letzte Station, hatte erst vor wenigen Jahren das Grauen eines Völkermordes durchlitten, das in Burundi unbedingt verhindert werden musste. Radikale Hutu-Parteien und deren Anführer hatten den Abschuss der Präsidentenmaschine beim Anflug auf Kigali Anfang April 1994, bei dem sowohl der damalige ruandische als auch der burundische Staatspräsident ums Leben gekommen waren, zum willkommenen Anlass genommen, um alle Tutsis in Ruanda und auch moderate Hutus abschlachten zu lassen. Zwischen 500 000 bis 1 Mio. Menschen wurden damals ohne Schonung und Gnade ermordet, die meisten mit Macheten und Keulen zu Tode gehackt und erschlagen. Erwachsene und Kinder, Frauen, Männer, Greise wurden ohne Ausnahme bestialisch abgeschlachtet. Dieser Völkermord, dem etwa drei Viertel der ruandischen Tutsi-Bevölkerung zum Opfer fielen, war von langer Hand vorbereitet worden und vollzog sich unter den Augen von VN und Weltöffentlichkeit. Deren Tatenlosigkeit markierte das schlimmste Versagen der VN in der jüngeren Geschichte, gemeinsam mit der bosnischen Tragödie. Das Verhalten und die Politik der westlichen Mächte, auch der rot-grünen Bundesregierung während der Kosovo-Krise, wird man ohne dieses katastrophale Versagen der internationalen Gemeinschaft und der Vereinten Nationen in den neunziger Jahren in Bosnien und in Ruanda nicht wirklich verstehen können.

Ich besuchte in Kigali sowohl die im Entstehen befindliche Gedenkstätte für den Völkermord als auch das Zentralgefängnis, in dem viele der männlichen und weiblichen Täter auf ihren Prozess warteten oder bereits ihre Strafe verbüßten. Die Gedenkstätte befand sich noch im Bau. Die Gebeine Zehntausender Ermordeter waren provisorisch in Holzschuppen aufgestapelt worden. Es war ein schrecklicher Anblick, und der Geruch von Tod und Verwesung erfüllte immer noch die Luft. Ich musste daran denken, welch entsetzliches, namenloses Grauen für all die einzelnen Menschen, die den Macheten zum Opfer gefallen waren, sich hinter der Anonymität dieses Beinhauses verbarg. Dieses Erlebnis stand in einem krassen Gegensatz zu dem Besuch im Gefängnis. Dort traf man auf die Täterinnen und Täter, und zwar als konkrete, einzelne Menschen. Die Tatvorwürfe oder Urteile, die der Gefängnisdirektor mir auf meine Fragen zuflüsterte, waren entsetzlich. Und allein die schiere Anzahl der Täter – man sprach von Hunderttausenden im ganzen Land – schien das ruandische Justizsystem einfach zu überfordern.

Der Völkermord war allein durch den militärischen Sieg der Tutsi-Rebellen beendet worden, die jetzt auch Ruanda regierten. Viele der radikalen Hutus waren in den Kongo geflüchtet und operierten militärisch von dort aus gegen Ruanda. Die ruandische Regierung unter Präsident Paul Kagame beanspruchte daher das Recht auf Selbstverteidigung bei ihrer militärischen Intervention im Kongo, was ihr mitnichten abzustreiten war. Aus der Selbstverteidigung Ruandas war aber schon längst eine militärische Macht- und Eroberungspolitik im Kongo geworden, und dies war nicht hinnehmbar. Allerdings gab es weder einfache politische Lösungen für die Krise im Kongo noch in Burundi. Am Ende würde nur eine Politik diese Krisen lösen können, die aus den drei Elementen eines wiederherzustellenden nationalen Konsenses, einer regionalen Zusammenarbeit und internationaler Hilfe bestehen musste. Aber diese Ziele waren komplex und nicht kurzfristig zu erreichen, sondern sie würden sehr viel Zeit, Ausdauer und Vernunft aller Beteiligten erfordern.

In Ruanda besuchten wir im Nordwesten auch das Gebiet der Virunga-Vulkane, wo die letzten wilden Berggorillas in großer Höhe leben. Wir flogen im Hubschrauber des Präsidenten dorthin, der von ukrainischen Piloten gesteuert wurde. Gemeinsam mit dem Präsidenten und dem Premierminister stiegen wir dann zwei Stunden lang bei kaltem Regen durch den Regenwald auf über 2000 Meter hinauf, bis wir schließlich auf eine Gruppe Berggorillas stießen. Angeleitet von einer deutschen Biologin, die dort an einem Projekt über diese Tiere arbeitete, und einem ruandischen Biologen war diese Begegnung mit den wild lebenden Gorillas ein einmaliges Erlebnis. So unmittelbar lagen für mich auf dieser Reise das Grauen und das Erhabene nebeneinander.

Nachdem ich nach Deutschland zurückgekehrt war, machte ich mich dann am Abend des Nikolaustags 2000 gemeinsam mit dem Bundeskanzler auf den Weg nach Nizza, um dort am Europäischen Rat und an den abschließenden Verhandlungen der Regierungskonferenz über die institutionellen Reformen der EU teilzunehmen. Es hatte in den Monaten und Wochen zuvor intensive Bemühungen auf allen diplomatischen Ebenen gegeben, vorab eine Einigung zwischen Deutschland und Frankreich zu erzielen, aber diese Bemühungen waren leider nicht erfolgreich verlaufen. Fünf Tage vor dem Beginn der Konferenz von Nizza war es in Hannover noch einmal zu einem bilateralen Treffen zwischen dem französischen Staatspräsidenten und dem Bundeskanzler unter Teilnahme der beiden Außenminister gekommen, aber auch hier gab es keine Einigung. Der zentrale Streitpunkt blieb das Abstimmungsverfahren mit dem von Deutschland unterstützten Prinzip der doppelten Mehrheit, das Frankreich damals rigoros ablehnte.

Chirac zog sich auf den Standpunkt zurück, dass bei der Gründung der EU die absolute Gleichrangigkeit zwischen Deutschland und Frankreich vereinbart worden sei und dass dieses Prinzip von Frankreich niemals aufgegeben werden könnte. Die Gleichrangigkeit wäre aber nur bei gleicher Anzahl gewichteter Stimmen in den Räten der EU möglich, nicht aber mit dem Prinzip der doppelten Mehrheit. Mit diesem Abstimmungsmodus würde sich der zahlenmäßige Unterschied zwischen 82 Millionen Deutschen und 60 Millionen Franzosen voll zulasten Frankreichs auswirken, und dies wäre, wie bereits mehrfach gesagt, für Frankreich völlig inakzeptabel.

Der Hinweis, dass sich, bedingt durch die deutsche Einheit, Deutschlands Bevölkerungszahl nun einmal erheblich vergrößert habe und dass ein deutscher Bundeskanzler diese Tatsache nicht einfach ignorieren könnte, schien von Jacques Chirac schlicht ausgeblendet zu werden. Tatsächlich lag hier aber der Kern des französischen Problems – in der deutschen Einheit. Frankreich schien sich noch immer nicht im Klaren darüber zu sein, wie es mit dieser Tatsache umgehen sollte. Seine Furcht bestand ganz offensichtlich darin, dass sich der ökonomische Riese Deutschland auch zu einem politischen Riesen entwickeln könnte, während Frankreich dadurch in beiden Bereichen relativ geschwächt werden würde. Dies hieße aber dann, dass Europa kein deutschfranzösisches Projekt mehr sein würde, sondern fortan ein deutsches Projekt – der französische Albtraum schlechthin und in der Tat für Frankreich niemals hinnehmbar.

Und so zeigte sich auch bei diesem letzten deutsch-französischen Einigungsversuch, fünf Tage vor dem Beginn des Gipfeltreffens in Nizza, erneut, wie wenig Gemeinsamkeiten in den zentralen Reformfragen der EU zwischen Chirac und Schröder bestanden, wenn die Differenzen auch bei genauerem Hinsehen eher objektiver Natur als das Resultat einer mangelnden psychologischen Verträglichkeit der handelnden Personen waren. Dies galt für die deutsch-französischen Differenzen bei den Finanzen der EU ebenso wie jetzt auch bei dem Dissens um die doppelte Mehrheit. Frankreich verteidigte lediglich seine nationale Position und wollte im Verhältnis zu Deutschland auf keinen Fall schwächer werden. Dabei versuchte die französische Europapolitik, die Tatsache der fundamentalen Veränderungen in Europa, bedingt durch den historischen Bruch von 1989, zu übergehen, und wurde so de facto zu einer blockierenden statt zu einer antreibenden Kraft der europäischen Entwicklung. Die Konferenz von Nizza sollte diese Tatsache für alle Beteiligten sichtbar machen.

Der Gipfel von Nizza begann am 7. 12., einem Donnerstag, und war für drei Tage geplant, tatsächlich aber sollte er vier Tage dauern. In Nizza selbst kam es am ersten Tag zu heftigen Demonstrationen, die zu Zusammenstößen mit der französischen Bereitschaftspolizei führten. Die Ordnungskräfte setzten Tränengas ein, und dessen beißende Wirkung war selbst noch im hermetisch abgeriegelten Tagungszentrum zu spüren. Das eigentliche Drama von Nizza aber begann sich im Konferenzzentrum »Acropolis« selbst zu entfalten.

Die ersten beiden Tage wurden mit dem üblichen Gipfelritual, das normalerweise einen halben Tag in Anspruch nimmt, allgemeinen Erörterungen, Deklarationen und feierlichen Mittag- und Abendessen vertan. Fast konnte man den Eindruck gewinnen, als ob die französische Präsidentschaft überhaupt kein Interesse an einem Erfolg dieser Konferenz hätte, so ziel- und planlos verlief die Verhandlungsführung. Von alten Fahrensleuten unter den Beamten wurde gar die Frage aufgeworfen, ob Frankreich am Ende gar durch ein bewusst herbeigeführtes Scheitern der Regierungskonferenz die Erweiterung der EU blockieren wollte. Dieser Verdacht war zwar abwegig, aber er bewies zugleich, welches Klima des Misstrauens zwischen den europäischen Partnern in Nizza tatsächlich herrschte.

Zwar wurde die »Grundrechtecharta« für die Europäische Union feierlich angenommen, zweifellos ein wichtiger Schritt, aber sie war nicht rechtsverbindlich, auch wenn sich dies die große Mehrheit der Mitgliedsstaaten gewünscht hätte. In diesem Falle jedoch hätte Großbritannien ihre Annahme blockiert. Ansonsten aber kam der Gipfel nicht voran, und die französische Präsidentschaft schien so recht auch keine Anstalten zu machen, mit der Regierungskonferenz beginnen zu wollen. In den Delegationen machte sich zunehmender Missmut breit. Denn wenn es die Überlegung von Präsident Chirac und Premierminister Jospin war, die Regierungskonferenz unter maximalen Zeitdruck zu setzen, so konnte diese Vorgehensweise durchaus schiefgehen. Die zu verhandelnde Materie war zu kompliziert und zu wichtig für alle beteiligten Staaten der EU, als dass eine solche Taktik ohne große Risiken gewesen wäre.

Und genau so kam es, denn als die Regierungskonferenz schließlich am Samstag begann, erwies sich der vorgesehene Zeitrahmen als zu kurz, so dass die Konferenz um einen Tag in den Sonntag hinein verlängert werden musste. Zu allem Überfluss hatte die französische Präsidentschaft völlig überraschend die vorgesehene Nachtsitzung für Samstagabend abgesagt, was bei allen anderen Delegationen auf völliges Unverständnis stieß. Denn ohne eine Nachtsitzung waren auf europäischen Gipfeln schlicht und einfach keine Kompromisse zu erzielen, weil nur vor diesem Hintergrund ein Nachgeben einzelner Delegationen vor dem heimischen Publikum zu rechtfertigen war.

Die französische Präsidentschaft erwies sich bei den Verhandlungen dann in der Tat als der eigentliche Blockadefaktor, und zwar nicht nur aus den zuvor angeführten Gründen, sondern auch wegen der Cohabitation in Frankreich. Mit Chirac und Jospin saßen in Nizza zwei innenpolitische Rivalen nebeneinander am Verhandlungstisch, die beide nur darauf zu lauern schienen, dass sich der andere bei den Verhandlungen eine Blöße geben würde, die sich innenpolitisch nutzen ließ. Zumal damals bereits alles dafür sprach, dass die beiden bei den nächsten Präsidentschaftswahlen gegeneinander antreten würden. All dies war für den Fortgang der Verhandlungen keineswegs hilfreich.

Bei der Tischumfrage zu Beginn der Verhandlungen der Regierungskonferenz zeigte es sich, dass bis auf Spanien und Frankreich die übergroße Mehrheit der Mitgliedsstaaten kein Problem mit dem Prinzip der doppelten Mehrheit hatte. Gleichwohl tauchte die Umstellung auf das neue Mehrheitsprinzip in den weiteren Vorschlägen der französischen Präsidentschaft nicht auf. Bei der Frage der Größe der Kommission traten die großen Mitgliedsstaaten, die bisher aus guten Gründen über zwei Kommissare verfügt hatten, durch ihren Verzicht auf einen Kommissar in eine Vorleistung, die jedoch von den kleinen Mitgliedsstaaten bei der notwendigen Begrenzung der Anzahl der Mitglieder der Kommission keineswegs honoriert wurde: Die kleinen Mitgliedsstaaten bestanden unnachgiebig auf je einem Kommissar pro Mitgliedsstaat, was mit der Erweiterung allerdings zu einer erheblichen Aufblähung und damit Schwächung der Kommission führen würde.

Eine schwache EU-Kommission wiederum würde vor allem zulasten der Kleinen gehen, die sehr viel mehr bei einer starken Kommission gewinnen würden als die Großen. Dennoch schien ihnen in dieser Frage das nationale Prestige wichtiger zu sein als eine nüchterne Kalkulation ihrer Interessen oder gar das europäische Gesamtinteresse. Immerhin wurde noch die Klausel in den neuen Vertrag aufgenommen, nach der mit dem Beitritt des 27. Mitgliedsstaates für die nächste Kommission dann die Anzahl der Kommissare unterhalb der Anzahl der Mitgliedsstaaten liegen muss. Dies bedeutete den Übergang zu einer Rotationsregelung, bei der allerdings – zweite Vorleistung der großen Mitgliedsstaaten – die völlige Gleichberechtigung zwischen großen und kleinen Mitgliedsstaaten zu gelten hätte. Ohne diese Zugeständnisse der großen EU-Staaten wäre der Vertrag von Nizza bereits an diesem entscheidenden Interessengegensatz zwischen den großen und kleinen EU-Staaten gescheitert.

Die großen Staaten verteidigten wiederum erfolgreich ihre nationalen Interessen gegen die Ausdehnung der Mehrheitsentscheidungen – zulasten des europäischen Gesamtinteresses. Alle für sie wirklich bedeutsamen Politiken blieben in der Einstimmigkeit – Steuern (Großbritannien), Asyl/Zuwanderung (Deutschland) und Außenhandel (Frankreich). Die Staats- und Regierungschefs rund um den großen Konferenztisch mochten darüber zufrieden sein, aber Europa hatte an diesem Tag verloren und stattdessen der nationale Egoismus gesiegt. Denn entgegen den reihum gemachten vollmundigen öffentlichen Ankündigungen und Absichtserklärungen würde durch die an diesem Tag getroffenen Beschlüsse Europa weder stärker, noch effizienter und schon gar nicht transparenter werden. Angesichts der Konsequenzen der Erweiterung musste man sogar von dem geraden Gegenteil ausgehen.

Hinzu kam noch die Tatsache, dass die großen Staaten in der EU zwar groß und mächtig, bei den Verhandlungen in Nizza aber tatsächlich in ihrer Interessenlage uneins waren. Durch eine nachgiebige Haltung gegenüber den Interessen der kleinen Staaten versuchten sie, möglichst viele von ihnen zu sich herüberzuziehen. Die Kleinen erkannten ihre Chance natürlich sofort und nutzten die Lage zu ihren Gunsten weidlich aus. Man konnte es ihnen nicht verdenken, und so kam es in Nizza, wie es eigentlich nicht hätte kommen dürfen: Die Kleinen gewannen, die Großen verloren, und Europa bezahlte am Ende die Zeche.

In der Frage des Übergangs zur doppelten Mehrheit hatte der Bundeskanzler schon vor dem Beginn der Regierungskonferenz in Nizza resigniert, denn es war klar, dass Frankreich seinen Widerstand nicht aufgeben würde. Bei der Neuverteilung der Stimmengewichtung wurde allerdings sehr schnell offensichtlich, dass es zwischen Chirac und Aznar eine Vorabsprache zulasten Polens gegeben haben musste, denn Spanien sollte gegenüber Polen eindeutig besser gestellt werden, obwohl beide Staaten in etwa über die gleiche Bevölkerungsgröße verfügten. Die deutsche Delegation machte hier sehr schnell klar, dass mit uns ein solcher Verstoß gegen den Gleichbehandlungsgrundsatz, der eine offensichtliche Diskriminierung Polens bedeutet hätte, nicht zu machen wäre, und so wurde entschieden, dass nicht nur Spanien, sondern auch Polen über 27 Stimmen in der erweiterten Union verfügen würde.

In der Halle der Medienvertreter wurde jedoch ganz im Gegensatz dazu das Gerücht gestreut, es wäre Deutschland gewesen, das eine Schlechterstellung Polens verlangt hätte. Dieses böse Gerücht stellte die Tatsachen schlicht auf den Kopf. Durch den Einsatz aller mitgereisten Regierungs- und Ministeriumssprecher und auch durch mich selbst wurde dieses wahrheitswidrige Gerücht erfolgreich abgeräumt, aber der Gipfel erinnerte mehr und mehr an einen Massensprint bei einem Radrennen, in dem mit allen Haken und Ösen um die Positionen gekämpft wurde. Wir hatten uns darauf allerdings vorbereitet, gewitzt durch die Erfahrung von Berlin.

In der späteren Diskussion um den europäischen Verfassungsvertrag, in dem das Prinzip der doppelten Mehrheit enthalten ist, kam dann in Polen, angefeuert durch die Parteien der polnischen Rechten, eine Diskussion über die in Nizza beschlossene Stimmengewichtung auf, die allen Ernstes in dem Schlachtruf »Nizza oder Tod!« gipfelte. Aus deutscher Sicht wirkten solche Überspanntheiten immer leicht merkwürdig, denn das Ergebnis von Nizza verdankte Polen nicht zuletzt dem Einsatz der beiden Deutschen am Verhandlungstisch, da Polen im Jahr 2000 noch gar kein EU-Mitglied war und deshalb auch bei den Verhandlungen in Nizza durch keine polnische Delegation vertreten sein konnte. Aber auch das ist Europa.

Die Stimmengewichtung war vor allem deswegen von Bedeutung, weil es dabei um die Garantie von sogenannten »blockierenden Minderheiten« bei Mehrheitsabstimmungen in den Räten ging. So gab es etwa eine »Olivenöl-Minderheit« im Mittelmeerraum, eine »blockierende Minderheit der Nettozahler« im reichen europäischen Norden unter Einschluss Deutschlands etc. Dies alles war keineswegs irrational und kontraproduktiv, denn mittels dieser Blockademinderheiten wurden die für alle letztendlich akzeptablen Kompromisse ermöglicht. Das Problem erstand vielmehr daraus, dass der absehbare Beitritt sehr vieler neuer Mitglieder die langsame Anpassung der vorhandenen Interessen an die veränderte Lage in den Räten kaum möglich machte. Deswegen wäre in Nizza in der Frage der Stimmengewichtung staatsmännische Führung und europäische Klugheit und Weitsicht gefragt gewesen, wenn man sich schon nicht entscheiden konnte, das ganze System durch die doppelte Mehrheit radikal zu vereinfachen. Aber an genau diesen Qualitäten mangelte es während der vier Tage in Nizza ganz erheblich.

Als man schließlich in der Nacht von Sonntag auf Montag im Konferenzgebäude »Acropolis« voller Hoffnung war, dass eine Einigung kurz bevorstünde, erlebte die genervte und übermüdete Versammlung der wichtigsten Europäer plötzlich einen eruptiven Ausbruch des belgischen Premierministers Guy Verhofstadt. Belgien würde sich in der Stimmengewichtung schlechter stellen als sein Nachbar, die Niederlande, und das könne er niemals akzeptieren. Wozu habe Belgien denn im Jahr 1830 seine nationale Unabhängigkeit von den Niederlanden erkämpft, wenn man Belgien jetzt diese Demütigung zumuten wollte? Die Tatsache, dass die Niederlande 5 Millionen Bürger mehr hätten als Belgien, könne nicht gelten, denn der Abstand zwischen Frankreich und Deutschland betrage 22 Millionen! Wieso behandele man Belgien anders als Frankreich?

Zu dieser sehr späten Stunde stand der Gipfel von Nizza plötzlich im Banne des Jahres 1830 und beschäftigte sich nicht mehr mit der Epochenzäsur von 1989 und den Folgen der Osterweiterung der Union! Es war unglaublich, eine Mischung aus großer politischer Ernsthaftigkeit und komischer Theatralik, sodass ich mir nicht schlüssig war, ob man über den Zustand Europas eher lachen oder weinen sollte. Angesichts dieser Szenerie und des Gesamtverlaufs der Verhandlungen in Nizza musste man wirklich über einen starken Glauben an Europa verfügen, wenn in solchen Augenblicken die eigene europäische Überzeugung und Begeisterung nicht schwer beschädigt werden sollte.

Der belgische Premierminister hatte aber in der Tat eine gute Frage gestellt, denn mit dem Prinzip der doppelten Mehrheit hätten sich diese Probleme erst gar nicht gestellt. Der portugiesische Ministerpräsident sprang Verhofstadt sofort bei, da ihm der Abstand zwischen Portugal und dessen Nachbarn Spanien ebenfalls zu üppig ausgefallen war. Der Bundeskanzler versuchte in dieser verfahrenen Situation ein letztes Mal, den Übergang zur doppelten Mehrheit in die Diskussion zu bringen, allein auch dieser letzte Versuch war vergeblich. Chirac und Jospin reagierten darauf nur mit Schweigen. Stattdessen unterbrach Jacques

Chirac die Sitzung, erhob sich, ging zu den Belgiern und begann heftig auf Guy Verhofstadt einzureden und ihm Angebote zu machen. Immer wieder umrundete der französische Präsident den großen Konferenztisch, um von einer Delegation zur nächsten zu eilen, und mit jeder zusätzlichen Runde des französischen Präsidenten bekam Verhofstadt ein weiteres Zugeständnis überreicht, bis er schließlich dem Kompromiss zustimmte.

Direkt neben uns am Tisch saß die britische Delegation, und ich bekam mit, wie Robin Cook, der britische Außenminister, mit jeder weiteren Tischumrundung Jacques Chiracs zunehmend fassungsloser wurde. »Kann diesen Kerl nicht jemand davon abhalten, weiter um den Tisch herumzurennen! Jedes Mal verkauft er immer mehr von unseren Interessen an die kleinen Mitgliedsstaaten«, knurrte er zwischen den Zähnen hervor. Doch der Gang der Ereignisse war nicht mehr aufzuhalten, der Gipfel von Nizza hatte sich endgültig in einen großen Basar aufgelöst, den nur die Präsidentschaft hätte eindämmen können. Aber Frankreich hatte andere Interessen, denn Verhofstadt drohte nicht nur, eine Einigung zu verhindern, sondern hatte zudem eine für das ganze System der Stimmengewichtung hochgefährliche Frage aufgeworfen, nämlich die nach der mangelnden Gleichbehandlung.

Spät in der Nacht kam es schließlich zu einem Konsens, von dem aber alle Beteiligten bereits im Moment der Einigung wussten, dass Europa nach der Erweiterung geschwächt und nicht gestärkt werden würde, wenn es dabei bliebe. Zudem traf man bei nahezu allen Delegationen auf eine Stimmung tiefer Unzufriedenheit, die sich in der fast allgemein geäußerten Meinung ausdrückte, so könne es mit Europa nicht weitergehen. Nur José Maria Aznar, der spanische Ministerpräsident, schien zufrieden zu sein, denn er hatte bekommen, was er wollte. Die Zukunft Europas interessierte ihn ganz offensichtlich nicht allzu sehr. Aznar ging es vor allem um die Verwirklichung seiner Träume von Spaniens Wiederaufstieg zur ernst zu nehmenden Macht auf der Weltbühne und nicht um die Zukunft Europas. Europa diente ihm dazu als Mittel, sein Zweck aber war die kommende nationale Größe Spaniens. Seine Europapolitik war in dieser Ausrichtung immer klar gewesen, verfing sich aber gerade deswegen in dem Widerspruch zwischen der Durchsetzung enger nationaler (und d. h. vor allem finanzieller) Interessen und der Sehnsucht nach nationaler Größe und internationaler Anerkennung.

Einerseits setzte Aznar ohne viel Federlesens fast ausschließlich auf die Karte der nationalen spanischen Interessen, andererseits aber versuchte er zugleich alles, damit Spanien in den Kreis der Großen in der EU, der NATO und vor allem auch der G 8 aufgenommen und damit als ebenbürtige Macht anerkannt würde. Wer einmal durch Lateinamerika gereist ist und dort die Bedeutung der spanischen Sprache und Kultur erlebt hat, kann diesen Traum Spaniens, nach einem Jahrhunderte währenden Niedergang im 21. Jahrhundert etwas von seiner alten Größe in neuer, multilateraler Form wiederzugewinnen, selbstverständlich nachvollziehen. Aber eine große Vergangenheit als Weltmacht und eine Weltsprache und -kultur sind für die Realisierung dieses Traums nicht ausreichend. Die tatsächliche wirtschaftliche Leistungsfähigkeit und Stärke und das allgemeine strategische Potential eines Landes spielen dabei ebenso wie die Führungskraft der politischen Eliten die entscheidende Rolle.

Eine globale nationale Rolle Spaniens war und ist aber ohne eine gleichzeitige starke europäische Führungsrolle schlicht und einfach nicht mehr machbar. Diese Konsequenzen einer Verschiebung der globalen machtpolitischen Gewichte und ihre Folgen betrafen und betreffen nicht nur Spanien, sondern mehr und mehr auch die großen Drei der EU. Selbst Frankreich und Großbritannien, die beiden politisch mächtigsten europäischen Staaten, werden ohne ein starkes Europa ihren globalen Macht- und damit Bedeutungsverlust im 21. Jahrhundert nicht aufhalten können. Und erst recht gilt diese Tatsache vor allem dann, wenn sich eine solche europäische Mittelmacht im unteren Bereich der europäischen Mittelmächte bewegte, wie dies bei Spanien der Fall war. Gewiss, das Land hatte seit dem Ende der Franco-Diktatur bewundernswerte Fortschritte gemacht, aber Aznars Politik lief doch auf eine nicht unerhebliche Überschätzung der Möglichkeiten seines Landes hinaus.

Im Zeitalter multilateraler Institutionen waren seine beiden strategischen Ziele in Spaniens Europa- und Außenpolitik nicht mehr in Übereinstimmung zu bringen. Denn zu den großen und bedeutenden Staaten in Europa und in der Welt zu gehören, hieß zugleich, für das Gesamtinteresse der multinationalen Institutionen Verantwortung zu übernehmen und bereit zu sein, zugunsten von deren Gesamtinteresse Abstriche bei den eigenen nationalen Interessen zu machen. Um Spanien zu einer der führenden und darin auch international anerkannten Nationen zu machen, hätte Aznar für sein Land eine europäische Führungsrolle anstreben müssen. Allerdings wäre eine solche Rolle mit dem Status Spaniens als Nettoempfänger innerhalb der EU dauerhaft kaum zu vereinbaren gewesen.

Ich hatte diese meine Sicht der Dinge in mehreren vertraulichen Gesprächen mit meinen verschiedenen spanischen Kollegen immer wieder ausgeführt. Wenn Spanien in die Gruppe der Großen aufsteigen wolle, müsse es bereit sein, den Preis einer solchen Führungsverantwortung zu entrichten. Aber genau daran scheiterte die Sehnsucht nach Größe, denn Aznar war niemals ernsthaft dazu bereit, die Rolle eines Nettoempfängers aufzugeben und europäische Führungsverantwortung zu übernehmen. Diese Verweigerungshaltung demonstrierte zugleich, dass José Maria Aznar am Ende doch ein Realist war und um die engen Grenzen der spanischen Möglichkeiten wusste. Er wollte mehr für Spanien, als es tatsächlich zu schultern in der Lage war, und an dieser Überforderung sollte er politisch letztendlich auch scheitern.

Madeleine Albright hat mir einmal auf sehr einfache Weise den Preis von Führung in der internationalen Politik erklärt. Es musste wohl irgendwann nach dem Berliner Gipfel gewesen sein, als ich mich bei einem Zusammentreffen mit ihr ziemlich emotional und negativ über die Verhältnisse in der EU ausgelassen hatte. Alle wollten immer etwas von Deutschland, forderten dies und forderten das, beschwerte ich mich bei ihr. Nur Deutschland selbst könnte und dürfte eine solche Rolle niemals einnehmen. Wenn wir handelten und lieferten, würden wir kritisiert wegen der drohenden Gefahr deutscher Dominanz. Handelten wir nicht, würden wir wegen Untätigkeit und mangelnder Führung kritisiert. Was wir auch täten, recht könnten wir es den anderen EU-Mitgliedern offenbar wohl kaum machen. Bei meinen

Worten begann Madeleine Albright über das ganze Gesicht zu strahlen und sagte lachend zu mir: »Beschwer dich nicht, Joschka, das ist der Preis von Führung! Jetzt verstehst du uns wohl besser, denn den Vereinigten Staaten geht es immer so.«

Am letzten Tag der Konferenz von Nizza nahmen die Staats- und Regierungschefs am Nachmittag eine »Erklärung für die Schlussakte der Konferenz zur Zukunft der Union« an, die bei Lichte besehen eigentlich ein Eingeständnis ihres eigenen Unvermögens auf dieser Konferenz war. Zwar waren sich in dieser Erklärung die Staats- und Regierungschefs »einig, dass mit dem Abschluss der Konferenz [...] der Weg für die Erweiterung der Europäischen Union geebnet worden ist, und [...] dass die Europäische Union mit der Ratifizierung des Vertrags von Nizza die für den Beitritt neuer Mitgliedsstaaten erforderlichen institutionellen Änderungen abgeschlossen haben wird«. In Nizza hatten die Staats- und Regierungschefs auch zum ersten Mal einen realistischen Zeitrahmen für die nächste Beitrittsrunde abgesteckt. Die ersten Beitritte sollten noch vor der nächsten Europawahl stattfinden, also spätestens im Frühjahr 2004. Ansonsten war der Text aber für jeden, der den Subtext verstehen konnte, sehr klar: Zum Beitritt der Kandidaten würde der Vertrag von Nizza wohl reichen, zum Leben in einer erheblich vergrößerten Europäischen Union aber kaum. Wie anders war es denn sonst zu verstehen, dass noch in Nizza mittels der dort beschlossenen »Erklärung zur Zukunft der Union« die versammelten Staats- und Regierungschefs der EU »nunmehr zu einer eingehenderen und breiter angelegten Diskussion über die künftige Entwicklung der Europäischen Union« aufforderten. Und es blieb nicht nur bei einer Aufforderung, sondern es wurde in dieser Erklärung von Nizza zugleich der inhaltliche Rahmen dieser Diskussion abgesteckt und ein Zeitplan festgelegt:

»Im Anschluss an einen Bericht für seine Tagung in Göteborg im Juni 2001 wird der Europäische Rat auf seiner Tagung in Laeken/Brüssel im Dezember 2001 eine Erklärung vereinbaren, in der die geeigneten Initiativen für die Fortsetzung dieses Prozesses festgehalten werden. [...] Im Rahmen dieses Prozesses sollten unter anderem folgende Fragen behandelt werden: – Die Frage, wie eine genauere, dem Subsidiaritätsprinzip entsprechende Abgrenzung der Zuständigkeiten zwischen der Europäischen Union und den Mitgliedsstaaten geschaffen und ihre Einhaltung überwacht werden kann. – Der Status der in Nizza proklamierten Charta der Grundrechte der Europäischen Union. [...] – Eine Vereinfachung der Verträge, mit dem Ziel, diese klarer und verständlicher zu machen, ohne sie inhaltlich zu ändern. – Die Rolle der nationalen Parlamente in der Architektur Europas.«

Zudem wurde für das Jahr 2004, nach dem Abschluss der Vorarbeiten, eine neue Regierungskonferenz beschlossen, »die die oben erwähnten Fragen im Hinblick auf die entsprechenden Vertragsänderungen behandelt«. Wer die Arbeitsweise des Rates kannte, der konnte dieser Erklärung von Nizza sofort entnehmen, dass es sich hierbei nicht nur um schöne, gleichwohl unverbindliche Worte handelte, sondern dass mit der Annahme dieser Erklärung eine fundamentale Erneuerung der Union auf den Weg gebracht worden war, Zieldatum 2004. Mit der Annahme dieser »Erklärung zur Zukunft der Union« hatte tatsächlich formell der europäische Verfassungsprozess begonnen.

Die Erfahrung der Tage und Nächte von Nizza hatte bei vielen Beteiligten den bereits zuvor bestehenden Eindruck noch erheblich verstärkt, dass sich das Format »Regierungskonferenz« als Instrument der Reform der EU funktional erschöpft hatte. Die Staats- und Regierungschefs erwiesen sich erneut als unfähig, gemeinsam als Europäischer Rat weitsichtig zu handeln und die nationalen Egoismen zugunsten des gemeinsamen Europa hinter sich zu lassen. Seit der Regierungskonferenz von Maastricht und der dort beschlossenen Währungsunion waren alle weiteren Reformversuche in den folgenden Regierungskonferenzen mehr als bescheiden ausgefallen, gemessen am Maßstab der historischen Herausforderung, vor denen die Union seit 1989 stand.

Die Diskussion am Rande der Konferenz in Nizza orientierte sich deshalb mehr an einem neuen Format, etwa einem Konvent, wie er zur Erarbeitung der Charta der europäischen Grundrechte eingesetzt worden war. Vertreter des Rates und damit der nationalen Regierungen, der Kommission, des Europaparlaments und der nationalen Parlamente könnten einen Verfassungsentwurf erarbeiten, der dann allerdings von einer erneuten Regierungskonferenz verabschiedet werden müsste, da nur so

Änderungen der existierenden Verträge der Union beschlossen und in die nationalen Ratifizierungsverfahren eingebracht werden konnten. Jenseits von Nizza taten sich also durchaus verheißungsvolle Perspektiven auf, aber diesseits von Nizza fand sich Europa in einem veritablen Jammertal wieder.

Wir reisten enttäuscht über die französische Präsidentschaft und ernüchtert über den Zustand Europas zurück nach Berlin. Selbstverständlich verteidigte ich in den folgenden Wochen im Parlament den Vertrag von Nizza, aber tatsächlich hielt ich ihn angesichts der kommenden Erweiterung und der völlig veränderten Weltlage nach dem Ende des Ost-West-Konflikts für völlig unzureichend. Bliebe es für die erweiterte Union letztendlich bei dem Vertragswerk von Nizza, so würde dies in Zukunft eine schwache Union bedeuten, dessen war ich mir bereits in Nizza sicher. Hätte ich allerdings meine persönliche Überzeugung als amtierender deutscher Außenminister öffentlich auch so ausgesprochen, dann wäre es zu einem schweren Zerwürfnis mit Frankreich gekommen, und das wäre niemals zu rechtfertigen gewesen. Also machte ich gute Miene zum bösen Spiel, verteidigte den Vertrag von Nizza in Parlament und Öffentlichkeit und warb für dessen Ratifizierung.

Frankreich hatte in Nizza zwar alle seine nationalen Ziele durchgesetzt – an erster Stelle die Bewahrung der Gleichrangigkeit mit Deutschland –, als Präsidentschaft der Union dafür allerdings ein beklagenswert schlechtes Ergebnis in Kauf genommen. Nach dem politischen Teil von Maastricht und dem Vertrag von Amsterdam lief der Vertrag von Nizza erneut auf eine Vertagung der Erneuerung der sich vergrößernden EU hinaus. Die Europäer hatten in Nizza wieder einmal bewiesen, dass sie angesichts der dramatischen weltpolitischen Veränderungen lieber den Kopf in den Sand steckten, als sich den Gefahren und Herausforderungen einer neuen Zeit entschlossen zu stellen. Allein die nach vorne gerichtete allgemeine »Erklärung zur Zukunft der Union« und der Beginn eines möglichen europäischen Verfassungsprozesses stimmten mich etwas versöhnlicher.

Denn Jacques Chirac hatte an dieser Stelle Wort gehalten und umgesetzt, was er vor wenigen Monaten in seiner »Berliner Rede« vor dem Deutschen Bundestag angekündigt hatte. Sollte es wirklich gelingen, einen europäischen Verfassungsprozess voranzubringen, dann hätte am Ende meine Humboldt-Rede eine nicht für möglich gehaltene Wirkung gehabt. Mehr noch, die Union ging mit *dieser* Initiative noch ganz erheblich über die Vorschläge in meiner Rede hinaus, denn der in Nizza begonnene Prozess würde im Erfolgsfalle die in der Humboldt-Rede vorgeschlagene Zwischenstufe einer Föderation überflüssig machen, und Europa würde stattdessen unverzüglich und ohne jede weiteren Umweg mit der Gestaltung seiner politischen Finalität beginnen. Dieser Teil von Nizza machte wirklich Mut.

Mit der »Erklärung zur Zukunft der Union« eröffnete sich eine noch bis vor kurzem nicht für möglich gehaltene Perspektive. Aber bis das darin formulierte Ziel erreicht sein würde, waren in den vor uns liegenden vier Jahren noch viele Schwierigkeiten zu überwinden. Die Europaskeptiker am Konferenztisch in Nizza hatten der Erklärung wohl nur deswegen zugestimmt, weil sie wussten, wie schwierig sich dieser Weg in Zukunft noch gestalten würde und dass sich dabei jede Menge Möglichkeiten bieten würden, den sich abzeichnenden Verfassungsprozess zu verwässern, zu blockieren oder gar scheitern zu lassen. Aber immerhin, ein konkreter Anfang war gemacht, und diese Chance galt es nun trotz alledem mit großer Tatkraft zu nutzen.

Der Europäische Rat in Göteborg am 15./16. Juni 2001 war für den anlaufenden Verfassungsprozess nur eine Zwischenstation auf dem Weg nach Laeken. Aber bereits während der schwedischen Ratspräsidentschaft, die im ersten Halbjahr 2001 auf die französische folgte, verdichtete sich die Debatte in Richtung eines Konvents, um in diesem Format den Verfassungsprozess voranzubringen. In den Schlussfolgerungen von Göteborg findet sich dazu ein kurzer Hinweis: »Bis zur Tagung des Europäischen Rates in Laken [sic!] werden Überlegungen darüber angestellt werden, wie die Vorbereitungsphase für die RK 2004 strukturiert werden soll und wie eine breitere Beteiligung an diesen Arbeiten [...] erzielt werden kann.«

Vom 14. bis 15. Dezember 2001 tagte der Europäische Rat unter belgischem Vorsitz in Schloss Laeken, das in einem Vorort von Brüssel lag. Dieser Europäische Rat, der die grundsätzliche Erneuerung der Europäischen Union zum Gegenstand hatte, fand im Schatten des drei Monate zuvor stattgefundenen Angriffs des islamistischen Terrornetzwerks al-Qaida auf die Vereinigten Staaten von Amerika und des daraufhin erfolgten Krieges der USA und ihrer Verbündeten gegen Afghanistan statt. Europa schien durch die Terrorattacke vom 11. September in den Hintergrund getreten zu sein, aber dies war ein Irrtum. Mehr denn je würde es gerade jetzt darauf ankommen, dass die Europäer so schnell wie möglich ihre internen Probleme lösen und zu einer starken Union zusammenfinden würden, denn die Zukunft sah nach diesem furchtbaren Verbrechen gegen die Bürger und die Regierung der USA alles andere als friedlich aus. Diese jüngste weltpolitische Krise hatte ihre Wurzeln im Nahen und Mittleren Osten, der direkten geopolitischen Nachbarregion Europas. Von dort kam eine völlig neue Gefahr auf den Westen und damit auch auf Europa zu, auf die es sich entschlossen und wirksam vorzubereiten galt.

Spätestens mit dem 11. September 2001 hatte das europäische Projekt zudem eine strategische Bedeutung jenseits des europäischen Kontinents bekommen. Die Europäische Union würde in Zukunft nicht mehr nur die strategische Antwort auf die Bedrohung des Friedens auf dem europäischen Kontinent sein, sondern in Zukunft müssten innerhalb der Union auch Antworten gefunden werden, die über den europäischen Kontinent hinausreichen. Dazu gab es zwar bereits seit längerem Ansätze, etwa mit dem EU-Mittelmeer-Dialog (»Barcelona-Prozess«), der mit allen Anrainern geführt wurde. Diese Instrumente mussten aber nach dem 11. September neu definiert und justiert werden, es bedurfte fortan vor allem eines grundsätzlich anderen strategischen Selbstverständnisses der EU. Diese Erkenntnis und auch die allgemeine Gefühlslage in jenen Tagen und Wochen trugen gewiss nicht wenig zum Erfolg des Europäischen Rates in Laeken und zu dessen konkreten Entscheidungen für einen europäischen Verfassungskonvent bei.

Mit der »Erklärung von Laeken zur Zukunft der Europäischen Union« wurde zu Ende gebracht, was mit der Erklärung von Nizza vor einem Jahr angeschoben worden war, nämlich der Beschluss zur Einberufung eines europäischen Konvents, zu dessen Aufgaben, seiner Arbeitsweise und seiner personellen

Zusammensetzung. Ebenso wurden in Laeken die zentralen Personalentscheidungen für das Präsidium des Konvents getroffen. Auf Vorschlag von Jacques Chirac wurde der frühere französische Staatspräsident Valéry Giscard d'Estaing zum Vorsitzenden des Konvents berufen, seine beiden Vertreter wurden der frühere italienische Ministerpräsident Giuliano Amato und der frühere belgische Premierminister Jean-Luc Dehaene.

Der Vorsitzende und seine beiden Vertreter waren nicht nur überzeugte Europäer, sondern verfügten auch in den Angelegenheiten und Verfahrensweisen der EU über sehr viel an Erfahrungen. Zudem war das Personalpaket zwischen den beiden großen europäischen Parteien gut ausgewogen. Die Bundesregierung unterstützte deshalb diese Personalvorschläge von Anbeginn an, zumal wir der Meinung waren, dass Giscard d'Estaing dem Verfassungskonvent gegenüber dem Rat politisches Gewicht verleihen würde. Auch die Tatsache, dass ein Franzose dem Konvent vorsitzen würde, sahen wir positiv.

Der Konvent sollte sich aus den 15 Vertretern der nationalen Regierungen (ein Regierungsvertreter pro Land), aus 30 Mitgliedern der nationalen Parlamente (zwei Vertreter pro Parlament), 16 Mitgliedern des Europaparlaments und zwei Vertretern der Kommission zusammensetzen. Die Kandidatenländer sollten in vollem Umfang an den Beratungen des Konvents beteiligt werden. Die Zahl 2 bei den nationalen Parlamentsvertretern war vor allem für Deutschland wichtig, da wir über zwei Kammern verfügten, die beide am Ende einen europäischen Verfassungsvertrag würden ratifizieren müssen. Insofern war die Einbindung von Bundestag und Bundesrat für uns entscheidend.

Der Konvent sollte öffentlich tagen und in den elf Arbeitssprachen der damaligen Union verhandeln, als Tagungsort wurde Brüssel festgelegt und als Termin für die Eröffnungssitzung der 1. März 2002. Der Verfassungskonvent sollte nach dem Ablauf eines Jahres abgeschlossen werden und anschließend die Ergebnisse durch dessen Vorsitzenden dem Europäischen Rat vorgelegt werden.

Für das kommende Ergebnis waren vor allem zwei Punkte wichtig: die Persönlichkeit des Vorsitzenden und seine Machtbefugnisse, denn bei einer so großen Gruppe würde es für den

Fortschritt der Verhandlungen und vor allem für die Erarbeitung der schriftlichen Vorlagen ganz entscheidend auf den Vorsitzenden und das Präsidium ankommen, denn dort würden die wichtigen Vorentscheidungen getroffen werden. Der Vorsitzende erhielt eine starke Stellung, indem es ihm oblag, die Arbeiten des Konvents vorzubereiten, und indem er die öffentliche Debatte im Plenum für die folgende Sitzung »auswertete«. Das Präsidium sollte dazu Anstöße geben und eine erste Arbeitsgrundlage für den Konvent erstellen. Faktisch gaben diese Regelungen von Laeken dem Vorsitzenden die entscheidende Steuerungsfunktion für den Verfassungskonvent in die Hand, da es von ihm abhängen würde, letztendlich das Verfahren zu lenken und die entscheidenden Kompromissvorschläge zu formulieren.

In Laeken selbst war es zu einer Auseinandersetzung mit den Europaskeptikern im Rat darüber gekommen, ob der Konvent am Ende einen einzigen Vorschlag oder mehrere Optionen präsentieren sollte. Die Frage blieb letztendlich offen, indem in der Erklärung beide Möglichkeiten – Konsens und Optionen – erwähnt wurden. Der Konvent würde also am Ende seiner Verhandlungen selbst diese Frage entscheiden müssen. Allen Beteiligten in Laeken war klar, dass der Konvent, wenn er ein einmütiges Ergebnis erzielen würde, dadurch die anschließende Regierungskonferenz inhaltlich festlegen würde. Formal wäre eine Regierungskonferenz zwar nach wie vor frei, nach Belieben zu entscheiden, aber ein einheitliches Konventsergebnis wäre durch den Europäischen Rat fast unmöglich zu ignorieren. Im Lichte der Erfahrung war es keine Prophezeiung, sondern vielmehr eine wohlbegründete Annahme, wenn man davon ausging, dass eine Regierungskonferenz am Ende ein einmütiges Ergebnis des Konvents entweder nur verwerfen oder mit geringen Korrekturen würde beschließen können.

Eine Ablehnung würde mit Sicherheit eine große Krise der Union auslösen. Und auch die Option, den Konventskompromiss in der Regierungskonferenz wieder aufzuschnüren und zu versuchen, ihn inhaltlich neu zu verhandeln, würde am Ende nur Chaos produzieren und keineswegs einen neuen oder gar besseren Vertrag hervorbringen. Und da dies alle Staats- und Regierungschefs wussten, würde man sich nach einigem Weh und Ach am Ende doch auf den Entwurf des Konvents einigen. Vielleicht würde es dazu auch mehrerer Anläufe bedürfen. Sollte es aber am Ende des Konvents zu mehreren »Optionen« kommen, so wäre ein solches Ergebnis nicht allzu viel wert, weil dann der sattsam bekannte Basar auf der Regierungskonferenz wieder eröffnet werden würde. Ziel musste also unter allen Umständen sein, am Ende des Konvents einen einzigen Entwurf auf den Tisch des Rates gelegt zu bekommen. Gerade bei dieser zentralen Frage würde es ganz entscheidend auf das Geschick, die Machtfülle und die Persönlichkeit des Vorsitzenden und seiner Stellvertreter ankommen.

Inhaltlich sollte sich der Konvent vor allem mit folgenden Fragen beschäftigen: erstens eine bessere Aufteilung und Festlegung der Zuständigkeiten zwischen Union und Mitgliedsstaaten, d. h. die Souveränitätsverteilung und damit gesetzgeberische Machtverteilung zwischen Brüssel und den einzelnen Staaten. Zweitens eine Verstärkung von Demokratie, Transparenz und Effizienz in Europa. Hier ging es um die zukünftige Rolle von Kommission, Europäischem Rat, Europaparlament und den nationalen Parlamenten, d. h. um die Souveränitäts- und Machtverteilung im institutionellen Viereck der Union. Drittens – dies ist übrigens der einzige Abschnitt in dem Dokument von Laeken, in dem der Begriff der »Verfassung« ausdrücklich erwähnt wird – sollte die Frage geprüft werden, ob die geltenden vier Verträge unter dem Dach der Union im Interesse der größeren Transparenz nicht zusammengefasst und vereinfacht werden sollten. Es stellte sich die Frage, so der Text der Erklärung von Laeken, »ob diese Vereinfachung und Neuordnung nicht letztlich dazu führen sollte, dass in der Union ein Verfassungstext angenommen wird. Welches sollten die Kernbestandteile einer solchen Verfassung sein? Die Werte, für die die Union eintritt, die Grundrechte und -pflichten der Bürger, das Verhältnis zwischen den Mitgliedsstaaten der Union?« Darüber hinaus war die Frage nach dem rechtsverbindlichen Charakter der Charta der Grundrechte abschließend zu beantworten.

Laeken war ein großer Schritt nach vorne, und ich vergab angesichts dieses Durchbruchs dem belgischen Premierminister und Vorsitzenden des Europäischen Rates, Guy Verhofstadt, seinen unvergesslichen Auftritt in Nizza und auch sein Jahr 1830, zumal er ja wirklich einen ernst zu nehmenden Punkt angesprochen hatte. Am 28. Februar 2002 trat der Europäische Konvent zu seiner konstituierenden Sitzung in Brüssel zusammen. Europas Finalität war fortan keine Vision mehr, sondern wurde jetzt zur politischen Realität. Freilich lagen da noch mehrere Niagarafälle vor uns, die es unbeschadet zu überwinden galt, bis dieses große Ziel erreicht sein würde. Wer aber hätte noch vor wenigen Jahren ernsthaft daran gedacht, dass wir jemals so weit kommen würden?

DIE NEUE WELTUNORDNUNG – VOM NAHOSTKONFLIKT ÜBER MAZEDONIEN BIS ZUM 11. SEPTEMBER 2001

Das Jahr 2000 endete für mich mit zwei heraufziehenden innenpolitischen Krisen. In der ersten Krise – eher wohl eine Affäre, die sich allerdings für die Koalition zu einer echten Krise hätte auswachsen können – ging es um meine militante Vergangenheit als linksradikaler Straßenkämpfer im Frankfurt der siebziger Jahre. Die andere Krise war in der Sache sehr viel ernster und betraf die zunehmend pervertierten Methoden der Fleischerzeugung in der industrialisierten Landwirtschaft. Diese Krise führte zum Rücktritt von zwei Ministern des Kabinetts Schröder.

Gegen Ende des Jahres 2000 wurde ich durch die Medien mit Fotos konfrontiert, die zeigten, wie ein Polizist während einer Straßenschlacht von mehreren militanten Demonstranten verprügelt und zu Boden geschlagen wurde. Einer der Vermummten, so wurde behauptet, sollte ich sein – und das war ich auch. Weder waren mir diese Bilder, die in mehreren Zeitungen und Zeitschriften veröffentlicht wurden, unbekannt, noch hatte ich diese Situation jemals vergessen. Denn es war das erste Mal gewesen, dass ich bei einer Demonstration vor der Polizei nicht mehr weggelaufen war, nachdem ich am Ostermontag 1968 in Frankfurt an der Galluswarte bei den Anti-Springer-Demonstrationen durch die Staatsgewalt im wahrsten Sinne des Wortes grün und blau geprügelt worden war. Ganz im Gegenteil lief ich in der durch die Bilder dokumentierten Situation zu Beginn sogar ganz allein einem Polizisten entgegen, der einen flüchtenden Demonstranten verfolgte.

Ich meine mich noch heute daran zu erinnern, wie mir einer meiner Begleiter zurief, ich sollte hierbleiben, ich wäre verrückt. Aber es musste sein. Ich musste meine Angst überwinden, und ich hatte sie damals überwunden. Genau deswegen konnte ich mich an diese Szene noch sehr gut erinnern. Zudem hatte ich nicht vergessen, dass diese Prügelei damals in den Fernsehnachrichten gesendet worden war, und auch diese bewegten Bilder sollten dann etwas später ebenfalls wieder veröffentlicht werden.

Ich hatte aus meiner militanten Vergangenheit nie ein Geheimnis gemacht, und diese war auch allseits bekannt, zumindest in Frankfurt/M und Hessen. Denn als ich 1985 das erste Mal Umweltminister in der hessischen Landesregierung wurde, hatte die oppositionelle Unionsfraktion, so hatte man mir berichtet, meine Frankfurter Vergangenheit auch unter Rückgriff auf die Erkenntnisse der Sicherheitsbehörden in Wiesbaden und Karlsruhe gründlich durchleuchtet. Ganz offensichtlich war aber nichts gefunden worden, was meine Vereidigung hätte verhindern können. Jetzt jedoch, im Jahr 2000, war die Situation eine völlig andere, denn mittlerweile waren weitere fünfzehn Jahre ins Land gegangen, und die damalige politische Situation, die Gedanken und Motive, die Ereignisse und die Akteure der siebziger Jahre waren nicht mehr gegenwärtig, sondern zur Geschichte geworden. Und einer der militanten Straßenkämpfer von damals war jetzt endgültig ein führender Repräsentant jener Republik geworden, die er damals mit Steinen und Fäusten und wilden Reden gewaltsam bekämpft hatte. Mit diesen Bildern aus dem Frankfurter Häuserkampf kehrte die Geschichte der siebziger Jahre plötzlich wieder zurück, sehr hässlich und sehr konkret. Dadurch begann auch eine neue Interpretation dieser Zeit, ihrer Ereignisse und Akteure, die zudem mitten im Tumult einer heißen innenpolitischen Debatte stattfand.

Ende des Jahres erreichten mich mehrere ultimative Presseanfragen, ob ich denn der Vermummte auf den fraglichen Bildern sei. Mir war klar, dass ich dazu nicht länger schweigen konnte, aber auch, welche Konsequenzen das haben würde. Doch ich musste mich zu meiner Vergangenheit bekennen und öffentlich die Verantwortung für mein damaliges Handeln übernehmen. In der Woche vor dem Jahreswechsel gab ich daher dem Stern ein ausführliches Interview, das in der ersten Januarwoche des Jahres 2001 unter der Überschrift »Ja, ich war militant« erschien. Dieses erste Interview enthielt eine nahezu vollständige Darstellung der Ereignisse und meine Sicht der

Dinge. In der Folgezeit sollte nichts Wesentliches mehr hinzukommen.

Sinnigerweise prangte auf dem Titelbild des Stern eine auf einer Gabel aufgespießte Knackwurst und darunter die Schlagzeile »Null Bock auf Wurst«, denn die Titelgeschichte in diesem Heft handelte von der eigentlichen Krise dieser Wochen, dem Thema BSE (bovine spongiforme Enzephalopathie), umgangssprachlich auch »Rinderwahnsinn« genannt.

Das Interview drehte sich hauptsächlich um die Fotos und um meine militante Vergangenheit, zu der ich klarstellte, was ich getan und was ich nicht getan hatte: Prügeleien mit der Polizei und Steinwürfe ja, alles andere nein. Ich unterstrich meine Verantwortung, zugleich aber auch, dass diese Zeit Teil meiner Geschichte und Biographie bliebe. Diese Äußerung war eher eine Selbstverständlichkeit, wurde mir aber sofort als »Sündenstolz« und mangelnde Bußfertigkeit ausgelegt. Zudem versuchte ich eine Zuordnung der damaligen Geschehnisse im Kontext der späten sechziger und siebziger Jahre, was allerdings wenig erfolgreich war, wie der weitere Verlauf der Ereignisse in den folgenden Tagen zeigen sollte.

Der deutsche Außenminister als früherer linksradikaler Gewalttäter, das war der Stoff, aus dem nicht nur die Träume der Opposition im Parlament bestanden, es war selbstverständlich und völlig zu Recht auch ein Thema des Entzückens für die Medien. Ich konnte es daher weder der Opposition noch den Medien verdenken, dass sie zum großen politischen Halali auf mich bliesen, denn auch ich hätte mir in einem analogen Fall und in einer anderen Rolle eine solche Gelegenheit niemals entgehen lassen.

In der Woche des Erscheinens meines ersten Interviews wollte auch der SPIEGEL unbedingt ein Gespräch, das erneut lang und ausführlich geriet. Als ich am Freitagabend den Text des Gesprächs zur Korrektur zurückbekam, stürzte ich in tiefe persönliche Zweifel, ob es denn überhaupt noch Sinn machen würde durchzuhalten, oder ob es nicht richtiger wäre, sofort zurückzutreten. In mir machte sich eine Mischung aus Trotz und Verzagtheit breit. Diese Gefühlslage hatte weniger mit dem Interview zu tun, sondern vielmehr mit der Tatsache, dass ich spürte, was in den kommenden Wochen und Monaten auf mich zukommen würde.

Ich würde permanent zu Erklärungen darüber gezwungen werden, was ich vor dreißig Jahren an irgendeinem beliebigen Tag gesagt und getan hätte. Neue Vorwürfe würden erhoben werden, zu denen ich mich würde verhalten müssen, egal was meine Erinnerung dazu noch hergeben würde oder auch nicht. Und schließlich würde es den Medien und der Opposition vor allem darum gehen, mich im Hier und Heute in widersprüchliche oder gar objektiv falsche Aussagen zu verwickeln, was angesichts der langen Zeit, die seit den Straßenkämpfen im Frankfurter Westend der siebziger Jahre vergangen war, durchaus passieren konnte, und zwar ohne jede böse Absicht. Und schließlich habe ich in diesem zweiten Interview gespürt, dass sich zumindest in den Medien die Sicht auf die siebziger Jahre ganz wesentlich verändert hatte. Alle meine Erklärungs- und Zuordnungsversuche waren an den Fragestellern schlicht abgeprallt.

Dies waren die Gründe für meine düstere Stimmung an jenem Freitagabend, als ich mit meinem Büroleiter Achim Schmillen, dessen Stellvertreter Martin Kobler und dem Pressesprecher des AA, Andreas Michaelis, abendessen ging. Wir wollten in einem italienischen Restaurant in der Nähe der Hackeschen Höfe in Berlin unter uns noch einmal die eingetretene Lage und die Folgen der auf mich zudonnernden medialen und politischen Lawine besprechen. Dort eröffnete ich meinen Mitarbeitern, dass ich daran dächte zurückzutreten, was sie mir allerdings sehr schnell wieder ausredeten. Ich könnte unmöglich jetzt davonlaufen und damit das gesamte rot-grüne Projekt gefährden. Gewiss, es würde für mich schwer werden, möglicherweise sogar beinhart, aber ich müsste mich dieser Herausforderung stellen. Nach Lafontaine könne jetzt nicht der zweite unserer Generation davonlaufen. Es ging einige Zeit hin und her, aber der vereinigte Zuspruch richtete mich emotional wieder auf, und mit jenem Abend war das Thema Rücktritt für mich erledigt. Ich war entschlossen durchzuhalten.

Mitten in dieser für mich persönlich sehr schwierigen Lage, in der ich nicht wusste, ob ich sie politisch überstehen würde, eskalierte zugleich die BSE-Krise und weitete sich zu einer massiven Vertrauenskrise gegenüber der Bundesregierung aus. Unser Glück in diesem Unglück war, dass vor allem die bayerische Landesregierung ein noch schlechteres Bild abgab als die Bundesregierung, dies bremste etwas die Attacken der Opposition. Hinzu kam, dass sowohl CDU/CSU als auch FDP in der Vergangenheit wenig von ökologischem Landbau gehalten und sich immer massiv für die Interessen der industriellen Landwirtschaft eingesetzt hatten. Und auch die PDS vertrat in Ostdeutschland die Interessen der riesigen und seit der Wende privatisierten früheren Landwirtschaftlichen Produktionsgenossenschaften (LPG), die ebenfalls ganz überwiegend konventionelle Landwirtschaft betrieben. Freilich wurde dadurch in der Bevölkerung zugleich der Eindruck einer umfassenden und parteiübergreifenden Inkompetenz in der Landwirtschaftspolitik und beim Verbraucherschutz verstärkt.

Der sozialdemokratische Landwirtschaftsminister war, wie die meisten Landwirtschaftsminister vor ihm, von Beruf Landwirt und vertrat reinen Gewissens, wie alle seine Vorgänger, vor allem die Interessen der konventionellen Landwirtschaft. Die Aufregung der Medien und Verbraucher über den Rinderwahnsinn wurde als Hysterie betrachtet, ebenso weiter reichende Maßnahmen wie das Verbot der Fütterung von Wiederkäuern mit Tiermehl. Dieses Futter fiel in großen Mengen in der industriellen Tierverwertung an, war billig und zudem als Kraftfutter zur schnellen Aufzucht und Vermarktung einsetzbar.

Es gab aber das Problem, dass Wiederkäuer durch die Evolution allein auf pflanzliche Nahrung eingestellt waren und daher die Verfütterung von tierischen Abfällen unbekannte Infektionsrisiken mit sich brachte. Alle wissenschaftlichen Erkenntnisse über die Entstehung der Seuche unter Rindern und auch Schafen wiesen in diese Richtung, und es bestand der begründete Verdacht, dass diese Krankheit durch den Verzehr infizierter Tiere auf den Menschen übertragen werden konnte.

Dem Bundesgesundheitsministerium unterstand, gemeinsam mit den Gesundheitsministern der Länder, der Verbraucher- und Gesundheitsschutz. Die zuständige Bundesministerin Andrea Fischer, eine Grüne, hatte in dieser Krise bisher zwar keinen wirklichen Fehler gemacht, war aber auch nicht durch ein besonders kraftvolles Krisenmanagement aufgefallen. Allerdings hatte vor allem die passive oder gar blockierende Haltung des sozialdemokratisch geführten Landwirtschaftsministeriums sie in diese schwierige Lage gebracht, denn ein offener Streit der beiden zuständigen Ministerien hätte auf die verunsicherten Verbraucher einen verheerenden Eindruck gemacht. Innerhalb der Bundesregierung gab es im Umgang mit der BSE-Krise keinen Konsens. Trotzdem versuchte die Gesundheitsministerin mit großem Nachdruck, Landwirtschaftsminister und Koalition zu einem sehr viel energischeren Vorgehen zu bewegen, doch diese Mühen waren angesichts der ganz anderen Haltung des Landwirtschaftsministeriums leider vergeblich.

In den ersten Tagen des Monats Januar kam es fast täglich zu neuen Alarmmeldungen in der BSE-Krise, und der Landwirtschaftsminister entwickelte sich selbst innerhalb der sozialdemokratischen Bundestagsfraktion und Partei immer mehr zu einem akuten Rücktrittskandidaten. Selbstverständlich versuchten die Sozialdemokraten, die Verantwortung für die Krise auf den Schultern der Gesundheitsministerin mit abzuladen, die zudem mit der kaum verhüllten Kritik aus den eigenen Reihen zu kämpfen hatte. Dabei tat sich vor allem die ebenfalls grüne Umwelt- und Landwirtschaftsministerin Nordrhein-Westfalens, Bärbel Höhn, hervor, die fast täglich auf allen Kanälen mit Forderungen, Vorschlägen und bohrenden Fragen zu sehen und zu hören war. Zwar kam es nicht zu einer direkten öffentlichen Kritik an Andrea Fischer, aber diese Form der »solidarischen Unterstützung« durch die grüne Kollegin aus Düsseldorf war schon abträglich genug und führte zu einer weiteren Erosion des Vertrauens der Öffentlichkeit in das Krisenmanagement der Bundesgesundheitsministerin.

Der geringe Rest dieses Vertrauens wurde endgültig verspielt, als diese eine öffentliche Unbedenklichkeitserklärung für deutsche Wurst ebenso öffentlich zurückziehen musste, weil eine entsprechende fachliche Stellungnahme, die das genaue Gegenteil besagte, zuerst für mehrere Wochen irgendwo auf der Arbeitsebene des Landwirtschaftsministeriums hängengeblieben war und danach nochmals für mehrere Tage im Gesundheitsministerium. Als schließlich die Ministerin viel zu spät von dieser alarmierenden Expertise über mögliche BSE-Risiken in der Wurst unterrichtet wurde und sie ihre eigene öffentliche Entwarnung zurücknehmen musste, war sie politisch nicht mehr zu retten.

Die Grünen hatten unter dieser Krise ganz besonders zu leiden, da sie seit ihrer Gründung für eine ökologische Agrarwende und eine naturnahe Landwirtschaft gekämpft hatten. Eigentlich hätte diese Krise der industriellen Landwirtschaft die große Stunde der Grünen sein müssen, denn die Partei hatte ja mit sehr guten Gründen und hoher Glaubwürdigkeit immer wieder darauf hingewiesen, dass es eines Tages zu einer solchen Krise kommen würde. Und ausgerechnet jetzt wurden einer grünen Bundesgesundheitsministerin mangelnde Fähigkeiten im Krisenmanagement vorgeworfen! Dies war ein harter Schlag für die grüne Partei.

Nachdem die Ministerin also gezwungen gewesen war, ihre Entwarnung zurückzuziehen, setzte sich innerhalb von Fraktions- und Parteiführung die Einsicht durch, dass Andrea Fischer kaum noch im Amt zu halten sein würde. Die entscheidende Frage war, ob man ihr noch zutraute, sich aus dem eingetretenen Vertrauensschaden herauszuarbeiten und zu einem effizienten Krisenmanagement in der Lage zu sein. Die einhellige Antwort war nein. Zudem war es nur noch eine Frage der Zeit, bis der Kanzler durch den öffentlichen Druck zum Handeln gezwungen würde. Es war absehbar, dass es nach dieser tiefen Krise der industriellen Landwirtschaft zu einem völligen Neuanfang in der Landwirtschaftspolitik kommen musste. Ein wesentlich verbesserter Verbraucher- und Gesundheitsschutz und eine ökologische Agrarwende hin zu einer naturnahen Landwirtschaft mussten die neuen Prioritäten sein, und eine solche Agrarwende würde mit Karl-Heinz Funke als Landwirtschaftsminister niemals zu machen sein. Aber nach dem jüngsten schweren Fehler im Bundesgesundheitsministerium war es ebenso absehbar, dass der Kanzler niemals nur den eigentlich Verantwortlichen für diese tiefe Vertrauenskrise der Verbraucher in das Krisenmanagement der Bundesregierung, den Landwirtschaftsminister, entlassen würde, sondern jede Veränderung in Sache und Strukturen den Rücktritt beider Minister zur Voraussetzung haben würde.

Gerhard Schröder war nach der jüngsten Zuspitzung der BSE-Krise daher durchaus zuzutrauen, dass er zu einem seiner berüchtigten einsamen Befreiungsschläge ausholen und beide Minister einfach entlassen würde. Einer solchen Entwicklung, so meine Einschätzung, galt es durch entschlossenes Handeln unsererseits zuvorzukommen, ansonsten würde zum Desaster in einer ökologischen Kernfrage auch noch die Demütigung der Grünen durch den Kanzler hinzukommen. Die Stabilität der Koalition, um die es damals alles andere als gut bestellt war, hätte dadurch einen weiteren empfindlichen Schlag mit schwer absehbaren Folgen erhalten. Eine solche gefährliche Entwicklung galt es zu verhindern.

Andererseits fiel mir der Gedanke an einen Rücktritt von Andrea Fischer sehr schwer, denn sie machte jenseits der BSE-Krise eine gute Arbeit in einem schwierigen Umfeld, und ich mochte sie sowohl politisch wie auch menschlich. Zudem war es mehr als absurd, dass gerade Andrea Fischer wegen einer verfehlten und rückwärts gewandten Landwirtschaftspolitik zurücktreten sollte, aber sie war nicht mehr zu halten.

Hätten wir Grüne nicht gehandelt, hätte dies eher früher als später der Kanzler getan. Dennoch tat mir die Entscheidung, Andrea Fischer den Rücktritt nahezulegen, weh, denn sie hatte einen solchen Abgang nicht verdient. Das Groteske der Situation wurde für mich noch dadurch verstärkt, dass ich selbst wegen meiner Vergangenheit am politischen Abgrund balancierte. Mir war auch bewusst, dass ein Rücktritt von Andrea Fischer von Teilen der interessierten Öffentlichkeit und der Opposition als Ablenkungsversuch meinerseits interpretiert werden würde – was allerdings völliger Unfug war.

Der 9. Januar 2001, ein Dienstag, war der Tag der Entscheidung. Am Tag zuvor hatte ich bereits mit Fritz Kuhn über die eingetretene Lage gesprochen, und wir waren uns in der Analyse und in den Konsequenzen einig. Ich wusste, dass ich die Initiative übernehmen musste, wenn eine Rücktrittsentscheidung unserer Gesundheitsministerin herbeigeführt werden sollte. Und ich wusste auch, dass zuerst die personelle Alternative geklärt sein musste, bevor dieser Schritt eingeleitet werden konnte, und dass die Entscheidungen sehr schnell getroffen werden mussten.

Wir würden damit nicht warten können, bis die Parteigremien zusammenträten. So teilte ich den Vorstandssprechern mit, dass ich keine andere Möglichkeit sähe, als dass Renate Künast ins Kabinett eintreten würde – und zwar entweder als Gesundheitsministerin oder, falls der Kanzler und die SPD einer Restrukturierung des Kabinetts zustimmen würden, als Landwirtschafts- und Verbraucherschutzministerin.

Gewiss – so meine Argumentation –, der Verlust von Renate Künast würde für den Bundesvorstand eine schwierige Lage entstehen lassen, weil dadurch ein erfolgreiches Team an der Spitze der Partei auseinandergerissen würde und eine neue Vorstandssprecherin gewählt werden müsste. Aber die Krise wäre sehr ernst, und ich sähe keine wirkliche personelle Alternative zu Renate Künast. Die nordrhein-westfälische Umwelt- und Landwirtschaftsministerin käme für mich nach ihrem Verhalten in dieser Krise nicht mehr in Frage. Zudem wäre für mich ihr Auftritt in Bielefeld keineswegs vergessen, wo sie sich massiv gegen den Antrag des Bundesvorstands ausgesprochen hatte. Wäre es damals nach ihr gegangen, dann gäbe es heute die rot-grüne Koalition im Bund nicht mehr.

Wir Grüne müssten einen inhaltlichen und personellen Neuanfang in der Landwirtschaftspolitik herbeiführen, und auch unter dem Gesichtspunkt der kommenden Bundestagswahl müssten wir die jetzt eingetretene Krise als Chance nutzen und dürften nicht Bedenken folgen, die zwar verständlich, strategisch aber nachrangig wären. Wir hätten alle unsere Entscheidungen allein unter dem Gesichtspunkt der Verteidigung der rot-grünen Mehrheit mit möglichst starken grünen Zuwächsen bei der nächsten Bundestagswahl zu bewerten.

Am frühen Nachmittag traf ich mich mit Andrea Fischer in meinem Büro im Auswärtigen Amt. Eine schwere Entscheidung war zu treffen, und Andrea Fischer zeigte dabei eine bewundernswerte Haltung. Am Spätnachmittag erklärte die Bundesgesundheitsministerin gegenüber dem Bundeskanzler ihren Rücktritt und erläuterte diesen Schritt im Anschluss daran vor der Bundespressekonferenz. Eine Stunde später trat dann auch der Landwirtschaftsminister zurück.

Ich hatte an diesem Nachmittag und Abend mehrmals mit

dem Bundeskanzler telefoniert und ihm meine persönliche Präferenz für die Nachfolge von Andrea Fischer signalisiert, nämlich Renate Künast. Allerdings sei dazu noch keine Entscheidung gefallen. Dazu bliebe das Ergebnis eines Treffens mit unseren Fraktions- und Parteivorsitzenden und den grünen Mitgliedern der Bundesregierung am Abend abzuwarten. Der Kanzler war jedoch nachdrücklich dazu entschlossen, diese Krise als Chance für einen wirklichen Neuanfang zu nutzen, um dadurch das verlorengegangene Vertrauen in der Bevölkerung wiederzugewinnen. Um dieses Ziel zu erreichen, wollte er mit der überkommenen Landwirtschaftspolitik Schluss machen und eine ökologische Agrarwende einleiten. Dazu sollte ein Ministerium für Verbraucherschutz und Landwirtschaft geschaffen werden, das er uns Grünen anbot, wenn wir im Gegenzug auf das Gesundheitsministerium verzichten würden. Ich stimmte diesem Vorschlag des Bundeskanzlers nur allzu gerne zu.

Das Treffen der grünen Spitzenleute fand dann am Abend ebenfalls in meinem Büro im Berliner Außenministerium statt. Jürgen Trittin, der Umweltminister, weilte zu dieser Zeit gerade auf den Kanarischen Inseln im Urlaub und wurde von Gomera per Telefon zugeschaltet. Es ging im Wesentlichen um die Nachfolge von Andrea Fischer, denn der Vorschlag des Bundeskanzlers zur Neugestaltung des Kabinetts traf in der grünen Führung auf ungeteilte Zustimmung. Allen Beteiligten war klar, dass wir noch am selben Abend diese Personalentscheidung unter uns zu treffen hatten, deren Ergebnis dann der Partei vorzuschlagen war. Es musste zudem ein gemeinsamer Vorschlag sein, denn eine gespaltene Führungsspitze und weiteres Zuwarten unsererseits hätten die Gefahr einer chaotischen Personaldebatte innerhalb der grünen Partei mehr als wahrscheinlich gemacht.

Die Entscheidung zwischen Renate Künast und Bärbel Höhn fiel zugunsten von Renate Künast. Die kommenden Jahre ihrer erfolgreichen Arbeit als Ministerin für Verbraucherschutz, Ernährung und Landwirtschaft sollten beweisen, dass es eine richtige, in Person und Sache überzeugende und die Position der Grünen in Koalition und Öffentlichkeit nachdrücklich stärkende Entscheidung gewesen war.

Jene mir damals in manchen öffentlichen Kommentaren unterstellte Haltung, ich hätte den Rücktritt von Andrea Fischer nur inszeniert, um von meinen eigenen »Vergangenheitsproblemen« abzulenken, war schon deswegen blanker Unfug, weil die Wogen der politischen und öffentlichen Erregung nunmehr erst richtig hochschlugen. Diese neue Aufregung hatte nicht allein mit den Vorwürfen gegen mich wegen meiner Vergangenheit zu tun, sondern auch mit einem Gerichtsprozess in Frankfurt/M., der im Oktober 2000 begonnen hatte und in dem es um schwere terroristische Straftaten in den siebziger Jahren ging, die der Terrorgruppe »Revolutionäre Zellen« zugerechnet wurden.

Einer der beiden Angeklagten war Hans-Joachim Klein, ein alter Freund und Kampfgefährte aus den Tagen der Frankfurter Straßenkämpfe, der dann zum Entsetzen von uns allen in den Terrorismus abgeglitten war und uns eines Morgens auf den Titelbildern der Weltpresse wiederbegegnen sollte. Denn Hans-Joachim Klein war an dem Überfall auf die Konferenz der Ölminister der OPEC in Wien am 21. Dezember 1975 beteiligt gewesen. Bei dieser Aktion eines Terrorkommandos unter der Führung des international gesuchten Terroristen Ilich Ramirez Sánchez, genannt »Carlos«, wurden drei Menschen getötet. Einer der Terroristen wurde durch einen Bauchschuss schwer verletzt. Es war Hans-Joachim Klein.

Und jener Hans-Joachim Klein, in der Frankfurter Spontiszene allgemein »Klein-Klein« genannt, war auch auf den Bildern zu sehen, mit denen ich zum Jahresbeginn 2001 so viel Aufsehen in der Öffentlichkeit erregte. Ich sollte in diesem Prozess als Zeuge aussagen, und zwar mit dem Ziel – so das Gericht –, die Beweggründe für das Abgleiten Kleins in den Terrorismus näher auszuleuchten. »Der Minister und der Terrorist«, lautete daher so manche Schlagzeile, und diese Geschichte war verständlicherweise ein weiteres gefundenes Fressen für die Medien.

Am Dienstagmorgen, den 16. Januar 2001, war ich als Zeuge im Prozess gegen Hans-Joachim Klein vor das Frankfurter Landgericht in den Saal 165 C geladen. Dort begegneten wir uns seit Jahrzehnten zum ersten Mal wieder persönlich. Ich wusste nicht mehr, wann ich »Klein-Klein« zum letzten Mal gesehen hatte, es muss wohl irgendwann im Jahr 1975 gewesen sein. Nachdem

Hans-Joachim Klein von seiner schweren Verletzung während des Attentats auf die Wiener Ministerkonferenz genesen war, beschloss er, aus dem Terrorismus auszusteigen, und er fand dabei Hilfe und Unterstützung durch »Jemande«, wie er seine anonymen Helfer in einem Interview genannt hatte. Ich selbst war an dieser Hilfe nicht beteiligt und hatte in all den Jahrzehnten keinerlei Kontakt mehr mit Hans-Joachim Klein gehabt.

Gewiss, Hans-Joachim Klein hatte mit der Beteiligung am OPEC-Anschlag, bei dem drei unschuldige Menschen umgebracht worden waren, schwere Schuld auf sich geladen, und er wusste dies auch nur zu gut. Dafür würde er sich verantworten müssen. Aber als ich nach all den langen Jahrzehnten plötzlich wieder einem Menschen, einem Kampfgefährten von früher, den ich auch persönlich gemocht hatte, gegenüberstand, ließ mich diese Begegnung emotional nicht unberührt. Nachdem ich im Blitzlichtgewitter der zahlreichen Fotografen den Gerichtssaal betreten hatte, der bis auf den letzten Platz mit Medienvertretern und Zuschauern besetzt war, wäre ich am liebsten zu ihm hinübergegangen, hätte ihm die Hand geschüttelt und mit ihm geredet. Dies war mir aber erst nach dem Ende meiner Zeugenaussage und der damit einhergehenden Verhandlungsunterbrechung möglich.

Stattdessen nahm ich also allein auf dem Zeugenstuhl Platz und musste mich minutenlang ablichten lassen. Anschließend wurde ich eineinhalb Stunden lang von dem Vorsitzenden zur Sache vernommen, zu der ich allerdings wenig beitragen konnte. Auch wenn es auf dessen Verwunderung stieß, so entsprach es doch den Tatsachen, dass ich vom Abgleiten Kleins in den Terrorismus der Carlos-Gruppe und der »Revolutionären Zellen« damals nichts mitbekommen hatte und demnach auch zur Erhellung nur wenig beitragen konnte.

Der Staatsanwalt hingegen verfolgte in seiner anschließenden einstündigen Befragung offensichtlich ganz andere Absichten – und die waren in der Tat politischer Natur und hatten mit dem Prozess gegen Hans-Joachim Klein nichts zu tun. Ihm ging es vor allem um meine Person, und deshalb interessierten ihn an erster Stelle meine angeblichen Verbindungen mit Terroristen in den siebziger Jahren, die es aber niemals gegeben hatte. So konfrontierte er mich mit der wilden Behauptung, dass unsere damalige Wohngemeinschaft eine Anlaufstelle für Terroristen gewesen sei, die sich dort wie die Fische im Wasser getummelt hätten. Obwohl dies überhaupt nichts mit dem Prozessgegenstand zu tun hatte, entgegnete ich ihm, dass dies völliger Quatsch sei, und verneinte wahrheitsgemäß auch seine Behauptung, dass in unserer Wohngemeinschaft eine Terroristin übernachtet hätte – es handelte sich um Margrit Schiller.

Meiner Erinnerung nach hatte uns Margrit Schiller nach Verbüßung einer Haftstrafe einmal besucht, aber nicht in unserer WG übernachtet. Sie war während des Frühstücks anwesend, man redete miteinander, und das war es dann auch schon. Übernachtet hatte sie in einer unserer Männer-WG auf demselben Stockwerk genau gegenüberliegenden Frauen-WG. Tatsächlich hatte es sich um zwei getrennte Wohnungen, getrennte Mietverträge etc. gehandelt, es gab auch noch weitere Wohngemeinschaften in diesem Haus. Darüber hinaus war Margrit Schiller damals völlig legal unterwegs gewesen und weder auf der Flucht vor der Polizei noch zur Fahndung ausgeschrieben, da sie ihre Haftstrafe bereits verbüßt hatte. Was ich allerdings bei meiner Aussage im Frankfurter Prozess noch nicht kannte, waren die Memoiren von Margrit Schiller. Und dort hatte sie eben behauptet, dass sie in der WG von Cohn-Bendit und Fischer übernachtet hätte.

Daraus folgte innerhalb weniger Tage nach meiner Aussage im Klein-Prozess eine Strafanzeige eines mir nicht bekannten Rechtsanwaltes wegen uneidlicher Falschaussage, und die Staatsanwaltschaft nahm die Ermittlungen auf. So hatte ich also für eine weitere herrliche Schlagzeile gesorgt. Allerdings erinnerten sich einige der Bewohnerinnen der damaligen Frauen-WG noch sehr genau an die Tatsachen, sodass nach einigen Wochen das Ermittlungsverfahren offiziell eingestellt wurde. Die taz machte mit einem großen Foto nebst genauer graphischer Erläuterungen, wer wo gewohnt und wo genächtigt hatte, unter der ironischen Überschrift »Das Haus des Schreckens« auf und brachte damit die ganze Absurdität dieser Anschuldigung auf den Punkt.

Am Tag nach meiner Zeugenaussage vor dem Landgericht in Frankfurt/M schlug für die Opposition im Deutschen Bundestag die Stunde der Abrechnung mit mir und meiner linksradikalen Vergangenheit. Die Oppositionsfraktionen hatten für die Fragestunde des Parlaments eine Vielzahl von Fragen vorbereitet. Die Dramaturgie war durchsichtig. Zuerst sollte ich durch ein Trommelfeuer von Fragen in Erklärungsnöte und damit in die Enge getrieben werden, um mir und meiner Glaubwürdigkeit dann in einer sich anschließenden »Aktuellen Stunde« den Rest zu geben.

Selten zuvor war der Plenarsaal während einer parlamentarischen Fragestunde so zahlreich und hochrangig besetzt wie an diesem Mittwochmittag. Der Kanzler und auch die Oppositionsführer waren anwesend, und die Reihen sowohl der Koalition als auch der Opposition waren gut gefüllt. Die Opposition, vorneweg die CDU/CSU, konnte sich nicht zurückhalten und brannte mit viel Schaum vor dem Mund nachgerade darauf, eine ideologische Gesamtabrechnung mit der Generation der 68er vorzunehmen, in der sie die Ursache aller Übel dieser Welt und aller Gebrechen Deutschlands ausgemacht zu haben meinte.

Meine persönliche Sicht auf die Studenten- und Jugendrevolte von 1968 und deren Folgen, die sich doch sehr von der schäumenden Analyse der Opposition unterschied, hatte ich in der Fragestunde dargelegt: »Bei allem, was wir falsch gemacht haben, bei allem, wofür wir Verantwortung zu übernehmen haben, wofür wir uns zu entschuldigen haben und wovon wir uns zu trennen hatten, war es doch letztendlich eine Freiheitsrevolte mit Elementen totalitärer Gewalt. [...] 1968 und das Folgende hat zu mehr Freiheit und nicht zu weniger Freiheit in diesem Lande geführt. Das ist meine Haltung bis heute.« In die sich an diese Fragestunde anschließende Debatte griff ich selbst dann nicht mehr ein. Ich hatte an diesem Tag genug geredet.

Zu meinem Erstaunen war es vor allem die Parteivorsitzende der CDU, Angela Merkel, die von mir eine merkwürdig realsozialistisch anmutende öffentliche Selbstkritik verlangte: »Je länger diese Debatte dauert, umso mehr verstärkt sich mein Eindruck, dass wir wieder einmal die Grundzüge unserer Demokratie miteinander besprechen sollten. [...] Herr Vizekanzler, ich erwarte von Ihnen nicht nur, dass Sie sich für das Werfen von Steinen auf einen konkreten Menschen entschuldigen. Ich erwarte von Ihnen vielmehr auch, dass Sie sagen: Ich hatte in der damaligen Zeit eine total verquere Sicht von der Bundesrepublik Deutschland. Ich habe mich geirrt. Ich habe eine falsche Sicht gehabt. Dies war nicht die richtige Sicht, und ich habe deshalb Buße zu tun und das anzuerkennen. [Zwischenruf der SPD-Abgeordneten Anke Fuchs/Köln: Das hat er doch schon getan!] Nein. Er hat sich nur für das Steinewerfen entschuldigt und ist der Meinung, die 68er hätten einen Beitrag zur Befreiung geleistet.«

Entlang dieser völlig unterschiedlichen Bewertung der Bedeutung des Jahres 1968 für die Entwicklung der deutschen Demokratie verlief in dieser Debatte ein tiefer emotionaler Graben zwischen der bürgerlichen Opposition und der rot-grünen Koalition. Plötzlich war der alte und erbitterte Kulturkampf zwischen links und rechts wieder da, der die Zeit von den späten sechziger Jahren fast bis zum Fall der Mauer bestimmt hatte und der schon längst überwunden zu sein schien. Die Koalitionäre wurden dadurch in dieser Debatte nach all dem Ärger übereinander, den Enttäuschungen und den Wahlniederlagen der letzten Monate emotional wieder zusammengeschweißt. Die bürgerliche Opposition meißelte die Alternative zu Rot-Grün sehr klar und aggressiv heraus – und damit machte sie einen politischen Fehler. Es ging eben nicht nur um mich, sondern um sehr viel mehr. Die Abrechnung mit 1968 sollte nicht nur zu einer Veränderung der Machtverhältnisse durch den erzwungenen Rücktritt des Außenministers, sondern darüber hinaus zu einer historischen Revision der Ergebnisse von 1968 führen. Beides fand nicht statt.

Die Redner von Grünen und SPD, angeführt vom Bundeskanzler, verteidigten mich und die 68er mit energischen Worten. Gerhard Schröder hatte sich, während er von der Regierungsbank der Fragestunde und der Debatte folgte, einige Stichworte auf ein Blatt Papier geschrieben und antwortete dann direkt auf Angela Merkel: »In dieser Auseinandersetzung [...] ist doch auch die Frage nach der Qualität unserer Gesellschaft zu beantworten: Was für eine Gesellschaft wollen wir eigentlich? [...] Wollen wir eine Gesellschaft, die gegenüber politischen Irrtümern – sie waren schwerwiegend genug und sie werden ja auch zugestanden – erbarmungslos ist, oder wollen wir eine Gesellschaft, die politische Irrtümer diskutiert und die daraus resultierenden Konsequenzen, die in einem langen Werdegang beschrieben sind, akzeptiert? Angesichts einiger Reden, die hier heute gehalten wurden, ist für mich nur der Schluss naheliegend: Sie wollen nicht urteilen [...], sondern verdammen. Sie wollen damit nicht einen politischen Irrtum kennzeichnen – den der Bundesaußenminister zugegeben hat –, sondern seine politische Existenz vernichten. Das ist Ihr Ziel. Nur: Sie werden es nicht erreichen.«

Ich war Gerhard Schröder und all den anderen Rednerinnen und Rednern der Grünen und der SPD für ihre Worte und ihre emotionale Unterstützung im Verlauf dieser Debatte sehr dankbar. Und ich erlebte auch über diese Debatte im Bundestag hinaus und neben den scheinbar nicht enden wollenden Angriffen eine große Solidarität aus den Reihen der früheren Frankfurter Spontiszene und aus meiner Partei, vom Koalitionspartner und von vielen öffentlichen Stimmen, die mich darin bestärkten, durchzuhalten und nicht zurückzutreten. Vor allem die Unterstützung in der Öffentlichkeit, die in diesen Wochen in den erstaunlich positiven Umfragewerten zu meinen Gunsten sichtbar wurde, war für mein weiteres politisches Schicksal letztendlich entscheidend.

Bemerkenswert fand ich auch die Erfahrung, dass manche, die früher auf der anderen Seite der Barrikade gekämpft hatten, im Jahr 2001 über eine erstaunlich gelassene Sicht auf die Kämpfe der siebziger Jahre verfügten. Sie erinnerten sich offensichtlich gut daran, dass die damalige Konfrontation nicht nur von einer Seite ausgegangen war.

Der von mir verprügelte Polizeibeamte, Rainer Marx, der bereits den Polizeidienst verlassen hatte, wurde von der Frankfurter Polizei auf einer Pressekonferenz der Öffentlichkeit präsentiert. Dort forderte er mich auf, mich bei ihm zu entschuldigen. Ich sah diese Aufforderung als berechtigt an und entschuldigte mich während einer persönlichen Begegnung.

Und auch Peter Boenisch, in jener Zeit Chefredakteur von Bild am Sonntag (BamS) und späterer Regierungssprecher von Bundeskanzler Helmut Kohl, schrieb zu meinem großen Erstaunen einen verständnisvollen Kommentar in der Bild-Zeitung. Daraus sind ihm nicht gerade geringe Probleme entstanden. Und als ich mich bei ihm während eines Treffens für seinen Kommentar bedanken wollte, den ich gerade von ihm niemals erwartet hatte, schnitt er mir einfach das Wort ab: »Vergessen Sie es, ich weiß doch nur zu genau, wie wir uns damals auf der anderen Seite verhalten haben!«

Nach der Debatte im Deutschen Bundestag ebbte die Aufregung in den Medien keineswegs ab, sondern hielt über lange qualvolle Wochen hinweg weiter an, befeuert durch vermeintlich immer neue Enthüllungen, die aber an der Situation nicht wirklich etwas änderten. Dennoch kostete mich diese Zeit viel Energie und wurde für mich zu einer regelrechten psychischen Tortur. Manfred »Manni« Diekert, der dienstältere der beiden Ministerfahrer, der seit vielen Jahren mit wachem Verstand und Interesse die große Politik vom Fahrersitz aus verfolgte – er hatte schon meine beiden Amtsvorgänger Hans-Dietrich Genscher und Klaus Kinkel gefahren –, sollte schließlich mit seinen tröstenden Worten recht behalten. Er hatte mir zu Beginn der 68er-Affäre vorhergesagt, dass spätestens im Mai die Sache für mich ausgestanden wäre. Genauso plötzlich, wie dieser Sturm aufgezogen war, sackte er wieder in sich zusammen, und der politische Alltag hielt für mich im Mai des Jahres 2001 wieder seinen Einzug.

In den USA hatte am 20. Januar 2001 der Republikaner George W. Bush mit seiner Vereidigung auf den Stufen des Kapitols als 43. Präsident des Landes seine Amtszeit begonnen. Nach acht Jahren der Präsidentschaft des demokratischen Präsidenten Bill Clinton hatten nunmehr die Republikaner erneut das Weiße Haus übernommen, und zwar durch eine Entscheidung des Obersten Gerichtshofes der USA. Der Demokrat Al Gore hatte bei der Präsidentschaftswahl im November 2000 zwar mehr Stimmen als George W. Bush erhalten, allein, bei den amerikanischen Präsidentschaftswahlen entschied nicht die Mehrheit der Wählerschaft, sondern die Mehrheit in einem Wahlmännerkollegium. In dem Kollegium war das Abstimmungsverhalten der entsandten Wahlmänner und -frauen an die jeweilige Stimmenmehrheit in den einzelnen Bundesstaaten gebunden. Gore und Bush lagen im Kollegium Kopf an Kopf, die Entscheidung musste die Mehrheit im Bundesstaat Florida bringen. Dieser Bundesstaat wurde von Jeb Bush, dem jüngeren Bruder von George W. Bush, als Gouverneur regiert, und genau in diesem Bundesstaat regierte das Chaos an den Wahlurnen und schlimmer noch an den Wahlmaschinen. So herrschte in Florida lange Zeit völlige Unklarheit über das Wahlergebnis. Angesichts der zahlreichen Unregelmäßigkeiten und der Tatsache, dass die beiden Kandidaten nur wenige Stimmen trennten, musste im tiefen Süden der USA immer wieder ausgezählt werden, ohne dass es dabei zu einem von beiden Seiten akzeptierten Ergebnis gekommen wäre. Am Ende entschieden so die obersten Richter der USA zugunsten von George W. Bush.

Selbstverständlich hätten wir uns als rot-grüne Bundesregierung und Koalition gefreut, wenn Al Gore und die Demokraten das Weiße Haus verteidigt hätten, denn ohne jeden Zweifel standen wir politisch und menschlich den Demokraten näher als den Republikanern. Mit Bill Clinton und Madeleine Albright hatten sowohl der Bundeskanzler als auch ich selbst ein sehr gutes persönliches, ja herzliches Verhältnis entwickelt, und wir hätten diese politisch und menschlich hervorragenden Beziehungen gerne mit Bill Clintons Vizepräsidenten Al Gore und seinem Team über vier weitere Jahre hinweg fortgesetzt, aber es sollte nicht sein.

Andererseits waren unsere Sorgen und Bedenken gegenüber der kommenden republikanischen Präsidentschaft nicht gerade groß, denn die Tage des Vaters des kommenden Präsidenten, der gemeinsam mit seinem Außenminister James Baker ganz entscheidend den Weg zur deutschen Einheit geebnet und in beeindruckender Weise die richtigen Antworten auf die Folgen des Untergangs der Sowjetunion und des bipolaren Weltsystems gefunden hatte, waren in Berlin nicht vergessen. Kurzum, die Erfahrungen Deutschlands mit republikanischen Präsidenten waren alles andere als schlecht gewesen, und so hielten sich die Sorgen über die neue US-Regierung in engen Grenzen. Zwar war der neue Präsident bisher kaum außerhalb der USA gereist und galt als außenpolitisch unerfahren. Aber sein Außenminister Colin Powell schien dies mehr als wettzumachen, und auch sein Vizepräsident Dick Cheney und die kommende Sicherheitsberaterin von Präsident Bush, Condoleezza Rice, hatten in Deutschland einen guten Ruf.

In Berlin und in nahezu allen anderen europäischen Hauptstädten ging man davon aus, dass die neue Regierung in Washington mehr einer Politik des »Amerika zuerst« folgen, mehr unilateral als multilateral eingestellt sein und insgesamt weniger Interesse an internationalen Abkommen und vertraglichen Bindungen zeigen würde als ihre Vorgängerregierung. (Republikanische Senatoren, Kongressabgeordnete und Berater hatten bereits angekündigt, dass man die Ratifizierung des Kyoto-Protokolls im Senat mit der Wahl von Bush definitiv vergessen könne.) Aber auch unter einem Präsidenten Gore hätte das Ergebnis im US-Senat nicht sehr viel anders ausgesehen, so die Einschätzung aus dem republikanischen Lager.

Als die Regierung Bush dann tatsächlich aus dem Kyoto-Protokoll zum weltweiten Klimaschutz ausstieg, erregte weniger die Tatsache als solche größeres Aufsehen (so fatal dieser Schritt des weltweit größten Klimaverschmutzers USA für die internationalen Anstrengungen zum Schutz des Weltklimas auch tatsächlich war), denn dieser Schritt war erwartet worden. Die internationale Empörung galt vielmehr der Art und Weise, *wie* dieser Schritt ohne jegliche Konsultationen der engsten und wichtigsten internationalen Partner der USA durch den Präsidenten verkündet wurde. Selbst das amerikanische Außenministerium schien in diese Entscheidung nicht oder nur unzureichend eingebunden gewesen zu sein. Zumindest war dies mein Eindruck, den ich aus mehreren Gesprächen zu diesem Thema gewann.

Zudem wollte die neue amerikanische Regierung den ABM-Vertrag mit Russland kündigen, der seit 1972 die Raketenabwehrsysteme begrenzte und so einen weiteren Rüstungswettlauf zwischen den Nuklearmächten erfolgreich verhindert hatte. Das Argument der Befürworter einer Kündigung lautete, dass der Kalte Krieg zu Ende sei und es nunmehr um die Abwehr von möglichen Raketenangriffen aus kaum bis völlig unberechenbaren Staaten wie Nordkorea oder Iran ginge. Ein solcher Schritt der USA würde sich nicht gegen Russland richten.

Innerhalb des außen- und sicherheitspolitischen Establishments der republikanischen Partei sah man zudem seit längerem in solchen internationalen Verträgen einen Hemmschuh, ja, man begriff sie als Schwächung der strategischen Führungsrolle der USA. Man meinte dort, dass die alleinige Weltmacht USA mittels solcher Abkommen gefesselt würde, wie einst Gulliver im Lande Liliput, und dass man dadurch gegenüber schwächeren Rivalen technologisch und damit auch machtpolitisch an Boden verlieren würde. Amerika müsste sich daher von solchen Fesseln befreien und seine volle Handlungsfreiheit wiedergewinnen. Diese sich abzeichnende Revision der amerikanischen Haltung zum internationalen Rüstungsbegrenzungs- und Abrüstungsregime drohte Ärger mit Russland heraufzubeschwören, und insofern war dies ein Punkt, der die Europäer mit Sorge erfüllte. Denn ein neuer strategischer Rüstungswettlauf zwischen den beiden großen Nuklearmächten, ausgelöst durch neue Rüstungen bei strategischen Raketenabwehrsystemen, war so ziemlich das Letzte, was man aus europäischer Sicht für notwendig hielt und sich wünschen konnte.

Auch den Einsatz amerikanischer Truppen auf dem Balkan sah die neue US-Regierung überwiegend kritisch. Man hielt die Kriege im Kosovo und in Bosnien für Kriege der amerikanischen Linken, humanitär motiviert und nicht auf lebenswichtigen Interessen der USA und des Westens gegründet, und man beabsichtigte daher, das amerikanische Engagement zu reduzieren.

Die neue Sicherheitsberaterin von Präsident George W. Bush hatte im Januar/Februar-Heft 2000 der Zeitschrift Foreign Affairs, dem inoffiziellen Zentralorgan der amerikanischen Sicherheits- und Außenpolitik, noch vor der Amtsübernahme durch die neue Regierung einen Aufsatz unter der Überschrift »Campaign 2000: Promoting the National Interest« veröffentlicht, der mit der sogenannten »Clinton-Doktrin« des vorherigen Präsidenten scharf ins Gericht ging. Für Condoleezza Rice war Clintons Politik auf dem Balkan viel zu wenig an Interessen und viel zu sehr an humanitären Zielen ausgerichtet gewesen. Solche Ziele seien zwar löblich, aus sich heraus aber nicht hinreichend, um den Einsatz amerikanischer Soldaten zu begründen. Allein das nationale Interesse rechtfertige deren Einsatz, nicht aber überwiegend humanitäre Überlegungen:

»... viele Menschen in den Vereinigten Staaten fühlen sich (und fühlten sich immer schon) unwohl beim Gedanken an Machtpolitik, Großmächte oder das Gleichgewicht der Mächte. In seiner extremen Form führt dieses Unbehagen zu reflexartigen Appellen anstelle einer Idee von Völkerrecht und internationalen Regeln, und zu dem Glauben, dass die Unterstützung vieler Staaten – oder noch besser einer Institution wie der Vereinten Nationen – zur legitimen Ausübung von Macht unerlässlich sei. ›Nationales Interesse‹ wird durch ›humanitäres Interesse‹ oder ›das Interesse der internationalen Gemeinschaft‹ ersetzt. Der Glaube, dass die Vereinigten Staaten ihre Macht nur legitim ausüben, wenn sie es für jemand anderen oder für eine Sache tun, wurzelte tief im Wilson'schen Gedankengut, und auch in der Regierung Clinton ist davon ein starker Widerhall zu spüren.« Ganz ähnlich argumentierte auch der frühere amerikanische Außenminister Henry Kissinger in seiner Kritik an der Clinton-Regierung.

Ich selbst teilte diese Kritik an der angeblichen »Clinton-Doktrin« keineswegs, denn meiner Auffassung nach war die sogenannte »humanitäre Intervention« keine neue Doktrin, sondern eher eine bitter notwendige Reaktion auf eine neue Bedrohungslage, die sich aus Instabilität, Chaos und humanitären Katastrophen heraus entwickelte, im Gegensatz zu der traditionellen Bedrohung durch große Mächte, wie sie die Ära des Kalten Krieges und auch die Epoche davor bestimmt hatte. Man konnte diese Konflikte und humanitären Tragödien unmöglich einfach treiben lassen, da sie ansonsten eskalieren und sich zu echten regionalen oder gar globalen Bedrohungen auswachsen würden, ganz zu schweigen von den humanitären Katastrophen, die eine solche Politik der Ignoranz nach sich ziehen würde.

Die sich bereits zu Beginn der Amtszeit mit der neuen amerikanischen Regierung abzeichnenden Schwierigkeiten wurden von uns im Wesentlichen als Anlaufschwierigkeiten nach acht Jahren in der Opposition verstanden. Würde sich die neue amerikanische Regierung erst einmal eingearbeitet haben, so unsere Erwartung, dann würde sie gewiss ideologisch abrüsten und sich in ihren Reihen Realismus breitmachen. Die Dinge würden keinesfalls so heiß gegessen werden, wie man sie in der Hitze des Wahlkampfes gekocht hatte. Denn schließlich wäre dieser 43. Präsident der Vereinigten Staaten der Sohn seines Vaters, des 41. Präsidenten. Zudem wären auch zahlreiche erfahrene Mitarbeiter und Berater aus dem Regierungsteam des Vaters in ganz entscheidenden Funktionen in der neuen Regierung tätig. Alles in allem bestünde deshalb zu übertriebener Sorge über den Kurs der neuen amerikanischen Regierung kein Anlass. Die Dinge würden sich richten. Unsere damaligen Hoffnungen sollten sich als ein großer Trugschluss erweisen, denn wir hatten den Radikalismus und die ideologische Entschlossenheit der Regierung Bush unterschätzt.

Am 11. Januar 2001 verabschiedeten wir die scheidende Außenministerin der USA, Madeleine Albright, mit einem Abendessen im Schloss Celle-Saint-Cloud, dem Gästehaus der französischen Regierung vor den Toren von Paris. Hubert Védrine hatte dazu alle Quint-Außenminister, unseren russischen Kollegen Igor Iwanow und Javier Solana eingeladen. Bis auf den heutigen Tag sind die persönlichen Beziehungen der Außenminister, die miteinander über Wochen hinweg um eine Beendigung des Kosovo-Krieges und um eine politische Lösung der Kosovo-Krise gerungen hatten, von einer ganz besonderen persönlichen Qualität geblieben.

Es war ein herzlicher und zugleich auch etwas wehmütiger Abschied von einer großen amerikanischen Außenministerin, von einer klugen und beeindruckenden Frau und von einer persönlichen Freundin. Madeleine Albright hatte Europa immer verstanden – gerade auch in den Zeiten der Tragödien auf dem Balkan. Und dort, wo dies nicht der Fall war, hatte sie zumindest immer versucht, dieses in amerikanischen Augen bisweilen recht verrückt wirkende Europa zu verstehen. Ähnliches konnte man seit dem Ende des Ost-West-Konflikts leider nicht mehr von allzu vielen Amerikanern sagen.

Madeleine Albright hatte mir eines Tages eine Graphik gezeigt, die im amerikanischen Außenministerium erstellt und in der mit zeichnerischen Mitteln versucht worden war, die Zuständigkeiten und Entscheidungsprozesse innerhalb der EU nachzuvollziehen. Die Graphik wurde von Madeleine mit dem schönen Namen »Das europäische Durcheinander« (»The European Mess«) versehen und erinnerte eher an ein mehrfarbiges, unentwirrbares Wollknäuel als an eine leidlich rationale bürokratische Organisation. Ich muss gestehen, dass ich von diesem pragmatischen Genius unserer Kollegen im amerikanischen Außenministerium tief beeindruckt war. Man mag als Europäer manches an den USA unverständlich finden, aber anders als in Europa versteht man dort, die Dinge auf den Punkt zu bringen. Zumindest wir Deutsche hätten über die Entscheidungswege und Zuständigkeitsfragen in der Europäischen Union einen dicken Wälzer verfasst. Ganz anders werden die Dinge in Amerika angegangen. Noch niemals zuvor hatte ich alle Probleme Europas auf einem einzigen Blatt Papier dargestellt gesehen, und zwar so klar und verständlich, dass jeder einigermaßen vernunftbegabte Mensch über Europa nur den Kopf schütteln konnte.

Das Amt des amerikanischen Außenministers übernahm der frühere Generalstabschef Colin Powell, der ohne jeden Zweifel zu den erfahrensten Realisten aus dem Team von Bush 41 gehörte. Er war über jeden Verdacht provinzieller Engstirnigkeit oder eines ideologisch motivierten Radikalismus erhaben. Am Dienstag, den 20. Februar 2001, begegnete ich Colin Powell zum ersten Mal persönlich anlässlich meines Besuches in Washington, und es entwickelte sich vom ersten Augenblick an ein sehr persönlicher und vertrauensvoller Kontakt zwischen uns. Und ebenfalls vom ersten Augenblick an sprach Colin Powell über die Situation im Irak und dass er wegen der VN-Sanktionen, die den Handel des Landes erheblich einschränkten und die Ölexporte dieses wichtigen Ölproduzenten unter die Kontrolle der Vereinten Nationen stellten, unbedingt einen neuen Ansatz finden müsste. Es gelte, das Instrument der Sanktionen zu verfeinern, sogenannte »smart sanctions« zu entwickeln, die das Regime von Saddam Hussein wirksamer unter Druck setzen würden.

Ich wunderte mich über diese Prioritätensetzung der neuen US-Außenpolitik. Gewiss, die Luftwaffe der USA sorgte über dem Irak, gemeinsam mit der britischen, für die Einhaltung des von den Vereinten Nationen ausgesprochenen Flugverbots in bestimmten Teilen des Landes und für den militärischen Schutz der Kurden. Diese Mission war angesichts der raketengestützten irakischen Luftabwehr und der extrem kurzen Vorwarnzeiten für die Piloten, sobald sie vom irakischen Zielradar erfasst wurden, alles andere als ungefährlich. Andererseits aber war Saddam Hussein durch seine Niederlage im Golfkrieg 1991, durch die Sanktionen der VN, die Erzwingung des Flugverbots durch die alliierten Luftwaffen und durch die jahrelange Präsenz von Waffeninspekteuren der VN im Land entscheidend geschwächt worden. Gewiss, er unterdrückte nach wie vor sein Volk auf brutale Art und Weise, aber eine akute Gefahr für die Region ging von ihm nicht mehr aus.

Umso erstaunter war ich über den besorgten und nachdenklichen Tonfall, den mein amerikanischer Kollege bei dem Thema Irak anschlug. Aus unserer Sicht war der Irak kein aktuelles Thema, und insofern verstand ich auch diese Prioritätensetzung nicht. Wenn man im Nahen Osten eine alles dominierende Priorität suchte, dann lag diese auf der Hand: der Nahostkonflikt zwischen Israel und den Palästinensern sowie seinen anderen arabischen Nachbarn. Präsident Clinton war bei dem Versuch einer Lösung im Jahr 2000 in den Verhandlungen mit Jassir Arafat und dem damaligen israelischen Ministerpräsidenten Ehud Barak in Camp David, dem Wochenendsitz der US-Präsidenten in der Nähe von Washington, gescheitert. Und durch die damit verbundene tiefe Enttäuschung auf beiden Seiten war der Konflikt selbst noch gefährlicher geworden und drohte auf mittlere Sicht die gesamte Region zu destabilisieren. Hier müsste die Priorität amerikanischer und westlicher Politik gesetzt werden, nicht aber im Irak. Erst sehr viel später, nach dem 11. September 2001, sollte ich die wahren Gründe für Colin Powells Sorgen um den Irak begreifen.

An der Frage der Irakpolitik machte sich innerhalb der republikanischen Partei eine hochideologische Kontroverse fest. Ganz offensichtlich begriff eine sehr mächtige Gruppe in der neuen Regierung den Irak als eine unerledigte Aufgabe (»unfinished business«) aus der Regierungszeit des Vaters des Präsidenten, solange Saddam Hussein nicht gestürzt worden war. Diese radikale Position wurde vom Präsidenten selbst, seinem

Vizepräsidenten, vom Verteidigungsminister Donald Rumsfeld, dem stellvertretende Verteidigungsminister Paul Wolfowitz und insgesamt von jener einflussreichen Gruppe innerhalb der Regierung und der republikanischen Partei unterstützt, die man gemeinhin als »Neokonservative« bezeichnete. Freilich wurden die Bedeutung dieser Irak-Kontroverse und der Verlauf der internen Fronten für uns erst sehr viel später erkennbar. Aus unserer damaligen Sicht wurde diese Betonung des Irak eher als eine ideologische Marotte abgetan, denn als eine ernste Herausforderung angesehen. Das sollte sich im Lichte der kommenden Ereignisse als ein großer Fehler erweisen.

Während meines Antrittsbesuchs bei der neuen US-Regierung kam es darüber hinaus noch zu ersten Begegnungen mit der Sicherheitsberaterin des Präsidenten, Condoleezza Rice, und mit Vizepräsident Dick Cheney. Das Treffen mit der Sicherheitsberaterin verlief ebenfalls offen und in einer angenehmen Atmosphäre, was für die zukünftige Zusammenarbeit hoffen ließ. Ganz anders jedoch war der Eindruck, den der Vizepräsident bei mir hinterließ. Das Gespräch verlief sehr förmlich, inhaltlich eher oberflächlich, und recht schnell hatte ich das Gefühl, dass wir beide wohl niemals Freunde werden würden. Nicht, dass es zu großen inhaltlichen Differenzen gekommen wäre, dieser Eindruck betraf mehr die Atmosphäre des Gesprächs. Manche Menschen können einfach nicht miteinander, und das war hier offenbar der Fall. Ich verließ Washington mit der Überzeugung, dass es zwar Veränderungen in der amerikanischen Außenpolitik in Richtung einer verstärkten unilateralen und nationalen Ausrichtung geben würde, dass wir aber als Bundesregierung damit würden umgehen können und keine schwerwiegenden Störungen der deutsch-amerikanischen und auch europäisch-amerikanischen Beziehungen zu erwarten wären.

Im Jahr 2000 hatte sich der Fokus der internationalen Politik immer mehr in Richtung des Nahen Ostens verlagert. Ganz offensichtlich wollte der nach acht Jahren ausscheidende amerikanische Präsident Bill Clinton seine Amtszeit mit einem Friedensschluss zwischen Israel und den Palästinensern abschließen und damit an seinen größten außenpolitischen Erfolg gleich zu Beginn seiner Präsidentschaft anknüpfen, dem sogenannten »Oslo-II-Abkommen«, das am 28. September 1995 durch den israelischen Premierminister Rabin und den Vorsitzenden der Palästinensischen Befreiungsorganisation (PLO), Jassir Arafat, in Anwesenheit von Präsident Clinton in Washington unterzeichnet wurde. Das Abkommen regelte die Ausweitung der palästinensischen Selbstverwaltung im Westjordanland, nachdem bereits in einem früheren Abkommen den Palästinensern die Verwaltung des Gazastreifens (ohne die israelischen Siedlungen) und der Stadt Jericho übertragen worden war. Die seit dem Junikrieg 1967 durch Israel besetzten palästinensischen Gebiete auf der Westbank wurden in A-, B- und C-Zonen aufgeteilt und die A-Zonen einer palästinensischen Verwaltung (PA) einschließlich eigener, leicht bewaffneter palästinensischer Sicherheits- und Polizeidienste unterstellt, die von Jassir Arafat angeführt wurde. Mit der Ermordung von Premierminister Jitzhak Rabin im November 1995 geriet dieser Prozess dann in eine schwere Krise, die in der Folge durch den anhaltenden Ausbau israelischer Siedlungen und durch eine Vielzahl palästinensischer Terroranschläge weiter verschärft wurde.

Ich selbst hatte als hessischer Umweltminister anlässlich meines ersten Besuchs in Israel im Jahr 1993 ein Treffen mit Jitzhak Rabin im Büro des Premierministers in Jerusalem. Dort hatte er mir die Beweggründe für seine Bereitschaft, einen Kompromiss mit den Palästinensern zu suchen, erläutert. Zwei Faktoren waren für ihn entscheidend: erstens die Demographie – die große und schnell wachsende palästinensische Bevölkerung in den besetzten Gebieten würde in absehbarer Zeit zu einer arabischen Mehrheit zwischen Jordangraben und der Küste des Mittelmeers führen, wenn es bei der Okkupation der besetzten Gebiete durch Israel bliebe. Die Palästinenser brauchten perspektivisch ihren eigenen Staat, oder aber die jüdische Mehrheit und damit auch die Demokratie in Israel wären ernsthaft bedroht. Und zweitens würde die Sicherheit Israels, anders als in der Vergangenheit, nicht mehr von der Kontrolle zusätzlichen Territoriums abhängen, sondern von seiner Fähigkeit, sich gegen strategische Waffen wie Raketen wirksam zur Wehr setzen zu können. Auch dazu brauchte es den Ausgleich mit den Palästinensern und Israels anderen arabischen Nachbarn. Sowohl die Raketen, die Saddam Hussein während des Golfkrieges 1991 auf Tel Aviv abfeuern ließ, als auch der Beschuss Israels mit Katjuschas und anderen Raketen während des Libanonkrieges 2006, aber auch eine mögliche Atommacht Iran zeigen, wie richtig und vorausschauend Rabins Analyse gewesen war.

Bill Clinton wollte in seinem letzten Amtsjahr den gordischen Knoten des Nahostkonflikts mit dem Schwert amerikanischer Gipfeldiplomatie durchhauen, um so eine schnell voranschreitende Erosion des Friedensprozesses umzudrehen und einen anhaltenden Frieden zwischen Israel und den Palästinensern zu schaffen. Die Palästinenser sollten ihren eigenen Staat erhalten, und dazu musste es eine abschließende Vereinbarung geben, die zwischen den entscheidenden Akteuren in Camp David verhandelt werden sollte.

Die Vereinbarungen von Oslo waren einerseits ein historischer Durchbruch gewesen, andererseits aber verfügten sie über zwei entscheidende Defizite:

Erstens wurde darin wenig bis nichts für den Aufbau eines funktionierenden palästinensischen Staates geregelt, sondern diese Fragen wurden der PA und damit Jassir Arafat in die Hände gelegt. Die internationale Staatengemeinschaft, vorneweg die Europäer und auch die Bundesrepublik Deutschland, engagierten sich zwar nach der Unterzeichnung des Abkommens in Washington mit viel Geld und finanzierten zahlreiche nützliche Projekte beim Aufbau der palästinensischen Territorien, aber die Frage einer guten Regierungsführung, der palästinensischen Institutionen und ihrer Funktionsweise wurde dabei weitgehend vernachlässigt. Jassir Arafat selbst hatte nur ein marginal entwickeltes Interesse an transparenten und funktionierenden staatlichen Institutionen – Erziehung, Soziales, Gesundheit, Recht, Finanzen, Infrastruktur, Wirtschaft –, da sie seine Macht wirksam begrenzt und einer transparenten Kontrolle unterworfen hätten. Stattdessen gedieh eine politische Kultur, die auf Korruption, Intransparenz und Vetternwirtschaft gründete, eine Mischung aus traditioneller Diwanverwaltung und revolutionären Untergrundstrukturen. Der palästinensischen

Bevölkerung in den Territorien brachte diese Verwaltung nicht allzu viel, wohingegen eine Vielzahl von Sicherheits- und Geheimdiensten unter Arafats Kontrolle richtiggehend aufblühte. Auch in der israelischen Regierung war durchaus die Meinung verbreitet, dass eine palästinensische Misswirtschaft durch die PA Israels Position bei den kommenden Endstatusgesprächen eher stärken als schwächen würde. Freilich war dies eine extrem kurzsichtige Politik, denn die radikalen Islamisten der Hamas sollten in dieses Vakuum, das eine korruptionsanfällige und nur wenig effiziente palästinensische Verwaltung schuf, mit ihrer Sozialpolitik und ihrer Anprangerung der Korruption sehr erfolgreich hineinstoßen. Die Ergebnisse sind heute zu besichtigen.

Das zweite Defizit der Vereinbarungen von Oslo lag in der inhärenten Begrenzung dieser Vereinbarungen selbst begründet, nämlich in der Vertagung der Endstatusfrage. Zwar waren die Osloer Abkommen geradezu revolutionär, weil sie einen Kompromiss zwischen bisherigen Todfeinden brachten, zugleich aber sparten sie die wesentliche Frage des Konflikts aus, respektive behandelten sie nur indirekt, nämlich die Frage eines palästinensischen Staates. Israel verfügte in Gaza nur über Sicherheitsinteressen und nicht über Territorialansprüche. Ganz anders hingegen war die israelische Interessenlage bezüglich der Westbank und Ost-Jerusalems. Denn diese Gebiete – und nicht die Küstenebene, in der heute Tel Aviv liegt, und auch nicht der Negev im Süden – waren die wesentlichen Teile des historischen Israel. Das Kernland des alten Israel war neben Galiläa, das bereits seit dem Unabhängigkeitskrieg zum israelischen Staatsgebiet gehört, vor allem Judäa und Samaria gewesen – wie diese Gebiete auch heute noch in Israel genannt werden – oder die Westbank, wie sie die Palästinenser nennen.

Relevante Teile der israelischen Gesellschaft waren nicht bereit (und ganz gewiss nicht die israelische Rechte), auf Judäa und Samaria bzw. die Westbank ganz oder auch nur teilweise zu verzichten. Und Jerusalem hatte für beide Seiten noch eine weitaus größere und zugleich hochsymbolische Bedeutung. Israel hatte das bis 1967 zu Jordanien gehörende Ost-Jerusalem in einem einseitigen Akt im Jahr 1980 annektiert und ganz Jerusalem zu seiner Hauptstadt erklärt, wenngleich dieser Schritt international auch niemals anerkannt worden war, selbst nicht von den engsten Freunden Israels.

Die palästinensisch-arabische Seite wiederum ging bei den Verhandlungen um die Oslo-Vereinbarungen immer davon aus, dass ein palästinensischer Staat die Gesamtheit der im Junikrieg besetzten Gebiete unter Einschluss Ost-Jerusalems umfassen musste. Und auch die Palästinenser verfügten über einen Punkt, der vor allem für die palästinensische Diaspora in den Flüchtlingslagern der arabischen Nachbarstaaten von zentraler Bedeutung war (und ist): das Rückkehrrecht der Flüchtlinge. Man durfte nicht vergessen, dass die Palästinensische Befreiungsorganisation (PLO) und nicht etwa die Vertreter der Palästinenser in den besetzten Gebieten die Verhandlungen mit Israel führte, da nur die PLO glaubhaft beanspruchen konnte, die beiden Teile des palästinensischen Volkes, nämlich die Palästinenser sowohl innerhalb als auch außerhalb Palästina, zu vertreten. Israel hatte in dieser für die Palästinenser zentralen Frage des Rückkehrrechts der Flüchtlinge allerdings immer ein Instrument der anderen Seite gesehen, die Staatsgründung von 1948 und damit die Existenz des Staates Israel selbst mit demographischen Mitteln in Frage zu stellen.

Dadurch, dass das Territorium eines zukünftigen palästinensischen Staates in den Oslo-Abkommen im Ungefähren gehalten und auf spätere Endstatusverhandlungen vertagt worden war, lösten diese Vereinbarungen aber eine nicht beabsichtigte Eskalationsdynamik um die ungeklärt gebliebene Territorialfrage aus. Israels Staatsgrenzen waren seit der Staatsgründung und dem Unabhängigkeitskrieg gegen die angreifenden Armeen der arabischen Nachbarstaaten immer höchst prekär gewesen.

Aber selbst in den Jahren nach der Unabhängigkeit galten die Grenzen Israels, die mehr oder weniger den Waffenstillstandslinien von 1949 entsprachen, immer als höchst gefährdet und militärisch eigentlich nicht oder nur offensiv und präventiv zu verteidigen. Die beständig wiederholte arabische Drohung, die Israelis ins Meer zu treiben, tat zudem ihr Übriges, um in der israelischen Bevölkerung das Bewusstsein einer andauernden existenziellen Bedrohung zu verstärken.

Erst mit der Eroberung der jordanischen Westbank bis hin zum Jordan, der syrischen Golanhöhen im Norden, dem ägyptischen Gaza und der gesamten Sinaihalbinsel im Junikrieg von 1967 schien Israel über verteidigungsfähige Grenzen zu verfügen. Aus all diesen historischen, religiösen und Sicherheitsgründen war Israel offensichtlich nicht bereit, sich im Falle von Endstatusverhandlungen aus dem gesamten palästinensischen Territorium entlang der Grenzen vor dem Junikrieg 1967 zurückzuziehen.

Zudem spielte auch weiterhin das alte Misstrauen gegenüber den Palästinensern und Arabern eine nicht unwesentliche Rolle für die Sehnsucht nach militärisch sicheren Grenzen, denn selbst bis hinein in das Friedenslager in Israel war man nicht restlos davon überzeugt, dass sich die Palästinenser mit einem Staat in den Grenzen vor 1967 tatsächlich dauerhaft zufriedengeben würden. Der Verdacht war und ist weitverbreitet, dass die andere Seite einen palästinensischen Staat in der Westbank, Ost-Jerusalem und Gaza lediglich als einen taktischen Zwischenschritt ansehen würde, um danach ihre Ansprüche auf ganz Israel auszudehnen. Auch und gerade die palästinensische Forderung nach dem Rückkehrrecht der Flüchtlinge hielt dieses Misstrauen wach. Aus all diesen Gründen verfolgten die verschiedenen israelischen Regierungen die Politik, durch verstärkte Siedlungsaktivitäten in den besetzten Gebieten und in Ost-Jerusalem die demographischen Fakten zu verändern, um so eigene territoriale Ansprüche im Falle von Endstatusverhandlungen zu legitimieren.

Im israelisch-palästinensischen Konflikt spielte von Anfang an die Kombination von Demographie und Territorium eine entscheidende Rolle, denn im Kern bestand und besteht dieser Konflikt seit seinen frühesten Anfängen aus dem Kampf zweier Völker und zweier Nationalbewegungen um dasselbe Land, und daran hat sich bis in die Gegenwart hinein nichts geändert. Allerdings wird dieser Konflikt neben seiner nationalen Dimension noch durch zwei weitere Dimensionen verstärkt: die regionale und die religiöse. Und alle drei Dimensionen folgen unterschiedlichen Zeitachsen und Erwartungshorizonten, was die Lösung dieses Konflikts weiter verkompliziert.

Die Alternativen hießen von Anfang an entweder Krieg oder eine Teilung des Territoriums zwischen den beiden Völkern (und auch daran hat sich bis heute nichts geändert). Und genau dies geschah zum ersten Mal mit dem Teilungsbeschluss der Vereinten Nationen für das ehemalige britische Mandatsgebiet Palästina im November 1947. Wenn es jemals Frieden im Nahen Osten geben soll, dann wird dies nur auf der Grundlage einer verhandelten und allseits akzeptierten Teilung des umkämpften Territoriums gelingen können, und insofern ist die Zweistaatenlösung die einzige Möglichkeit, einen Frieden zu erreichen. Genau dies war Präsident Clintons Ziel mit den Verhandlungen in Camp David, die zwischen dem 11. und 25. Juli 2000 stattfanden und vom amerikanischen Präsidenten persönlich geleitet wurden.

Die Europäer spielten in diesen Verhandlungen keine Rolle, und niemand wäre damals allen Ernstes auf die Idee gekommen, eine europäische Rolle bei diesen Verhandlungen zu verlangen. Denn die Europäische Union war dazu noch zu schwach und verfügte in den zentralen Fragen der Weltpolitik weder über die dazu notwendige interne Geschlossenheit noch über das strategische Bewusstsein oder gar Selbstbewusstsein bezüglich ihrer regionalen Nachbarschaft. In Camp David verhandelten allein die USA mit der israelischen Regierung und der PLO – Clinton, Barak und Arafat.

Im Rückblick muss man die Frage aufwerfen, ob zum damaligen Zeitpunkt seitens der USA das Terrain ausreichend vorbereitet worden war, um einen historischen Durchbruch hin zu einem dauerhaften Frieden im Nahostkonflikt erzielen zu können. Konnte Arafat überhaupt irgendeine Lösung akzeptieren, die weniger als 100 Prozent der palästinensischen Territorien in Gaza, der Westbank und Ost-Jerusalem umfasste? Und konnte Barak überhaupt ein Angebot für einen palästinensischen Staat machen, das 100 Prozent des palästinensischen Territoriums in den Grenzen vor dem Juni 1967 beinhaltete? Waren also beide Konfliktparteien in Camp David überhaupt in der Lage und bereit, einen für beide Seiten akzeptablen Kompromiss zu suchen und zu finden? Die Historiker werden noch lange Zeit versuchen, die Schuldfrage für das Scheitern von Camp David zu klären, aber vermutlich waren die Bedingungen für einen Durchbruch einfach nicht gegeben.

Arafats Lage war zudem seit der einseitigen Entscheidung Israels zum Rückzug aus dem Südlibanon am 24. Mai 2000 noch wesentlich schwieriger geworden. Nachdem Ehud Barak nach den Wahlen im Mai 1999 die rechte Likud-Regierung unter Premierminister Netanjahu abgelöst hatte, traf ich bei meinen Gesprächen mit palästinensischen Vertretern auf durchgehend optimistische Erwartungen über die neue israelische Regierung und die Zukunft des Friedensprozesses. Mit der Entscheidung zum Rückzug Israels aus dem Südlibanon kippte aber die Stimmung der palästinensischen Führung ins gerade Gegenteil um. Der Optimismus war Wut und finsterer Entschlossenheit gewichen.

Israel hatte – mit Ausnahme der Sicherheit seiner Nordgrenze – keine Gebietsansprüche im Südlibanon. Seine Armee erlitt dort über die Jahre hinweg schmerzhafte Verluste in einem nicht enden wollenden Guerillakrieg. Ich selbst hatte den Schritt des neuen israelischen Premierministers zum Rückzug aus dem Südlibanon begrüßt und politisch unterstützt, denn ich sah darin eine Geste des guten Willens der israelischen Regierung, um nach den Jahren des Stillstandes unter Netanjahu das Terrain für erfolgreiche Verhandlungen mit den Palästinensern und den anderen arabischen Nachbarn zu ebnen, mit denen Israel noch keinen Friedensvertrag abgeschlossen hatte. Ich verstand den Rückzug Israels überdies als eine vernünftige, vertrauensbildende Vorleistung, die ein neues Kapitel im nahöstlichen Friedensprozess einleiten sollte.

Die arabische und vor allem die palästinensische Sichtweise auf diesen Vorgang war grundsätzlich verschieden. Die libanesisch-schiitische »Partei Gottes« (Hisbollah) unter ihrem Führer Scheich Nasrallah wurde aus arabischer Perspektive als der große Sieger über die scheinbar unbesiegbare israelische Armee gefeiert – ihr heldenhafter jahrelanger Widerstand hätte Israel zum Rückzug gezwungen. Die Botschaft war klar: Der Terror ist eine erfolgreiche Waffe im Kampf gegen Israel. Arafat und die PLO erschienen daher fortan als Feiglinge, die auf den Knien liegend mit Israel verhandelten, anstatt zur Waffe zu greifen und zu kämpfen.

Ich war am 5. Juni 2000 erneut in Ramallah und traf dort Jassir Arafat und seine Berater. Die Stimmung war völlig umgekippt und mehr als düster, ohne dass ich mir darauf so recht einen Reim machen konnte. Später allerdings, nach einer tieferen Kenntnis der Akteure im Nahen Osten, verstand ich den ganzen Vorgang, und ich erinnerte mich an die Fernsehbilder, als Arafat nach dem Scheitern der Gespräche von Camp David nach Hause zurückgekehrt war und dort mit Spruchbändern empfangen wurde, die ihn als den »neuen Saladin« feierten. Genau darum war es ihm in den Verhandlungen zuerst und vor allem gegangen, dachte ich mir, nicht um den Frieden, nicht um einen Kompromiss mit Israel, sondern schlicht um sein Ansehen in der arabischen Welt und damit um sein politisches Überleben.

Die amerikanischen Gastgeber der Verhandlungen von Camp David hatten wohl die komplexe und heikle Position des PLO-Vorsitzenden unterschätzt. Er hatte nicht nur im Konflikt mit Israel zu bestehen und auf die Wünsche der Supermacht USA Rücksicht zu nehmen, sondern noch viel mehr waren für ihn sein Rückhalt unter den Palästinensern (nationale Agenda) und sein Ansehen und seine Position in der arabischen Welt (regionale Agenda) von überlebenswichtiger Bedeutung. Und ein drittes Element des Scheiterns kam noch hinzu. Die Art und Weise, wie Barak und Arafat in Camp David miteinander umgingen beziehungsweise nicht miteinander umgingen, machte eine persönliche Vertrauensbasis zwischen diesen beiden entscheidenden Personen nahezu unmöglich.

In der politischen Kultur des Westens entscheidet vor allem das Ergebnis. Wenn man bekommt, was man will, ist alles andere zweitrangig. Die politische Kultur des Orients ist dagegen ganz anders. Es kommt nicht nur darauf an, *was* man bekommt, sondern fast noch mehr, *wie* man es bekommt. Und genau dieser Unterschied schien in Camp David eine unheilvolle Rolle gespielt zu haben.

Nachdem die Verhandlungen Ende Juli gescheitert waren, rannte Barak und Clinton die Zeit davon. Israel steuerte auf Neuwahlen zu, und Präsident Clintons zweite Amtszeit würde im Januar kommenden Jahres definitiv zu Ende sein.

In einer letzten Anstrengung präsentierte Präsident Clinton

den Unterhändlern beider Seiten am 23. Dezember bei einem Treffen im Weißen Haus ein Kompromisspapier, die sogenannten »Clinton Parameters«, das den Palästinensern 94 bis 96 Prozent der besetzten Gebiete zusprach und einen Gebietsaustausch für die verbleibenden 4 bis 6 Prozent vorsah. Hinzu kamen eine Teilungslösung für Jerusalem entsprechend der ethnischen und religiösen Realitäten unter Einschluss der Altstadt und der heiligen Stätten und eine Lösung der palästinensischen Flüchtlingsfrage durch ein Rückkehrrecht in den zu schaffenden palästinensischen Staat, beziehungsweise durch deren Internationalisierung mittels finanzieller Entschädigungen und dauerhafter Aufnahme der Flüchtlinge in Drittländern. Präsident Clintons Papier wurde sowohl von Arafat als auch von Barak akzeptiert, allerdings erneut nur mit zusätzlichen Fragen, Klärungsbedarf und einseitigen Vorbehalten. Dieses Papier war die Grundlage für die Verhandlungen der beiden Konfliktparteien, die im Januar 2001 in Taba, einem ägyptischem Badeort am Roten Meer, stattfanden. Dort wurden die »Clinton Parameters« durch die Verhandlungsdelegationen beider Seiten weiter konkretisiert.

Mit dem Wahlsieg Ari Scharons und der Rechten in Israel über Ehud Barak und die Linke im Februar 2001 brach dieser Verhandlungsprozess endgültig ab. Die Verhandlungsergebnisse von Taba verschwanden gemeinsam mit den »Clinton Parameters« in der Schublade der Geschichte des Nahen Ostens, um dort auf bessere Zeiten zu warten. Denn tatsächlich enthielten die beiden Dokumente bereits sehr detailliert alle notwendigen Kompromisse für einen israelisch-palästinensischen Friedensvertrag, und ich bin mir sicher, dass wenn eines unbekannten Tages sich die beiden Konfliktparteien erneut zu ernsthaften Verhandlungen über einen Endstatus im israelisch-palästinensischen Konflikt zusammensetzen werden, dann wird diese Schublade erneut geöffnet werden und die Ergebnisse dieser Verhandlungen werden in aktualisierter Fassung für einen Friedensvertrag Verwendung finden.

Die Friedensgespräche, die im späten Jahr 2000 und im beginnenden Jahr 2001 zwischen der israelischen Regierung und der PLO fortgesetzt wurden, begleitete aber bereits eine Welle der Gewalt und des Terrors, die nahezu täglich eskalierten. Am 28. September 2000 eröffnete der Spitzenkandidat des oppositionellen Likud, Ari Scharon, de facto seinen Wahlkampf durch einen demonstrativen Besuch des Tempelberges. Die Palästinenser nutzten die Empörung über diese Provokation, um den Friedensprozess endgültig zu beenden und mit einem zweiten Volksaufstand (Zweite Intifada) gegen die israelische Besatzung zu beginnen. Dieser Aufstand, dies ist meine feste Überzeugung, war nicht spontan, sondern seit längerem (vermutlich seit dem Scheitern von Camp David) gründlich geplant worden. Dazu war diese Intifada und die sie begleitende Terror- und Gewaltwelle einfach zu gut vorbereitet gewesen, als dass man die These vom spontanen Aufstand ernsthaft glauben konnte. Der Rückzug Israels aus dem Libanon mag ebenfalls seine Rolle gespielt haben. Aber bei der Entscheidung für die Rückkehr zur Gewalt dürfte in der Analyse der palästinensischen Führung vor allem der anhaltende Gebietsverlust durch den israelischen Siedlungsbau ausschlaggebend gewesen sein.

Die palästinensische Führung ignorierte mit ihrer fatalen Entscheidung nahezu völlig die Psychologie der israelischen Seite. Die Tatsache, dass Premierminister Barak in Camp David den Palästinensern zum ersten Mal in der Geschichte des israelisch-palästinensischen Konflikts einen eigenen Staat angeboten und die Palästinenser dazu nein gesagt hatten, ließ in den Augen der überwiegenden Mehrheit der Israelis nur eine Interpretation zu, nämlich dass die Palästinenser in Wirklichkeit gar keinen Staat in Gaza und auf der Westbank wollten, sondern sich noch immer nicht von dem Traum der Zerstörung Israels verabschiedet hatten. Und als dann noch mit der Zweiten Intifada der Terrorkrieg erneut in die israelischen Städte getragen wurde, da war die Schlussfolgerung in Israel sehr einfach: »Barak hat ihnen einen Staat angeboten, und sie antworteten mit Terror!«

Der Ausbruch der Zweiten Intifada besiegelte das politische Schicksal Baraks und machte Scharon zum Wahlsieger und neuen Premierminister in einer Großen Koalition mit der Arbeitspartei und anderen. Erneut hatte der palästinensische Terror die Wahlen zugunsten der israelischen Rechten entschieden, wie dies bereits im Wahlkampf 1996 zugunsten von Benjamin Netanjahu gegen Schimon Peres der Fall gewesen war. Diesmal allerdings war der Schaden noch sehr viel nachhaltiger, denn mit dem Scheitern von Camp David, dem Beginn der Zweiten Intifada und dem Wahlsieg von Scharon war die israelische Linke faktisch am Ende. Sie hatte ihren Glauben und damit auch ihre zentrale politische Botschaft verloren – dass sich Israel mit den Palästinensern zusammensetzen und ihnen ihren eigenen Staat anbieten müsste, dann würde der Frieden für Israel kommen. Diese Strategie war mit Camp David grandios gescheitert. Israel sah sich statt im Frieden erneut im Krieg mit den Palästinensern und wählte konsequenterweise rechts, und das hieß Ari Scharon.

Gegen Ende seiner Amtszeit, im November 2000, berief Präsident Clinton noch eine internationale Kommission unter dem Vorsitz des ehemaligen demokratischen Senators George Mitchell, der unter anderem auch der Hohe Beauftragte für die Außenpolitik der EU, Javier Solana, angehörte. Diese Gruppe sollte nach Gesprächen mit den Konfliktparteien einen Weg aufzeigen, wie der Friedensprozess wieder begonnen und vorangebracht werden könnte. Diese sogenannte »Mitchell-Kommission« war deswegen von großer Bedeutung, weil sie erstens in die Regierungszeit von Präsident Bush und Premierminister Scharon hineinragte, gewissermaßen als ein Erbe der verachteten Clinton-Regierung und ihrer kompromissorientierten Politik. Und zweitens entwickelte sich aus der Mitchell-Kommission das spätere »Nahost-Quartett«, das sich aus den USA, der EU, Russland und den VN zusammensetzte.

Die Mitchell-Kommission legte im Mai 2001 Empfehlungen vor, die im Wesentlichen drei Punkte umfassten: einen sofortigen Waffenstillstand; eine Abkühlungsphase und damit einhergehende vertrauensbildende Maßnahmen, wozu wirksame Maßnahmen der PA gegen terroristische Aktivitäten und ein Einfrieren der israelischen Siedlungsaktivitäten gehörten; und schließlich die Wiederaufnahme der Friedensgespräche und der Beginn von »full and meaningful negotiations«, was nichts anderes meinte, als Verhandlungen über den Endstatus. Dazu waren aber weder die neue Regierung in Washington noch die in Jerusalem bereit, und sie verfügten leider über ein durchaus plausibles Argument: Warum sollten sie sich mit Arafat erneut an einen Tisch setzen, nachdem dieser das Angebot von Barak und Clinton für einen eigenen palästinensischen Staat nicht nur abgelehnt, sondern, schlimmer noch, mit Gewalt und Terror beantwortet hatte? Dies würde als ein Nachgeben gegenüber der Doppelstrategie der PLO verstanden werden, die solange auf Verhandlungen setzte, solange sie in den Verhandlungen bekam, was sie wollte, und wenn dies nicht der Fall war, dann eben wieder zu Terror und Gewalt griff. Diese Strategie, so die Meinung der beiden neuen Regierungen in Israel und den USA, durfte nicht aufgehen, weil man ansonsten die Grenze zur Erpressbarkeit überschreiten würde.

Ari Scharon hatte gegenüber den Vorschlägen der Mitchell-Kommission gute Miene zum bösen Spiel gemacht und sie begrüßt, gleichzeitig aber eine Bedingung davor gesetzt, die ihm die alleinige Entscheidungskompetenz darüber gab, wann die zentrale Bedingung der Mitchell-Empfehlungen, nämlich das Ende der Gewalt, tatsächlich gegeben sein würde. Der israelische Premierminister verkündete immer wieder, dass er niemals unter Terror verhandeln werde. Er konnte allerdings auch auf die ungewollte Unterstützung von Jassir Arafat zählen. Denn hätte Arafat die Zweite Intifada nach der Vorlage der Mitchell-Empfehlungen militärisch beendet und sich auf politischen Protest und zivilen Ungehorsam gegen den anhaltenden Siedlungsbau in den besetzten Gebieten konzentriert, so wäre es binnen weniger Wochen für Scharon in den USA und in der internationalen Öffentlichkeit, aber auch in seiner Großen Koalition mit der Arbeitspartei und in der israelischen Öffentlichkeit sehr eng geworden.

Arafat selbst und die meisten seiner Berater, dies war mein Eindruck aus vielen Gesprächen, hatten niemals verstanden, welche katastrophalen Auswirkungen sein Nein in Camp David und seine Rückkehr zu Terror und Gewalt tatsächlich hatten. In Israel, den USA, in Teilen Europas und in der internationalen jüdischen Gemeinschaft wurde dies als ein krasser Vertrauensbruch angesehen. Die Führungen von PA und PLO mochten die sogenannte »arabische Agenda« sehr gut verstehen, die »westliche Agenda«, die für die Durchsetzung ihres legitimen Ziels nach einem eigenen Staat in den Grenzen vor Juni 1967 von ganz entscheidender Bedeutung war, haben sie niemals wirklich begriffen. Leider muss man dies umgekehrt auch über die Politik des Westens sagen, der die »arabische Agenda« niemals wirklich verstanden und in seine Verhandlungsstrategien mit eingebaut hatte.

Terror und Gewalt eskalierten in Israel und in den besetzten Gebieten, der Friedensprozess war faktisch zusammengebrochen, der Einstieg in die Umsetzung der Mitchell-Empfehlungen wurde von allen Beteiligten blockiert, da weder die beiden Konfliktparteien noch die USA, ohne deren Zustimmung und aktives Engagement nichts ging, bereit waren, sich ernsthaft für die Umsetzung der Mitchell-Empfehlungen zu engagieren.

Dies war die Lage im Nahen Osten, als ich mich am Freitag, den 1. Juni 2001, erneut zu einem offiziellen Besuch in Israel und den palästinensischen Gebieten aufmachte. Ich war, von Deutschland kommend, mit der mich begleitenden Delegation aus Mitarbeitern und einigen deutschen Journalisten am Nachmittag auf dem Ben-Gurion-Flughafen gelandet. Vom Flughafen fuhren wir direkt in das Dan-Hotel, das an der Strandpromenade von Tel Aviv lag. Dort traf ich zu einem ersten Gesprächstermin mit dem Außenminister Israels, Schimon Peres, zusammen. Wir hatten zuerst ein Gespräch unter vier Augen, das dann im größeren Delegationskreis fortgesetzt wurde. Peres schilderte die Lage in pessimistischen Worten und war der Meinung, dass Arafat die Gewalt anhalten könnte, wenn er dies wollte, aber ganz offensichtlich wollte er nicht. Und solange die Gewalt anhielte, sähe er keine ernsthafte Möglichkeit, mit der Umsetzung der Mitchell-Empfehlungen zu beginnen.

Ich arbeitete im Gespräch mit Schimon Peres sorgsam meine Gesprächskarten ab, auf denen die Beamten des AA in Stichworten unsere Positionen respektive unsere Fragen zu allen Themen von Bedeutung aufgeschrieben hatten. In den kommenden zwei Tagen waren zudem noch Begegnungen mit Jassir Arafat in Ramallah und mit Premierminister Ari Scharon in Jerusalem vorgesehen. Anschließend wollten wir nach Ägypten weiterreisen.

Nach dem Gespräch mit Schimon Peres zog ich mich um und joggte an der Strandpromenade entlang nach Alt-Jaffa und zurück. Ich liebte diese Strecke und war sie schon öfter gelaufen. Dabei passierte ich zweimal ein Gebäude, das »Dolphinarium« hieß und unmittelbar an der Strandpromenade gelegen war. In ihm war auch eine Diskothek namens »Pascha« untergebracht, die ich allerdings im Vorbeilaufen nicht bewusst wahrgenommen hatte. Gegen 21.00 Uhr traf ich in dem einige Kilometer nördlich von Tel Aviv gelegenen Badeort Herzlija in der Residenz des deutschen Botschafters in Israel ein, der unserer Delegation zu Ehren dort einen Empfang gab, auf dem zahlreiche israelische und deutsche Gäste anwesend waren. Ich begegnete dort einem alten Freund und früheren Mitarbeiter von Jitzhak Rabin in der Arbeitspartei, Israel Gat, der mir die Lage in den düstersten Farben schilderte. So ginge es nicht weiter, der palästinensische Terror in Israel würde immer schlimmer und müsse gestoppt werden, und das hieße, dass es innerhalb der nächsten Wochen wohl zum Krieg käme. Die Mitchell-Empfehlungen und den Friedensprozess könne man bis auf Weiteres vergessen. Ich verließ am späteren Abend sehr nachdenklich den Empfang unseres Botschafters Rudolf Dreßler und machte mich mit unserer Delegation und begleitet vom Botschafter zurück auf den Weg nach Tel Aviv.

Als wir uns bereits in der Nähe unseres Hotels befanden, gerieten wir in einen Verkehrsstau. In der Ferne sah man an der Uferstraße blinkende Blaulichter, und man hörte Sirenengeheul. Das uns begleitende israelische Sicherheitskommando informierte uns, dass es kurz zuvor an der Diskothek im »Dolphinarium« zu einem schweren Terroranschlag gekommen war. Ein Selbstmordattentäter habe sich vor dem Eingang unter die dort wartenden Jugendlichen gemischt und dann seinen Sprengstoffgürtel gezündet. Er richtete ein furchtbares Blutbad an. 21 Israelis im Alter zwischen vierzehn und zweiunddreißig wurden von der Bombe zerrissen, über 100 verletzt. Sechzehn der Getöteten waren unter zwanzig Jahre alt, darunter viele junge Frauen, die meisten Opfer entstammten Einwandererfamilien aus Russland. So nah wie an diesem Tag war mir der Terror im Nahen Osten noch nicht gekommen. Diesmal war es keine abstrakte Nachricht, sondern konkretes Erleben, das mir sehr naheging. Es war ein Albtraum.

Zurück im Hotel setzten wir uns sofort in meiner Suite im deutschen Delegationskreis zusammen, um zu beraten, wie wir auf dieses schreckliche Massaker reagieren sollten. Wir konnten uns auf keinen Fall so verhalten, als wenn nichts geschehen wäre. Die spontane Idee, noch in der Nacht an den Ort des brutalen Anschlags zu fahren, dort Blumen niederzulegen und der Opfer zu gedenken, wurde von der israelischen Sicherheit mit einem strikten Nein verworfen. Die Lage sei zu unsicher, und weitere Attentate im Raum Tel Aviv wären nicht auszuschließen. Wir entschieden, dass wir am nächsten Morgen diesen Besuch nachholen würden. Der mich begleitende Botschafter wurde gebeten, alles dafür Notwendige zu veranlassen.

Dann diskutierten wir die durch das Massaker entstandene Lage. Am folgenden Tag, einem Samstag, hatten wir gegen 10.00 Uhr einen Termin bei Präsident Arafat in Ramallah, der mit einem Mittagessen enden sollte. Israel würde mit sehr großer Wahrscheinlichkeit am morgigen Tag zu einem militärischen Gegenschlag ausholen. Dann würde also jener Krieg beginnen, von dem mein Freund Israel Gat noch vor weniger als zwei Stunden so prophetisch gesprochen hatte.

Sollten wir die Begegnung mit Arafat aus Empörung absagen und abreisen? Wir entschieden uns gegen diese Option. Warum? Es war purer Zufall oder Schicksal oder was auch immer, was uns in diese Lage gebracht hatte. Wir würden mit hoher Wahrscheinlichkeit die letzte internationale Delegation sein, die mit Arafat vor dem drohenden israelischen Gegenschlag zusammentreffen würde. Wir hatten uns diese Situation nicht ausgesucht, aber da wir nun einmal in dieser Lage waren, sollten und wollten wir, so war unsere einhellige Meinung, jede noch so kleine Chance nutzen, um Arafat zur Umkehr zu bewegen und so einen militärischen Gegenschlag Israels und damit den Ausbruch eines neuen Krieges zu verhindern.

Unsere Chance war nicht groß, aber wir wollten es dennoch versuchen. Allerdings würden wir das Mittagessen absagen, denn für solche entspannte Freundlichkeiten war jetzt nicht der Augenblick. Und es musste die Zustimmung der israelischen

Regierung eingeholt werden, denn ohne deren Bereitschaft, im Falle eines Erfolges unserer Mission auf einen Gegenschlag zu verzichten, würden wir in Ramallah nichts anzubieten haben.

Am nächsten Morgen signalisierten uns Außenminister Peres und seine Mitarbeiter, dass wir versuchen sollten, Arafat zu einer Umkehr zu bewegen. Auch Scharon wolle dies. Bevor wir dann nach Ramallah aufbrachen, besuchten wir den Ort des nächtlichen Massakers, der nur wenige hundert Meter von unserem Hotel entfernt war. Die Botschaft hatte einen Strauß Blumen besorgt, den ich am Ort des Terroranschlags zum Gedenken an die Opfer niederlegte. Es war grauenhaft. Auf dem Gehweg vor dem Eingang in die Diskothek befanden sich noch überall Blutlachen, und es roch nach Tod. Der Attentäter, den die islamistische Terrorgruppe Hamas losgeschickt hatte, war nicht sehr viel älter als die meisten seiner Opfer gewesen. Ich musste in jenem Augenblick vor allem an den Schmerz der Eltern und der Familien der Opfer denken, meine beiden eigenen Kinder waren in dem Alter der meisten Opfer und auch des Täters. Dieser Wahnsinn musste ein Ende haben, und genau deswegen wollte ich dann weiter nach Ramallah.

Es war der 2. Juni 2001. Welch ein Datum! Der 2. Juni wird für mich immer einer der wichtigsten Tage in meinem Leben bleiben, denn jener 2. Juni 1967, an dem in West-Berlin der Student Benno Ohnesorg erschossen worden war, hatte wie kein anderer Tag mein Leben verändert. Durch die Ereignisse jenes Tages bin ich zu einem radikalen Linken geworden. Und jetzt, vierunddreißig Jahre danach, sollte erneut eine wichtige Entscheidung in meinem Leben an diesem Tag stattfinden? Es würde eine Entscheidung sein, in der sich viele historische Linien in meiner Biographie kreuzen würden, von denen ich zuvor niemals gedacht hätte, dass dies geschehen könnte. Das Leben verläuft manchmal doch in recht wundersamen Bahnen.

Ich hatte mir morgens im Hotel auf der Rückseite eines Zettels, auf dem mein täglicher Terminplan ausgedruckt war, drei Punkte aus unserer nächtlichen Diskussion notiert, die Arafat zu akzeptieren hatte, wenn ein israelischer Militärschlag vermieden werden sollte: eine öffentliche Verurteilung aller Terror- und Gewalttakte, eine sofortige und bedingungslose Waffenruhe und die Verpflichtung zu einer effektiven Sicherheitskooperation mit der israelischen Seite zur Beendigung des Terrors und zur Einhaltung des Waffenstillstands. Wichtig war, dass der Text in arabischer und englischer Sprache durch Präsident Arafat vor den laufenden Kameras verlesen wurde und dass es dabei nicht die geringsten Unklarheiten geben durfte, denn in der Vergangenheit war bereits des Öfteren die Erfahrung gemacht worden, dass sich die Erklärungen in Englisch für die internationale Öffentlichkeit erheblich von dem arabischen Text für die palästinensische Öffentlichkeit unterschieden hatten.

Auf der Fahrt nach Ramallah stimmte ich diese Punkte nochmals über Telefon mit Außenminister Peres ab. Als wir die Stadtgrenze von Jerusalem mit unserer Autokolonne überschritten hatten, umgab uns eine gespenstige Ruhe. Kaum jemand außer uns war noch unterwegs, und es schien, als duckte sich das Land in Erwartung des israelischen Militärschlags. Vor dem Amtssitz des Präsidenten der palästinensischen Autonomiegebiete wartete sehr viel Presse auf uns, aber es gab nicht viel zu erklären. Nach dem Austausch einiger weniger Höflichkeiten zu Beginn unseres Gesprächs kam ich direkt zur Sache.

Ich machte Präsident Arafat und seinen Mitarbeitern in ruhigem Ton, aber eindeutiger Sprache klar, dass es hier und heute darum ginge, eine historische Tragödie innerhalb der nächsten Stunden abzuwenden. Ich wies Arafat darauf hin, dass er nur durch Verhandlungen bis Ramallah gekommen wäre und nicht durch Waffengewalt. Von hier aus wäre es nicht mehr weit nach Jerusalem, aber diese letzten Kilometer würde er niemals schaffen, wenn er auf Gewalt setzen würde. Niemals!

Jassir Arafat erklärte sich grundsätzlich zu einer Fernsehansprache bereit, aber danach begannen zähe Verhandlungen um den genauen Text. Irgendwelche allgemeinen Verurteilungen von Terror und Gewalt würden am heutigen Tag nicht mehr ausreichen, jetzt wären allein eindeutige Worte und konkretes Handeln zur Beendigung des Terrors gefragt.

Während der Textverhandlungen kam der persönliche Sonderbeauftragte des VN-Generalsekretärs für die besetzten Gebiete und den Friedensprozess, Terje Rød-Larsen, hinzu, der ebenfalls einen Termin mit Jassir Arafat hatte, und unterstützte unsere Anstrengungen. Am Ende verlas Präsident Arafat vor den Mikrophonen und Kameras der Weltmedien, flankiert von Rød-Larsen und mir selbst, die ausgehandelte Erklärung in Arabisch, die simultan in Englisch übersetzt wurde. Die entscheidende Passage lautete: »Wie in der Vergangenheit, so werden wir auch jetzt äußerste Anstrengungen unternehmen, das Blutvergießen unseres und des israelischen Volkes zu beenden, um so alle nötigen Voraussetzungen für einen sofortigen und bedingungslosen Waffenstillstand durch gemeinsame Anstrengung zu schaffen, damit wir an den Verhandlungstisch und zur Umsetzung des Mitchell-Reports und der ägyptisch-jordanischen Friedensinitiative zurückkehren können.«

Ari Scharon akzeptierte diese Verlautbarung und erklärte gegenüber einer unter Schock stehenden israelischen Öffentlichkeit, dass in dieser Situation Zurückhaltung Stärke wäre. Ich war zum ersten, aber nicht zum letzten Mal beeindruckt vom israelischen Premierminister. Mir war klar, dass es nunmehr darauf ankam, unsere Initiative, die ohne jede Absprache mit unseren wichtigsten Partnern und ohne jedes europäische oder internationale Mandat stattgefunden hatte, durch zahlreiche Telefongespräche abzusichern. Ich unterrichtete den Bundeskanzler, Javier Solana, die amtierende EU-Präsidentschaft, den VN-Generalsekretär und Hubert Védrine.

Am wichtigsten jedoch war die Unterrichtung Colin Powells, denn erstens durfte in Washington nicht das leiseste Misstrauen aufkommen, dass unsere Initiative gegen die Interessen der USA in der Region gerichtet wäre oder dass wir die USA gar verdrängen wollten. Und zweitens waren wir mit der Vermittlung des Waffenstillstandes bereits am Ende unserer Fähigkeiten als Deutsche und Europäer angekommen. Allein die USA mit ihrer großen militärischen Macht konnten die vereinbarte Sicherheitskooperation zwischen Israel und der PA voranbringen und ihren Vollzug auch überwachen.

Genau dies teilte ich auch meinem amerikanischen Kollegen mit. Die Einhaltung des Waffenstillstandes war entscheidend, denn ein einziger weiterer Terroranschlag würde alle unsere Anstrengungen zunichtemachen. Die US-Regierung schickte einige Tage danach den Chef des Geheimdienstes CIA, George Tenet, mit einem ausgearbeiteten Plan für die Sicherheitskooperation in die Region. Auch die EU entsandte eine kleine Gruppe von Geheimdienstmitarbeitern einiger Mitgliedsstaaten, darunter auch Deutsche, zur Überwachung des Waffenstillstandes, die im Rahmen ihrer begrenzten Möglichkeiten eine ganz hervorragende Arbeit leisteten.

Ari Scharon und hochrangige Mitglieder des israelischen Sicherheitsapparates haben mir gegenüber mehrfach die Arbeit dieser »Sicherheitsgruppe« der EU gelobt. Und auch auf palästinensischer Seite wurde die Arbeit dieser Gruppe durchweg positiv gesehen. Allein in Europa nahm man diese neue Initiative der EU, die von Javier Solana angestoßen worden war, so gut wie nicht zur Kenntnis, obgleich dadurch die EU zum ersten Mal auch zum sicherheitspolitischen Akteur im Nahostkonflikt wurde, und zwar mit der Zustimmung beider Konfliktparteien.

Zurück in Jerusalem traf ich mich mit Premierminister Ari Scharon, und wir diskutierten weitere Details des Waffenstillstandes. Mein Verhältnis zu Ari Scharon hatte sich durch die Ereignisse völlig verändert. Ich war ihm zum ersten Mal während seines Deutschlandbesuchs als israelischer Außenminister Anfang 1999 in Berlin begegnet. Besonders in Erinnerung war mir aber sein Auftritt in Stuttgart bei einem Treffen der EU-Außenminister mit den Staaten des Mittelmeerraumes geblieben. Er war in der Diskussion unversöhnlich hart gewesen, sodass wir es schon als Erfolg betrachteten, dass die arabische Seite den Raum nicht verlassen hatte.

Politisch verband mich wenig mit Ari Scharon, da meine Sympathien der israelischen Linken und dem Friedenslager gehörten. Unsere Auffassungen über den Libanon-Krieg von 1982 und die israelischen Siedlungen waren einfach zu unterschiedlich. Aber all diese Unterschiede spielten jetzt kaum noch eine Rolle, denn nun ging es um die ganz praktischen Fragen der Umsetzung eines Waffenstillstandes. Und in diesen Stunden und Tagen veränderte sich dauerhaft unser persönliches Verhältnis. Ari Scharon war unbequem, ja unbeugsam in Verhandlungen. Aber wenn ich ihm eine Zusage abgerungen hatte, dann hat er sie auch immer eingehalten. Ich sah mich von ihm nicht einmal enttäuscht, was ich bedauerlicherweise von seinem Gegenüber Jassir Arafat nicht sagen konnte.

Durch die Erfahrung des Terroranschlags am »Dolphinarium« und durch die Diskussionen mit Arafat, Scharon, Peres und vielen anderen veränderte sich meine eigene Sichtweise auf den Nahostkonflikt und seine Akteure grundsätzlich. Ich war durch die Ereignisse als Akteur in diesen Konflikt hineingeschleudert worden, und seitdem habe ich bei Gesprächen darüber nie wieder Gesprächskarten verwendet, es sei denn zu ausgesprochen technischen Detailfragen.

Für die deutsche Nahostpolitik hatte bis dahin ein unverrückbarer Grundsatz gegolten, nämlich dass auch das demokratische Deutschland aufgrund seiner historischen und moralischen Verantwortung für den Völkermord am europäischen Judentum keine aktive oder gar eigenständige politische Rolle im Nahostkonflikt spielen konnte. Ich teilte diese Auffassung. Deutschland konnte sich humanitär engagieren und gehörte zu den führenden Geberländern bei der Hilfe für den Aufbau in den palästinensischen Gebieten, nachdem der Friedensprozess begonnen hatte. Damit war seine Rolle aber erschöpft.

Rot-Grün sah sich in der Nahostpolitik, vielleicht noch mehr als in anderen Bereichen der deutschen Außen- und Sicherheitspolitik, in voller Kontinuität mit der Politik aller bisherigen Bundesregierungen stehend. Die unverbrüchliche Solidarität mit Israel, sein Existenzrecht und seine Sicherheit waren ein Grundpfeiler der Außenpolitik der Bundesrepublik Deutschland, der niemals zur Disposition gestellt werden durfte und über den alle Bundesregierungen, egal wie sie sich parteipolitisch auch immer zusammengesetzt hatten, nicht bereit waren, mit Dritten zu verhandeln. Deutschland hat ebenfalls wichtige Interessen und viele Freunde in der arabischen Welt, aber die guten Beziehungen zu arabischen und islamischen Staaten durften und dürfen niemals zulasten unserer engen Beziehungen und unverbrüchlichen Solidarität mit Israel gehen. Diese Position war und ist aber nicht nur ein Grundpfeiler der Außenpolitik des demokratischen Deutschlands, sie betrifft auch den Kern des historischen und moralischen Selbstverständnisses der deutschen Demokratie selbst.

Ich hatte lange gebraucht, bis ich zu dieser klaren Position gegenüber Israel gefunden hatte. Meine Politisierung ist untrennbar mit der deutschen Schuld für den Völkermord am europäischen Judentum verbunden. Als jemand, der drei Jahre nach dem Ende des Zweiten Weltkriegs geboren worden ist, wuchs ich im historisch-moralischen Zwielicht der frühen Bundesrepublik auf. In den fünfziger Jahren dominierte in meinem familiären und schulischen Umfeld das Leid der Deutschen – die Bombennächte, Flucht und Vertreibung und der Schrecken des Krieges und der Kriegsgefangenschaft. Die deutsche Schuld wurde in dem dörflichen Umfeld, in dem ich damals aufwuchs, mehr oder weniger kollektiv beschwiegen.

Dies änderte sich mit der Entführung von Adolf Eichmann durch den israelischen Auslandsgeheimdienst Mossad in Argentinien, wo er sich seit seiner Flucht aus Europa unter dem Namen Ricardo Klement jahrelang versteckt gehalten hatte. Eichmann war der Organisator des von den Nazis als »Endlösung« bezeichneten Völkermords an den europäischen Juden und wurde in Jerusalem vor Gericht gestellt, zum Tode verurteilt und hingerichtet. In den Fernsehnachrichten und der Wochenschau war er als »Mann im Glaskasten« im Gerichtssaal in Jerusalem zu sehen, und die Zeugenaussagen seiner Opfer, die überlebt hatten, schilderten das unfassbare Grauen der Vernichtungsmaschinerie der Nazis.

Einige Zeit später wurde uns im Gottlieb-Daimler-Gymnasium in Stuttgart–Bad Cannstatt als Teil des Unterrichts der Film »Mein Kampf« von Erwin Leiser gezeigt, dessen grauenvolle Bilder aus dem Warschauer Ghetto und aus den 1945 von der amerikanischen und britischen Armee befreiten KZs mich fast in einen Schockzustand versetzt hatten. Dies sollte mein Land, Deutschland, getan haben? Ich konnte es nicht fassen, und in der Konsequenz davon begann sich in meinem Kopf ein bitterer Konflikt mit der Eltern- und Großelterngeneration zu entwickeln: Wie war das möglich? Warum habt ihr das nicht verhindert? Wie konntet ihr das zulassen? Was habt ihr gewusst? Und was habt ihr getan?

So oder ähnlich lauteten nicht nur meine Fragen, und die Antworten darauf waren meist sehr dürftig. Man habe nichts davon gewusst, hätte nichts machen können, Befehlen musste man gehorchen, und im Übrigen würden wir Jungen eh nichts verstehen. Ich verstand allerdings nur zu gut.

Trotz dieser damals weitverbreiteten Haltung des Verdrängens war auch in Westdeutschland die Zeit des Beschweigens der deutschen Schuld mit dem Eichmann-Prozess zu Ende gegangen. 1963 wurde dann in Frankfurt/M. mit dem ersten »Auschwitz-Prozess« einer der ersten großen Strafprozesse gegen einige der Täter in den nationalsozialistischen Vernichtungslagern eröffnet. Es ist vor allem herausragenden einzelnen Persönlichkeiten, wie dem damaligen hessischen Generalstaatsanwalt Fritz Bauer, zu verdanken, dass die Ära der Verdrängung der nationalsozialistischen Verbrechen zu Ende ging und deren strafrechtliche Aufarbeitung in Deutschland begann. Wer die Motivation vieler deutscher 68er und eine der ganz wesentlichen Ursachen für die Bitterkeit und Härte jenes großen Generationenkonflikts in Deutschland verstehen will, der wird dies nicht ohne einen Rückbezug auf die deutsche Schuld und jenes historisch-moralische Zwielicht der ersten beiden Jahrzehnte der Bundesrepublik Deutschland tun können.

Aus dieser Erkenntnis der deutschen Schuld am Völkermord an den europäischen Juden und zahllosen anderen grauenhaften Verbrechen in vielen unserer Nachbarländer, vor allem gegenüber Polen und gegenüber den Völkern der früheren Sowjetunion, ergab sich für mich ganz selbstverständlich die Verbundenheit und Solidarität mit Israel. Zwei parallele Ereignisse, die in der Sache nichts miteinander zu tun hatten, nämlich der Sechs-Tage-Krieg im Juni 1967, der in der totalen Niederlage der arabischen Armeen und der Besetzung weiter arabischer Territorien durch das siegreiche Israel endete, und der gewaltsame Tod des Studenten Benno Ohnesorg, der am 2. Juni 1967 bei der Auflösung einer Protestdemonstration gegen den zu einem Staatsbesuch in West-Berlin weilenden Schah von Persien von einem Polizisten in Zivil erschossen wurde, veränderten meine Haltung zu Israel.

Die Schüsse vom 2. Juni veränderten mein Leben, denn durch sie kam ich in Stuttgart in Kontakt zum SDS und wurde zu einem Linksradikalen, der die Verhältnisse in der damaligen Bundesrepublik Deutschland zunehmend ablehnte, ja bekämpfte. Und mit dem Sieg Israels im Junikrieg traten für mich in der Zeit danach mehr und mehr die Palästinenser und ihr Schicksal in den Vordergrund. Ich hatte, bedingt durch die Auseinandersetzung mit der deutschen Vergangenheit und dem Versagen der Elterngeneration, eine moralische Haltung gegenüber Unterdrückung und Ungerechtigkeit in der Politik entwickelt, die in jener Zeit meinen Blick auf die Konfrontation im Nahen Osten veränderte.

Freilich lautete die Konsequenz für mich niemals, Israels Existenzrecht in Frage zu stellen, wie dies bei manchen innerhalb der Neuen Linken der Fall war. Dazu war für mich die deutsche Schuld an der Shoah und die sich daraus ergebende Verantwortung gegenüber Israel einfach zu stark ausgeprägt und zu konstitutiv für meine politische Identität. Dies führte mich (und viele andere) aber in ein inneres Dilemma, das letztendlich in der Vorstellung von einem binationalen Israel, in dem Israelis und Palästinenser friedlich und mit gleichen Rechten zusammenleben würden, aufgelöst wurde. Nicht Israel war das Problem, so dachte ich zu jener Zeit, sondern seine zionistische Orientierung.

Dies war gewissermaßen eine »postzionistische« Position, lange bevor sich dieser Begriff in der historischen Debatte in Israel überhaupt durchgesetzt hatte. Damals gab es in Israel eine trotzkistisch beeinflusste Gruppe, Mazpen, von deren Ideen wir in der Frankfurter Spontiszene stark beeinflusst wurden. Mein inneres Dilemma schien somit also gelöst zu sein, allerdings erwiesen sich diese Ideen im Lichte der harten Realitäten des Nahostkonflikts als blanke Illusion.

Im Zuge der deutschen 68er-Debatte im Jahr 2001, bei der es vor allem um meine Vergangenheit ging, wurde mir auch vorgeworfen, ich hätte, gemeinsam mit einigen anderen Mitgliedern des SDS, Ende 1969 an einem PLO-Solidaritätskongress in Algier teilgenommen. Das Faktum traf zu, der damit über dreißig Jahre später verbundene politische Vorwurf aber, ich hätte damit zur Zerstörung Israels aufgerufen, ist falsch und entsprach niemals meiner politischen Überzeugung.

Wie kam ich überhaupt zu diesem PLO-Solidaritätskongress?

Jeden Samstagabend fand in einem Frankfurter Studentenwohnheim am Beethovenplatz die SDS-Versammlung statt. Dort wurde eines Tages spät im Jahr 1969 gefragt, wer denn zu diesem Kongress reisen wollte. Und da sich kein anderer Arm hob, tat ich es eben, denn dies war eine gute Gelegenheit, die erste Flugreise meines Lebens zu unternehmen und Algerien zu besuchen. Ich nahm danach nie wieder an einem internationalen Solidaritätskongress für Palästina teil, geschweige denn dass ich in ein Palästina-Komitee eingetreten wäre. Diese Form der Solidarität war mir zu unkritisch und entsprach nicht meiner politischen Sicht auf den Nahostkonflikt.

In den folgenden Jahren erwies sich die Realität als eine harte Lehrmeisterin, die mich brutal aus meinen binationalen »postzionistischen« Illusionen reißen sollte. Denn die »Solidarität« mit den Palästinensern führte viele Gruppen der radikalen Linken in Europa und auch in Deutschland Schritt für Schritt zur Kollaboration mit dem palästinensischen Terror, der sich gegen Israel und gegen jüdische Menschen richtete. Der katastrophale Höhepunkt dieser Entwicklung war für mich erreicht, als Ende Juni 1976 ein Terrorkommando der Volksfront zur Befreiung Palästinas ein Flugzeug der Air France auf dem Weg von Athen nach Paris nach Entebbe in Uganda entführte. Diesem Kommando gehörten auch zwei junge Deutsche aus Frankfurt/M. an, Wilfried »Bonni« Böse und Brigitte Kuhlmann. Böse kannte ich entfernt persönlich, er leitete einen Buchvertrieb in Frankfurt. Beide wurden bei der Befreiungsaktion eines israelischen Kommandounternehmens in der Nacht vom 3. auf den 4. Juli in Entebbe erschossen.

Dies alles war schon schockierend genug. Dass diese beiden deutschen Terroristen sich aber dazu hergaben, anhand der Namen in den Reisepässen die jüdischen von den nichtjüdischen Passagieren zu trennen, faktisch also zu »selektieren«, löste bei mir blankes Entsetzen aus, das mich endgültig aufwecken sollte. Ich war fassungslos. Wie konnten junge Deutsche, die sich links nannten und die deutsche Schuld an Auschwitz nur zu gut kannten, so etwas tun? Für mich war das die schlimmste Form von Antisemitismus, die sich durch nichts rechtfertigen ließ.

In einer Wohngemeinschaft, in der ich damals öfters zu Gast war, kam es darüber zu einer heftigen Debatte, die hart am Rande einer Prügelei entlangschrammte. Meine Auffassung dazu war sehr klar, und ich habe sie damals in dieser Härte und Deutlichkeit auch so artikuliert: Wenn Deutsche sich nochmals dazu hergäben, Juden von Nichtjuden zu selektieren, dann hätten sie kein anderes Schicksal als die Entführer verdient. Für mich jedenfalls war seitdem klar, dass Antizionismus letztendlich nichts anderes als Antisemitismus war und wie jeder Antisemitismus im Mord an jüdischen Menschen endete. Antisemitismus war für mich nicht nur abstoßend und völlig inakzeptabel, sondern musste aktiv bekämpft werden. Dies war und ist meine Lektion aus der deutschen Geschichte.

Immer wieder kehrten solche und ähnliche Erinnerungen in diesen Tagen und Stunden zurück, nach dem Terrorattentat von Tel Aviv, nachts allein in meinem Hotelzimmer, wenn sich der Schlaf nicht einstellen wollte, und auch während der Fahrten zwischen Jerusalem und Ramallah. Nachdem ich von Ramallah nach Jerusalem zurückgekehrt war, kam es zu dem erwähnten Treffen mit Premierminister Scharon, der dem Waffenstillstand eine echte Chance geben wollte. Ich fuhr am nächsten Tag nochmals zurück nach Ramallah, um Präsident Arafat von meinem Gespräch mit dem Premierminister zu unterrichten, und es sollte tatsächlich für einige Wochen gelingen, die eskalierende Gewalt zurückzudrängen. Ich hatte meinen Aufenthalt in Jerusalem noch um einen Tag verlängert, bevor ich dann nach Kairo weiterreiste. Danach sollte Javier Solana eintreffen und den begonnenen Prozess weiter begleiten, ebenso der Direktor der CIA, George Tenet.

Der Waffenstillstand, den wir am 2. Juni erreicht hatten, war aber letztendlich zum Scheitern verurteilt, weil weder die palästinensische Seite ernsthaft zu einem Ende der bewaffneten Intifada bereit war noch die israelische Seite zu einem Siedlungsstopp und einer Wiederaufnahme von Friedensgesprächen. Und auch die USA dachten nicht daran, dort erneut anzuknüpfen, wo Clintons Initiative aufgehört hatte. Ganz im Gegenteil galt unter der neuen Regierung von Präsident Bush ganz offensichtlich die Devise: »ABC – Anything but Clinton!«.

Die Sicherheitszusammenarbeit der beiden Konfliktparteien und der USA endete nach einigen hoffnungsvollen Ansätzen sehr schnell in einer bizarren nahöstlichen Scharade, bei der Zusagen nicht sehr viel galten. Gesuchte Terrorverdächtige, die sich eigentlich in den Gefängnissen der palästinensischen Behörden befinden sollten, liefen stattdessen frei herum und gaben sogar munter Radiointerviews. So konnte es nicht verwundern, dass die kaum noch vorhandene Vertrauensbasis zwischen den Konfliktparteien sehr schnell erodierte und die Gewalt zurückkehrte.

Scharon hatte Arafat niemals getraut, zumal der israelische Inlandsgeheimdienst recht gut darüber unterrichtet zu sein schien, was auf der palästinensischen Seite vor sich ging. Im Verhältnis Arafat–Scharon hatte es durchaus indirekte Kontakte gegeben, die über einen Sohn von Ari Scharon gelaufen waren, aber zwischen diesen beiden Männern stand nicht nur ein tiefer Interessengegensatz, sondern auch ihre gemeinsame Vergangenheit. Scharon hatte mit dem von ihm als Verteidigungsminister betriebenen Libanon-Feldzug 1982 Arafat aus Beirut verjagt, und diese Tatsache, das war mein Eindruck aus vielen Gesprächen mit beiden Akteuren, war alles andere als vergessen und abgetan. Ari Scharon hielt Jassir Arafat für einen »pathologischen Lügner«. Und fast jedes Mal, wenn bei Jassir Arafat das Gespräch auf Scharon kam, wurde er emotional und laut. »I am the only Arab general who was never defeated by the Israelis!«, lautete seine immer wiederholte Feststellung, die ihm offensichtlich sehr wichtig war.

So sehr es gute Gründe für die israelische Regierung gab, nicht unter Terror zu verhandeln, so dachte der neue israelische Premierminister aber ganz offensichtlich überhaupt nicht daran, mit der PLO über einen israelischen Rückzug aus den besetzten Gebieten und die Bildung eines unabhängigen Staates Palästina zu verhandeln, egal unter welchen Bedingungen auch immer. Ari Scharon und seine Partei waren ja gerade deshalb von einer Mehrheit der Israelis gewählt worden, um dies zu verhindern. Und genau deshalb war auch nicht ein tatsächlicher Stopp des Siedlungsbaus und -ausbaus zu erwarten. Das genaue Gegenteil war vielmehr der Fall. Und auch die dritte Partei in diesem Konflikt, die USA, dachten unter ihrer neuen Regierung nicht daran, sich ernsthaft zu engagieren und notfalls Druck auf beide Seiten auszuüben, um so ein Ende des Terrors, ein Stopp des Siedlungsbaus und eine Wiederaufnahme ernsthafter Friedensgespräche durchzusetzen. Das war Clintons Politik gewesen, nicht aber die Politik seines Nachfolgers.

Die USA schickten zwar ihre diversen Sonderbeauftragten in die Region, aber solange sie nicht zu einem ernsthaften Engagement zur Durchsetzung dieser drei Punkte bereit waren, blieben all ihre Bemühungen ergebnislos. Dies galt auch für die persönlichen Anstrengungen von Außenminister Colin Powell. Auch er musste letztendlich in seinen Versuchen, sich ernsthaft für einen Neubeginn des Friedensprozesses zu engagieren, am Unwillen des Präsidenten und am Widerstand der gesamten neokonservativen Fraktion innerhalb der Regierung Bush scheitern. Und die Europäer konnten diese absehbare Eskalation nur begleiten und beklagen, denn zu größeren Anstrengungen waren sie weder willens noch in der Lage.

Andererseits verfügten die Palästinenser ebenfalls über einen ernst zu nehmenden Punkt: Sie hatten den Eindruck, erneut nur hingehalten zu werden. Sie sollten den Kampf einstellen, und Arafat sollte dadurch innenpolitisch ein nicht unerhebliches Risiko eingehen, während der Siedlungsbau in der Westbank und in Ost-Jerusalem ungebrochen voranging. Beide Seiten wollten die eingetretene Lage zu ihren Gunsten nutzen, und das versprach eine baldige Rückkehr zur Konfrontation. Am 20. August war ich erneut zu Besuch in Kairo, um die Lage im Nahen Osten zu erörtern. Anschließend flog ich nach Tel Aviv weiter und traf mich am nächsten Tag sowohl mit Präsident Arafat in Ramallah als auch mit Premierminister Scharon in Jerusalem. Man konnte es richtiggehend spüren, wie uns der Waffenstillstand unter den Händen zerrann. Ging es bei meinem letzten Besuch noch um Wochen und Monate, so hatte sich der Zeithorizont in der Zwischenzeit auf Tage reduziert. Die gegenseitige Blockade durch palästinensischen Terror und israelischen Siedlungsbau war nicht zu überwinden.

Während der Pressekonferenz nach meinem Gespräch mit Präsident Arafat vor dessen Amtssitz in Ramallah überraschte er mich mit einem Vorschlag, der in unserem Gespräch keinerlei

Erwähnung gefunden hatte und der diplomatisch hochvergiftet war. Arafat erklärte, dass er zu jeder Zeit bereit wäre, sich mit Schimon Peres in Berlin zu treffen. Ich reagierte darauf äußerst reserviert, da mir sofort klar war, wie die Reaktionen unserer wichtigsten Partner in Washington und Paris ausfallen würden. Der Vorschlag machte dennoch Schlagzeilen in der Weltpresse, vor allem in den USA. Ich telefonierte noch am Abend mit Colin Powell, um ihn über meine Reise zu unterrichten, und ich hatte mit meinen Erwartungen über die amerikanische Reaktion auf Arafats Vorschlag völlig richtig gelegen.

Powell zeigte sich sehr beunruhigt über Meldungen von einem bevorstehenden Treffen von Arafat und Peres in Berlin. Ein solches Treffen müsse intensiv vorbereitet werden und dürfe nicht zu früh angekündigt werden. Im Moment gebe es dafür keine Substanz, und die Arbeit müsse auf der amerikanischen Ebene der Sicherheitskooperation erst erfolgreich fortgeführt werden. Ich hatte verstanden, die Supermacht war »not amused« über ein Nahost-Treffen in Berlin, und genau das hatte ich kommen sehen. Ich erklärte Colin Powell, wie es zu diesem Vorschlag gekommen war und dass wir nicht daran dächten, ein solches Treffen in Berlin ernsthaft in Betracht zu ziehen. Das Gesprächsklima entspannte sich daraufhin spürbar.

Ein Teil der deutschen Presse nahm diesen Vorschlag allerdings mit lautem Hurra auf. »Deutschland als Vermittler«, »Friedensgipfel in Berlin« und ähnlich lauteten die Schlagzeilen. Es war schlicht absurd. Der Nahostkonflikt hatte im Laufe der vielen Jahrzehnte, die er mittlerweile anhält, viele Facetten entwickelt. Eine der abstrusen Facetten ist, dass er bei den großen und mittleren Mächten nicht nur interessengesteuerte Reaktionen hervorruft, sondern mindestens so sehr das Prestigedenken und die machtpolitischen Eitelkeiten anspricht.

Mir war immer klar, wenn wir als Bundesregierung etwas Positives aus dieser uns durch den puren Zufall zugefallenen Rolle machen wollten, dann würde dies nur gehen, wenn wir die Falle politischen Prestigedenkens und der Eitelkeit sorgsam umgehen würden. Wenn überhaupt, so wäre Brüssel der geeignete Ort für ein solches Treffen gewesen, niemals aber Berlin. Und selbst Brüssel wäre in Washington als eine hochprovokante

Herausforderung verstanden worden. Deutschland musste im europäischen, besser noch im westlichen Auftrag handeln, wenn es nicht unnötige Widerstände gerade bei seinen wichtigsten Partnern provozieren wollte.

Wir Deutschen werden immer noch misstrauisch beäugt, und zwar nicht nur wegen unserer Geschichte, sondern mehr noch wegen des Potenzials und des Gewichts unseres Landes. In der deutschen Öffentlichkeit spielt diese Sicht von außen auf uns leider bis auf den heutigen Tag eine viel zu geringe bis gar keine Rolle, und dies halte ich für einen Fehler. Unser Land verfügt über eine kritische Größe, und das weckt sofort prestigegesteuerte Reaktionen, wenn wir unsere Macht und unser Potenzial nicht für Europa und dessen Interessen, sondern für eine eigene nationale Rolle einsetzen. Eingebunden in europäische Interessen verfügt Deutschland über große außenpolitische Möglichkeiten und Spielräume, national allerdings nicht. Dies galt und gilt auch und gerade für die Nahostpolitik.

Der am 2. Juni angestoßene Prozess zwischen Israel und den Palästinensern endete am 17. Oktober 2001. Ein Kommando der Volksfront zur Befreiung Palästinas ermordete an diesem Tag den israelischen Tourismusminister Zeevi. Premierminister Scharon war außer sich über diesen Mord, denn Zeevi war nicht nur ein Mitglied seines Kabinetts, sondern auch ein persönlicher Freund. Dieser hatte Scharons Zurückhaltung seit dem Terroranschlag am »Dolphinarium« immer kritisiert, und jetzt sollte sich aus Ari Scharons Sicht diese Kritik auf tragische Art und Weise als richtig erweisen. Ich hatte den Eindruck, dass sich der israelische Premierminister ganz persönlich mitschuldig am Tod seines Freundes fühlte. Es war bereits vorher zu Terroranschlägen in Israel gekommen, und die Situation verschlimmerte sich zusehends. Aber nach diesem Mord an dem Tourismusminister wurden bei Scharon endgültig alle Signale auf Rot gestellt.

Ich war wenige Tage nach dem Mord erneut in der Region und traf Ari Scharon am 25. Oktober in seinem Büro. Noch niemals zuvor hatte ich ihn so wütend erlebt. Aus seiner Sicht gab es nach der Ermordung von Minister Zeevi mit Arafat nichts mehr zu verhandeln, und auch Schimon Peres hinterließ einen resignierten Eindruck. Das Gespräch mit Präsident Arafat am nächsten Tag in dessen Amtssitz in Gaza brachte ebenfalls keine neue Hoffnung.

Während dieses Aufenthalts in Israel hatte ich ein Treffen mit meinem früheren Kollegen Schlomo Ben Ami, einem brillanten politischen Kopf, der Außenminister in der Regierung Barak gewesen war. Er überreichte mir ein Papier, in dem es um die »kontrollierte Separierung von Israelis und Palästinensern« ging. Schlomo Ben Ami sah nach dem Zusammenbruch des Friedensprozesses keine andere Möglichkeit mehr, als die beiden Völker zu trennen, da ein friedliches Zusammenleben nicht möglich zu sein schien, zumindest nicht für einen längeren Zeitraum. Dies müsse kontrolliert geschehen, da eine einseitige Separierung, die von dem gegenwärtigen Zustand ausging, unmittelbar die Schaffung eines feindlichen Staates Palästina nach sich ziehen würde. Die Alternative dazu wäre eine von außen aufgezwungene internationale Lösung, die ohne die Führung der USA allerdings undenkbar wäre, wegen deren passiver Haltung aber sehr unwahrscheinlich sei.

Ich reagierte damals eher zurückhaltend, aber Schlomo Ben Ami hatte in seinem Papier die zukünftige Entwicklung ziemlich präzise vorhergesehen: Die einseitige Trennung sollte Jahre später mit dem Rückzug aus Gaza kommen, der feindliche Staat Palästina wurde de facto dadurch ins Leben gerufen und von der Hamas übernommen. Es bleibt demnach noch als einzig gangbarer Weg die von außen erzwungene Lösung, die aber eine strategische Bereitschaft der USA zu einem solchen Engagement voraussetzt. Davon ist gegenwärtig aber nicht allzu viel zu sehen.

Mein damaliger Besuch stand jedoch bereits im Schlagschatten großer historischer Ereignisse. Denn zu diesem Zeitpunkt war die Welt bereits in einer anderen Epoche angekommen. Ein wesentlicher größerer Terroranschlag hatte den Gang der Geschichte verändert.

Mit Beginn des Jahres 2001 war die größte Steuerentlastung in der Geschichte der Bundesrepublik Deutschland in Kraft getreten, durch die der Staat auf etwa 50 Milliarden Euro Steuereinnahmen verzichtete. Der Eingangssteuersatz wurde zunächst von 22,9 Prozent auf 19,9 Prozent abgesenkt, der Spitzensteuersatz von 51 auf 48,5 Prozent. Dies war ein seit längerem notwendiger

Schritt, um als Wirtschaftsstandort im internationalen und europäischen Steuerwettbewerb mithalten zu können, aber es war zugleich auch ein Setzen auf ein Anspringen der Konjunktur. Würde dies nicht geschehen, dann würden durch den Einnahmeausfall der Steuerentlastungen die öffentlichen Haushalte erheblich unter Druck geraten. Ich hatte es deshalb immer bedauert, dass wir nicht die Kraft hatten, die Entlastung bei der Einkommensteuer durch eine Erhöhung der Mehrwertsteuer abzufedern und die Risiken für die Finanzierung der öffentlichen Haushalte dadurch zu begrenzen. Aber dies war damals nicht machbar.

Der Gang der Ereignisse sollte allerdings zeigen, dass wir unsere Reform viel zu spät gemacht hatten und dass deswegen die ökonomischen Vorteile dieser großen Steuerentlastung zu verpuffen drohten. Im Frühjahr des Jahres 2000 endete ein fast zehn Jahre dauernder globaler Wirtschaftsboom. Die auf Internet und Informationstechnologie gestützte Spekulationsblase platzte mit Aplomb, und überall auf der Welt brachen die Börsenkurse, vor allem von Unternehmen der »New Economy«, dramatisch ein. Deutschland wurde durch diese Entwicklung besonders hart getroffen, da das Land seit den frühen neunziger Jahren die Anpassung seiner Wirtschafts-, Finanz- und Sozialstrukturen viel zu lange hinausgezögert hatte. Zudem hatte die deutsche Volkswirtschaft die besondere Herausforderung der deutschen Einheit zu bewältigen, die hohe Arbeitslosenzahlen und eine angespannte Lage bei den öffentlichen Finanzen und der Staatsverschuldung mit sich gebracht hatte. Es war daher für jedermann absehbar, dass ein Ende der Weltkonjunktur die rotgrüne Bundesregierung vor große wirtschaftliche und soziale Probleme stellen würde, auf die wir uns einzustellen hatten.

Der Kanzler sah die Dinge anders. Die Umfragewerte für den Kanzler und seine Partei waren im Jahr 2001 noch gut, während sie für uns Grüne deprimierend schlecht blieben. Im Herbst nächsten Jahres standen die Bundestagswahlen an, und Gerhard Schröder wollte keine weiteren Reformen mehr anpacken, die wichtige Teile seiner Wählerschaft verunsichern oder gar verschrecken konnten. Er hatte bereits voll auf Wahlkampf umgeschaltet. Also verkündete er angesichts des sich abzeichnenden Abschwungs öffentlich eine »Politik der ruhigen Hand«.

In der Politik ist ein Jahr manchmal mehr als eine Ewigkeit, und die Verhältnisse können sich in einer solchen Zeitspanne mehr als einmal grundsätzlich ändern. Auch deshalb hielten wir Grüne diese Strategie des Kanzlers für eine falsche Botschaft, ja vielleicht sogar für einen wahlentscheidenden Fehler, denn unserer Meinung nach würde er diese Politik angesichts der drohenden Wirtschaftskrise, des abzusehenden Anstiegs der Arbeitslosenzahlen und des damit einhergehenden verstärkten Drucks auf die Staatsfinanzen nicht durchhalten können. Und darüber hinaus würde er dadurch für die Opposition eine Flanke eröffnen, in die diese dann mit Horrido und viel Getöse, zumal im kommenden Wahljahr, hineinstoßen würde: die Regierung als »Reformverweigerer«. Wir machten uns in der grünen Führung (und zwar flügelübergreifend) ernsthafte Sorgen um diesen Kurs der ruhigen Hand.

Während meines Urlaubs in der Toskana besuchte ich deshalb den Bundeskanzler, der zu dieser Zeit ebenfalls in Italien Urlaub machte. Ich sprach ihm gegenüber offen unsere ernsten Sorgen an, konnte mich aber des Eindrucks nicht erwehren, dass dies von ihm vor allem als Sorge um die Grünen und unser Abschneiden bei den kommenden Wahlen verstanden wurde. Der Kanzler sah sich selbst und seine Partei in der eher glücklichen Lage, nach dem kommenden Wahltag mit hoher Wahrscheinlichkeit über weitere Optionen zu verfügen.

Ich hielt dies für einen bösen Trugschluss und insistierte darauf, dass die Koalition angesichts der heraufziehenden wirtschaftlichen Schlechtwetterfront mit ihren Reformanstrengungen nicht nachlassen dürfte. Mit einer rein fiskalischen Sparpolitik, wie sie der Finanzminister mit großer Leidenschaft betrieb, würden wir, das war absehbar, im Abschwung bei einer prozyklischen Deflationspolitik enden, die uns nicht nur wirtschaftlich und sozial, sondern auch politisch gewaltige Probleme bringen würde. Ein antizyklisches Umsteuern könnte allerdings den EU-Stabilitätspakt, der auf einen immerwährenden Aufschwung, nicht aber auf eine ernste Wirtschaftsrezession ausgelegt war, nicht ausnehmen. Eine solche Kehrtwende der Bundesregierung würde allerdings in Brüssel und Berlin ein gewaltiges Getöse nach sich ziehen. Ohne eine mutige Reformpolitik im Innern würde uns eine antizyklische Wende bei den Staatsausgaben aber niemand abnehmen, sondern wir würden am vereinigten Widerstand von Opposition, Wirtschaft und Medien scheitern.

Mit einer Strategie der ruhigen Hand wäre dies alles nicht zu machen, wir verlören zu viel Zeit. Eine solche Zögerlichkeit würde uns aber im nächsten Jahr mit hoher Wahrscheinlichkeit die Wiederwahl kosten. Zudem wären wir in makroökonomischen Fragen seit dem Abgang Lafontaines schlecht aufgestellt. Mit der heraufziehenden Wirtschaftskrise würde eine schlüssige makroökonomische Position der Bundesregierung immer wichtiger werden. Lafontaine hätte zwar reichlich Unfug erzählt, aber wenigstens makroökonomisch zu denken versucht. Diese Leerstelle müsste dringend gefüllt werden. Als ich mich nach einigen Stunden wieder auf den Rückweg machte, hatte ich nicht den Eindruck, dass ich den Kanzler umgestimmt hatte.

Seit einem Jahr hatte sich inzwischen auf dem Balkan eine neue, ernst zu nehmende Krise in Mazedonien aufgebaut. War ich im diesjährigen Urlaub auf die andere Seite Italiens, an die Küste der Adria, gefahren, um den Kanzler zu besuchen, so hatte ich im Jahr 2000 meine Ferien unterbrechen müssen, um an einem Treffen der Quint wegen Mazedonien in Rom teilzunehmen. Lamberto Dini, der italienische Außenminister, hatte uns alle eingeladen.

Am Stadtrand von Rom wurden wir von einem Kommando der italienischen Sicherheit erwartet, und dann ging es auch schon in der landesüblichen Höllenfahrt durch die schmalen Straßen und den Verkehr der italienischen Hauptstadt. Manni Diekert, der ansonsten, seinem Lebensalter und der Würde des Amtes entsprechend, einen eher ruhigen Fahrstil pflegte, saß am Steuer. In Rom fuhr er allerdings, dank des italienischen Begleitkommandos, als ob sämtliche Teufel der Hölle hinter ihm her gewesen wären. Denn es wäre ein schwerer Verstoß gegen die Berufsehre gewesen, wenn er sich von dem vorausrasenden Auto der italienischen Sicherheit hätte abhängen lassen.

Der Grüne in mir musste dieses Verhalten aus ökologischen Gründen auf das Schärfste missbilligen, der ehemalige Taxifahrer in mir hatte andererseits vollstes Verständnis für diese Berufsauffassung, und der Diplomat nahm eine vermittelnde Position ein und ließ den Dingen ihren Lauf. Mit quietschenden Reifen bog die ganze Wagenkolonne mit Sirenengeheul und Blaulicht schließlich in einen Park ein – und musste vor einer grünen Wiese eine Vollbremsung machen. Der Weg führte uns nicht weiter. Unsere ortskundigen Führer hatten sich verfahren.

Das Treffen selbst, das wir auf Umwegen schließlich doch noch erreichten, verlief hingegen alles andere als heiter. Die Lage in Mazedonien verschärfte sich, und es war Robin Cook, der britische Außenminister, der als Erster die Frage der Notwendigkeit eines Militäreinsatzes aufwarf. Ich reagierte, als ob mich ein elektrischer Schlag getroffen hätte. Ich stöhnte stumm in mich hinein. O nein, nicht schon wieder! Wie sollte ich das meiner Partei zumuten? Und vor allem, wie unseren Wählerinnen und Wählern? Noch einmal Bielefeld? Ich trug meine Bedenken vor und bemerkte, dass dies für Deutschland kaum mehr machbar sei. Aber Madeleine Albright wies meine Bedenken kalt zurück. Wenn wir uns dazu nicht in der Lage sähen, dann wären wir eben nicht dabei. Punkt.

Ich wusste ja, dass Cook und Albright von der Sache her recht hatten. Ohne die glaubhafte Androhung einer Militärintervention würden die Konfliktparteien in Mazedonien nicht zur Vernunft zu bringen sein, und so beugte ich mich schließlich dieser Einsicht.

Entsprechend der Vereinbarung zur Beendigung des Krieges im Kosovo war das serbische Militär verpflichtet, die an das Kosovo angrenzenden serbischen Gebiete zu räumen. Eine auch nur zufällige Konfrontation mit NATO-Truppen sollte unbedingt vermieden werden. Im Jahr 2000 nutzten albanische Nationalisten das entstandene Sicherheitsvakuum in dieser Pufferzone, um im Preševotal, auf serbischem Gebiet, das überwiegend von ethnischen Albanern bewohnt wurde, mit Waffengewalt eine Lostrennung von Serbien zu erzwingen. NATO und EU bemühten sich um eine diplomatische Lösung des Konflikts, der schließlich dadurch beendet wurde, dass der jugoslawischen Armee die Rückkehr in das Preševotal erlaubt wurde. Zugleich fingen die NATO-Einheiten der KFOR die über die Grenze in das Kosovo zurückkehrenden albanischen Untergrundkämpfer ab und entwaffneten sie. Es sollte allerdings nicht lange dauern, da sprang dieser Funke auf die starke albanische Minderheit über, die im Nordwesten Mazedoniens lebte und dort sogar vielerorts die Mehrheit stellte.

Mazedonien stand im Zentrum der unterschiedlichsten regionalen Interessen. Würde seine Stabilität gefährdet oder gar seine territoriale Integrität in Frage gestellt werden, so würde das sämtliche regionalen Mächte auf den Plan rufen: Bulgarien, Serbien, Albanien, Griechenland und die Türkei. Ein weiterer Krieg und der Zerfall eines weiteren Nachfolgestaates Jugoslawiens waren aber aufgrund der schrecklichen Erfahrungen auf dem Balkan keine Optionen mehr. Ich sollte den militärischen Konflikt in Mazedonien zufälligerweise selbst hautnah erleben.

Deutschland hatte eine größere Einheit von Bundeswehrsoldaten in der Stadt Tetovo stationiert, dem Zentrum der albanischen Bevölkerung in Mazedonien. Als ich am 16. März 2001 zu einem Krisenbesuch in der mazedonischen Hauptstadt Skopje weilte, erhielt ich die Mitteilung, dass es am Stadtrand von Tetovo zu Gefechten zwischen albanischen Untergrundkämpfern und mazedonischem Militär und Sicherheitskräften gekommen sei. Für mich war klar, dass ich meinen Besuchsplan ändern musste, denn der deutsche Außenminister konnte unmöglich im Land sein, ohne den unter Feuer geratenen deutschen Soldaten einen Besuch abzustatten.

Nach meinen Gesprächen mit dem mazedonischen Präsidenten Trajkovski und dem Führer der größten albanischen Oppositionspartei, Arben Xhaferi, flog ich mit einem Hubschrauber der Bundeswehr nach Tetovo. Wir landeten außerhalb der Stadt in einem Militärlager auf einem Berg, in das die Bundeswehreinheit, die sich noch in einer Kaserne in der Stadt befand, zurückverlegt werden sollte. Mit einem gepanzerten Mannschaftstransporter fuhren wir anschließend in die Stadt. Es war mittlerweile dunkel geworden, und dann und wann konnte man den Schusswechsel hören oder an den Berghängen durch die Leuchtspurmunition sogar sehen. Die Verlegung der deutschen Soldaten war in vollem Gange. In der Dunkelheit, ohne Licht, mit schwerem Gepäck auf dem Rücken vollzog sich die Verlagerung unserer Einheit planvoll und in großer Disziplin. Nach einem Lagevortrag durch den Kommandeur, geschützt von Sandsäcken, hinter denen bewaffnete deutsche Soldaten mit entsicherten Gewehren die Umgebung beobachteten, und nach einem Gespräch mit den Soldaten machten wir uns dann wieder auf den Rückweg.

Dieser Abend hatte mir nachdrücklich den ganzen Ernst der Lage in Mazedonien klargemacht, mehr als dies jedes Gespräch oder jeder diplomatische Bericht vermocht hätte. Die Situation durfte auf keinen Fall weiter außer Kontrolle geraten, zumal die wichtigsten Verbindungslinien für die NATO-Einheiten im Kosovo durch Mazedonien zum griechischen Hafen Thessaloniki verliefen.

Die Bedingungen für eine präventive Eindämmung des heraufziehenden Krieges in Mazedonien waren allerdings besser als in allen anderen Vorgängerkrisen auf dem Balkan, denn diesmal stimmte das Verhältnis von diplomatischer Initiative und militärischer Drohung. Mehrere zehntausend Soldaten der NATO standen mit schweren Waffen auf der anderen Seite der Berge im Kosovo, im Ernstfall unterstützt durch die vereinigten Luftwaffen des Bündnisses. Als der NATO-Generalsekretär George Robertson und der Hohe Beauftragte der EU Javier Solana den mazedonischen Politikern beider Seiten mit der Unterstützung der Außen- und Verteidigungsminister des Bündnisses klarmachten, dass wir eine erneute Tragödie nicht zulassen würden, war diese Drohung deshalb mehr als glaubhaft und funktionierte.

Robertson, Solana und der Beauftragte der EU, der Franzose François Léotard, verhandelten mit dem mazedonischen Präsidenten und den führenden Repräsentanten der Konfliktparteien einen neuen nationalen Konsens, der auf einer verstärkten Dezentralisierung und einer breiteren und damit gerechteren Verteilung der Macht beruhte. Dieser erneuerte nationale Konsens fand seinen Niederschlag im sogenannten Ohrid-Abkommen, benannt nach dem gleichnamigen See und der Stadt im Südwesten Mazedoniens, wo die Verhandlungen stattgefunden hatten.

Ein wesentlicher Bestandteil des Ohrid-Abkommens war die Entwaffnung der albanischen Untergrundkämpfer, die unter der Überwachung von Soldaten der NATO stattfinden sollte. Ohne diese Entwaffnung und ihre Überwachung würde der politische

Prozess keine Chance mehr haben. Es war völlig klar, dass sich Deutschland an dieser Mission beteiligen musste, zumal wir uns in Zukunft all unsere schönen Reden über Konfliktprävention würden schenken können, wenn wir uns diesem sehr konkreten Fall einer möglicherweise erfolgreichen Konfliktprävention verweigert hätten. Außerdem geboten die Sicherheit unserer Soldaten im Kosovo, unser Engagement in der gesamten Region und die schrecklichen Erfahrungen der humanitären Katastrophen im Gefolge der Bürgerkriege auf dem Balkan, dass Deutschland seinen Beitrag zur Durchsetzung des Ohrid-Abkommens leisten musste.

Es war erstaunlich, dass sich gegen diese kleine militärische Mission (bis zu 500 Soldaten der Bundeswehr für einen engbegrenzten Zeitraum) im Deutschen Bundestag eine so starke Ablehnung erhob. Erneut kam es zu quälenden Debatten in den Koalitionsfraktionen, diesmal aber mehr in der SPD. Hier machten sich bereits die Wahlen im kommenden Jahr bemerkbar. Diesmal aber ging es nicht um die Kanzlermehrheit, denn es war von Anfang an klar, dass die Oppositionsparteien mit Ausnahme der PDS, die wie üblich geschlossen gegen einen deutschen Militärbeitrag stimmte, den Antrag der Bundesregierung unterstützen würden.

In der Kontroverse um die kleine deutsche Beteiligung an der Entwaffnungsmission in Mazedonien schien sich zudem quer zu den Parteien ein tiefsitzender Missmut zu entladen, der nur bedingt etwas mit Mazedonien, sehr viel aber mit Kosovo und ganz allgemein mit der neuen deutschen Verantwortung und Rolle bei internationalen Militäreinsätzen zu tun zu haben schien. Anders konnte man das Abstimmungsergebnis im Parlament nicht interpretieren. Der Antrag der Bundesregierung zur Beteiligung der Bundeswehr bei der NATO-Operation »Essential Harvest« wurde zwar mit 497 Ja-Stimmen gegen 130 Nein-Stimmen bei 8 Enthaltungen angenommen, aber politisch aussagekräftiger waren die Anzahl und die parteipolitische Zusammensetzung der Nein-Stimmen. Aus den Reihen der grünen Fraktion stimmten fünf Abgeordnete mit Nein, zwei Abgeordnete enthielten sich. Dieses Ergebnis war, gemessen an grünen Standards, eigentlich recht passabel, denn bei der FDP gab es 10 Nein-Stimmen. Die

SPD-Fraktion kam auf 19 Nein-Stimmen, die CDU/CSU aber auf sage und schreibe 61!

Die Mission in Mazedonien erwies sich als ein großer Erfolg präventiver Diplomatie, auf den der Westen stolz sein konnte. Denn mit einer glaubhaften militärischen Drohung, verbunden mit einer geschlossenen Haltung und geschickter Diplomatie, war es gelungen, ein weiteres Kapitel im blutigen Buch der jugoslawischen Tragödien im Vorfeld zu verhindern.

Nachdem wir Ende August 2001 auch diese Entscheidung über den Einsatz der Bundeswehr in Mazedonien, wenn auch erneut nur unter Mühen, durch die Koalitionsfraktionen und das Parlament gebracht hatten, lehnte ich mich innerlich entspannt zurück. Jetzt war es für diese Legislaturperiode wohl vollbracht. Ich sah keine große außenpolitische Herausforderung mehr auf uns zukommen. Nunmehr würde ich mich zunehmend auf die Innenpolitik und damit auf die Vorbereitung des Wahlkampfes im kommenden Jahr konzentrieren können. Mit meiner entspannten Einschätzung der Zukunft sollte ich allerdings einem Irrtum unterliegen.

Am 7. August 1998 waren die Botschaften der USA in Nairobi (Kenia) und Daressalam (Tansania) in Ostafrika von schweren Bombenattentaten getroffen worden. 224 Menschen wurden dabei getötet, die meisten davon Einheimische, aber auch US-Diplomaten waren unter den Opfern. Die Verantwortung für diese beiden Massaker wurde einer Organisation zugeschrieben, die sich auf Arabisch selbst »al-Qaida« (die Basis) nannte. Es handelte sich um eine Gruppe radikaler Islamisten, die nach dem Sieg über die Sowjetunion in Afghanistan Ende der achtziger Jahre nunmehr mittels rücksichtsloser, international verübter Terroranschläge gegen die USA diese »Ungläubigen« zum Rückzug aus Saudi-Arabien, dem Land der heiligen Stätten des Islam, zwingen wollten. Seit dem Golfkrieg 1991 unterhielten die USA mehrere große Militärbasen im Königreich. Der Anführer dieser Gruppe war Osama bin Laden, der reiche Spross einer saudisch-jemenitischen Industriellenfamilie, der sein Vermögen zum Aufbau seiner Bewegung und Organisation nutzte.

Al-Qaida setzte bei ihren Terroranschlägen vor allem auf Selbstmordattentäter, die sie sorgfältig rekrutiert, indoktriniert und ausgebildet hatte. Mit den Anschlägen auf die amerikanischen Botschaften in Ostafrika wurde diese internationale Terrorgruppe zum ersten Mal von einer breiteren Öffentlichkeit wahrgenommen, auch wenn die Organisation bereits zuvor blutige Massaker verübt hatte, wie etwa 1995 den Anschlag auf eine amerikanische Militäreinrichtung in der saudischen Hauptstadt Riad und 1996 auf eine von den saudischen und amerikanischen Luftwaffen gemeinsam genutzte Luftwaffenbasis im Osten des Landes.

Am 12. Oktober 2000 näherte sich ein mit Sprengstoff vollgepacktes Schlauchboot dem im jemenitischen Hafen von Aden vor Anker liegenden amerikanischen Zerstörer USS Cole und sprengte sich in die Luft. Siebzehn amerikanische Seeleute wurden getötet und viele weitere verletzt. Im Rumpf des Schiffes klaffte ein riesiges Loch.

Zu Beginn des Sommers 2001 verdichteten sich die Hinweise bei der Bundesregierung, dass ein erneuter großer Terroranschlag der al-Qaida gegen amerikanische Einrichtungen bevorstehen würde, vermutlich irgendwo im Nahen und Mittleren Osten oder in Süd- oder Südostasien. Genauere Hinweise lagen uns allerdings nicht vor. Die USA verstärkten die Sicherheitsvorkehrungen für ihre Botschaften in den fraglichen Regionen, schickten Familienangehörige nach Hause und befahlen schließlich sogar den Schiffen ihrer Kriegsmarine, die in nahöstlichen Häfen ankerten, auszulaufen. Den ganzen Sommer über passierte jedoch nichts.

Ich war im Jahr zuvor auf ein gerade erschienenes Buch aufmerksam gemacht worden: »Taliban – Militant Islam, Oil and Fundamentalism in Central Asia«, verfasst von einem pakistanischen Journalisten und wirklichen Kenner der Materie, Ahmed Rashid. (Das Buch erschien dann gegen Ende des Jahres 2001 in deutscher Übersetzung unter dem Titel »Taliban – Afghanistans Gotteskrieger und der Dschihad«. Es gibt neben der Faszination für den Inhalt des Buchs noch einen weiteren Grund, warum ich mich daran so genau erinnere, denn es war das erste Buch, das ich über den Internet-Buchhandel bestellt habe.)

Rashid beschreibt das Geflecht von regionalen und globalen Interessen, den Kampf um Öl und Einfluss in Zentralasien zwischen den Weltmächten USA und Russland, die Interessen von Pakistan, Iran und Saudi-Arabien und wie eine bestimmte Form von radikalem Islam als Instrument der Machtpolitik von Pakistan eingesetzt wurde, unterstützt von Saudi-Arabien. Und er zieht entlang der pakistanischen Interessen die Linie zum Kaschmir-Konflikt zwischen Indien und Pakistan und seiner bestimmenden Funktion für die pakistanische Afghanistan-Politik.

Im Zentrum all dieser machtpolitischen und religiösen Verwerfungen befand sich Afghanistan, ein bitterarmes Land, das seit mehr als zwanzig Jahren durch die sowjetische Okkupation, durch Krieg und Bürgerkrieg furchtbar zu leiden gehabt hatte. Die Taliban hatten sich zwar mit Gewalt und massiver pakistanischer Unterstützung in weiten Teilen des Landes durchgesetzt und eine radikale, menschen- und vor allem frauenverachtende brutale Form von islamischem Recht durchgesetzt, das etwa Frauen und Mädchen jegliche Form von Bildung verweigerte, aber im Norden des Landes gab es noch Gebiete, die von der sogenannten Nordallianz unter derem charismatischen Führer Ahmed Schah Massud gehalten wurden. Massud war Tadschike aus dem Pandschir-Tal nördlich von Kabul, während die Taliban sich größtenteils aus dem größten afghanischen Volk der Paschtunen rekrutierten, das im Süden und Südosten Afghanistans lebt.

Nach der Lektüre von Ahmed Rashids Buch wollte ich unbedingt die Region besuchen. Nach Afghanistan konnte ich nicht reisen, da die Bundesrepublik Deutschland zu dem herrschenden Regime der Taliban in Kabul keine Beziehungen unterhielt. Wohl aber konnte ich den Kaukasus und Zentralasien besuchen, was ich dann auch im Mai 2001 auf meinem Weg nach China tat. Ich besuchte Aserbaidschan, Kasachstan und Usbekistan und flog dann entlang der Seidenstraße weiter nach Peking.

Die mich begleitenden Journalisten fragten mich allen Ernstes, was ich denn in dieser Region wollte und worin denn hier die Interessen Deutschlands bestünden. Abgesehen davon, dass die Bundesrepublik Deutschland als einziger EU-Mitgliedsstaat Botschaften in allen zentralasiatischen Staaten seit deren Unabhängigkeit unterhält und es in Kasachstan und auch Usbekistan nach wie vor deutsche Minderheiten gibt, interessierte mich vor allem Afghanistan und die Rolle des Islam in dieser Region, der sich anschickte, als radikale Kraft das geistige und politische Vakuum in diesen postsowjetischen Staaten und Gesellschaften zu füllen. Hinzu kam die nicht ungefährliche Mächterivalität zwischen den USA und Russland in dieser an Öl und Gas sehr reichen Region – »The New Great Game«. Vier Monate später mokierte sich keiner meiner damaligen journalistischen Reisebegleiter mehr über unseren Besuch in Zentralasien.

Der Sommer war vorübergegangen, ohne dass es zu den von den Diensten befürchteten Terroranschlägen gegen die USA gekommen war. Ich dachte mir, dass es sich eben wieder einmal um eine der bei Geheimdiensten verbreiteten Aufgeregtheiten gehandelt hatte, die dann und wann vorkommen. Die Dienste müssen immer vom schlimmsten Fall ausgehen, aber Gott sei Dank tritt dieser nicht immer ein. Diesmal allerdings sollte es sogar zu einem noch schlimmeren Fall kommen, wenn auch mit leichter zeitlicher Verzögerung.

Am 9. September wurde im fernen Hindukusch die Ouvertüre zu jener großen Tragödie gegeben, die sich zwei Tage später in New York und Washington ereignen sollte. In Afghanistan hatte sich im Hauptquartier von Ahmed Schah Massud ein arabisches Fernsehteam zu einem Interview angemeldet. Das Team überstand alle Sicherheitskontrollen, und als das Interview im Gange war, zündeten die als Journalisten getarnten Selbstmordattentäter der al-Qaida eine Bombe, die sie in der Fernsehkamera versteckt hatten. Ahmed Schah Massud, der gefährlichste Gegner der Taliban, war tot. Als uns die Nachricht erreichte, wurde dieses Attentat dem blutigen Machtkampf zwischen den Taliban und der Nordallianz zugeordnet. Niemand kam auf die Idee, eine Linie von der Ermordung Massuds zu den Terrorwarnungen vom Sommer zu ziehen.

Der 11. September 2001 begann für mich als ein ganz normaler politischer Arbeitstag in Berlin. Um 11.00 Uhr brachte Bundesfinanzminister Hans Eichel den Haushaltsentwurf für das Jahr 2002 in den Deutschen Bundestag ein. Anschließend nahm ich an der Einweihung der neuen ungarischen Botschaft in Anwesenheit des ungarischen Ministerpräsidenten Orbán teil und hatte dort eine Rede zu halten. Im Anschluss an diese Veranstaltung hatte ich noch ein Gespräch mit dem ungarischen Ministerpräsident, um dann gegen 13.30 Uhr schräg über die Straße Unter den Linden in das Hotel Adlon zu gehen, wo ich für den jemenitischen Außenminister, der Berlin besuchte, ein Mittagessen gab. Unser Hauptthema war die Lage im Nahen Osten.

Als ich kurz vor 15.00 Uhr zurück in mein Büro im Auswärtigen Amt kam, hatten sich die meisten Mitarbeiterinnen und Mitarbeiter des Ministerbüros vor dem laufenden Fernseher in meinem Vorzimmer versammelt und wirkten fassungslos. »Eben ist ein Flugzeug in einen Turm des World Trade Centers geflogen«, teilte mir Martin Kobler mit, der inzwischen mein Büroleiter geworden war. Ich schaute nun ebenso fassungslos auf den Bildschirm wie alle anderen und sah dort die brennende Fackel des Nordturms. »War es ein Terroranschlag oder ein Unfall?«, wollte ich wissen. Das sei im Augenblick noch völlig unklar, war die Antwort.

Dann erhielt ich um 15.05 Uhr einen Anruf von meinem griechischen Kollegen George Papandreou, den ich in meinem Büro entgegennahm. Ich sprach mit ihm nur kurz, auch über das schreckliche Ereignis in New York. Als ich dann wieder in das Vorzimmer zurückkam, war die Fassungslosigkeit unter den dort versammelten Mitarbeiterinnen und Mitarbeitern dem blanken Entsetzen gewichen. Ein bleicher Martin Kobler teilte mir mit, dass soeben eine zweite Maschine in den anderen Turm gerast sei. Und dann wurden die Bilder des Einschlags auch schon wiederholt. Sie waren entsetzlich. »Dies ist ein Terroranschlag«, sagte ich nur, denn dessen war ich mir jetzt gewiss.

Anschließend überschlugen sich die Ereignisse. Der Einschlag eines weiteren Flugzeugs im Pentagon wurde gemeldet, dann hieß es für eine kurze Zeit, auch das State Department wäre getroffen worden. Fast jeder von uns hatte dort persönliche Bekannte und Freunde. Um 15.20 Uhr sprach ich kurz telefonisch mit dem Verteidigungsminister, aber auch er hatte keine weiteren Erkenntnisse als wir. Und um 15.25 Uhr telefonierte ich mit dem Bundeskanzler. Auch er verfolgte die schrecklichen Ereignisse in den USA wie das politische Berlin insgesamt am Fernsehschirm.

Der Bundeskanzler berief für 17.00 Uhr eine Sondersitzung des Bundessicherheitsrates ein. Ich begab mich jedoch unverzüglich ins Kanzleramt, um dort mit dem Kanzler, Innenminister Schily, Verteidigungsminister Scharping und BND-Präsident Hanning die Konsequenzen dieses Terrorangriffs auf die USA zu erörtern und erste Maßnahmen zu beschließen. Alle anderen Termine ließ ich absagen. Es gab keinen Zweifel mehr, Amerika war unter Feuer, und dieser Tag, der 11. September 2001, würde den Gang der Geschichte ändern.

Mit diesem Tag war auch jene neue Nachkriegszeit zu Ende gegangen, die mit dem Fall der Mauer am 9. November 1989 begonnen hatte. Ich war angesichts des Horrors auf dem Bildschirm tief aufgewühlt. Die verzweifelten Menschen, die aus den obersten Stockwerken der Türme in den sicheren Tod sprangen, und der Einsturz der beiden Hochhäuser erschütterten mich zutiefst. Ich konnte mich dem deprimierenden Gefühl nicht entziehen, dass mit diesem Tag in der Weltpolitik erneut die Büchse der Pandora geöffnet worden war. Eine Zeit des weltweiten Terrors und des Krieges würde jetzt vor uns liegen. Die Vereinigten Staaten von Amerika waren wahrscheinlich von einer islamistischen Terrorgruppe angegriffen worden, und Tausende ihrer Bürgerinnen und Bürger mussten dabei ihr Leben lassen. Die Supermacht war getroffen, war gedemütigt worden, und nach einem Moment des Schmerzes und der Trauer würde sie reagieren, und zwar mit aller Macht, die ihr zur Verfügung stand.

Amerika würde zurückschlagen, daran hatte ich nicht den geringsten Zweifel. Terrorismus würde ab diesem Tag neu definiert werden und ebenso die Verantwortung jener Länder, die Terroristen unterstützen, beherbergen oder finanzieren. Und auch die Bündnisse und Allianzen der USA würden jetzt auf den Prüfstand der Solidarität gestellt werden. Dies war ein Tag, den man zu Recht als »defining moment« charakterisieren konnte. Worauf es jetzt zuerst und vor allem ankam, war das Bündnis und die Solidarität mit unserem wichtigsten Alliierten, den Vereinigten Staaten von Amerika. Der Bundeskanzler hatte dies sofort erkannt und auch um die Weiterungen für uns gewusst. Deshalb prägte er Tage später die Formel von der »uneingeschränkten Solidarität«. Was dies hieß, war allen klar: Deutschland würde sich aus einem Krieg gegen die Taliban in Afghanistan und einem Kampf gegen den internationalen Terrorismus nicht heraushalten dürfen und heraushalten können.

Mit diesem Tag würde die Welt eine andere sein, wir waren mit dem 11. September in eine neue Epoche eingetreten. Dessen waren wir uns bewusst, als wir am Nachmittag im Büro des Bundeskanzlers mit der Analyse der Lage im kleinsten Kabinettskreis begannen. Rot-Grün hatte in der deutschen Außen- und Sicherheitspolitik immer auf die Kontinuität von transatlantischem Bündnis und europäischer Integration gesetzt.

Allerdings hatte uns das Festhalten an diesen bündnispolitischen Kontinuitäten zum Bruch mit der außenpolitischen Tradition der Bundesrepublik Deutschland gezwungen. Loyalität zur NATO und den USA und weil es in der Sache unabweisbar war, hatte unter Rot-Grün zur ersten Kriegsbeteiligung Deutschlands seit dem Ende des Zweiten Weltkriegs geführt. Welche weiteren Kontinuitätsbrüche würden jetzt auf uns zukommen, nachdem unser wichtigster Bündnispartner, dem wir in der Vergangenheit bis hin zur deutschen Einheit so viel zu verdanken hatten, angegriffen worden war? Wir konnten diese Fragen an jenem Nachmittag nicht beantworten.

Die deutsche Außenpolitik war durch den Gang der Geschichte jetzt endgültig in der Diskontinuität angekommen. Wohin uns der heutige Tag führen würde, würde die Zukunft zeigen. Die Vergangenheit der bundesrepublikanischen Außenpolitik würde in der neuen Epoche, die jetzt vor uns lag, nur noch eingeschränkt als Leitlinie taugen, da sie im Nebel der neuen Weltunordnung nur noch sehr schwer zu erkennen war. Wir würden neue und gefahrvolle Wege erkunden müssen, da sich die Parameter der internationalen Politik in der Zeit zwischen dem 9. November 1989 und dem 11. September 2001 grundsätzlich verschoben hatten. Und warum die Geschichte ausgerechnet unter Rot-Grün so hart zuschlagen musste, würde eine weitere niemals beantwortbare Frage bleiben. Aber was auch immer die Zukunft für uns an Herausforderungen und Prüfungen bereithalten würde, wir waren in der Verantwortung und mussten handeln, gerade an diesem Tag.

ABKÜRZUNGEN

AA	Auswärtiges Amt
ABM	Anti-Ballistic Missiles
ActOrd	Activation Order
AFP	Agence France-Presse
AG	Aktiengesellschaft
AIDS	acquired immune deficiency syndrome
AKW	Atomkraftwerk
AP	Associated Press
ASEAN	Association of South East Asian Nations
AU	African Union
BamS	Bild am Sonntag
BIP	Bruttoinlandsprodukt
BSE	bovine spongiforme Enzephalopathie
CIA	Central Intelligence Agency
CNN	Cable News Network
DDR	Deutsche Demokratische Republik
ER	Europäischer Rat
EU	Europäische Union
EWG	Europäische Wirtschaftsgemeinschaft
EZB	Europäische Zentralbank
FAZ	Frankfurter Allgemeine Zeitung
FPÖ	Freiheitliche Partei Österreichs
FR	Frankfurter Rundschau
GASP	Gemeinsame Außen- und Sicherheitspolitik
GAU	größter anzunehmender Unfall
HIV	human immunodeficiency virus
IG	Industriegewerkschaft
IMA	Interministerieller Ausschuss
KFOR	Kosovo Force
KVM	Kosovo-Verifizierungsmission
KZ	Konzentrationslager
LPG	Landwirtschaftliche Produktionsgenossenschaft
MedEvac	Medical Evacuation
MOX-BE	Mischoxid-Brennelemente
NATO	North Atlantic Treaty Organization
NRW	Nordrhein-Westfalen
NZZ	Neue Zürcher Zeitung
ÖVP	Österreichische Volkspartei
OPEC	Organization of the Petroleum Exporting Countries

OSZE	Organisation für Sicherheit und Zusammenarbeit in Europa
PA	Palästinensische Autonomiebehörde / Palestinian National Authority
PLO	Palestine Liberation Organization
RK	Regierungskonferenz
SDS	Sozialistischer Deutscher Studentenbund
SED	Sozialistische Einheitspartei Deutschlands
SFOR	Stabilization Force
SoBos	Sonderstab Bosnien
SS	Schutzstaffel (der NSDAP)
SZ	Süddeutsche Zeitung
taz	die tageszeitung
UÇK	Ushtria Çlirimtare e Kosovës (Befreiungsarmee des Kosovo)
UNHCR	United Nations High Commissioner for Refugees
UNITA	União Nacional para a Independência Total de Angola (Nationale Union für die völlige Unabhängigkeit Angolas)
UNPREDEP	United Nations Preventive Deployment Force
USS	United States Ship
VN	Vereinte Nationen
WG	Wohngemeinschaft
WJC	World Jewish Congress
WTO	World Trade Organization
ZK	Zentralkomitee

PERSONENREGISTER

443

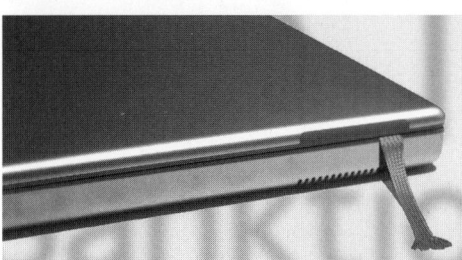